Bettina Paust, Katharina Weisheit (Hg.)
Performance transformieren

Image | Band 222

Bettina Paust (Dr. phil.) ist Leiterin des Kulturbüros der Stadt Wuppertal und ehemalige Künstlerische Direktorin der Stiftung Museum Schloss Moyland und des dortigen Joseph Beuys Archivs.
Katharina Weisheit (Dr. phil.) lehrt Kunstgeschichte mit dem Schwerpunkt Performance Art an der Heinrich-Heine-Universität Düsseldorf. Die Medien- und Kulturwissenschaftlerin promovierte 2019 mit einer Arbeit zum Produktionsbegriff im Tanz am Beispiel des Tanztheater Wuppertal Pina Bausch.

Bettina Paust, Katharina Weisheit (Hg.)
Performance transformieren
Covid-19 und die Digitalisierung
des Wuppertaler Beuys-Performancefestivals

[transcript]

Die Publikation ist eine Kooperation des Kulturbüros der Stadt Wuppertal und dem Institut für Kunstgeschichte der Heinrich-Heine-Universität Düsseldorf. Die Drucklegung wurde gefördert durch die Kunststiftung NRW.

Bibliografische Information der Deutschen Nationalbibliothek
Die Deutsche Nationalbibliothek verzeichnet diese Publikation in der Deutschen Nationalbibliografie; detaillierte bibliografische Daten sind im Internet über http://dnb.d-nb.de abrufbar.

© 2023 transcript Verlag, Bielefeld

Alle Rechte vorbehalten. Die Verwertung der Texte und Bilder ist ohne Zustimmung des Verlages urheberrechtswidrig und strafbar. Das gilt auch für Vervielfältigungen, Übersetzungen, Mikroverfilmungen und für die Verarbeitung mit elektronischen Systemen.

Umschlaggestaltung: Kordula Röckenhaus, Bielefeld
Umschlagabbildung: Remode Zombie Andy Beuyz, Showcase Beat le Mot, Wuppertal 2021, Fotografie: Süleymann Kayaalp. Copyright: Kulturbüro der Stadt Wuppertal
Lektorat: Bettina Paust, Katharina Weisheit
Korrektorat: Jasmina Nöllen
Satz: Francisco Bragança, Bielefeld
Druck: Majuskel Medienproduktion GmbH, Wetzlar
Print-ISBN 978-3-8376-6520-8
PDF-ISBN 978-3-8394-6520-2
https://doi.org/10.14361/9783839465202
Buchreihen-ISSN: 2365-1806
Buchreihen-eISSN: 2702-9557

Gedruckt auf alterungsbeständigem Papier mit chlorfrei gebleichtem Zellstoff.
Besuchen Sie uns im Internet: https://www.transcript-verlag.de
Unsere aktuelle Vorschau finden Sie unter www.transcript-verlag.de/vorschau-download

Inhalt

Kunst als Motor nachhaltiger Stadtentwicklung
Uwe Schneidewind 11

Kulturverwaltung als gestaltende Kraft
Matthias Nocke 13

Das Beuys-Performancefestival in Wuppertal
Bettina Paust 17

Performance transformieren oder: Warum und wie aus dem Wuppertaler Beuys-Performancefestival ein Buch wurde
Katharina Weisheit 29

Genealogisches Transformieren

»How to do things with performance.« Thesen zum Performance-Begriff
Katharina Weisheit 45

Neues wagen: Else Lasker-Schüler, Pina Bausch und Bazon Brock markieren drei wegweisende Positionen performativer Kunst in Wuppertal
Anne Linsel 67

Kunstproduktion während der Corona-Pandemie. Ein Produktionsbericht aus der künstlerischen Praxis
Ophelia Young im Gespräch mit Katharina Weisheit 77

Spurensuche. Raimund Hoghe und Joseph Beuys
Katja Schneider 93

Mediales Transformieren

Mediale Plastik? Handlungen zwischen Archiv und Verlebendigung, zwischen Technologie und sozialer Teilhabe. Onlineperformances mit Joseph Beuys denken
Maren Butte 105

Wie man der toten Fledermaus Beuys' Aktionskunst erklärt oder: Von postpandemischen Hasen und präpandemischen Igeln auf dem Feld der Theaterwissenschaft
André Eiermann 119

Ein Haus aus den Knochen von Joseph Beuys
Showcase Beat Le Mot 135

Showcase Beat Le Mot: *Remode Zombie Andy Beuyz* — ein Geistergespräch
Timo Skrandies 141

Mit anderen Augen sehen: Die immersive Videoinstallation *Feast of Food* von Rimini Protokoll
Barbara Gronau und Bettina Paust im Gespräch 151

Virtuelles Ausstellen. Die Heilkünstlerei von Olaf Reitz und Andy Dino Iussa
Svetlana Chernyshova 165

Audiocollage *Ich bin alle*
Olaf Reitz und Andy Dino Iussa 180

Temporales Transformieren

Beuys' Eigenzeiten — Augenblick, Prozess und Dauer in der Kunst von Joseph Beuys
Barbara Gronau 187

(Re-)Aktivierungen zwischen Performance und Archiv
Julia Reich 197

Hybride Hörsituation. Ein situiertes Experimentieren von Partita Radicales *Etüde der Langsamkeit*
Jens Fehrenbacher 217

I like Erika and Erika likes me – gestern, heute und morgen
deufert&plischke im Gespräch mit Katharina Weisheit 233

Der Hang zum Gesamtkunstwerk. Ein künstlerisches Statement
Jackson Pollock Bar 251

Zwischen Provokation, Ganzheitsvorstellungen und Gesamtkunstwerk – Fluxus, Beuys und Co.
Alexandra Vinzenz 259

Sozio-Kulturelles Transformieren

Auswege aus der Kunst. *Soziale Plastik*, Aktivismus und Post Art
Karen van den Berg 283

MEGAPHONICA – Die Stimme der Stadt on Tour. Ein Erfahrungsbericht
Annika Schneider 297

Audiocollage *Stimmen aus der Stadt Wuppertal*
mythen der moderne 304

Demokratie kultivieren. Die Performance *Under(de)construction: »Wer im Glashaus sitzt ...«* des Kollektiv ImpACT
Julia Wessel 307

Audiocollage *Under(de)construction: »Wer im Glashaus sitzt ...«*
Kollektiv ImpACT 318

»Guck dich zwei Wochen um und es kommt zu dir.« Praktiken künstlerischer Wissensproduktion und Stadtgestaltung
Heike Lüken 321

Atemlos in Wuppertal
Paula Hildebrandt 335

**Super-Mario in Wuppertal. Joseph Beuys, die Initiative *Utopiastadt*
und ihre Bedeutung für die aktuelle Nachhaltigkeitsdiskussion**
Wolfgang Zumdick 351

Mobile OASE & Die Wüste lebt! *Schütze die Flamme –*
Akademie der Straße
Daniela Raimund und Roland Brus im Gespräch mit Bettina Paust 365

Von Beuys' *Sozialer Plastik* **zu Urban Performances. Performance
als gemeinschaftlicher Akt gesellschaftlicher Transformation**
Bettina Paust 379

AutorInneninformationen 403

Abbildungsverzeichnis 411

2.–6. JUNI 2021 PERFORMANCE FESTIVAL WUPPERTAL

BEUYS

DIE UNENDLICHKEIT DES AUGENBLICKS

beuys 20**21**

STADT WUPPERTAL KULTURBÜRO

WUPPERTAL.DE/BEUYS-PERFORMANCEFESTIVAL
STEW.ONE

Kunst als Motor nachhaltiger Stadtentwicklung

Uwe Schneidewind

Joseph Beuys entwickelte bereits Anfang der 1970er Jahre ein Konzept zur Aktivierung kreativer Potentiale in jedem Menschen zur gemeinschaftlichen Gestaltung einer lebenswerten Welt durch Kunst. Er tat dies zeitgleich mit dem aufrüttelnden ExpertInnen-Bericht *Die Grenzen des Wachstums* über die weitreichenden Folgen des Klimawandels 1972 an den Club of Rome. Sein Konzept benannte Beuys als *Soziale Plastik*. In ihm appelliert er mit der Gleichung *Kunst = Kapital* dafür, den tradierten Kunstbegriff auf jede kreative, menschliche Handlung zu erweitern, um die Kunst als das wahre Kapital einer Gesellschaft zu begreifen und nicht das sich stetig potenzierende ökomische Wachstum. Dieser Gedanke erscheint zunächst so simpel und er ist dennoch so tiefgreifend und hochaktuell, denn er setzt jeden Menschen in die Verantwortung, sich handelnd für die Zukunft des Planeten Erde einzusetzen. Nicht aus dem Kunstkontext, sondern aus der Wissenschaft kommend, habe ich 2018 – damals als Präsident des Wuppertaler Instituts für Klima, Umwelt, Energie – in meiner Veröffentlichung *Die große Transformation* den Begriff der ›Zukunftskunst‹ geprägt. Darin verdichtet sich die Erkenntnis, dass Kunst als Ausdruck kreativen Handelns und Sich-In-Der-Welt-Orientierens gerade in der Auseinandersetzung mit Transformationsprozessen eine zentrale Rolle spielt. Das Wuppertaler Beuys-Performancefestival 2021 hat sich in seinem fünftägigen Programm auch dieser Thematik mit Blick auf performative Formen, die in die Stadtgesellschaft wirken, beschäftigt.

Ich bin sehr dankbar, dass sich das Kulturbüro der Stadt Wuppertal als Leistungseinheit der Kulturverwaltung dieses Themas zunächst im Festival und schließlich in dieser weiterführenden Publikation angenommen hat. Denn darin wird einerseits deutlich, welche zentrale Rolle Kunst und Kultur für den notwendigen Transformationsprozess auf dem Weg zu einer nachhaltigen Stadtgestaltung spielen können und sollten. Dies unterstreichen nicht zuletzt die Beispiele aus Wuppertal. Andererseits zeigt sich, dass sich auch Verwaltung notwendigen Veränderungen stellt, indem hier das Kulturbüro in einem Festival künstlerisch wie wissenschaftlich Fragen nach der Relevanz und Wirkkraft urbaner Performances nachgeht und somit die Möglichkeit zu einem kulturpolitischen Diskurs eröffnet.

Mein herzlicher Dank gilt all denjenigen, die am Beuys-Performancefestival und am Zustandekommen dieses Buches mitgewirkt haben. Ganz besonders möchte ich dabei den FördergeberInnen danken, durch deren Unterstützung erst derartige Projekte realisiert werden können: dem Ministerium für Kultur und Wissenschaft des Landes Nordrhein-Westfalen, der Kunststiftung NRW, dem Landschaftsverband Rheinland, dem NRW Kultursekretariat Wuppertal, der Stadtsparkasse Wuppertal, der Dr. Werner-Jackstädt Stiftung sowie den Firmen Knipex, Renaissance Immobilien AG und Riedel Communications. Darüber hinaus hat die Kunststiftung NRW mit einer weiteren Förderung die vorliegende Publikation ermöglicht.

Uwe Schneidewind
(Oberbürgermeister der Stadt Wuppertal)

Kulturverwaltung als gestaltende Kraft

Matthias Nocke

Dass sich die Stadtverwaltung in einem Performancefestival mit dem Künstler Joseph Beuys beschäftigt, mag auf den ersten Blick irritieren, wenn man sich den kritischen Untertitel *Stadtverwaldung statt Stadtverwaltung* seines impulsgebenden *documenta*-Projekts *7000 Eichen* (1982-1987) in Erinnerung ruft. Doch auch Verwaltung befindet sich in einem stetigen Wandel und so habe ich es sehr begrüßt, dass sich das Kulturbüro, dass insbesondere für die Aktivitäten der Freien Szene zuständig ist, mit diesem ambitionierten Vorhaben 2021 an dem NRW-weiten Beuys-Jubiläumsjahr des Ministeriums für Kultur und Wissenschaft des Landes Nordrhein-Westfalen beteiligt hat. Konzeptionelle Grundlage für das Festival war und ist die Tatsache, dass gerade in der Freien Szene Wuppertals die Kunstform Performance – nicht zuletzt erwachsen aus der besonderen Performance-Tradition unserer Stadt – in unterschiedlichsten Ausprägungen eine große Rolle spielt und darin immer wieder der Fokus auf stadtgesellschaftliche Entwicklungen gerichtet wird. Auch hat der Künstler Joseph Beuys wichtige Spuren im kunstgeschichtlichen Gedächtnis Wuppertals hinterlassen, wie z.B. durch seine Teilnahme an dem *24-Stunden-Happening* in der Galerie Parnass. Wo also hätte ein solches Festival besser als in Wuppertal stattfinden können?

Das Wuppertaler Performancefestival verdeutlicht nicht zuletzt mit der vorliegenden Publikation, dass Kulturverwaltung neben ihren verwaltenden Aufgaben sehr wohl auch gestaltende und wissenschaftlich reflektierende Funktionen wahrnehmen und überzeugend erfüllen kann. So hat sich das Festival eben nicht nur im engeren Sinne mit der Aktionskunst von Beuys beschäftigt, sondern vielmehr auch die Frage nach impulsgebenden Wirkungen seines Werkes und insbesondere seiner auf gesellschaftliche Veränderung ausgerichteten *Sozialen Plastik* gestellt. Dabei ist es dem KuratorInnen-Trio und dem Team des Kulturbüros gelungen, international agierende KünstlerInnen und Kollektive gemeinsam mit Wuppertaler Beiträgen aus der Freien Szene zu einem stringenten fünftägigen Festivalprogramm zusammenzustellen. Eine besondere Herausforderung war dabei für die Verantwortlichen – quasi auf den letzten Metern der Vorbereitung – die coronabedingte Umplanung des Festivals von der analogen in die digitale bzw.

hybride Form. Diese konnte jedoch dem Festival eine neue Dimension verleihen, hat sie doch für das digitale Publikum neue künstlerische und vermittelnde Formate entstehen lassen. Dass nun mit der vorliegenden Publikation das Festival nicht nur eine gebührende Dokumentation erfährt, sondern auch eine zusätzliche diskursive Ebene erhält und auch der Anstoß für weiterführende Forschungen sein kann, freut mich außerordentlich. Meinen besonderen Dank möchte ich deshalb allen am Zustandekommen des Festivals und des Buchs Beteiligten aussprechen, insbesondere allen beteiligten KünstlerInnen, dem KuratorInnen-Trio mit Dr. Bettina Paust, Prof. Dr. Barbara Gronau und Prof. Dr. Timo Skrandies, dem Koordinator alles Digitalen und zugleich Moderator, David J. Becher, der Mitherausgeberin des Buches, Dr. Katharina Weisheit, sowie dem gesamten Team des Kulturbüros und den vielen nicht genannten HelferInnen.

Matthias Nocke
(Kulturdezernent der Stadt Wuppertal)

Das Beuys-Performancefestival in Wuppertal

Bettina Paust

Das Wuppertaler Performancefestival als Teil des NRW-weiten Beuys-Jubiläumsjahres

Anlässlich des NRW-weiten Jubiläumsjahres zum 100. Geburtstag von Joseph Beuys hat sich das Kulturbüro der Stadt Wuppertal in einem fünftägigen Festival im Juni 2021 performativer Kunst im Anschluss an das aktionistische Werk des Künstlers gewidmet. Basierend auf der besonderen Wuppertaler Tradition und gegenwärtiger performativer Praxis spürte das Festival aktuellen Performance-Tendenzen und Projekten nach, die Berührungspunkte zum Werk von Joseph Beuys aufweisen und dessen Ideen zeitgemäß und interdisziplinär weiterführen.

Joseph Beuys, der am 12. Mai 1921 in Krefeld geboren wurde, hat ein komplexes, auf gesellschaftliche Veränderung und Erweiterung tradierter Kunstvorstellungen gerichtetes Œuvre geschaffen, was ihn zu einem der wichtigsten Künstler des 20. Jahrhunderts werden ließ. Dies war Anlass für das Ministerium für Kultur und Wissenschaft des Landes Nordrhein-Westfalen, dem Künstler, der zeitlebens mit diesem Bundesland biografisch eng verbunden war und dort viele seiner zentralen künstlerischen Spuren hinterließ, das Jubiläumsprogramm *beuys2021. 100 jahre joseph beuys* mit zahlreichen Ausstellungen, Veranstaltungen und diskursiven Formaten durchzuführen.

Unter dem Titel *Die Unendlichkeit des Augenblicks. Aufführungskünste nach Beuys* entstand ein Festival in Wuppertal, in dem sich 11 künstlerische Beiträge und fünf wissenschaftliche Panels in enger gegenseitiger Verzahnung vom 2. bis 6. Juni 2021 mit unterschiedlichen Fragestellungen sowohl zur Aktionskunst von Joseph Beuys als auch zu grundlegenden Thematiken der Performance-Kunst auseinandersetzten. Die KuratorInnen des Festivals, Barbara Gronau, ihrerzeit Professorin für Theorie und Geschichte des Theaters an der Universität der Künste Berlin, Timo Skrandies, Professor am Institut für Kunstgeschichte der Heinrich-Heine-Universität Düsseldorf, und Bettina Paust, Leiterin des Kulturbüros der Stadt Wuppertal, forschen alle Drei sowohl zu Joseph Beuys als auch zu Formen und Entwicklungen der Performance-Kunst. Die wissenschaftliche Mitwirkung am Festival von Katharina Weisheit, wissenschaftliche Mitarbeiterin an der Heinrich-Heine-Universität Düsseldorf, ergab sich ebenfalls aus ihrer Forschungstätigkeit zu Performance sowie ihrer Dissertation zum Tanztheater Wuppertal Pina Bausch.

Performance in Wuppertal – Stadt der Performance

Die Stadt Wuppertal scheint prädestiniert für die Beschäftigung und Erforschung unterschiedlichster Formen von Performance-Kunst im Gestern und Heute zu sein, wie ein Blick in die Geschichte und Gegenwart Wuppertals offenbart. Hier wurde 1869 in der damals noch selbstständigen Stadt Elberfeld die Schriftstellerin und Lyrikerin Else Lasker-Schüler geboren, die als eine der ersten Performance-KünstlerInnen gilt. Sie zelebrierte bereits ab den 1910er Jahren ihre Lesungen als theatralische Inszenierungen, so dass ihre Auftritte im Kontext der Avantgarden zu Beginn des 20. Jahrhunderts als einer der Vorläufer der Performance-Kunst gelten.

Mehr als 50 Jahre nach Else Lasker-Schülers performativen Auftritten entwickelte sich die Galerie Parnass in der Moltkestraße, unweit des Geburtsortes der Dichterin, zu einem zentralen Ort für internationale zeitgenössische Kunst. Zu dieser Zeit, Anfang der 1960er Jahre, bildete sich weltweit – und mit einem Zentrum in Nordrhein-Westfalen – unter dem Namen Fluxus eine Form der Aktionskunst, die sowohl die Trennung zwischen Kunst und Leben wie auch der künstlerischen Sparten zu überwinden suchte und neue kollektive Lebensformen erprobte. So fand am 5. Juni 1965 mit dem *24-Stunden-Happening* in der Galerie Parnass eine Veranstaltung statt, an der mit Charlotte Moormann, Nam June Paik, Eckart Rahn, Tomas Schmit, Wolf Vostell, Bazon Brock und Joseph Beuys wichtige VertreterInnen von Fluxus teilnahmen. Joseph Beuys war erst zwei Jahre zuvor mit seiner ersten Aktion in der Kunstakademie Düsseldorf an die Öffentlichkeit getreten und legte nun in Wuppertal mit *und in uns ... unter uns ... landunter* einen weiteren Mosaikstein zur Formulierung seiner auf gesellschaftliche Transformation ausgerichteten *Sozialen Plastik*. Das *24-Stunden-Happening* war gleichfalls der Anfangspunkt der engen Zusammenarbeit zwischen Joseph Beuys und der Wuppertaler Fotografin Ute Klophaus. Sie begleitete den Künstler in der Folge bei vielen seiner Aktionen mit der Kamera und trug mit ihrer unverkennbaren Bildsprache, die die gegebenen künstlerischen Konstellationen intuitiv in Fotografie umsetzte, wesentlich zum Fortleben der Beuysschen Aktionen bei. Zudem inkorporierte Beuys viele der Klophaus-Fotografien in seine Werke, wie z.B. in seiner Installation *Arena – Dove sarei arrivato se fossi stato intelligente!* (1947-1973), einer autobiografischen Bestandsaufnahme. Damit fand in Wuppertal 1965 nicht nur ein für die Entwicklung der Performance-Kunst bedeutendes Ereignis statt, sondern nahm dort auch die fotografische Arbeit von Ute Klophaus als eine besondere Form der medialen Übersetzung der Aktionen von Beuys ihren Anfang.

Ebenfalls am *24-Stunden-Happening* war der Künstler Bazon Brock beteiligt, der seit Anfang der 1980er als Professor für Ästhetik und Kunstvermittlung an der Bergischen Universität in Wuppertal lehrte und in Rückgriff auf das Happening 1965 für das Wuppertaler Performancefestival wiederum ein 12-Stunden-Happening entwickelte.

Wuppertal war überhaupt in den 1960er Jahren eine Stadt, die Raum für künstlerische Experimente bot. So waren es v.a. die beiden Größen des Free Jazz, Peter Kowald und Peter Brötzmann, die musikalische Innovationen erprobten, während dann ab Anfang der 1970er Jahre Pina Bausch von Wuppertal aus den modernen Tanz revolutionierte. Diese künstlerischen Traditionslinien sind heute noch in der Stadt zu spüren, und zwar nicht nur an den ehemaligen Wirkungsstätten wie dem ort in der Luisenstraße oder dem Schauspielhaus an der B7, in dem das zukünftigen Pina-Bausch-Zentrum entstehen wird, sondern insbesondere auch in künstlerischen Aktivitäten von VerteterInnen der Freien Szene in Wuppertal.

Das künstlerische Programm des Beuys-Performancefestivals

So setzte sich das künstlerische Programm sowohl aus Arbeiten von KünstlerInnen zusammen, die für das Festival eingeladen wurden, sowie aus Beiträgen von KünstlerInnen der Freien Szene Wuppertals, zu denen das KuratorInnentrio des Festivals im September 2020 in einem Open Call aufrief. Bei der Jurierung war eine kritische Auseinandersetzung mit dem Werk und Wirken von Joseph Beuys das zentrale Auswahlkriterium. Aus insgesamt 13 Bewerbungen wurden fünf Projekte ausgewählt, die dann für das Festival im Juni 2021 entwickelt und umgesetzt wurden: *Utopiastadt* mit ihrer *Registrierungsstelle für handhabbare Freiheit* vor dem Mirker Bahnhof an der Nordbahntrasse, Olaf Reitz und Andy Dino Iussa mit ihrer Heilkünstlerei am Nordfriedhof und dem Projekt *Ich bin alle*, das Ensemble für improvisierte und zeitgenössische Musik Partita Radicale mit ihrer *Etüde der Langsamkeit*, das Kollektiv ImpACT mit *Under(de)construction* gegenüber des Mirker Bahnhofs sowie die Mobile OASE & Die Wüste lebt mit *Schütze die Flamme! – Akademie der Straße*. Hinzu kam das Projekt *MEGAPHONICA – Die Stimme der Stadt on Tour*, das bereits seit längerem für Wuppertal geplant war und sich nun thematisch in das Festival eingliedern ließ.

Auch wenn gerade die Projekte aus der Freien Szene an verschiedenen Orten meist unter freiem Himmel in Wuppertal stattfanden – je nach den Möglichkeiten der damals herrschenden Covid-19-Schutzverordnungen – war der Hauptort des Festivals der Gebäudekomplex der ehemaligen Firma Kaiser & Dicke im Wuppertaler Stadtteil Barmen. Dort fanden insgesamt drei Performances sowie die wissenschaftlichen Panels statt und dort zog auch die Schaltzentrale des Festivals ein, nachdem die Entscheidung gefallen war, aufgrund der damals herrschenden

Covid-19-Inzidenzen das Festival nicht analog, sondern digital und mit nur einigen wenigen live-erlebbaren Programmpunkten umzusetzen.

Eröffnet wurde das Festival mit dem 12-Stunden-Happening ›*Ich trete aus der Kunst aus!‹ Eine höchst verführerische Anleitung von Joseph Beuys zur Überbietung der Künste durch die Autorität der Kulturen* von Bazon Brock, das den großen zeitlichen und künstlerische Bogen von den 1960er Jahren bis in die Gegenwart schlug. Anlässlich seines 80sten Geburtstags am 2. Juni 2021 führte Brock eine 12-stündige Lecture-Performance mit 11 geladenen Gästen durch: Heinz Budde, Robert Fleck, Annekathrin Kohout, Anne Linsel, Hans Ulrich Reck, Silke Rehberg, Stephanie Senge, Wolfgang Ullrich, Lambert Wiesing sowie Peter Heeren, der mit seiner *Kosmischen Symphonie* für Gongs vier musikalische Beiträge leistete.

Neben den Projekten der Wuppertaler KünstlerInnen wurden zudem Arbeiten von national und international agierenden KünstlerInnen und Kollektiven realisiert, die sich mit dem Gedankenkosmos und/oder mit konkreten Werken von Joseph Beuys auseinandersetzten. So zeigte das Performance-Unternehmen Jackson Pollock Bar eine Playbackaufführung einer Diskussionsrunde aus dem Jahr 1983, in der unter dem Titel *Der Hang zum Gesamtkunstwerk* u.a. Joseph Beuys und Bazon Brock über den umstrittenen Begriff des Gesamtkunstwerks diskutierten. Die Theorieinstallation fand in den Räumlichkeiten des alten Industrieareals Kaiser & Dicke statt, das zum Zeitpunkt des Festivals noch vom maroden Charme seiner industriellen Vergangenheit geprägt war und wo sich während des Festivals auch das Künstlerkollektiv Showcase Beat Le Mot einquartiert hatte. Die Künstler des Kollektivs haben an zwei Abenden ihre Performance *Remode Zombie Andy Beuyz* realisiert, in der sie sich den beiden großen Protagonisten der Kunst des 20. Jahrhunderts – Andy Warhol und Joseph Beuys – widmen. Auf den Freiheitsbegriff von Beuys rekurrierend hatte Raimund Hoghe die Tanzperformance *Der Mensch ist frei* entwickelt, die in der Citykirche stattfinden sollte. Jedoch verstarb Raimund Hoghe überraschend nur wenige Wochen vor dem Festival, so dass er diese Arbeit nicht mehr vollenden und in seiner Heimatstadt Wuppertal als Premiere aufführen konnte. Im zu Ehren wurde an einem Abend sein Film *Postcards from Vietnam* sowie ein Gespräch zwischen ihm und Christina Irrgang gesendet. Das KünstlerInnenduo deufert&plischke hat für das Festival eine Performance aus dem Jahr 2002 wiederaufgegriffen und weiterentwickelt, in der sie sich mit der Aktion *I like America and America likes me* von Beuys beschäftigt haben. In ihrer Arbeit *I like Erika and Erika likes me* forschen sie nun – ausgehend von frühen Frauen-Zeichnungen von Beuys – dem Mythos der Arachne als erster Künstlerin nach. Mit *Feast of Food* war schließlich eine immersive Videoinstallation von Rimini Protokoll in der Galerie Kunstkomplex vertreten, die in ihrer inhaltlichen Ausrichtung greifbare Parallelen zum ökologischen und ethischen Denken von Beuys aufweist.

Künstlerische Produktion und Wissenschaftliche Reflexion

Neben den künstlerischen Arbeiten durchzogen fünf Gesprächsrunden das Festival, in denen WissenschaftlerInnen gemeinsam mit am Festival beteiligten KünstlerInnen über Themenfelder diskutierten, die sich ausgehend von Beuys' Œuvre mit Aspekten aktueller Entwicklungen der Performance-Kunst beschäftigten.

So widmete sich das erste Panel unter der Moderation von Timo Skrandies mit Sandra Umathum, Professorin an der Universität der Künste Berlin, Katharina Weisheit, wissenschaftliche Mitarbeiterin an der Heinrich-Heine-Universität Düsseldorf, sowie der Künstlerin Kattrin Deufert und dem Künstler Olaf Reitz produktiven Momenten von Archivierung der ephemeren Kunstform Performance. Es wurden Fragen nach der Bedeutung und Konstituierung von Erinnerung sowie dem Stellenwert künstlerischer Arbeit für das individuelle wie kollektive Gedächtnis diskutiert. So richtete sich folglich das Augenmerk auf jene Performances, die mit memorialen und archivalischen Formkonsequenzen, Materialsammlungen und v.a. archivarischen Praktiken arbeiten, wie dies etwa bei der Arbeit *I like Erika and Erika likes me* von deufert&plischke sowie der Heilkünstlerei von Olaf Reitz und Andy Dino Iussa der Fall ist. In diesem Zuge wurden ebenfalls Methodiken und Problematiken der Archivierung von Performances bzw. der Bedeutung von Archivierung als künstlerische Strategie thematisiert.

Im Anschluss an die Theorieinstallation *Der Hang zum Gesamtkunstwerk* des Künstlerkollektivs Jackson Pollock Bar schloss sich eine Diskussionsrunde zum Begriff des Gesamtkunstwerks an. In ihm verschränken sich widersprüchliche Fantasien von Synthese, Erlösung und Totalität. Ausgehend von diesem für Beuys zentralen Begriff schlug die Diskussionsrunde den Bogen von der Begriffsbestimmung bei Richard Wagner, über die freiheitliche Konnotierung des Begriffs bei Joseph Beuys bis hin zu einer Parallelführung im Sinne der Überwindung tradierter Kunstformen im Happening. Moderiert von Barbara Gronau begaben sich Martin Horn, Gründungsmitglied der Jackson Pollock Bar, sowie Nikola Duric, Gründungsmitglied von Showcase Beat Le Mot, und Timo Skrandies in eine lebhafte Diskussion über einen umstrittenen Begriff der Moderne.

Ein weiteres Panel griff den Titel des Festivals auf, in dem sich temporale Facetten widerspiegeln, die nicht nur dem Werk von Joseph Beuys eingeschrieben sind, sondern Performances, Happenings und Aktionen per se bestimmen. Im Werk von Beuys sind es Zeitfaktoren – wie Materialzeit, historische Zeit, Körperzeit, werkimmanente Zeit oder das Verhältnis von ›Revolution/Evolution‹ und auch jenes von ›Lebenslauf/Werklauf‹. Zeiterfahrungen von und in Performances treffen sich dort mit jenen Beuysscher Aktionen, wo es um die Flüchtigkeit einer künstlerischen Handlung und ihrer inneren Dauer geht, oder um das Bleibende einer Aktion – wie z.B. Töne, Stimmen im Film und in den Erinnerungen der Beteiligten. In diesem Panel diskutierte die Moderation Bettina Paust mit Barbara Gronau, Timo Skrandies und der Musikerin Gunda Gottschalk, Mitglied des Quartetts Partita Radicale u.a. über dessen Festivalbeitrag *Etüde der Langsamkeit*.

Die radikale Erweiterung des Verständnisses von plastischem Gestalten bis in gesellschaftliche Prozesse hinein ist die Grundlage der von Beuys formulierten *Sozialen Plastik*, was Thema eines weiteren Panels war. Beuys Aphorismus »Jeder Mensch ist ein Künstler« (Beuys 1991: 20f.) verdeutlicht seine Überzeugung, dass jeder Mensch durch kreatives, gestalterisches und gemeinwohlorientiertes Wirken Motor für gesellschaftliche Transformation sein kann. Mit dieser Erweiterung des tradierten Kunstbegriffs suchte Beuys immer wieder Grenzüberschreitungen zwischen Kunst, Leben, Alltag, Ökonomie, Bildung und Politik. Moderiert von Barbara Gronau fragte dieses Panel nach dem ›Nachleben‹ von Beuys' Konzept der *Sozialen Plastik* und forschte Anknüpfungspunkten und Ansätzen in der Gegenwart nach. Es diskutierten auf dem Podium Karen van den Berg, Professorin des Departements für Kultur- und Kommunikationswissenschaften an der Zeppelin Universität in Friedrichshafen, Eugen Blume, Kurator des NRW-weiten Beuys-Jubiläumsjahres, und der Philosoph und Kurator Wolfgang Zumdick. Als Vertreter des Festivalbeitrags *Schütze die Flamme – Akademie der Straße* war Roland Brus, Künstler und Regisseur, anwesend, der in Wuppertal das Langzeitprojekt Mobile OASE und Die Wüste lebt! in Oberbarmen maßgeblich etabliert hat.

Nahtlos an das vorhergehende Panel schloss eine Diskussionsrunde an, die sich unter dem Begriff *Performing Citizenship* in Fortführung der Beuysschen Idee der *Sozialen Plastik* mit neuen Ausprägungen künstlerischer und partizipativer Interventionen widmete, die meist mit performativen Mitteln aktiv an der Gestaltung urbanen Lebens mitwirken. Das, was Beuys mit seiner *Sozialen Skulptur* als Weltentwurf skizzierte, konkretisiert sich heute vielerorts als *Urbane Performances* in künstlerischen und kreativen Aushandlungen und leistet einen wichtigen Beitrag zu einer nachhaltigen Stadtentwicklung. In diesem Panel führte die Moderatorin Bettina Paust das Gespräch mit dem Oberbürgermeister der Stadt Wuppertal, Uwe Schneidewind, mit Johannes Schmidt von *Utopiastadt*, mit Gesa Ziemer, Professorin für Kulturtheorie und kulturelle Praxis der HafenCity Universität Hamburg, sowie mit Henning Mohr, Leiter des Instituts für Kulturpolitik der Kulturpolitischen Gesellschaft.

In seiner Grundkonzeption war somit das Festival als eine Abfolge von live erlebbaren künstlerischen Aktionen und Performances angelegt, auf die sich die unterschiedlichen Gesprächsrunden direkt bezogen bzw. häufig im direkten Anschluss stattfanden.

Transformation des Festivals: vom Analogen ins Digitale

Im Frühjahr 2021 waren jedoch selbst mittelfristige Veranstaltungsplanungen mit Publikum nur sehr eingeschränkt möglich, da sich aufgrund der damals wieder kontinuierlich steigenden Covid-19-Inzidenzwerte in Wuppertal die Vorschriften ständig änderten. Deshalb trafen die Festival-Verantwortlichen in enger Abstimmung mit den beteiligten KünstlerInnen im April 2021 die Entscheidung, das Festival in den digitalen Raum zu überführen. Dafür musste nicht nur das Festivalkonzept grundlegend verändert werden, sondern auch alle künstlerischen Beiträge mussten entweder in ein digitales Format transformiert oder für den digitalen Raum erlebbar gemacht werden. Zudem waren diese Veränderungen mit erheblichen Mehrkosten, v.a. aufgrund der technischen Anforderungen, verbunden.

Bei einigen Projekten – wie dem von Bazon Brock, der Jackson Pollock Bar, von Showcase Beat Le Mot, von Partita Radicale, der Mobilen OASE und zunächst auch von Raimund Hoghe – war ein Livestreaming bei der notwendigen technischen Begleitung und Umsetzung problemlos möglich. Auch die fünf wissenschaftlichen Panels ließen sich ohne Weiteres in den digitalen Raum verlagern. Diese Programmpunkte waren während des Festivals auf dem Streamingkanal *stew.one* in Realzeit zu sehen.

Für die digitale Durchführung des Performancefestivals wurde ganz bewusst der Streaming-Kanal *stew.one* genutzt. Mit Beginn der Corona-Pandemie, den Lockdowns und den monatelangen Schließungen kultureller Einrichtungen und somit der Unmöglichkeit, Kunst und Kultur live zu besuchen, stellten AkteurInnen der Freien Szene in Wuppertal den Streamingkanal *stew.one* auf die Beine, um Wuppertals kulturelle Angebote über den Stream Zuhause digital erlebbar zu machen. Das Programm wurde dabei von Kulturschaffenden in der Stadt entwickelt und gleichzeitig wurden dadurch Spenden für den Nothilfefond *EinTopf* generiert, der durch die Corona-Pandemie in Not geratene KünstlerInnen in Wuppertal unterstützt. Mit beiden Aktivitäten hat die Freie Szene in Wuppertal unter Beweis gestellt, wie kreativ und effektiv sie solidarisch in Krisenzeiten zum Fortbestand des kulturellen Lebens in Wuppertal beiträgt.

Das digitale Festival auf *stew.one* wurde von David J. Becher – Schauspieler, Moderator und Unterhaltungskünstler aus Wuppertal – moderiert. So wurde gewährleistet, dass es bei der Durchführung des Festivals kein bloßes ›Nacheinander-Übertragen‹ der Beiträge in den digitalen Raum gab. Stattdessen wurde eine neue Programm-Dramaturgie geschaffen. Gemeinsam mit David J. Becher wurde ein fünftägiges Programm auf den beiden Streamingkanälen von *stew.one* entwickelt, das gegen Mittag bzw. am frühen Nachmittag begann und ohne Pausen bis oft tief in die Nacht lief. Dabei wurden zwischen den einzelnen Festivalbeiträgen und wissenschaftlichen Panels neue, flankierende Programmpunkte eingebaut, wie z.B. die Gesprächsrunden *Gute Nacht mit Beuys*, *Mit Jupp zu Mit-*

tach oder *Primetime mit Beuys* mit David J. Becher, Johannes Schmidt und Bettina Paust, wozu das digitale Publikum durch das interaktive Tool *frag.jetzt* zum Mitmachen eingeladen war. Über dieses Tool war ebenfalls die direkte Beteiligung an allen fünf Panels gegeben. Zudem gab es zwischendurch immer wieder Sendezeit für das *beuysradio*, das anlässlich des NRW-Jubiläumsjahres zu Beuys entwickelt wurde. Zwei wissenschaftliche Vorträge ergänzten das Programm: Eine Einführung zum Performance-Begriff durch Katharina Weisheit und ein Einblick in das aktionistische Werk von Joseph Beuys durch Barbara Gronau.

Bei jenen künstlerischen Beiträgen, die nicht direkt ins Netz übertragen werden konnten, entwickelten sich neue Formen der digitalen Erlebbarkeit, wobei verschiedene Tools und auch soziale Medien zum Einsatz kamen. So transformierte das KünstlerInnenduo deufert&plischke ihre Performance *I like Erika and Erika likes me* in einen künstlerischen Film, wobei der begleitende Workshop digital über Zoom stattfand. Die Performance *MEGAPHONICA – Die Stimme der Stadt on Tour* von mythen der moderne wurde durch eine Live-Reportage von Annika Schneider und Urs Kaufmann für das digitale Publikum erlebbar gemacht. Ebenfalls live über den Instagram-Kanal zum Festival berichtete Julia Wessel über die *Registrierungsstelle für handhabbare Freiheit* von Utopiastadt, über *Under(de)construction: »Wer im Glashaus sitzt …«* vom Kollektiv ImpACT, und über *Ich bin alle* der Heilkünstlerei, die letztendlich alle auch für Vor-Ort-Besuche unter Corona-Vorschriften geöffnet waren. Der eigens für das Festival eingerichtete Instagram-Kanal bot zudem vor und während des Festivalzeitraums eine zusätzliche Orientierungshilfe durch das Programm mit Stories, Live-Beiträgen und Fotomaterial.

Bei der Installation *Feast of Food* von Rimini Protokoll war eine Überführung ins Digitale nicht möglich, da das Erleben und Eintauchen in diese Arbeit nur direkt mit und über die Virtual Reality-Brillen gegeben ist und somit nicht für ein Publikum vor den Bildschirmen aufbereitet werden konnte. Deshalb wurde den digitalen BesucherInnen die Möglichkeit geboten, die beiden Kuratorinnen – Barbara Gronau und Bettina Paust – dabei zu beobachten, wie sie sich in die Installation von Rimini Protokoll hineinbegeben und sich gegenseitig ihre Beobachtungen und Erlebnisse erzählen.

Das komplette Programm des Festivals, das schließlich auf verschiedenen Produktions- und Wahrnehmungsebenen basiert – als Live-Stream, mit vorproduzierten Beiträgen, mit Live-Reportagen, mit Moderationen sowie teilweise Real-Besuchen der Projekte vor Ort – wurde von dem moderierenden Gerüst von David J. Becher getragen.

Eine derart aufwendige Transformation des ursprünglich analog geplanten Performancefestivals in den digitalen Raum erforderte v.a. aufgrund der besonderen technischen Notwendigkeiten kurzfristig zusätzliche Finanzierungsquellen. Hier ist ganz besonders der Kunststiftung NRW zu danken, die mit ihrem Sonderförderprogramm *Künste bewegen – Sonderfonds 2021/Performing Arts* die

Umsetzung des Festivals ins Digitale ermöglichte. Darüber hinaus hat die Firma Riedel Communications GmbH & Co. KG technisches Equipment zur Verfügung gestellt und die Firma Renaissance Immobilien & Beteiligungen AG hat zusätzliche Räumlichkeiten im Gebäudekomplex Kaiser & Dicke für die Sendezentrale freigemacht, von der aus die beiden Streamingkanäle überwacht, Social Media Kanäle bespielt und Zwischenmoderationen live eingesprochen wurden.

Das Wuppertaler Beuys-Performancefestival war somit ein mehrstufiger, dynamischer Prozess: In seiner analogen Entwicklung und insbesondere in seiner digitalen Transformation sowie schließlich in dieser hier vorliegenden Buchform, die neben der dokumentierenden Funktion dem Festival eine weitere diskursive Ebene hinzufügt.

Quellenverzeichnis

Beuys, Joseph (1991): »Interview mit Joseph Beuys, 9. Dezember 1984, 14.00-19.00 Uhr in Beuys' Atelier Drakeplatz 4, Düsseldorf«, in: Mario Kramer (Hg.): Joseph Beuys ›Das Kapital Raum 1970-1977‹, Heidelberg: Steidl, S. 9-41.

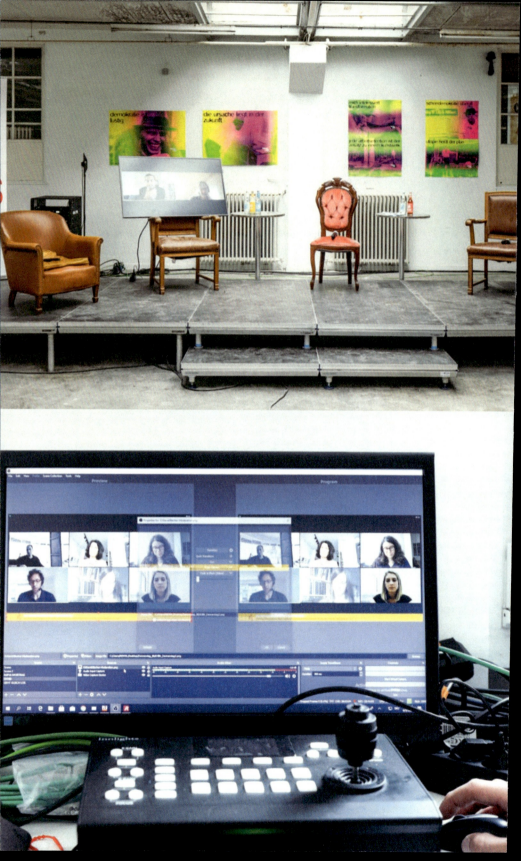

Rauchen verboten!

Bitte
g. Beuys-Performance
Plakate
Nicht zu Kaise $ Diere
nehmen.

Performance transformieren oder: Warum und wie aus dem Wuppertaler Beuys-Performancefestival ein Buch wurde

Katharina Weisheit

> Eigentlich müssten wir immer schon mit einer Differenz beginnen.
>
> *(Dieter Mersch)*

Bis zuletzt hatte das KuratorInnenteam noch gehofft, dass das Wuppertaler Beuys-Performancefestival in Präsenz würde stattfinden können. Doch aufgrund der kontinuierlich steigenden Covid-19-Inzidenzwerte und den damit einhergehenden, sich ständig ändernden Vorschriften für die Planung von Veranstaltungen mit Publikum, traf die Festivalleitung im April 2021 – d.h. knapp zwei Monate vor der Eröffnung – die Entscheidung, das Festival in den digitalen Raum zu überführen. Dafür mussten die meisten künstlerischen Beiträge innerhalb kürzester Zeit in andere »Modi des Seins« (Laux 2016: 18) transformiert werden, da Aufführungen nicht mehr wie gewohnt möglich waren.[1] Neben Live-Streams sind so u.a. Filme, digitale Workshops und Diskussionsrunden, Instagram-Reportagen und eine digitale Ausstellung entstanden. Dabei haben sich nicht nur die Produktions- und Präsentationsweisen verändert, sondern die künstlerischen Arbeiten haben sich auch auf inhaltlicher Ebene weiterentwickelt. Auch das Festivalkonzept musste sowohl hinsichtlich seiner Präsentation als auch in Bezug auf die Interaktion mit dem Publikum grundlegend verändert werden. Neue Formate wurden entwickelt und in das Programm integriert. Das Performancekollektiv Showcase Beat Le Mot ließ ihre Performance bspw. nicht nur von mehreren Handkameras filmen und live auf die kulturelle Streaming-Plattform *stew.one* übertragen, sondern bot zugleich mit kurzen Handyvideos, die ebenfalls live über den Instagram-Kanal des Festivals gesendet wurden, eine zusätzliche Innenansicht (im wörtlichen Sinne *aus* den von Showcase Beat Le Mot genutzten Flightcases, in denen vor Ort anwesende Mitglieder des Organisationsteams von den Performern

---

1 Siehe für eine ausführliche Beschreibung dieser Phase des Produktionsprozesses den Beitrag *Das Beuys-Performancefestival in Wuppertal* von Bettina Paust in diesem Band.

durch die Hallen der ehemaligen Firma Kaiser & Dicke geschoben wurden). Zudem entstanden Formate, wie z.B. die Gesprächsrunde *Primetime mit Beuys*, die für das ›analoge Festival‹ nicht vorgesehen waren und das Festivalprogramm nun zusätzlich flankierten und reflektierten. Für die Kommunikation mit den Teilnehmenden des Festivals wurden vermehrt soziale Medien und interaktive Tools genutzt. So bildeten sich letztendlich ein vielschichtiges und dynamisches Konzept wie Programm, die, ebenso wie die gezeigten künstlerischen Arbeiten, auf verschiedenen Produktions- und Wahrnehmungsebenen basieren und sich durch ein hohes Maß an Dynamik, Offenheit und Unabgeschlossenheit auszeichnen.

Das Beuys-Performancefestival ist aber mitnichten das erste Festival, bei dem künstlerische Arbeiten auf verschiedene dramaturgische, räumliche und institutionelle Produktions- und Präsentationsformate zurückgreifen, sondern während der Pandemie waren KünstlerInnen wie Kunst- und KulturveranstalterInnen mit den gleichen Herausforderungen durch u.a. die Corona-Maßnahmen konfrontiert.[2] Obwohl Kunst im digitalen Raum schon länger ein Thema ist, habe Corona einen Zwang produziert, neu und anders über digitale Verfahren in der Kunst nachzudenken, stellt etwa Daniela Ginten, Leiterin des ersten Festivals für *Performing Arts & Digitalität* in Darmstadt, heraus (vgl. Magel 2020). Viel wichtiger erscheint an dieser Stelle jedoch der Hinweis, dass es solche Formate und Arbeiten auch schon *vor* der Corona-Pandemie gab; ein Verständnis von Kunst, das u.a. von verschiedenen Existenzweisen ebendieser ausgeht, lässt sich bereits bei Joseph Beuys finden. Beuys realisierte seine Arbeiten sowohl in unterschiedlichen Existenzweisen (u.a. als Installation, Aktion oder Multiple) und nutzte verschiedene Medien (u.a. Fotografie und Film), als auch in diversen institutionellen Kontexten bzw. im öffentlichen Raum. Damit sind sowohl die Diversität der künstlerischen Arbeiten des Beuys-Performancefestivals als auch die Verlegung in den digitalen Raum kein Widerspruch zur künstlerischen Praxis von Beuys, ganz im Gegenteil. D.h. die Maßnahmen der Corona-Pandemie haben zwar zu einem »Wandel der performativen Künste in der Pandemie« (Wihstutz/Vecchiato/Kreuser 2022) geführt, diesen Transformationsprozess jedoch nicht initiiert, da dieser schon lange vor der Pandemie begonnen hat.[3] Durch die Pandemie sind diese, mitunter als ›grundlegend‹ bezeichneten Veränderungen jedoch verstärkt in das Bewusstsein und Zentrum kulturpolitischer Debatten gerückt, da klassische Aufführungsformate und -praktiken der Präsenz über einen langen Zeitraum nicht möglich waren. Daher nimmt der vorliegende Band das Wuppertaler Beuys-Performancefestival und die pandemiebedingten Herausforderungen für die Kunst- und Kulturland-

---

2 Siehe hierzu auch das Interview der Verfasserin mit Ophelia Young in diesem Band.
3 Siehe hierzu André Eiermanns Konzeption eines »Postspektakulären Theaters« (2009) sowie seinen Beitrag in diesem Band, in dem er die Diskussion um den »Wandel der performativen Künste in der Pandemie« (Wihstutz/Vecchiato/Kreuser 2022) mit Blick auf die Aktionen von Joseph Beuys weitergehend analysiert und kritisch diskutiert.

schaft zum Anlass, innezuhalten und zu reflektieren, was uns das pandemiebedingt transformierte Festival und die künstlerischen Arbeiten der vergangenen Jahre für ein Verständnis von Performance-Kunst nahelegen. Hierfür markiert das Festival nicht zuletzt einen zeitlichen Wendepunkt: Seit dem Sommer 2021, also kurz nach Ende des Festivals, gibt es keine Kontaktbeschränkungen mehr und spätestens seit dem Übergang der Pandemie in eine Endemie Anfang 2023 sind Aufführungsbesuche wieder uneingeschränkt in Präsenz möglich. Nun stellt sich die Frage, ob sich Performance-Kunst (und der wissenschaftliche Diskurs über performative Künste) wieder vornehmlich zu einer »Kunst der Präsenz« (ebd.: 8) entwickeln wird oder ob die Pandemie im Sinne eines Katalysators tatsächlich zu nachhaltigen Transformationen führt (sowohl mit Blick auf Produktions- und Präsentationsweisen, aber auch hinsichtlich kulturpolitischer Diskussionen um bspw. die Bezahlung von KünstlerInnen).

Davon ausgehend ist ein Buch entstanden, das zwei Ziele verfolgt: Zum einen hat der Band einen dokumentarischen Anspruch und führt die verschiedenen Stränge des Wuppertaler Beuys-Performancefestivals zusammen, d.h. die Aktionen von Beuys, die künstlerischen Arbeiten des Festivals, ihre medialen Transformationen sowie die Themen und Impulse der wissenschaftlichen Panels. Hierfür versammelt der Band nicht zuletzt zahlreiche Fotografien, die das Festival dokumentieren. Zum anderen greift das Buch die während des Festivals geführten Diskussionen und gesetzten Impulse auf, führt diese (u.a. mit neuen AkteurInnen) fort und stellt sie in den Kontext der Entwicklung performativer Künste. Dadurch fügt das Buch dem Festival nicht zuletzt eine weitere diskursive, zukunftsorientierte Dimension hinzu.

Vor diesem Hintergrund versteht sich das Buch bzw. das nachträgliche Schreiben über das Festival nicht als ein Versuch, einen (zwangsläufig inadäquaten) Ersatz für das vergangene und ›verlorene‹[4] Festival zu schaffen, sondern als einen gewinnbringenden Prozess, der die Erfahrungen des Festivals (in einem anderen Format) fortschreibt, im Sinne eines »Weiter-Schreibens« (vgl. Eiermann 2012: 180). Dieser, für das vorliegende Buch konzeptionelle Gedanke wird im Folgenden

---

4 Performative Künste gelten gemeinhin als flüchtige Kunstform, die sich nicht in einer dinglichen Form materialisiert, sondern sich nur im Moment der Aufführung realisiert, um sogleich wieder zu vergehen und für immer ›verloren‹ zu sein. Damit ist die Analyse performativer Künste mit der erkenntnistheoretischen Problematik konfrontiert, »eine dynamische Form zu analysieren, das heißt, das sogenannte Transitorische, Vergängliche, Abwesende festzuhalten, es still zu stellen und ›auf den Begriff zu bringen‹« (Klein 2019: 377). Aus der Perspektive einer Verlustmetaphorik kann dieses Vorhaben, z.B. die mediale Transformation von performativer Kunst in Fotografie, Film oder Text, nie gelingen, wie die Soziologin Gabriele Klein mit Blick auf Tanz diskutiert, da die »Diskurse und Formate, in die der Tanz übersetzt wird [...] nicht mit dem Tanz und der tänzerischen Erfahrung identisch sein« (Klein 2013: 186) können.

als Prozess des Transformierens verstanden, womit die Veränderbarkeit und Prozessualität künstlerischer Prozesse betont wird.[5]

Transformieren

Es gibt nicht *die* Geschichte oder *die* Vergangenheit, sondern wir beziehen uns aus der Gegenwart ständig auf vergangene (oder auch auf zukünftige) abwesende Zeiten und das parallel und auf vielfältige Art und Weise (vgl. Landwehr 2017). Diesen Prozess beschreibt der Historiker Achim Landwehr mit dem Begriff der »Chronoferenz« (Landwehr 2016: 28). Die Chronoferenz ist diejenige Relationierung, »mit der anwesende und abwesende Zeiten gekoppelt, Vergangenheiten und Zukünfte mit Gegenwarten verknüpft werden können« (ebd.). Durch die verschiedenen Relationierungen zwischen anwesenden und abwesenden Zeiten entstehen verschiedene Erzählungen bzw. Beschreibungen der Vergangenheit. So haben wir es nicht mit *der* Gegenwart, *der* Vergangenheit oder *der* Zukunft zu tun, sondern mit sich permanent verändernden Bezügen zwischen anwesenden und abwesenden Zeiten (vgl. Landwehr 2017). Die Bezüge werden dabei nicht auf der Grundlage der abwesenden Zeit hergestellt, sondern jede Beschreibung einer abwesenden Zeit schließt sich an eine vorhergehende Beschreibung an (vgl. Landwehr 2016: 152). D.h.: »Worauf wir uns […] beziehen, sind Erzählungen, die gestrickt werden zwischen diesen Vergangenheiten und unseren Gegenwarten, die Vergangenheit ändert sich nicht, aber die Chronoferenzen die jeweils gestrickt werden, die ändern sich permanent.« (Landwehr 2017) Jede Chronoferenz produziert in diesem Sinne eine Differenz, da jede Beschreibung dazu führt, das Beschriebene zu verändern (vgl. Landwehr 2016: 152f.). Vor diesem Hintergrund lassen sich u.a. die Beschreibungen der künstlerischen Arbeiten sowie des Entwicklungsprozesses des Beuys-Performancefestivals bzw. sämtliche Formen des Dokumentierens als »gegenwärtige Produktionen einer zukünftigen Vergangenheit« (ebd.: 161) verstehen und damit weniger als eine Vergangenheits*reproduktion*, sondern als ein produktiver Prozess der Vergangenheits*konstruktion*.

Jede Beschreibung, jede Erzählung (wie hier über das Beuys-Performancefestival) beginnt also mit einer Differenz. Mit jeder Beschreibung wird dabei zugleich etwas Bestimmtes ausgewählt und »ins Werk gesetzt« (ebd.: 105), womit andere Varianten ausgeschlossen werden: »Jede Wahrnehmung oder Beschreibung ist die Wahrnehmung oder Beschreibung von Etwas und nicht die Wahrnehmung oder Beschreibung von etwas Anderem.« (Ebd.: 106) Solch eine Setzung entsteht dabei nicht aus dem ›Nichts‹, sondern ist mit bereits vorausgegangenen Setzungen (d.h.

---

5 Eine vertiefte und weiterführende Auseinandersetzung mit dem Prozess des Transformierens als Modus der Produktion von Tanz ist zu finden bei Weisheit 2021.

vorherigen Beschreibungen) als Voraus-Setzungen verknüpft, auf die man sich mehr oder weniger bewusst beziehen kann und die durch Beschreibungen, Erzählungen und Erinnerungen greifbar bleiben (vgl. ebd.: 105). Damit reiht sich jede Handlung in eine »Kette von Voraussetzungen« (ebd.: 106) ein und ist Setzung wie Voraussetzung zugleich (vgl. ebd.: 105). Vor dem Hintergrund dieser »letztlich endlosen Relationierungen« (ebd.: 161) haben wir es mit einer »Wirklichkeit in unterschiedlichen Transformationsstufen« zu tun (ebd.: 140). In diesem Sinne gibt es keine anfangslose Setzung und doch setzt jede Setzung ihren eigenen Anfang (vgl. Mersch 2003: 49). Ebenso wie es keine Setzung ohne Voraussetzung gibt, kann jede Setzung wiederum Voraussetzung für spätere Setzungen sein (vgl. Landwehr 2016: 105). Der Philosoph Dieter Mersch formuliert das auf eindringliche Weise: »Jede Ein-Setzung zwingt zu einer Fort-Setzung.« (Mersch 2003: 52) Und auch mit diesen Fort-Setzungen gehen wiederum Veränderungen einher.

Dieser Prozess lässt sich mit Walter Benjamin auch mit dem Begriff des Fortlebens beschreiben. In seiner Konzeption des Übersetzungsbegriffs kritisiert Benjamin die Annahme der Übersetzung als dem Original nachgelagert und zielt mit seinen Überlegungen darauf, den »Schein des Abgeleiteten und Nachrangigen« (Hirsch 2011: 610) vom Paradigma der Übersetzung zu lösen. Stattdessen betont er den Aspekt der Veränderung bzw. die »Nachreife« (Benjamin 1972: 12). Denn erst in der Übersetzung erreiche »das Leben des Originals seine stets erneute späteste und umfassendste Entfaltung« (ebd.: 11), was Benjamin mit dem Begriff des Fortlebens beschreibt. Damit wird deutlich, dass die Übersetzung gerade nicht als dem Original nachgelagert zu verstehen ist, sondern als inhärenter Bestandteil dessen, denn sein Fortleben wird überhaupt erst im andauernden Prozess der Übersetzung möglich (vgl. Schulze 2010: 150). Im Sinne Benjamins Gedanken des Fortlebens versteht sich das vorliegende Buch als inhärenter Bestandteil des Beuys-Performancefestivals und diesem in seiner Bedeutung nicht nachgelagert bzw. untergeordnet. Das Fortleben (des Festivals) durch die Übersetzung (das Buch) wird im Sinne Benjamins dabei zugleich als ein Vorgang der Wandlung und Erneuerung verstanden. Denn bei der Übersetzung geht es nicht um eine »Ähnlichkeit von Nachbildung und Original« (Benjamin 1972: 13), sondern Benjamin weist darauf hin, dass Ähnlichkeit keine notwendige Bedingung für eine Verwandtschaft ist (vgl. ebd.). Mehr noch: Keine Übersetzung ist möglich, »wenn sie Ähnlichkeit mit dem Original ihrem letzten Wesen nach anstreben würde« (ebd.: 12). Denn jede Übersetzung hat ihre eigene Form und berührt das Original nur flüchtig und nur in einem »unendlich kleinen Punkte« (ebd.: 20), so wie die Tangente den Kreis, um »ihre eigenste Bahn zu verfolgen« (ebd.). Damit betrifft die Übersetzung gerade die Veränderlichkeit des sog. Originals und lässt sich mit Benjamin als ein Prozess des Transformierens verstehen (vgl. Schulze 2005: 129).

Vor dem Hintergrund dieser theoretischen Überlegungen versteht sich das vorliegende Buch dezidiert als Teil des Wuppertaler Beuys-Performancefestivals, mit dem sowohl die wissenschaftlichen Diskussionen als auch die künstlerischen Arbeiten in einer anderen Existenzweise (hier u.a. Text und Fotografie) fortgeführt werden. Damit wird zugleich ein Verständnis vertreten, das nicht die Aufführung als primäre Existenzweise von Performance-Kunst ins Zentrum rückt, sondern stattdessen betont, dass sich diese auch »als Ritus, als Gedicht, als Buch, als Sammlung und Ausstellung, als Inszenierung oder Projekt, als ästhetisches, politisches oder didaktisches Experiment« (Aggermann 2017: 20) und vieles mehr produzieren kann.[6] Ein Verständnis, das wiederum ganz im Sinne von Joseph Beuys sein dürfte, der bspw. Begleitpublikationen zu Ausstellungen mitunter zugleich als Ausstellungskatalog und als Künstlermultiple verstand, wie etwa beim *Katalog Museum Mönchengladbach* (1967) (vgl. Willing 2021: 155).

Solch ein Verständnis legt es wiederum nahe, in einem Buch zum Beuys-Performancefestival nicht nur wissenschaftliche Reflexionen zu versammeln, sondern verschiedene Textformate zu kombinieren und miteinander in einen Dialog zu bringen. So sind auf den folgenden Seiten neben wissenschaftlichen Diskussionen auch Performanceanalysen, Erfahrungsberichte und Wahrnehmungsexperimente zu finden, die in die künstlerischen Arbeiten des Festivals eintauchen. Zudem erforscht eine performative Stadterkundung Wuppertal und Interviews mit AkteurInnen des Festivals sowie der Wuppertaler Freien Szene geben Einblicke in den künstlerischen Produktionsprozess. Darüber hinaus wurden drei Soundinstallationen künstlerischer Arbeiten des Festivals in ein Textformat überführt, wodurch Teile dieser Arbeiten in einer anderen Existenzweise weiterentwickelt werden. Die verschiedenen Textbeiträge ordnen sich dabei vier Aspekten des Transformierens zu, die das Buch inhaltlich strukturieren.

Zum Aufbau des Buches

Die Beiträge des ersten Kapitels widmen sich **genealogischen Aspekten des Transformierens**. Hier stehen sowohl theoretische Überlegungen zur Entwicklung des Performance-Begriffs als auch Fragen zur Genese der Performance-Kunst in Wuppertal sowie zum künstlerischen Arbeitsprozess im Fokus. **Katharina Weisheit** nimmt das Wuppertaler Beuys-Performancefestival sowie die Aktionen von Joseph Beuys zum Anlass, über ein zeitgenössisches Verständnis des Performance-Begriffs nachzudenken und stellt vier Aspekte heraus, die hierfür besonders relevant erscheinen: die Auflösung der Dichotomie von Werk und Ereignis, die Produktion von Performance-Kunst in verschiedenen Existenzweisen, die Anerkennung me-

---

6 Siehe hierzu auch den Beitrag *How to do things with performance* der Verfasserin in diesem Band.

dialer Transformationen als Teil des künstlerischen Prozesses sowie die Berücksichtigung nicht-menschlicher Akteure. **Anne Linsel** verfolgt in ihrem Beitrag die Spuren der Performance-Kunst in Wuppertal. Anhand der nicht nur für die Stadt Wuppertal, sondern international bedeutsamen KünstlerInnen Else Lasker-Schüler, Bazon Brock und Pina Bausch zeichnet sie die Bedeutung der Stadt Wuppertal für die Entwicklung der Performance-Kunst nach. Im Gespräch mit Katharina Weisheit erzählt **Ophelia Young**, langjährige Tänzerin des Tanztheater Wuppertal Pina Bausch und inzwischen Künstlerin der Wuppertaler Freien Szene, von den pandemiebedingten Veränderungen der Produktions- und Präsentationsbedingungen der Kunst- und Kulturszene. **Katja Schneider** begibt sich in ihrem Beitrag auf Spurensuche zu einer Aufführung, die niemals stattgefunden hat. Im Rahmen des Beuys-Performancefestivals sollte eigentlich die Performance *Der Mensch ist frei* von Raimund Hoghe Premiere feiern. Doch knapp drei Wochen vor Festivalbeginn verstarb der Wuppertaler Künstler und damit bleibt seine letzte Arbeit unvollendet. Schneider geht in ihrem Beitrag den wenigen Spuren dieser Arbeit, Hoghes künstlerischen Schaffen sowie seiner Verbindung zu Joseph Beuys nach.

Die Beiträge des zweiten Kapitels rücken v.a. **mediale Aspekte des Transformierens** in den Fokus und reflektieren die Verlagerung des Beuys-Performancefestivals in den digitalen Raum. **Maren Butte** diskutiert diese Transformation als eine Form von site specific art. Denn die künstlerischen Beiträge des Festivals wurden nicht lediglich im digitalen Raum übertragen, sondern die Arbeiten wurden für den digitalen Raum verändert und weiterentwickelt. Dadurch sind, so die These des Beitrags, ortsspezifische Arbeiten entstanden, die sich mit den Mitteln der Performance die Eigenschaften und Bedingungen des digitalen Raums angeeignet haben. Entlang der Onlineperformances des Festivals sowie der Beuysschen Idee der *Sozialen Plastik* denkt der Beitrag vor diesem Hintergrund über die Medialität des Performativen nach. **André Eiermann** diskutiert die medialen Transformationen des Festivals als eine logische Konsequenz der Beuysschen Aktionskunst bzw. Fortführung der medialen Aspekte seiner Kunst mit digitalen Mitteln. Eiermann stellt heraus, dass eine Aktualisierung des Performance-Begriffs nicht erst aufgrund der pandemischen Bedingungen notwendig ist, sondern sich schon lange vor der Pandemie Aspekte in performativer Kunst finden lassen, die Anlass dazu geben, den Performance-Begriff anders zu denken, als in weiten Teilen der Theater- und Kunstwissenschaft immer noch vorherrschend. Der darauffolgende Beitrag von **Showcase Beat Le Mot** ist selbst eine Form der medialen Transformation: Der während ihrer Performance *Remode Zombie Andy Beuyz*, die beim Wuppertaler Beuys-Performancefestivals zu sehen war, vorgetragene Text wurde für den vorliegenden Band in ein Textformat transformiert. **Timo Skrandies** setzt sich in seinem Beitrag sowohl mit dem Text als auch der Performance von Showcase Beat Le Mot auseinander. In Form eines »Geistergesprächs« lässt Skrandies Andy und Beuyz u.a. über Post-anthropozentrisches

Theater, die Frage nach dem Anfang und darüber, ob *Remode Zombie Andy Beuyz* eine Aufführung ist oder nicht diskutieren. Dabei werden Andy und Beuyz immer wieder, geisterhaft, mit Zitaten aus dem Off konfrontiert. Es folgt ein Bericht zur immersiven Videoinstallation von Rimini Protokoll, die auf der Transkription eines Gesprächs von **Barbara Gronau** und **Bettina Paust** basiert. Der Festivalbeitrag von Rimini Protokoll, *Feast of Food*, konnte weder, wie ursprünglich geplant, von Besuchenden vor Ort betrachtet, noch adäquat in ein digitales Format übersetzt werden. Stattdessen ist ein Kurzfilm entstanden, in dem Gronau und Paust ihre Beobachtungen beim Erleben der Videoinstallation reflektieren. Für das Buch wurde der Film transkribiert und in einen schriftlichen Dialog transformiert. Sowohl der Film als auch der entstandene Text setzen so die ästhetische Erfahrung der Installation fort. **Svetlana Chernyshova** geht im Anschluss der Frage nach, welche medialen Verschiebungen die Übertragung einer Performance ins Virtuelle nach sich zieht. Durch u.a. die pandemiebedingten Kontaktbeschränkungen musste der Kunst- und Kulturbetrieb mediale Transformationen vornehmen, um eine andere Form von Präsenz als die realphysische Anwesenheit zu ermöglichen. Chernyshova stellt mit Blick auf die virtuelle Ausstellung *Ich bin alle* von Olaf Reitz und Andy Dino Iussa heraus, dass diese Form von Präsenz nicht der ›Originalerfahrung‹ nachgelagert ist, sondern eigene Logiken und Qualitäten mit sich bringt. An den Beitrag schließt eine Collage von **Olaf Reitz** und **Andy Dino Issua** an, die Auszüge der Soundinstallation, die Teil der Ausstellung in der sog. Heilkünstlerei war, mit Auszügen aus über Jahre gesammeltem Found-Footage-Material der beiden Künstler vereint und in ein Textformat transformiert.

Das dritte Kapitel nimmt unter dem Titel **Temporales Transformieren** verschiedene Aspekte von Zeit in den Fokus. Nicht nur mit Blick auf das Verhältnis der Aktionen von Beuys zu zeitgenössischer Performance-Kunst, sondern es werden zudem Fragen nach der Wahrnehmung von Zeit, der Dokumentation und Archivierung von (vermeintlich) flüchtigen Performances sowie nach der Prozessualität von Kunstproduktion diskutiert. **Barbara Gronau** thematisiert in ihrem Beitrag Beuys' künstlerischen Umgang mit verschiedenen Parametern von Zeit. Mit Blick auf sein Œuvre, das u.a. durch verschiedenste Praktiken des Stillstellens, Sammelns und Speichers geprägt ist, stellt Gronau heraus, dass Beuys Zeit als eine gesellschaftliche Herausforderung verstand, bei der den Menschen die Aufgabe zufällt, Gegenwart zu gestalten und die Welt für die Zukunft transformierend zu erhalten. Der Beitrag von **Julia Reich** knüpft an die Frage nach dem Verhältnis von Augenblickhaftigkeit und Beständigkeit an. Von dem internationalen Performance Art Archiv *Black Kit | Schwarze Lade* ausgehend, zeigt Reich auf, dass sich ein Archiv nicht nur in Kategorien von Dauerhaftigkeit und Beständigkeit denken lässt. Stattdessen betont Reich die Relationalität zwischen Performancedokumenten, performativer Praxis und Rezeptionssituation und arbeitet verschiedene (Re-)Aktivierungsformen zwischen Performance und Archiv heraus. Durch die Auseinandersetzung mit der *Schwarzen*

Lade schließt Reich zugleich eine Lücke des Beuys-Performancefestivals. Denn für das Panel *Archiv/Gedächtnis* war ursprünglich Boris Nieslony, Performance- und Installationskünstler sowie Initiator der *Schwarzen Lade*, eingeladen, dieser sagte seine Teilnahme jedoch aufgrund der, aus seiner Sicht, zu großen Nähe des Festivals zu Joseph Beuys ab. So ergänzt der Beitrag von Reich die Diskussion des Festivals um die für die Debatte um Archivierung und Dokumentation von Performance-Kunst so wichtige Position der *Schwarzen Lade*. **Jens Fehrenbacher** reflektiert in seinem Beitrag anhand der *Etüde der Langsamkeit* die Wahrnehmungs- und Erfahrungssituation einer Rezeption auf Distanz (sowohl zeitlich als auch räumlich). Dabei nimmt er die künstlerische Arbeit von Partita Radicale als Ausgangspunkt, um mit ihr ein Vorgehen zu erproben, das Fehrenbacher ›situiertes Experimentieren‹ nennt: ein Vorgehen, das nicht nur die künstlerische Arbeit, sondern auch das eigene Mitwirken, die eigenen Interessen und Aufmerksamkeiten sowie die situativen Bedingungen als elementare Bestandteile von Kunsterfahrung betrachtet. Fehrenbacher diskutiert in diesem Sinne nicht nur die Performance und deren Umgang mit Zeit, sondern zugleich das mediale Setting und die temporalen Veränderungen, die mit diesem einhergehen, sowie die Übersetzung dieser Situation in ein Textformat für diesen Sammelband. Im Anschluss daran sprechen das KünstlerInnenduo **deufert&plischke** mit Katharina Weisheit über das Gestern, Heute und Morgen ihrer 2002 entwickelten Performance *I like Erika and Erika likes me*, die sie für das Wuppertaler Beuys-Performancefestival in einen Film transformiert haben. Das Changieren zwischen verschiedenen Zeitebenen ist nicht nur bei *I like Erika and Erika likes me* zentral, sondern ein grundsätzliches Kennzeichen der Arbeit des KünstlerInnenduos, wie sie im Gespräch erzählen. Darauf folgt ein künstlerisches Statement der **Jackson Pollock Bar** zu ihrem Playback-Projekt *Der Hang zum Gesamtkunstwerk*. Teile des Statements wurden von Martin Horn, Mitbegründer des Performanceunternehmens für Theorieinstallationen, im Rahmen des Panels *Gesamtkunstwerk* bereits während des Festivals verlesen, hier ist der Text nun vollständig zu lesen. **Alexandra Vinzenz** reflektiert in ihrem Beitrag sowohl das künstlerische Statement der Jackson Pollock Bar als auch die lange Tradition des Konzepts des Gesamtkunstwerks. Hierfür führt sie die Positionen von Bazon Brock und Joseph Beuys vor dem Hintergrund der Entwicklung von Fluxus zusammen, arbeitet Gemeinsamkeiten und Unterschiede heraus und leitet damit zugleich zum vierten Kapitel über, das sich unter dem Titel **soziokulturelles Transformieren** Fragen nach der Bedeutung von Kunst für gesellschaftlichen Wandel widmet.

Karen van den Berg setzt für ihren Beitrag bei dem Konzept der *Sozialen Plastik* von Joseph Beuys an, mit dem er der Kunst einen direkten und unmittelbaren Einfluss auf die Lebenswelt zusprach. Van den Berg fragt nach der Bedeutung dieses Selbstverständnisses für die heutige künstlerische Praxis, in der Formen von Socially Engaged Art und künstlerischem Aktivismus zunehmend an Bedeutung gewonnen haben. Vor diesem Hintergrund diskutiert van den Berg, ob Beuys' Konzept tatsächlich einen Wendepunkt in der Geschichte der Kunst markiert oder ein Denkwerkzeug ist, das jenseits von seinem Werk keine Relevanz besitzt. Im Anschluss daran setzt sich der Erfahrungsbericht von **Annika Schneider** mit dem Projekt MEGAPHONICA – *Die Stimme der Stadt on Tour* auseinander, das – ebenfalls unter Bezug auf Beuys' Konzept der *Sozialen Plastik* – Geschichten von BürgerInnen der Stadt Wuppertal sammelt und Gehör verschafft. Entstanden ist eine Audiocollage, die die gesammelten Stimmen mithilfe eines Megafons zurück in die Stadt spielt. Für den vorliegenden Band wurden Auszüge aus der Audiocollage von **MEGAPHONICA** in ein Textformat transformiert, das auf den Beitrag von Schneider folgt. **Julia Wessel** setzt sich in ihrem Text mit dem Festivalbeitrag des Kollektiv ImpACT sowie der Bedeutung von Sprache für gesellschaftliche Veränderungen auseinander und nimmt damit ebenfalls Bezug auf Beuys' Konzept der *Sozialen Plastik*. Die Soundperformance versammelt vermeintlich harmlos klingende Stimmen, die jedoch durch Scheinargumente und Floskeln Diskriminierungen reproduzieren, womit das Kollektiv die zeitgenössische Debattenkultur sowohl im öffentlichen als auch im privaten Kontext kritisiert. Wessel zeichnet die Entwicklung des Projektes sowie dessen Erweiterung durch das Zelt des Empowerments der Künstlerin beARTrich nach. Auch dieser Beitrag wird von der in ein Textformat transformierten Audiocollage des **Kollektiv ImpACT** flankiert. **Heike Lüken** verfolgt im Anschluss daran den Zusammenhang von Ästhetischem und Sozialem im Kontext von Stadtplanungs- und -entwicklungsprozessen. Anhand der Arbeiten von Boris Sieverts und Martin Nachbar vergleicht Lüken Praktiken künstlerischer Wissensproduktion in urbanen Kontexten mit den Praktiken eines Hamburger Architekturbüros und geht der Frage nach, wie das im Zuge von »choreografischer Stadtforschung« generierte Wissen in Prozesse der Stadtplanung, Stadtentwicklung und Architektur gewinnbringend eingebracht werden kann. Die performative Stadterkundung von **Paula Hildebrandt** lässt sich als eine Form choreografischer Stadtforschung verstehen. Hildebrandt verwendet literarische Verfahren der Collage, Montage, Verdichtung und Verfremdung, um ihre Eindrücke der Stadt Wuppertal in Wort (und Bild) festzuhalten bzw. sie in diese zu transformieren. Ihr assoziativer Text ist ein Crossover aus verschiedenen Textsorten (Dialogfetzen, Reportage, Rap, Sonett, lexikalische Ausflüge, Liedtexte, selbst erfundene Witze, Werbeslogans, Zeitungsmeldungen), die zusammengeführt werden, um einen Rhythmus, eine Sprache, einen Sound für die verschiedenen Eindrücke ihrer fünftägigen Stadterkundung in Wuppertal zu finden. Auch der Beitrag von **Wolfgang Zumdick** knüpft an die Überlegungen Lükens an und zeigt auf, wie sich Praktiken künstlerischer Wissensproduktion ganz konkret auf die Stadtgestaltung auswirken können. Hierfür setzt sich Zumdick mit *Utopiastadt* auseinander, das sich selbst als »andauernder Gesellschaftskongress mit Ambitionen und Wirkungen«[7] bezeichnet und seit 2014 in den Gebäuden des ehemaligen Bahnhofs

---

7 Siehe hierzu: https://www.utopiastadt.eu/ (letzter Zugriff: 20.04.2023).

Wuppertal-Mirke befindet. Zumdick zeichnet den Entwicklungsprozess sowie die verschiedenen Unternehmungen von *Utopiastadt* nach und stellt so die Relevanz der Initiative für die Stadt- bzw. Stadtteilentwicklung heraus. **Daniela Raimund** und **Roland Brus** entwickeln mit ihrem Projekt *Akademie der Straße* bereits seit Jahren genreübergreifend partizipative künstlerische Strategien im öffentlichen Raum in Wuppertal. Mit Bettina Paust haben sie über ihre Arbeit im Rahmen der KünstlerInnengruppe Mobile OASE, die produktiven Auswirkungen der Coronamaßnahmen für die Weiterentwicklung ihres Projekts sowie über Möglichkeiten des Zusammenwirkens aller Mitglieder einer Stadtgesellschaft gesprochen. Komplettiert wird das Kapitel durch **Bettina Paust,** die in ihrem Beitrag einen resümierenden Blick auf das Verhältnis von künstlerischen (Aus-)Handlungen im urbanen Raum und (Kultur-)Politik wirft. Mit Fokus auf die Entwicklung der Stadt Wuppertal und die Aktivitäten der dortigen Freien Szene betont Paust die Notwendigkeit eines Zusammenspiels von Kunst, Politik und Stadtentwicklung für eine zukunftsfähige, nachhaltige Stadt. Ausgehend von ihrer Arbeit als Leiterin des Kulturbüros der Stadt Wuppertal, stellt Paust heraus, dass gerade die kreativen Kompetenzen von KünstlerInnen Wege aus festgefahrenen Strukturen und Denkmustern eröffnen können.

Dank

Abschließend sei der Kunststiftung NRW für die finanzielle Förderung der Publikation gedankt. Ein weiterer Dank richtet sich an den transcript Verlag für die professionelle Begleitung und kollegiale Unterstützung im Prozess der Buchherstellung. Allen AutorInnen danken wir für die vertrauensvolle Zusammenarbeit und die produktiven Diskussionen sowie Süleyman Kayaalb für die fotografische Begleitung des Festivals. Ein besonderer Dank gilt Jasmina Nöllen für ihr intensives und sorgfältiges Korrektorat und ihre Unterstützung beim Erstellen des Manuskripts.

Quellenverzeichnis

Aggermann, Lorenz (2017): »Die Ordnung der darstellenden Kunst und ihre Materialisationen. Eine methodische Skizze zum Forschungsprojekt Theater als Dispositiv«, in: Lorenz Aggermann/Georg Döcker/Gerald Siegmund (Hg.): Theater als Dispositiv. Dysfunktion, Fiktion und Wissen in der Ordnung der Aufführung, Frankfurt a.M.: Peter Lang, S. 7-32.
Benjamin, Walter (1972): »Die Aufgabe des Übersetzers«, in: ders./Rolf Tiedemann (Hg.): Gesammelte Schriften, Band IV.I, Frankfurt a.M.: Suhrkamp, S. 9-21.
Eiermann, André (2009): Postspektakuläres Theater. Die Alterität der Aufführung und die Entgrenzung der Künste, Bielefeld: transcript.

Eiermann, André (2012): »Vor-Schriften: Skizzen, Skripte und Scores im Tanz und in der bildenden Kunst«, in: Isa Wortelkamp (Hg.): Bewegung Lesen. Bewegung Schreiben, Berlin: Revolver Publishing, S. 159-183.

Hirsch, Alfred (2011): »Die Aufgabe des Übersetzers«, in: Burkhardt Lindner (Hg.): Benjamin Handbuch. Leben – Werk – Wirkung, Stuttgart: J.B. Metzler, S. 609-625.

Klein, Gabriele (2013): »Tanzen als kulturelles Übersetzen«, in: Colleen M. Schmitz (Hg.): Tanzt! Wie wir uns und die Welt bewegen, Ausst.-Kat, Berlin: Diaphanes, S. 181-189.

Klein, Gabriele (2019): Pina Bausch und das Tanztheater. Die Kunst des Übersetzens, Bielefeld: transcript.

Landwehr, Achim (2016): Die anwesende Abwesenheit der Vergangenheit, Frankfurt a.M.: S. Fischer.

Landwehr, Achim (2017): Interview Prof. Dr. Achim Landwehr zu Die anwesende Abwesenheit der Vergangenheit. Essay zur Geschichtstheorie, 15.03.2017, https://www.philo.hhu.de/fileadmin/redaktion/Fakultaeten/Philosophische_Fakultaet/philGRAD/Dateien/weitere_PDFs/Interview_Landwehr_070217_geku__rzt.pdf (letzter Zugriff: 06.06.2023).

Laux, Henning (2016): Bruno Latours Soziologie der ›Existenzweisen‹. Einführung und Diskussion, Bielefeld: transcript.

Magel, Eva-Maria: »Auge in Auge mit dem Freischütz«, in: Frankfurter Allgemeine vom 02.10.2020, https://www.faz.net/aktuell/rhein-main/digitales-kunstfestival-performing-arts-und-digitalitaet-16982115.html (letzter Zugriff: 20.04.2024).

Mersch, Dieter (2003): »Das Ereignis der Setzung«, in: Erika Fischer-Lichte/Christian Horn/Sandra Umathum/Matthias Warstat (Hg.): Performativität und Ereignis, Tübingen/Basel: A. Francke, S. 41-56.

Schulze, Janine (2005): »Tanzarchive: ›Wunderkammern‹ der Tanzgeschichte?«, in: Inge Baxmann/Franz Anton Cramer (Hg.): Deutungsräume. Bewegungswissen als kulturelles Archiv der Moderne, München: Kieser, S. 119-131.

Schulze, Janine (2010): »Lücken im Archiv oder Die Tanzgeschichte ein ›Garten der Fiktionen‹?«, in: Christina Thuner/Julia Wehren (Hg.): Original und Revival. Geschichts-Schreibung im Tanz, Zürich: Chronos, S. 147-153.

Weisheit, Katharina (2021): Tanz in Produktion. Verdichten | Transformieren | Institutionalisieren, München: epodium.

Wihstutz, Benjamin/Vecchiato, Daniele/Kreuser, Mirijam (Hg.) (2022): #CoronaTheater. Der Wandel der performativen Künste in der Pandemie, Berlin: Theater der Zeit.

Willing, Jonathan (2021): »Beuys in der Fotografie«, in: Timo Skrandies/Bettina Paust (Hg.): Joseph Beuys-Handbuch. Leben – Werk – Wirkung, Stuttgart: J.B. Metzler, S. 152-158.

Genealogisches Transformieren

»How to do things with performance.«
Thesen zum Performance-Begriff

Katharina Weisheit

Das Wuppertaler Beuys-Performancefestival war eigentlich als eine Veranstaltung in Präsenz geplant. Aufgrund der Covid-19-Pandemie und damit einhergehenden Kontaktbeschränkungen musste das Festival jedoch kurzfristig in den digitalen Raum verlegt werden. Obwohl sich TeilnehmerInnen wie BesucherInnen auf gemeinsame Veranstaltungsbesuche vor Ort in Wuppertal gefreut haben, so hat die pandemiebedingte Transformation dem Festival eine neue weiterführende Ebene hinzugefügt. Denn die künstlerischen Arbeiten haben sich nun nicht mehr nur aus einer zeitgenössischen Perspektive mit den Aktionen von Joseph Beuys auseinandergesetzt, sondern die geplanten Projekte, Performances und Aktionen wurden zudem für das digitale Festival weiterentwickelt und (größtenteils) in andere Formate übersetzt – selbst dann, wenn es sich ›nur‹ um das Format Live-Stream handelt. Die medialen bzw. digitalen Formate führten dabei nicht nur zu einer Veränderung der Zeitlichkeit von Performance-Kunst, sondern rückten v.a. neue künstlerische Produktions- wie Präsentationsweisen in den Fokus. Damit wurde das Festival selbst zum Impulsgeber für zeitgenössische Performance-Kunst und hat so zu einer Aktualisierung des Performance-Begriffs beigetragen.

Der folgende Beitrag führt diese verschiedenen Stränge des Festivals – d.h. die Aktionen von Beuys, die künstlerischen Arbeiten des Festivals, ihre medialen Übersetzungen, aber auch die Themen und Impulse der wissenschaftlichen Panels – zusammen und befragt sie dahingehend, was sie für ein Verständnis von Performance nahelegen. Dabei geht es nicht um den Versuch einer Definition von Performance, denn der Performance-Begriff zeichnet sich v.a. durch ein großes Deutungsspektrum aus und lässt sich nur schwer definieren und lokalisieren, wie wir im Folgenden noch sehen werden. Stattdessen werden vier Aspekte in den Fokus gerückt, die für den Kontext des Festivals besonders relevant erscheinen. Doch machen wir zunächst einen kurzen Ausflug zurück in die Mitte des 20. Jahrhunderts und erinnern uns an die Entwicklung des Konzepts der Performativität, das für den Performance-Begriff eine wichtige Rolle spielt.

Theoretische Rückvergewisserung: Performativität – Performance

Der Titel des Beitrags spielt auf die wegweisende Vorlesungsreihe *How to do things with words* des Sprachphilosophen John Austin an, die er 1955 an der Harvard Universität hielt. Austin führte dort den Begriff des Performativen ein, mit dem er den Handlungscharakter von Sprache herausstellte (vgl. Austin 1962). Als Beispiel hierfür nannte er u.a. eine Hochzeit: Indem der/die StandesbeamtIn im Standesamt sagt: »Hiermit erkläre ich euch zu Mann und Frau.« beschreibt er/sie nicht nur einen Sachverhalt, sondern bringt diesen als Realität zugleich hervor. Austin bezeichnet das als einen performativen Sprechakt. Die Handlung des/der StandesbeamtIn ist dabei selbstreferentiell, insofern sie bedeutet, was sie tut. Zugleich ist sie wirklichkeitskonstituierend, indem sie die soziale Wirklichkeit herstellt, von der der/die StandesbeamtIn spricht (vgl. Fischer-Lichte 2004: 32). Der sprachphilosophische Ansatz Austins wurde in den darauffolgenden Jahren vielfach erweitert. In den 1990er Jahren hat v.a. Judith Butler mit ihrem performativen Konzept von Geschlecht zu einer kultur- bzw. gesellschaftstheoretischen Differenzierung des Begriffs beigetragen.[1] Heute lassen sich unter dem Begriff der Performativität verschiedene Ansätze und Auseinandersetzungen fassen, die sich mit kulturellen Formen des Hervorbringens, Handelns und Bewirkens beschäftigen (vgl. Hantelmann 2007: 10).

In der Theaterwissenschaft wurde der Begriff v.a. durch Erika Fischer-Lichte fruchtbar gemacht. Fischer-Lichte reagierte mit ihrem Entwurf einer *Ästhetik des Performativen* (2004) auf die sog. performative Wende in den Künsten.[2] Mit dieser Bezeichnung wird eine künstlerische Bewegung beschrieben, die sich in der Mitte des 20. Jahrhunderts entwickelte. KünstlerInnen der Bildenden aber auch der Darstellenden Künste, der Musik und der Literatur begannen, die Grenzen zwischen den Künsten aufzulösen. Sie stellten die Prozess- und Ereignishaftigkeit von Kunst und des künstlerischen Arbeitsprozesses in den Mittelpunkt und setzten sich kritisch mit traditionellen Begriffen und Parametern der Kunstproduktion auseinander. Sie erprobten neue Formen künstlerischer Praxis, die sich auffallend häufig in und als Aufführungen realisierten (vgl. ebd.: 22). Auf diesen »Performativierungsschub« (ebd.) hat die Theaterwissenschaft in ihrer Theoriebildung mit einer Verabschiedung vom Werk- zugunsten des Aufführungs-Begriffs reagiert:

---

1 Butler untersuchte u.a. die Handlungsmacht der Sprache, (geschlechtliche) Körper hervorzubringen (vgl. Butler 1995) oder zu verletzen (vgl. dies. 1998).

2 Gleichzeitig reagierten KünstlerInnen wiederum auch auf das theoretische Konzept Fischer-Lichtes. So verweist etwa der Titel der Arbeit *I like Erika and Erika likes me* (2002) des KünstlerInnenduos deufert&plischke auf diesen, von Fischer-Lichte angestoßenen Diskurs der 1990er Jahre. Siehe hierzu auch das Interview der Verfasserin mit deufert&plischke in diesem Band.

»Denn wenn es nicht mehr ein Kunstwerk gibt, das über eine vom Produzenten und Rezipienten unabhängige Existenz verfügt, wenn wir es statt dessen mit einem Ereignis zu tun haben, [...] erscheint es höchst problematisch, weiter mit [...] Kategorien [...] zu operieren, die in separierenden Produktions-, Werk- und Rezeptionsästhetiken entwickelt wurden.« (Ebd.: 21f.)

Fischer-Lichte rückt damit die Ereignishaftigkeit und Prozesshaftigkeit in den Fokus. Auch der Theaterwissenschaftler Hans Thies-Lehmann beschreibt Theater in diesem Zusammenhang als »Prozeß und nicht als fertiges Resultat, als Tätigkeit des Hervorbringens und Handelns statt als Produkt, als wirkende Kraft, nicht als Werk« (Lehmann 2015: 179). Mit dem Begriff der Performativität wird dabei einer spezifischen Dimension künstlerischer Bedeutungsproduktion Gewicht verliehen: das Hervorbringende, Realitätserzeugende und -gestaltende von Kunst (vgl. Hantelmann 2007: 12). D.h., die performative Dimension von Kunst bezeichnet ihr Eingebundensein in eine Realität, die sie zugleich immer auch mit hervorbringt (vgl. ebd.). In diesem Sinne setzt wiederum die Performance-Kunst die Realerfahrung von Körper, Raum und Zeit in den Mittelpunkt. Damit demonstriert sie nicht nur eine Distanz zu einem traditionellen Werkbegriff, sondern auch zu einem traditionellen Konzept von Theater (vgl. Umathum 2014: 250).

Das Konzept der Performativität korrespondiert also eng mit der Entwicklung des Performance-Begriffs bzw. der -Forschung.[3] Wie bereits einleitend angedeutet, zeichnet sich der Performance-Begriff dabei durch eine große Bedeutungsvielfalt aus. So meint er sowohl Darstellung, Aufführung oder Auftritt, als auch Leistung, Ergebnis, Ertrag oder Erfolg und hat in verschiedenen gesellschaftlichen Bereichen an Bedeutung gewonnen (vgl. Klein 2021: 68). Die Soziologin Gabriele Klein stellt heraus, dass sowohl viele öffentliche Veranstaltungen als Performances in Szene gesetzt werden, als auch das Handeln von Personen, die im Interesse der Öffentlichkeit stehen, entsprechend ihrer jeweiligen Performance bewertet wird (vgl. ebd.: 67). Mit Blick auf Kunst wird mit dem Performance-Begriff v.a. der Aufführungscharakter, die Ereignishaftigkeit, Einmaligkeit und Unwiederholbarkeit betont. Darüber hinaus wird das Verhältnis von Ritualität, Theatralität, Medialität und Materialität sowie das Verhältnis von Kunst und gesellschaftlicher sowie politischer Realität herausgestellt (vgl. ebd.: 69).

Mit der Performance-Kunst entstand eine »künstlerische Aktionsform« (Angerer 2014: 280), die sich zwischen Bildenden und Darstellenden Künsten etabliert hat. Ausgangspunkt war die Forderung nach einer Entgrenzung einzelner Kunstgattungen, der Annäherung von Kunst und Leben sowie der Kritik am traditionellen Ideal des künstlerischen Werks und seiner Institutionen. Zeitgenössische Performance-Kunst ist nicht zuletzt durch verschiedene Inszenierungsstile geprägt

---

3 Siehe für eine Differenzierung der verschiedenen Stränge der Performance-Forschung: Klein 2021.

und ihre Grenzen sind auch heute immer noch fließend und durchlässig. Eine Offenheit, die die Kunsthistorikerin Roselee Goldberg bereits 1979 festgestellt hat: »By its very nature, performance defies precise or easy definition beyond the simple declaration that it is live art by artists.« (Goldberg, zit. n. Umathum 2014: 249) Mit Blick auf das Beuys-Performancefestival gerät auch diese »simple declaration« ins Wanken, denn wir werden im Folgenden noch sehen, dass sich zeitgenössische Performance-Kunst durch verschiedene Präsentationsformen auszeichnet, die nicht zwingend live stattfinden.

Was lässt sich vor dem Hintergrund dieser Offenheit und Uneindeutigkeit also überhaupt zum Performance-Begriff sagen? Das Wuppertaler Beuys-Performancefestival zeigt zunächst einmal, dass die KünstlerInnen der performativen Wende, und hier allen voran Joseph Beuys, nach wie vor eine impulsgebende Wirkung auf die Arbeiten zeitgenössischer KünstlerInnen haben. Gleichzeitig legen sowohl die künstlerischen Arbeiten als auch die wissenschaftlichen Panels des Festivals ein bestimmtes Verständnis von Performance und ihrer Produktion nahe. In diesem Zusammenhang erscheinen v.a. vier Aspekte zentral, die im Folgenden thesenartig diskutiert werden:

These 1 | Performance-Kunst macht eine Gegenüberstellung von Werk und Ereignis überflüssig

Für die Entwicklung der Performance-Kunst waren nicht zuletzt die Aktionen[4] von Joseph Beuys wegweisend, die er mit dem Aufkommen der Fluxus-Bewegung in den 1960er Jahren zu entwickeln begann. Mit seinem auf jeden Menschen und dessen soziales Handeln *Erweiterten Kunstbegriff* bestimmte er Kunst im Wesentlichen dazu, Handlungsvollzug zu sein (vgl. Gronau 2010: 17). Dieses Verständnis mündete nicht zuletzt in Beuys' Begriff der *Sozialen Plastik*, mit dem er die Idee, das gestalterische Potential von Menschen zur Reform des sozialen Miteinanders zu nutzen, umschrieb (vgl. Lange 2021: 431). Damit hat Beuys das Kunstverständnis entscheidend erweitert, indem er die Kunst hin zur Gesellschaft öffnete bzw. das Potential der Kunst, die Gesellschaft zu transformieren, betonte.[5] Idee und

---

4 Beuys verwendete für seine künstlerischen Handlungen explizit den Begriff der Aktion und sprach weder von Performance noch von Happening. Der Begriff der Aktion entwickelte sich mit Beginn des 20. Jahrhunderts in der künstlerischen Avantgardebewegung zur Beschreibung von flüchtigen Handlungsvollzügen, die öffentlich aufgeführt werden, und war Ausdruck eines Kunstverständnisses, das an die Stelle traditioneller Werkbegriffe, ereignishafte und partizipative Formen setzte (vgl. Gronau 2021: 55). Siehe hierzu u.a. Schneede 1994; Gronau 2010; dies. 2021.

5 Vgl. zum Begriff und Konzept der *Sozialen Plastik* u.a. Harlan/Rappmann/Schata 1984; Kiegeland 2014; Lange 1999; dies. 2021. Siehe hierzu auch den Text von Karen van den Berg in diesem Band.

Ziel seiner Aktionen war es, »aus einem tradierten Kunstbegriff auszubrechen, also die Grenzscheide zu markieren zwischen einer tradierten, traditionellen Kunst [...] und einer anthropologischen Kunst, einer auf den Menschen generell gerichteten Kunst, die natürlich einen viel größeren Begriff von sich hat« (Beuys, zit. n. Kramer 1991: 10). Dabei setzte er Werk und Ereignis gleich (vgl. Gronau 2010: 17). Er machte keinen Unterschied zwischen »einer Aktion mit klassischen Objekten oder einer Aktion ohne solche oder einem Vortrag oder einer reinen Theorie« (Beuys, zit. n. Gronau 2021: 56). Beuys machte damit eine Differenz von Ereignis und Objekt obsolet, da er in seinen Arbeiten verschiedene Seinsweisen von Kunst (etwa Zeichnung, Installation, Aktion oder Vortrag) miteinander verbunden hat. Damit löste Beuys zugleich die Hierarchie zwischen dem Herstellungsakt und dessen objekthaftem Ergebnis auf. Stattdessen betonte er den wirklichkeitsgenerierenden Handlungsvollzug von Kunst und damit zugleich deren Potential, die Gesellschaft zu verändern. Ganz im Sinne der Performativitätstheorien betonte Beuys damit, dass nicht nur Monumente und Werke, sondern auch Prozesse und Ereignisse bedeutungs- und kulturstiftend sind (vgl. Gronau 2010: 11).

Mit Beuys lässt sich trotzdem gerade *nicht* für eine Verabschiedung des Werkbegriffs zugunsten des Ereignisbegriffs argumentieren, sondern für eine Perspektive, die beide Seinsweisen von Kunst bedenkt. Vor diesem Hintergrund ist auch die Rede von der performativen *Wende* kritisch zu sehen. Denn, so argumentiert der Theaterwissenschaftler André Eiermann, die Rede von einer Wende impliziere, dass es seitdem kaum bzw. keine Kunstwerke mehr gäbe. Eiermann schlägt stattdessen vor, von einer »fortschreitende[n] Genese sowohl des Aufführungs- als auch des Ausstellungs-Dispositivs« (Eiermann 2009: 372) zu sprechen und plädiert damit dafür, anstelle eines Wendepunkts die andauernde Entwicklung der verschiedenen Situationen von Kunst in den Blick zu nehmen, in denen sowohl Werke als auch Akteure sowohl ausgestellt als auch aufgeführt werden können (vgl. ebd.: 359). Mit Blick auf die Entgrenzung der Künste seit den 1960er Jahren stellt Eiermann fest, dass sich die jeweiligen Übereinkünfte verschoben haben, was in einer Aufführungs- und was in einer Ausstellungssituation zu geschehen hat oder eben nicht (vgl. ebd.: 373). Charakteristika der einen Situation (Aufführung) sind im Kontext der anderen Situation (Ausstellung) aufgetaucht und umgekehrt, was wiederum zu Aktualisierungen und Veränderungen des jeweiligen Dispositivs geführt hat (vgl. ebd.). D.h. es sind Situationen entstanden, die sich, wie bei Beuys, in einem Dazwischen positionieren und sich nicht eindeutig einer Seinsweise von Kunst zuordnen lassen und damit wiederum zu einer Erweiterung tradierter Kunstvorstellungen führen.[6]

---

6 Eiermann sieht die Entwicklung des Begriffs der Performance als eine Folge dieser Genese des Ausstellungs- und Aufführungs-Dispositivs: »Findet die strategische Wiederauffüllung des Ausstellungs-Dispositivs als Formation eines Dispositivs der Installation statt, so handelt es sich bei

Zudem haben nicht nur Ereignisse einen performativen Charakter, sondern auch Kunstwerke. Die Kunsthistorikerin Dorothea von Hantelmann betont in diesem Zusammenhang: »Es gibt kein performatives Kunstwerk, genauso wenig, wie es kein nicht-performatives Kunstwerk gibt.« (Hantelmann 2007: 11) Auch vermeintlich statische und unbewegliche Kunstwerke sind weder in einer abschließbaren Vollständigkeit und Gleichzeitigkeit verfügbar, noch sind sie BetrachterInnenunabhängig (vgl. Eiermann 2012: 162). D.h., auch bei der Begegnung mit Werken handelt es sich um Ereignisse. In diesem Sinne sind Performativität und Ereignishaftigkeit nicht nur Charakteristika von Aufführungen, sondern von jeder Kunsterfahrung (vgl. Eiermann 2009: 361):

> »Zwar existieren Werke selbstverständlich auch dann, wenn das Museum geschlossen hat oder sie im Theaterfundus aufbewahrt werden. Doch wenn die Ausstellung wieder öffnet oder eine erneute Aufführung stattfindet, lässt sich weder die individuelle Erfahrung der ausgestellten oder aufgeführten Werke noch die Ausstellungs- oder Aufführungssituation als identische wiederholen. [...] Die Möglichkeitsbedingungen der Erfahrung von Kunstwerken sind nie allein die Kunstwerke, sondern stets die jeweilige Situation dieser Erfahrung.« (Ebd.: 362)

Diese Kritik an einem objektivistischen Werkbegriff ist im kunstwissenschaftlichen Diskurs inzwischen eine Art Selbstverständlichkeit geworden. Allerdings ist es paradoxerweise gerade die Betonung der Flüchtigkeit von Aufführungen (im Gegensatz zum Kunstwerk), die die Annahme eines statischen Werkbegriffs implizit weiter bestätigt, weil er als ›Kontrastfolie‹ für diese Argumentation gebraucht wird, wie Eiermann herausstellt (vgl. Eiermann 2012: 163).

Nicht nur der Blick auf die Arbeiten von Beuys zeigt, dass eine Gegenüberstellung von Aufführung und Kunstwerk überflüssig ist. Auch das künstlerische Programm des Wuppertaler Beuys-Performancefestivals verweist darauf, dass ein aufführungszentriertes Verständnis von Performance viel zu kurz greift. In diesem Sinne lautet die zweite These: Performances realisieren sich nicht nur als Aufführung, sondern in verschiedenen »Existenzweisen« (Latour 2014).

---

der strategischen Wiederauffüllung des Aufführungs-Dispositivs um die Formation eines Dispositivs der Performance – wobei diese Dispositive eine weitaus größere Anzahl an diskursiven und nicht-diskursiven Elementen teilen als die Dispositive der Ausstellung und der Aufführung.« (Ebd.)

These 2 | Performances realisieren sich in verschiedenen Existenzweisen

Es sind nicht zuletzt die aufgrund der Covid-19-Pandemie entwickelten Formate im digitalen Raum, die aufzeigen, dass eine klassische Aufführungssituation nicht die einzige Existenzweise von Performance-Kunst ist. Mehr noch: Die neu entwickelten Formate der verschiedenen künstlerischen Arbeiten verdeutlichen einmal mehr die Notwendigkeit einer Erweiterung des Aufführungsbegriffs. Ein traditionelles Verständnis von Aufführung geht von der theaterwissenschaftlichen Grundannahme einer leiblichen Ko-Präsenz aus. Damit ist gemeint, dass Handelnde und Zuschauende sich zu einer bestimmten Zeit an einem Ort versammeln, um eine Situation miteinander zu erleben. Die Aufführung entsteht aus der leiblichen Begegnung dieser Personen und ihren Interaktionen (vgl. Fischer-Lichte 2004: 11). Die digitalen Formate des Festivals zeigen jedoch, dass das Charakteristikum der leiblichen Ko-Präsenz nicht zwangsläufig zutrifft. Eine Aufführung setzt nicht zwingend eine Begegnung von AkteurInnen und Zuschauenden voraus und auch nicht zwangsläufig die Präsentation eines Geschehens (vgl. Eiermann 2009: 29). Es können auch künstlerische Strategien genutzt werden, die mit einer, so Eiermann, »perspektivischen Relativierung und Entstellung des anwesenden Gegenübers«, einer »Unterbrechung der gegenseitigen Wahrnehmbarkeit von Akteuren und Zuschauern« oder auch einer »gänzlichen Abwesenheit eines Gegenübers« einhergehen (ebd.). Die leibliche Ko-Präsenz von AkteurInnen und Zuschauenden kann also Teil einer Aufführung sein, muss es aber nicht zwingend. Eiermann schlägt daher einen Perspektivwechsel vor und fragt nicht länger nach den Merkmalen, die sich »*innerhalb* einer ästhetischen Situation finden lassen« (ebd.: 38). Stattdessen rückt er die Rahmenbedingungen ästhetischer Situationen als diejenigen Faktoren in den Blick, die unterschiedliche ästhetische Situationen produzieren (vgl. ebd.).[7]

Darüber hinaus lässt sich die ästhetische Erfahrung der Performance nicht auf den Zeitraum der Aufführung begrenzen. Der performative Akt setzt schon ein, bevor man den Schauplatz erreicht hat. D.h. er beginnt schon vor der geplanten Aktion der tatsächlichen Aufführung (vgl. Eiermann 2012: 164). Ebenso setzt sich das performative Einlassen auf die Aufführung, über ihr Ende hinaus, erinnerungsbasiert fort. So lässt sich weder ein eindeutiger Anfang noch ein eindeutiges Ende einer Aufführung markieren. Vor diesem Hintergrund ist z.B. das nachträgliche Schreiben über die Aufführung nicht als ein Versuch zu verstehen, einen zwangsläufig inadäquaten Ersatz für die ›verlorene‹ Aufführung zu schaffen (vgl. ebd.: 180). Stattdessen kann man die Aufzeichnung als einen gewinnbringenden Prozess verstehen, der die Erfahrung der Aufführung fortschreibt, im Sinne eines

---

7 Siehe hierzu auch den Beitrag von André Eiermann in diesem Band.

»Weiter-Schreibens« (ebd.).[8] In diesem Kontext lässt sich etwa der Festivalbeitrag von Rimini Protokoll diskutieren. Die durch VR-Brillen erlebbare Videoinstallation *Feast of Food* konnte weder, wie ursprünglich geplant, von Besuchenden vor Ort betrachtet, noch adäquat in ein digitales Format übersetzt werden. Deshalb haben die Kuratorinnen des Festivals, Barbara Gronau und Bettina Paust, ihre Beobachtungen beim Erleben der Arbeit in einem gemeinsamen Gespräch reflektiert, woraus wiederum ein Kurzfilm entstanden ist, der während des Festivals mehrfach ausgestrahlt wurde.[9] In ihrem Dialog schildern sich Gronau und Paust gegenseitig ihre jeweils individuelle Wahrnehmung der durch die VR-Brillen erlebten Situationen. Im Sinne der vorherigen Überlegungen wird die ästhetische Erfahrung der Installation so erinnerungsbasiert fortgesetzt.

Damit wird die Aufführung zu einer möglichen Existenzweise von Performance-Kunst. Sie kann sich aber auch, wie der Theaterwissenschaftler Lorenz Aggermann herausstellt, »als Ritus, als Gedicht, als Buch, als Sammlung und Ausstellung, als Inszenierung oder Projekt, als ästhetisches, politisches oder didaktisches Experiment« (Aggermann 2017: 20) und vieles mehr produzieren. Von diesem Verständnis ausgehend ist die Aufführung eine Präsentation unter anderen Präsentationen bzw. eine Praktik unter anderen Praktiken (vgl. Nein 2014: o.S).

Solch ein Verständnis legen auch die Aktionen von Beuys nahe. Beuys fertigte zuweilen im Zuge der Vorbereitung seiner Aktionen Skizzen oder Partituren[10] an. Diese Zeichnungen waren jedoch keine exakten Vorlagen für die Durchführung einer Aktion (vgl. Luyken 2021: 125), wurden also nicht im Sinne eines Ablauf- oder Handlungsplans eins zu eins in seinen Aktionen umgesetzt. D.h. die Skizzen gehen nicht in ihrer Funktion als Vorarbeit einer Aktion auf, sondern stehen für sich. Der Medien- und Kulturwissenschaftler Reinhold Görling betont in diesem Zusammenhang, »dass Beuys in den Blättern etwas sah, das noch in Bewegung ist« und »das nicht in der Funktion eines Dokumentes für einen Entstehungsprozess aufgeht, sondern etwas [ist], das für sich selbst ist« (Görling 2021: 106). D.h. die Skizzen oder Partituren konnten auch Handlungsplan im Sinne einer Vor-Schrift bleiben. Darüber hinaus konnten seine Zeichnungen sowie andere in den Aktionen verwendete Objekte auch Bestandteil von neuen Aktionen oder zu neuen objektgebundenen Werken ›verarbeitet‹ werden (vgl. Luyken 2021: 124; Weiß 2021a:

---

8 Solch ein Verständnis liegt auch dieser Publikation zum Beuys-Performancefestival zugrunde. Siehe hierzu auch den Beitrag *Performance transformieren* der Verfasserin zur Genese des Buches.

9 Für diese Publikation wurde der Film zudem transkribiert und in einen schriftlichen Dialog transformiert. Der Film sowie das Textformat fügen der Arbeit von Rimini Protokoll so eine weitere Ebene hinzu.

10 Gunda Luyken differenziert Beuys Partituren wie folgt: »Zeichnungen, die Beuys als Partituren bezeichnete haben einen zweckbestimmten Charakter. Sie stehen in Zusammenhang mit Aktionen, die der Künstler in den 1960er und 1970er Jahren durchführte und sind deshalb […] auf diesen Zeitraum beschränkt.« (Luyken 2021: 125)

85). Beuys' Skizzen, Zeichnungen, Diagramme oder Partituren sind also nicht zu einem reinen Selbstzweck entstanden, sondern immer »im Zusammenspiel mit seinen anderen künstlerischen Handlungsformen bzw. Kontexten zu sehen« (Skrandies 2021: 66). Der Kunsthistoriker Timo Skrandies betont:

> »Das ›Potenzial‹ von Diagrammen [gilt] bei Beuys nicht nur für solche [...], die strikt in jenem Verhältnis von Vorab-Planung und performativen Ergänzungen im Kontext von Aktionen, Diskussionen, Ausstellungen oder Vorträgen entstanden sind [...]. Die Performanz der zeichnerisch-diagrammatischen Praxis Beuys' ermöglicht eine graphische Suchbewegung, mithin Aneignung und Konkretisierung von sinnlichen, materiellen, körperlichen, begrifflichen oder auch sozialen Zusammenhängen. Ein solches Tun führt zu visuellen Erkenntnissen.« (Skrandies 2021: 69)

In diesem Sinne gehen Beuys' Zeichnungen nicht in einer Vorabplanung auf, noch sind sie ausschließlich als Dokumentations- und Speichermedium zu verstehen, sondern sie sind »noch in Bewegung«. Dieser Gedanke führt zur nächsten These.

These 3 | Mediale Transformationen sind Teil des künstlerischen Prozesses

Zahlreiche KünstlerInnen der performativen Wende lehnten aufgrund ihrer Kritik am Werte- bzw. Warenkreislauf traditioneller Kunstinstitutionen eine mediale Dokumentation ihrer Arbeiten ab. Dennoch lassen sich sowohl im künstlerischen Prozess als auch in den Performances selbst zahlreiche mediale Transformationen finden. Heutige Performance-KünstlerInnen widersetzen sich meist nicht mehr so radikal medialen Aufzeichnungen wie zuvor einige KünstlerInnen der performativen Wende. Im Gegenteil: Der Einsatz verschiedener Medien ist zu einem Kennzeichen zeitgenössischer Performance-Kunst geworden. Sogar mehr noch: Zahlreiche Performances realisieren sich ausschließlich im medialen Raum bzw. sind nur über mediale Dokumentationen erfahrbar. Damit wird – wie zuvor diskutiert – die klassische Aufführungssituation erweitert. Diese Tendenz lässt sich auch schon bei Performance-KünstlerInnen Mitte des 20. Jahrhunderts finden. So fand z.B. die *Aktion ohne Publikum* (1965) von Tomas Schmit – man ahnt es schon – ohne Publikum statt. Schmit trat immer nur dann in Aktion, wenn sich keine Zuschauenden im Raum befanden. Die verschiedenen Phasen der Aktion wurden fotografisch dokumentiert. Die Fotografien zeigen also ein Ereignis, das für die Zuschauenden ansonsten nicht wahrnehmbar gewesen wäre (vgl. Dogramaci 2018: 7).

Auch Beuys widersetzte sich nicht medialen Transformationen seiner Arbeiten, sondern setzte sie ganz bewusst ein. Er nutzte Medien dabei nicht nur zur

Bekanntmachung, Verbreitung oder Dokumentation, sondern verstand sie im Sinne seines *Erweiterten Kunstbegriffs* als integraler Bestandteil seines künstlerischen Schaffens (vgl. Weiß 2021a: 85). Kern seines *Erweiterten Kunstbegriffs* und der daran gekoppelten Konzeption der *Sozialen Plastik* war es, »jede Form des Gestaltens, jedes Erzeugen einer Form als Kunst anzuerkennen« (ebd.: 87). Der Kunsthistoriker Matthias Weiß stellt heraus, dass in diesem Sinne auch Fotografien und Filme als Spuren auf einem Zelluloidstreifen oder einem Magnettonband zur Beuysschen Plastik gehören, da hier »vonseiten des Künstlers Materie geformt oder auf Materie eingewirkt« wird (ebd.: 86). Beuys verstand Bild und Tonaufnahmen zudem als Aktionsrelikte, die wiederverwendet, weiterbearbeitet, umgewidmet oder neu kontextualisiert werden können und band diese daher in seine Aktionen, Installationen und Multiples ein (vgl. ebd.).

Auch das Wuppertaler Beuys-Performancefestival zeichnet sich durch zahlreiche mediale Transformationen aus – und das nicht erst aufgrund der Covid-19-Pandemie. So übersetzen Kattrin Deufert und Thomas Plischke z.B. nicht nur ihre 2002 entwickelte Performance *I like Erika and Erika likes me*[11] in ein Filmformat, sondern sie setzen sich darüber hinaus mit Zeichnungen von Beuys auseinander, die so zum Impulsgeber ihrer Performance wurden. Vor diesem Hintergrund lassen sich Objekte, Dokumente und Medien weder als Randphänomene bezeichnen noch als nachgelagerte Prozesse verstehen, sondern, ganz im Sinne von Beuys, als Akteure im künstlerischen Prozess.

Ausgangspunkt dieser Überlegungen ist die medientheoretische Grundannahme, dass Medien nicht nur einfach eine Botschaft übertragen, sondern eine eigene Wirkkraft entfalten. D.h. sie sind grundsätzlich generativ und beeinflussen die Konstitution und Wirkung der vermittelten Phänomene (vgl. u.a. Krämer 1998; dies. 2008; Seel 1998). So kann etwa durch die mediale Übersetzung in ein technisches Medium, wie bspw. der Fotografie, etwas anderes sichtbar werden als das, was die Situation der Aufführung zu sehen erlaubt oder möglich macht – sowohl in Reduktion als auch in Erweiterung der Aufführung (vgl. Büscher 2017). Damit lassen sich Medien als ›Produktionsstätten‹ verstehen (vgl. Krämer 2008: 23). Sie übertragen nicht etwas eins zu eins, sondern sind Akteure im Produktionsprozess, deren Eigenmächtigkeit und Handlungsfähigkeit es zu berücksichtigen gilt (vgl. Landwehr 2016: 82ff.). Dabei können Medien in unterschiedlichen Produktionsphasen unterschiedliche Funktionen und Fähigkeiten haben. So kann eine Fotografie bspw. zum Bewegungsgenerator werden, in Programmheften eine illustrierende Funktion innehaben, bei Reproduktionen als Vergleich

---

11 Die Performance ist eine Auseinandersetzung mit *I like America and America likes me* (1974). Weitere Adaptionen der Aktion von Beuys sind u.a. von Oleg Kulik *Ich liebe Europa. Europa liebt mich nicht* (1996) in Berlin und *I bite America and America bites me* (1997) in New York. Siehe hierzu auch Paust 2021a.

dienen oder als Poster Teil eines Vermarktungsprozesses werden. Auch bei Beuys waren Funktion, Nutzen und Status von Fotografien äußerst vielseitig. Sie dienten der Dokumentation, Werbung und Sammlung sowie der Selbstinszenierung bzw. -stilisierung.[12] Zudem verwendete er, wie zuvor erwähnt, Fotografien in seinen eigenen Arbeiten weiter (vgl. Willing 2021: 152).[13]

Damit ist das Verhältnis von Aufführung und Aufzeichnung nicht einseitig, sondern als wechselseitig zu verstehen. D.h., technische Medien sind nicht nur Instrument der Aufzeichnung und Archivierung, sondern im Prozess der medialen Übersetzung wird die künstlerische Arbeit aktualisiert und fortgeschrieben. Es entstehen neue Ereignisse und ›Produkte‹, die wiederum Voraussetzung für weitere Aufführungen und Aufzeichnungen sein können. In diesem Sinne besteht kein Wesensunterschied zwischen Aufführung und Aufzeichnung.[14] Die mediale Dokumentation ist zwar eine andere Existenzweise, aber nicht etwas *anderes* als die Performance, sondern Teil der Performance. Hervorbringung, Archivierung und Bearbeitung des Materials lassen sich somit nicht voneinander trennen (vgl. Matzke 2016: 203). Damit wird an dieser Stelle für ein Verständnis von Performance plädiert, das Performance als eine Praxis denkt, die sich sowohl im Live-Akt der Aufführung als auch in der Dokumentation, Archivierung, Aufzeichnung, künstlerischen Weiterbearbeitung und deren Verhältnis zueinander realisiert

---

12 Jonathan Willing bemerkt hierzu: »Durch die enge Verknüpfung von Akteur und Aktion bleiben die fotografischen Repräsentationen stets eng mit der Repräsentation der Person Beuys verbunden. Beuys war sich dessen bewusst und machte sich das referentielle Potential durch Steigerung der persönlichen Wiedererkennbarkeit zu Nutze. Die (Selbst-)Stilisierung validierte und bestärkte eine auf Beuys' persönliche Autorschaft bezogene fotografische Bildwahrnehmung ein ums andere Mal und wirkte so an der dauerhaft starken öffentlichen Bildnachfrage von der Person Beuys mit.« (Willing 2021: 154)

13 Die Fähigkeit und Wirkkraft, die Fotografien einer Aktion auch aus juristischer Perspektive zugesprochen werden können, verdeutlicht bspw. der Rechtsstreit um die Veröffentlichung von Fotografien der Beuysschen Aktion *Das Schweigen von Marcel Duchamp wird überbewertet*. Der Fotograf Manfred Tischer hatte die Aktion von Beuys 1964 dokumentiert; seine Fotos sind das einzige Bildzeugnis der Aktion. 2009 wollte das Museum Moyland die Fotografien ausstellen, die VG Bild-Kunst klagte jedoch dagegen und gewann in den beiden ersten Instanzen mit der Begründung, dass die Ausstellung der Fotografien eine Umgestaltung sei, die nur mit Zustimmung des Urhebers, bzw. hier der Rechtsnachfolgerin Eva Beuys, erfolgen dürfe. Der Bundesgerichtshof hob das Urteil in höchster Instanz jedoch wieder auf. Siehe für eine ausführliche Besprechung des Rechtsfalls Paust 2021b: 187f. Ein Interview mit dem damaligen Rechtsanwalt des Museum Moyland ist abrufbar unter: https://www.kulturwest.de/inhalt/die-richter-wissen-nicht-was-ein-happening-ist/ (letzter Zugriff: 04.03.2023).

14 Diesen Gedanken diskutiert auch Matthias Weiß mit Blick auf die medialen Aufzeichnungen der Arbeiten von Beuys und betont, dass auch Aufzeichnungen einen Aktionscharakter haben: »Während der Aufzeichnung wird das Einmalige des Moments qua indexikalischer Einschreibung an das aufzeichnende Medium abgegeben, so dass es, wenngleich in veränderter Weise, bei jeder seiner Aufführungen wieder freigesetzt werden kann.« (Weiß 2021a: 87)

(vgl. Nein 2014). Solch ein Verständnis legen nicht zuletzt erneut die Arbeiten von Joseph Beuys nahe – und zwar nicht nur durch die Verschränkung verschiedener Seinsweisen von Kunst, sondern Beuys hat in zahlreichen Auftritten Objekte oder Dokumente früherer Aktionen als sog. action tools eingesetzt (vgl. Gronau 2021: 56). Zudem nutzte er die Präsentationsform der Vitrine, um die Aktionsrelikte darüber hinaus als Spuren seiner ephemeren Ereignisse aus- und stillzustellen (vgl. Schüchter 2021: 115). Die Vitrinen verändern dabei die Erscheinung der Dinge: Sie erheben die darin präsentierten Gegenstände in den Kunststatus, laden sie mit Bedeutung auf und fördern die Auratisierung der Kunstwerke (vgl. ebd.). Mit dieser Produktionsweise verband Beuys seine Werke relational miteinander, was er selbst auch als Parallelprozess bezeichnete (vgl. Paust 2021c: 175). Mit dem Begriff verdeutlicht Beuys »die gegenseitige Bedingtheit aller materiellen, immateriellen sowie performativen Werkkomponenten, -inhalte und -prozesse« (ebd.).[15] Das zeugt wiederum nicht nur von einem prozessualen Verständnis von Kunst, sondern Beuys' Umgang mit den action tools verweist darüber hinaus darauf, dass nicht nur Darstellende und Zuschauende, sondern u.a. auch Dokumente, Dinge und Medien als Akteure zu berücksichtigen sind.

These 4 | Performances entstehen durch ein Zusammenspiel menschlicher sowie nicht-menschlicher Akteure

Während im Kontext einer *Ästhetik des Performativen* v.a. menschliche AkteureInnen in den Blick geraten, verweisen sowohl die Aktionen von Beuys als auch die künstlerischen Arbeiten des Beuys-Performancefestivals auf die Bedeutsamkeit nicht-menschlicher Akteure. Diesen Gedanken verdeutlicht einmal mehr die Covid-19-Pandemie bzw. das SARS-CoV2-Virus, das die Produktion und Existenzweise von Kunst in erheblichem Maße beeinflusst hat – und immer noch beeinflusst. Es mussten aufgrund der Kontakt- und Quarantänebestimmungen u.a. geplante Aufführungen, zum Teil ganze Produktionsprojekte abgesagt oder verschoben und neue Formen der Zusammenarbeit und Präsentation entwickelt werden.[16] So haben sich z.B. das Proben sowie das Präsentieren von Kunst mitunter in digitale Räume verlagert, wie es auch beim Wuppertaler Beuys-Perfor-

---

15 Neben dieser, von Beuys selbst vorangetriebenen vielschichtigen Vernetzung seiner Werke, verweist Bettina Paust zudem auf äußere Parallelprozesse: »Als ›Parallelprozesse‹ sind ebenfalls die Einbeziehung von künstlerischen wie gesellschaftlichen Entwicklungen der damaligen Zeit in das Beuyssche Werk zu betrachten: die Fluxus-Bewegung mit ihrem Anspruch auf Verknüpfung von Kunst und Lebenswirklichkeit, die Performance-Kunst, die Konzeptkunst, der Einzug der Künstler/innen-Kurator/innen in die Ausstellungspraxis, die Institutionskritik sowie die Studentenbewegung.« (Ebd.)

16 Siehe hierzu auch das Interview der Verfasserin mit Ophelia Young in diesem Band.

mancefestival der Fall war. Somit verdeutlicht diese globale Krise auf eindringliche und erschreckende Weise die Notwendigkeit, neben menschlichen auch nicht-menschliche Akteure zu berücksichtigen.

Beuys nutzte für seine Aktionen neben den bereits erwähnten action tools auch Alltagsgegenstände wie z.b. einen Spaten oder eine Luftpumpe oder außergewöhnliche und bis dahin kunstferne Materialien wie z.B. Sauerkraut, Honig, Filz, Fett, Blut, Knochen und Schwefel. Zudem zweckentfremdete er tradierte kunsthistorische Materialien wie z.b. Bronze, Holz oder Wachs und unterzog sie einer unkonventionellen Behandlung (vgl. Rübel 2021: 402). So setzte er bspw. Fett seiner Körperwärme aus, indem er es in den Mund nahm oder anhauchte, nutzte Honig als Malmittel oder ließ ihn in seiner Installation *Honigpumpe am Arbeitsplatz* (1974-1977) durch das Fridericianum in Kassel zirkulieren (vgl. ebd.: 405f). Beuys setzte sich v.a. mit der Veränderlichkeit und endlosen Wandelbarkeit von Stoffen auseinander, was einen wichtigen Paradigmenwechsel markiert. Bis dato führten Materialien, die sich durch Unveränderlichkeit, Stabilität und Dignität auszeichnen, die Materialhierarchie in Europa an (vgl. ebd.: 404f). So hat Beuys' Verwendung von ungewöhnlichen Materialien und Dingen zunächst zu zahlreichen Skandalen geführt und eine öffentliche Debatte um die Materialität der Kunst in den 1960er Jahren forciert (vgl. ebd.: 403). Denn Beuys fasste Materialien und Dinge nicht nur als passive Gegenstände auf, sondern er interessierte sich für ihr Aktionspotential. Der Kunsthistoriker Dietmar Rübel beschreibt die »Materialkunst von Beuys« in diesem Zusammenhang wie folgt: »Materialien verlassen dabei die Grenzen und Festschreibungen des Künstlers und werden zu eigenwilligen Akteur/innen und Agent/innen innerhalb künstlerischer Prozesse, die ihr Publikum in ein Netz von Verbindungen einbinden.« (Ebd.: 407)

Der Ding- und Objektbegriff[17] hat sich in den vergangenen Jahren entscheidend verändert und erweitert. Dinge werden nicht mehr nur als dienende und ausführende Werkzeuge verstanden, sondern ihr Anteil an Handlungen, Prozessen, Entwicklungen und Funktionsweisen wird betont (vgl. Cuntz 2012: 28). Damit geht eine Kritik an einem subjektzentrierten und intentionalen Handlungsbegriff einher. Stattdessen wird etwa im Rahmen der Akteur-Netzwerk-Theorie betont, dass nicht-menschliche Akteure auf vielfältige Weise mit unseren Handlungen verwoben sind (vgl. Böhme 2006: 73). Ein Verständnis von Dingen als Akteure rückt ihre Eigenmächtigkeit, Beharrlichkeit und Veränderlichkeit in den Blick und damit nicht nur die ›Eigenarten‹ des verwendeten Materials, sondern v.a. sei-

---

17 Materialien und Dinge sind selbstverständlich noch einmal voneinander zu unterscheiden. Dietmar Rübel betont: »Materialien sind weder Objekte noch Dinge. [...] In der Kunstgeschichte werden unter Materialien die Stoffe zur Gestaltung und die Beschaffenheit von Kunstwerken verstanden. Materialien unterliegen immer Veränderungen, ob durch Bearbeitung oder die dynamische Prozessualität der Substanzen selbst.« (Ebd.: 402)

ne Funktion, Bedeutung und Dynamik für den künstlerischen Prozess, d.h. der »dem Material eigene[n] Produktivität« (Skrandies 2016: 15). Aus Sicht eines performativen Ansatzes zählen damit nicht mehr nur die Repräsentationsmöglichkeiten und -formen der Dinge, sondern die Handlungsketten, die sie zusammen mit anderen Akteuren auslösen oder in die sie involviert sein können (vgl. Mohs 2014). Gefragt ist damit nach dem *Wie* des Zusammenspiels der verschiedenen Akteure und deren Unvorhersehbarkeit. Denn welchen Spiel- bzw. Handlungsraum die verschiedenen Akteure haben, entscheidet sich über die Beziehungen, die die Akteure jeweils zueinander haben. Die Handlungsmacht des Einen ergibt sich dabei durch die Handlungsmacht des Anderen. Diese Relationalität der Akteure kann im künstlerischen Prozess zwar strategisch, aber niemals vollständig, berücksichtigt werden. Denn die jeweiligen Bezugnahmen (und damit das, was der/die Eine und das, was der/die Andere ist) produzieren sich erst im Vollzug.

Besonders deutlich wird die Bandbreite möglicher Akteure mit Blick auf den Einsatz von Tieren in den Aktionen von Beuys: z.B. einem toten Hasen, dem er die Bilder erklärte in der Aktion *wie man dem toten Hasen die Bilder erklärt* (Düsseldorf, 1965) oder einem Kojoten, mit dem er mehrere Tage in einem Raum in einer Galerie verbrachte in der Aktion *I like America and America likes Me* (New York, 1974).[18] Zwei seiner bekanntesten Aktionen sind damit solche, bei denen Tiere die wichtigsten Protagonisten sind (vgl. Ullrich 2021: 445).[19] Beuys' Arbeiten lassen sich damit als Teil bzw. Beginn des sog. *animal turn* in den Künsten verstehen (vgl. ebd.). Parallel zur Entwicklung der Human-Animal Studies, die Tiere nicht länger als defizitäre Gegenbilder des Menschen verstehen, sondern einen Paradigmenwechsel hin zur Wahrnehmung von Tieren als Subjekte markieren, lässt sich seit den 1970er Jahren auch ein verstärktes Vorkommen von lebenden und toten Tieren in der Kunst feststellen (vgl. ebd.). Beuys gilt in diesem Zusammenhang als ein Pionier der Interspecies Art, also der performativen Kunstform, die lebende Tiere auf dialogische Weise ernstnimmt und als Akteur versteht (vgl. ebd.: 447).[20]

---

18 Siehe zum Einsatz von Tieren in den Aktionen von Beuys u.a. Macho 2008; Paust 2019; Ullrich 2021. Eine Auseinandersetzung mit dem Kojoten im Kontext der Aktion *I like America and America likes Me* ist u.a. zu finden bei Paust 2019 sowie Köhring 2014. Zum Umgang mit Kadavern in der Aktionskunst siehe u.a. Gronau 2019.

19 Tiere, Tiermotive oder tierliches Material spielen auch in den anderen Werken von Beuys eine entscheidende Rolle: So verwendete Beuys z.B. Vogelschädel, Fischgräten, Hasenfell oder Skelettreste in vielen seiner Installationen und Aktionen. Die von ihm bevorzugten Materialien Wachs, Honig und Filz sind ebenfalls tierlichen Ursprungs (vgl. ebd.).

20 Obwohl Beuys bewusst war, dass Tiere in seinen Aktionen über Handlungsmacht verfügen und den Ablauf der Aktionen mitgestalten, geht es ihm in seinen Arbeiten jedoch nicht um eine tatsächliche Auflösung der Mensch-Tier-Hierarchie. Jessica Ullrich bemerkt in diesem Zusammenhang, dass es Beuys mit der Erweiterung des Kunstbegriffs darum geht, alle menschlichen Tätigkeiten zu umfassen, von tierlichen oder anderen nicht-menschlichen Tätigkeiten sei keine

Neben Medien, Dokumenten, Dingen und Tieren sind darüber hinaus auch Institutionen als nicht-menschliche Akteure von Performances zu berücksichtigen. Beuys zeigte seine Aktionen z.B. in verschiedenen institutionellen Kontexten, etwa im Rahmen von Festivals, in Hochschulen oder in Galerien. Die verschiedenen Institutionen bringen dabei u.a. verschiedene Rahmenbedingungen, Erwartungshaltungen und Sehgewohnheiten mit sich, die sich wiederum je unterschiedlich auf die ästhetische Situation auswirken. Dass sich Beuys der Handlungsmacht von Institutionen im künstlerischen Prozess sehr bewusst war, verdeutlichen nicht zuletzt seine institutionellen und politischen Aktivitäten.[21] Hierin zeigt sich ein Kunstverständnis, das sich nicht abseits von Institutionen positioniert, sondern die Verschränkung von ästhetischen, sozialen, intersubjektiven und institutionellen Prozessen bedenkt. Dieser Gedanke wird abschließend anhand Beuys' Arbeit *7000 Eichen. Stadtverwaldung statt Stadtverwaltung* (1982-1987) verdeutlicht und führt zugleich die vier Thesen des Textes zusammen.

Konklusio

In dem Großprojekt *7000 Eichen* mit dem Untertitel *Stadtverwaldung statt Stadtverwaltung*, das Beuys anlässlich der *documenta 7* im Jahr 1982 begonnen hat, wurden bis 1987 insgesamt 7.000 Bäume an unterschiedlichen Orten in Kassel gepflanzt. Zu Beginn der *documenta* ließ Beuys zunächst 7.000 Basaltstelen in einer riesigen keilförmigen Anhäufung vor dem Fridericianum platzieren, wo er dann den ersten Setzling pflanzte und den dazugehörigen Stein daneben setzte. In der Folge konnte jede/r BesucherIn oder BürgerIn der Stadt Kassel zusammen mit einer Spende von 500 DM einen Baum pflanzen und ebenfalls mit einer Basaltstele versehen. Je mehr Bäume gepflanzt wurden, desto kleiner wurde der Steinhaufen vor dem Fridericianum. Im Gegensatz zu den Bäumen, die im Laufe der Zeit immer größer wurden bzw. es immer noch werden, ihre Gestalt verändern und vergänglich bleiben, behielt der »anorganische zweite Teil des skulpturalen Monuments« (Ströbele 2021: 104) – die Basaltstele – Form, Größe und Gewicht

---

Rede (vgl. Ullrich 2021: 449): »Beuys kann so tatsächlich genau im Moment des Animal Turns situiert werden. Mit einem Bein steht er noch in einer anthropozentrischen Kunstwelt, in der passive Tiere von aktiven Künstler/innen als Chiffren für Bedeutung verwendet werden. Mit dem anderen Bein befindet er sich bereits in einer Multispezies-Kunstwelt, in der Tiere nicht mehr als Mittel zum Zweck dienen, sondern als Mitautor/innen von Kunst auftreten.« (Ullrich 221: 450)

21 Zu denken ist hier etwa an die Gründung der *Free International University (FIU)* (1972) als alternatives Modell einer Hochschule, Beuys' Beteiligung an der Parteigründung von DIE GRÜNEN, seine Lehrtätigkeit an der Düsseldorfer Kunstakademie (1961-1972) oder die Gründung der *eine Partei für Tiere* (1966), die wiederum Vorläufer seiner *Deutschen Studentenpartei* (1968) war. Siehe hierzu auch Skrandies/Paust 2021.

bei. Teil der Aktion war die Arbeit der *Free International University (FIU)*, die die Ankäufe, Spenden, Genehmigungsverfahren der Baumstandorte etc. organisierte (vgl. ebd.). Mit *7000 Eichen* wandte sich Beuys, worauf auch der Untertitel der Aktion *Stadtverwaldung statt Stadtverwaltung* verweist u.a. gegen die zu dieser Zeit zunehmende Abholzung von Bäumen zur Straßen- und Gehwegsverbreiterung in vielen deutschen Städten. Bereits 1971 hatte Beuys sich mit der Aktion *Überwindet endlich die Parteidiktatur* für die Rettung des Grafenberger Waldes in Düsseldorf eingesetzt. Während er bei dieser Aktion ›nur‹ gegen die Abholzung des Waldes und für den Schutz der Umwelt demonstrierte, indem er mit Studierenden der Düsseldorfer Kunstakademie den Wald ausfegte (vgl. Brocchi 2021: 464), gab er den Bäumen mit *7000 Eichen* ihren Raum zurück und setzte sich mit künstlerischen Mitteln aktiv für den Erhalt der Umwelt ein.[22]

Am Beispiel von *7000 Eichen* zeigt sich im Sinne der vorherigen Überlegungen die Relationalität von ästhetischen und institutionellen Prozessen. Nicht nur verschränkte Beuys mit *7000 Eichen* Kunst und Politik miteinander, zugleich spielten Institutionen als Akteure eine entscheidende Rolle bei der Realisierung des Projekts und nahmen u.a. als Geldgeber (Dia Art Foundation), als Organisationsinstanz (FIU) oder durch Vorschriften zur Pflanzung von Bäumen im öffentlichen Raum (Stadtverwaltung) Einfluss auf die konkrete Gestaltung und den Ablauf des Projekts.

Neben Institutionen sind auch die Bäume als nicht-menschliche Akteure der Aktion zu berücksichtigen. Sie verändern sich im Laufe der Zeit, wodurch sich zugleich das Stadtbild und auch das Projekt selbst immer weiterentwickelt: Die Bäume werden größer, wandeln ihre Form und Gestalt oder sterben ggf. aufgrund von Krankheiten oder Umwelteinflüssen ab. Darin zeigt sich zugleich, obwohl das Projekt 1987 im Rahmen der *documenta 8* offiziell abgeschlossen wurde, die Unabgeschlossenheit und Prozessualität der Beuysschen Aktion.[23]

Da die Anschubfinanzierung der Aktion durch die Dia Art Foundation und das Spendenaufkommen nicht für die vollständige Finanzierung des Projekts ausreichte, musste Beuys einen Großteil selbst finanzieren, wofür er u.a. Werbung für die Whiskymarke Nikka im japanischen Fernsehen machte. Seine Bedingung war dabei, dass in den Spots und Plakaten auch der Titel seiner Aktion genannt wurde, womit er zugleich seine künstlerische Arbeit bewarb (vgl. Weiß 2021b: 146). Hieran zeigt sich erneut, dass Medien in den Werken Beuys' verschiedene Funktionen und Fähigkeiten zukommen. Neben dem Einsatz von Plakaten und Fernsehspots zu Werbe- bzw. Finanzierungszwecken, spielen mediale Transformatio-

---

22 Damit zeigt sich, dass Kunst Gesellschaft gestalten kann. Siehe hierzu auch den Beitrag *Von Beuys' Sozialer Plastik zu Urban Performances* von Bettina Paust in diesem Band.

23 Der letzte Baum wurde ein Jahr nach dem Tod von Beuys auf der *documenta 8* von seinem Sohn gepflanzt (vgl. Aszodi 2021: 6).

nen für *7000 Eichen* v. a. eine dokumentarische Rolle, da die Aktion aufgrund ihrer Unabgeschlossenheit von Rezipierenden nie in Gänze erfahren werden kann und die verschiedenen Phasen der Aktion, sprich die Veränderung der Bäume und des Kasseler Stadtbildes, nur in den Fotografien und Filmen sichtbar werden, die so als Teil des künstlerischen Prozesses zu verstehen sind.

7000 Eichen verdeutlicht damit, dass sich Performance-Kunst in verschiedenen Existenzweisen und nicht nur in Form bzw. im Moment der Aufführung (hier: das Ereignis der Pflanzung der ersten Eiche durch Beuys bei der *documenta 7*) realisiert und sich zudem andauernd verändert und weiterentwickelt. Und dass nicht nur im Zeitraum von 1982-1987, sondern die Beuysche Aktion befindet sich nach wie vor in einem andauernden Prozess des Werdens. So muss das Kunstwerk bspw. auch heute noch aktiv gepflegt werden, wofür u.a. 1993 die gemeinnützige *Stiftung 7000 Eichen* gegründet wurde, die die Stadt Kassel als »Sachwalterin des Kunstwerks«[24] darin unterstützt, dieses auf Dauer zu erhalten. Darüber hinaus wurde *7000 Eichen* immer wieder in andere Werkkontexte inkorporiert (vgl. Ströbele 2021: 104). So nutzte etwa Pierre Huyghe für seinen Beitrag zur *documenta 13*, *Untilled* (2012), einen entwurzelten Baum der Beuysschen 7.000 Eichen.[25]

Abschließend kann an dieser Stelle festgehalten werden, dass Beuys mit seinen Aktionen ein wegweisender Impulsgeber zeitgenössischer Performance-Kunst war, was nicht zuletzt das Wuppertaler Beuys-Performancefestival sowohl durch die künstlerischen Auseinandersetzungen mit seinen Aktionen als auch die wissenschaftlichen Diskussionen seiner Konzepte verdeutlicht hat. Anhand von *7000 Eichen* konnten zwei Dinge gezeigt werden. Erstens: Zentrale Aspekte unseres heutigen Verständnisses des Performance-Begriffs, die auf den vergangenen Seiten anhand von vier Thesen diskutiert wurden, waren bereits bei Beuys angelegt. Zweitens: Eine Analyse performativer Künste muss die verschiedenen Phasen des Produktionsprozesses in ihrem Verhältnis zueinander betrachten, nicht nur die Aufführung, sondern auch weitere Existenzweisen von Performance-Kunst gleichwertig in den Blick nehmen und das Zusammenspiel aller menschlichen wie nicht-menschlichen Akteure, die an diesen Prozessen beteiligt sind, berücksichtigen.

---

24 Siehe hierzu die Homepage der Stiftung, abrufbar unter: https://www.7000eichen.de/index.php?id=2 (letzter Zugriff: 26.03.2022).
25 Eine Auseinandersetzung mit Huyghes *Untilled* (2012) ist u.a. zu finden bei Hantelmann 2015.

Quellenverzeichnis

Aggermann, Lorenz (2017): »Die Ordnung der darstellenden Kunst und ihre Materialisationen. Eine methodische Skizze zum Forschungsprojekt Theater als Dispositiv«, in: Lorenz Aggermann/Georg Döcker/Gerald Siegmund (Hg.): Theater als Dispositiv. Dysfunktion, Fiktion und Wissen in der Ordnung der Aufführung, Frankfurt a.M.: Peter Lang, S. 7-32.

Angerer, Marie-Luise (2014): »Performance und Performativität«, in: Hubertus Butin (Hg.): Begriffslexikon zur zeitgenössischen Kunst, Köln: Snoeck, S. 280-283.

Austin, John L. (1962): How to do things with words, Cambridge: Oxford University Press.

Aszodi, Zsuzsanna (2021): »Biografische Daten und Stationen – Zeittafel«, in: Timo Skrandies/Bettina Paust (Hg.): Joseph Beuys-Handbuch. Leben – Werk – Wirkung, Stuttgart: J.B. Metzler, S. 3-7.

Böhme, Hartmut (2006): Fetischismus und Kultur. Eine andere Theorie der Moderne, Reinbek bei Hamburg: Rowohlt Taschenbuch.

Büscher, Barbara (2017): »Transformation und Maskerade. Zum Verhältnis theatraler/performativer und filmischer Inszenierungsmodi im Film«, in: MAP – Media | Archive | Performance #8, http://www.perfomap.de/map8/intermediale-prozesse/transformation-und-maskerade/barbara-buscher-transformation-und-maskerade.pdf (letzter Zugriff: 06.02.2021).

Butler, Judith (1995): Körper von Gewicht: die diskursiven Grenzen des Geschlechts, Berlin: Suhrkamp.

Butler, Judith (1998): Hass spricht. Zur Politik des Performativen, Berlin: Suhrkamp.

Brocchi, Davide (2021): »Ökologie«, in: Timo Skrandies/Bettina Paust (Hg.): Joseph Beuys-Handbuch. Leben – Werk – Wirkung, Stuttgart: J.B. Metzler, S. 463-469.

Cuntz, Michael (2012): »Agency«, in: Christina Bartz/Ludwig Jäger/Marcus Krause/Erika Linz (Hg.): Handbuch der Mediologie. Signaturen des Medialen, München: Wilhelm Fink, S. 28-40.

Dogramaci, Burcu (2018): Fotografie der Performance. Live Art im Zeitalter ihrer Reproduzierbarkeit, Brill: Wilhelm Fink.

Eiermann, André (2009): Postspektakuläres Theater. Die Alterität der Aufführung und die Entgrenzung der Künste, Bielefeld: transcript.

Eiermann, André (2012): »Vor-Schriften: Skizzen, Skripte und Scores im Tanz und in der bildenden Kunst«, in: Isa Wortelkamp (Hg.): Bewegung Lesen. Bewegung Schreiben, Berlin: Revolver Publishing, S. 159-183.

Fischer-Lichte, Erika (2004): Ästhetik des Performativen, Frankfurt a.M.: Suhrkamp.

Görling, Reinhold (2021): »Texte«, in: Timo Skrandies/Bettina Paust (Hg.): Joseph Beuys-Handbuch. Leben – Werk – Wirkung, Stuttgart: J.B. Metzler, S. 106-110.

Gronau, Barbara (2010): Theaterinstallationen. Performative Räume bei Beuys, Boltanski und Kabakov, Paderborn: Wilhelm Fink.

Gronau, Barbara (2019): »Tier und Tod. Vom Umgang mit Kadavern in der Aktionskunst«, in: Bettina Paust/Laura-Mareen Janssen (Hg.): Das ausgestellte Tier. Lebenden und tote Tiere in der zeitgenössischen Kunst, Berlin: Neofelis, S. 89-103.

Gronau, Barbara (2021): »Aktionen/Performanz«, in: Timo Skrandies/Bettina Paust (Hg.): Joseph Beuys-Handbuch. Leben – Werk – Wirkung, Stuttgart: J.B. Metzler, S. 55-59.

Hantelmann, Dorothea von (2007): How to Do Things with Art. Zur Bedeutsamkeit der Performativität von Kunst, Zürich/Berlin: Diaphanes.

Hantelmann, Dorothea von (2015): »Denken der Ankunft. Pierre Huyghes *Untilled*«, in: Lotte Everts/Johannes Lang/Michael Lüthy/Bernhard Schieder (Hg.): Kunst und Wirklichkeit heute. Affirmation – Kritik – Transformation, Bielefeld: transcript, S. 223-239.

Harlan, Volker/Rappmann, Rainer/Schata, Peter (1984): Soziale Plastik. Materialien zu Joseph Beuys, Achberg: Achberger Verlag.

Kiegeland, Julia (2014): »Hase, Hut und Happenings. Die 68er als soziale Plastik?«, in: Lorenz Robert/Walter Franz (Hg.): 1964 – das Jahr, mit 68 begann, Bielefeld: transcript, S: 67-80.

Klein, Gabriele (2021): »Performance und Performativität«, in: Kristina Brümmer/Alexandra Janetzko/Thomas Alkemeyer (Hg.): Ansätze einer Kultursoziologie des Sports. Baden-Baden: Nomos 2021, S. 67-86.

Köhring, Esther (2014): »Habitat Bühne. Theatertheritopologie in Joseph Beuys: I like America and America likes me (1974)«, in: Jessica Ullrich (Hg.) Tierstudien 06. Tiere und Raum, Berlin: Neofelis, S. 84-93.

Krämer, Sybille (1998): Medien, Computer, Realität: Wirklichkeitsvorstellungen und neue Medien, Frankfurt a.M.: Suhrkamp.

Krämer, Sybille (2008): Medium, Bote, Übertragung. Kleine Metaphysik der Medialität, Frankfurt a.M.: Suhrkamp.

Kramer, Mario (1991): Joseph Beuys ›Das Kapital Raum 1970-1977‹, Heidelberg: Steidl.

Landwehr, Achim (2016): Die anwesende Abwesenheit der Vergangenheit, Frankfurt a.M.: S. Fischer.

Lange, Barbara (1999): Joseph Beuys. Richtkräfte einer neuen Gesellschaft. Der Mythos vom Künstler als Gesellschaftsreformer, Berlin: Reimer.

Lange, Barbara (2021): »Soziale Plastik und sozialer Organismus«, in: Timo Skrandies/Bettina Paust (Hg.): Joseph Beuys-Handbuch. Leben – Werk – Wirkung, Stuttgart: J.B. Metzler, S. 431-436.

Latour, Bruno (2014): Existenzweisen. Eine Anthropologie der Moderne, Frankfurt a.M.: Suhrkamp.

Lehmann, Hans-Thies (2015): Postdramatisches Theater, Frankfurt a.M.: Verlag der Autoren.

Luyken, Gunda (2021): »Zeichnungen/Stempel«, in: Timo Skrandies/Bettina Paust (Hg.): Joseph Beuys-Handbuch. Leben – Werk – Wirkung, Stuttgart: J.B. Metzler, S. 123-130.

Macho, Thomas (2008): »Wer sind Wir? Tiere im Werk von Joseph Beuys«, in: Eugen Blume/Catherine Nichols (Hg.): Beuys. Die Revolution sind wir, Ausst.-Kat., Göttingen: Staatliche Museen Preussischer Kulturbesitz/Steidl, S. 338-339.

Matzke, Annemarie (2016): »Material erproben. Dokumentation der Probenarbeit des Tanztheaters Wuppertal«, in: Katharina Kelter/Timo Skrandies (Hg.): Bewegungsmaterial. Produktion und Materialität in Tanz und Performance, Bielefeld: transcript, S. 191-208.

Mohs, Johanne (2014): »Tristan Thielmann, Erhard Schüttpelz (Hg.): Akteur-Medien-Theorie«, in: rezensionen: kommunikation: medien vom 28.03.2014, www.rkm-journal.de/archives/16204 (letzter Zugriff: 06.02.2021).

Nein, Lilo: (2014): »Wessen Ordnung? Zum Verhältnis von Performance und Dokumentation als künstlerische Praxis«, in: MAP – Media | Archive | Performance #5, http://www.perfomap.de/map5/paradoxe-medien/wessen-ordnung-zum-verhaeltnis-von-performance-und-dokumentation-als-kuenstlerische-prak tiken (letzter Zugriff: 06.02.2021).

Paust, Bettina (2019): »Beuys und der Kojote. Wie das lebende Tier in die Kunst kam«, in: Bettina Paust/Laura-Mareen Janssen (Hg.): Das ausgestellte Tier. Lebenden und tote Tiere in der zeitgenössischen Kunst, Berlin: Neofelis, S. 13-35.

Paust, Bettina (2021a): »Rezeption in der Kunst«, in: Timo Skrandies/Bettina Paust (Hg.): Joseph Beuys-Handbuch. Leben – Werk – Wirkung, Stuttgart: J.B. Metzler, S. 452-462.

Paust, Bettina (2021b): »Rechtsfälle«, in: Timo Skrandies/Bettina Paust (Hg.): Joseph Beuys-Handbuch. Leben – Werk – Wirkung, Stuttgart: J.B. Metzler, S. 182-191.

Paust, Bettina (2021c): »Musealisierung des Werkes«, in: Timo Skrandies/Bettina Paust (Hg.): Joseph Beuys-Handbuch. Leben – Werk – Wirkung, Stuttgart: J.B. Metzler, S. 175-181.

Rübel, Dietmar (2021): »Materialien«, in: Timo Skrandies/Bettina Paust (Hg.): Joseph Beuys-Handbuch. Leben – Werk – Wirkung, Suttgart: J.B. Metzler, S. 402-408.

Schneede, Uwe M. (1994): Joseph Beuys – Die Aktionen. Kommentiertes Werkverzeichnis mit fotografischen Dokumentationen, Ostfildern-Ruit: Hatje Cantz.

Schüchter, Nina-Marie (2021): »Vitrinen«, in: Timo Skrandies/Bettina Paust (Hg.): Joseph Beuys-Handbuch. Leben – Werk – Wirkung, Stuttgart: J.B. Metzler, S. 111-116.

Seel, Martin (1998): »Medien der Realität und Realität der Medien«, in: Sybille Krämer (Hg.): Medien, Computer, Realität: Wirklichkeitsvorstellungen und neue Medien, Frankfurt a.M.: Suhrkamp, S. 244-268.

Skrandies, Timo (2016): »Bewegungsmaterial«, in: Katharina Kelter/Timo Skrandies (Hg.): Bewegungsmaterial. Produktion und Materialität in Tanz und Performance, Bielefeld: transcript, S. 19-64.

Skrandies, Timo (2021): »Diagramme«, in: Timo Skrandies/Bettina Paust (Hg.): Joseph Beuys-Handbuch. Leben – Werk – Wirkung, Suttgart: J.B. Metzler, S. 66-72.

Ströbele, Ursula (2021): »Plastisch-skulpturale Arbeiten«, in: Timo Skrandies/Bettina Paust (Hg.): Joseph Beuys-Handbuch. Leben – Werk – Wirkung, Stuttgart: J.B. Metzler, S. 100-105.

Ullrich, Jessica (2021): »Human Animal Studies«, in: Timo Skrandies/Bettina Paust (Hg.): Joseph Beuys-Handbuch. Leben – Werk – Wirkung, Stuttgart: J.B. Metzler, S. 445-451.

Umathum, Sandra (2014): »Performance«, in: Erika Fischer-Lichte/Doris Kolesch/Matthias Warstat (Hg.): Metzler Lexikon Theatertheorie, Stuttgart: J.B. Metzler, S. 248-251.

Weiß, Matthias (2021a): »Medien«, in: Timo Skrandies/Bettina Paust (Hg.): Joseph Beuys-Handbuch. Leben – Werk – Wirkung, Stuttgart: J.B. Metzler, S. 85-89.

Weiß, Matthias (2021b): »Beusy in den Medien«, in: Timo Skrandies/Bettina Paust (Hg.): Joseph Beuys-Handbuch. Leben – Werk – Wirkung, Stuttagart: J.B. Metzler, S. 144-148.

Willing, Jonathan (2021): »Beuys in der Fotografie«, in: Timo Skrandies/Bettina Paust (Hg.): Joseph Beuys-Handbuch. Leben – Werk – Wirkung, Stuttgart: J.B. Metzler, S. 152-158.

Neues wagen: Else Lasker-Schüler, Pina Bausch und Bazon Brock markieren drei wegweisende Positionen performativer Kunst in Wuppertal

Anne Linsel

In Elberfeld, wo Else Lasker-Schüler geboren wurde, hat sie immerhin ein Viertel Jahrhundert gelebt. Ihre poetischen Sprachbilder, in denen sie ihre Heimatstadt feierte – »die zahnbröckelnde Stadt mit ihren hohen Treppen« oder »die Schwebebahn, der stahlharte Drachen [...] mit den sprühenden Augen« – sie sind längst in den allgemeinen Zitatenschatz für die Stadt Wuppertal eingegangen.

Mehr als ein halbes Jahrhundert später fuhr Pina Bausch, im nahen Solingen geboren, als Kind häufig mit der Schwebebahn zum Kinderballett ins Wuppertaler Theater. Regelmäßig erzählte sie von diesen unvergesslichen Fahrten durch die engen Straßen von Vohwinkel/Sonnborn, vorbei an fremden Wohn- und Schlafzimmern, die geheimnisvolle Einblicke schenkten und Fantasien in ihr freisetzten. Ein Glücksfall, dass Wuppertal dann die Heimat des Tanztheaters von Pina Bausch wurde, »eine Alltagsstadt, keine Sonntagsstadt«, wie sie Zeit ihres Lebens betonte. Das sei wichtig für ihre Arbeit gewesen.

Beide, die Dichterin Else Lasker-Schüler und die Tänzerin und Choreografin Pina Bausch, haben Neues gewagt, sind mit großem Mut ihren eigenen, radikalen, oft schmerzhaften Weg gegangen gegen viele Widerstände.

Bazon Brock hat als junger Künstler zusammen mit Joseph Beuys in den 1960er Jahren in diesem Wuppertal ebenfalls neue Kunstformen vorgestellt und zelebriert, die aus Amerika herüberkamen: Happening und Fluxus. Und es fügte sich, dass Bazon Brock später viele Jahre lang Professor für Ästhetik und Kunstvermittlung an der Bergischen Universität Wuppertal war. Zum Beuys-Performancefestival 2021 in Wuppertal hat er ehemalige Studierende eingeladen, die mit Vorträgen und Performances zum 100. Geburtstag von Beuys gratulierten.

Else Lasker-Schüler (1887-1945)

Am 22. Oktober 1912 erregte eine Veranstaltung im Kaisersaal der Elberfelder Stadthalle (heute: Mendelssohn-Saal) die Gemüter der BesucherInnen. Die *Literarische Gesellschaft* hatte Else Lasker-Schüler zu einer Lesung eingeladen. Es war die erste Lesung der Dichterin in ihrer Heimatstadt. Der Saal war verdunkelt, so hatte es Else Lasker-Schüler gewünscht. Sie selbst stand hinter einem Lesepult, auf dem ein farbiges Tuch lag. Sie begann mit der Rezitation ihrer Gedichte. Es dauerte nicht lange, da verließen die ersten ZuhörerInnen den Saal. Es folgten weitere. Unruhe kam auf, es wurde laut geredet und gelacht. Plötzlich hörte Else Lasker-Schüler mit ihrem Vortrag auf, beschwerte sich über die massiven Störungen und drohte die Lesung abzubrechen. Danach blieb es ruhig, der Abend endete wie geplant. In der Wuppertaler Presse war am nächsten Tag zu lesen, warum die Dichterin ihre Zuhörerschaft so erzürnt hatte: Else Lasker-Schüler las mit einem gewissen monotonen Gesangston – das war man nicht gewohnt. Frage an die Wuppertaler Germanistin Gabriele Sander, Herausgeberin einer kommentierten Ausgabe sämtlicher Gedichte von Else Lasker-Schüler im Reclam-Verlag[1]:

Warum hatte Else Lasker-Schüler ihre Lesung als Performance angelegt?
Sander: Else Lasker-Schüler hat ihre Lesungen sorgfältig vorbereitet und spätestens seit 1910 geradezu theatralisch inszeniert bzw. zelebriert. Dabei trug sie nicht nur extravagante Kleidungs- und Schmuckstücke, eine ungewöhnliche Frisur oder Kopfbedeckung, sondern präsentierte ihre Texte auch in einem sehr speziellen psalmodierenden Vortragsstil und mit ausdrucksstarker Gestik. Paul Goldscheider zufolge begleitete sie ihre Lesungen manchmal sogar »mit Tamburin und Schellengeläute« (Bernhard 2017: 97). Else Lasker-Schüler verlieh ihren Bühnenauftritten dadurch einen gewissen Event-Charakter, aber auch eine feierlich-sakrale Aura. Damit unterstrich sie ihren Anspruch als Avantgarde-Künstlerin, die bewusst Konventionen missachtete und Grenzen überschritt, und gleichzeitig als ›Priesterin‹ der Kunst in der Nachfolge König Davids, des Psalmendichters, auftrat. Daher reagierte sie höchst verärgert, wenn man ihren Selbstinszenierungen als eine Art Gesamtkunstwerk[2] nicht den gebührenden Respekt zollte.

Sah sich Else Lasker-Schüler selbst als Avantgardistin – fühlte sie sich zugehörig zur damaligen Avantgarde?
Sander: Auch wenn sie den Begriff Avantgarde gemieden hat, ist durch viele Äußerungen belegt, dass sie sich als ›Speerspitze‹ der Kunst sah – einer Kunst, die gleichermaßen traditionsbewusst wie auch innovativ, radikal und zukunfts-

---
[1] Interview der Autorin mit Gabriele Sander am 15.08.2022.
[2] Zum Begriff ›Gesamtkunstwerk‹ siehe auch den Beitrag von Alexandra Vinzenz in diesem Band.

weisend sein sollte. Else Lasker-Schüler war eine streitbare und streitlustige Repräsentantin der europäischen Avantgarde und hat viele Anregungen moderner Kunstströmungen aufgegriffen, aber ihrerseits als gut vernetzte Künstlerin auch viele junge KollegInnen gefördert und inspiriert.

In den verschiedenen Wuppertaler und regionalen Tageszeitungen wurde auch die Person Else Lasker-Schüler und ihre äußere Erscheinung beschrieben: ihr halb kurz geschnittenes schwarzes Haar, ihr Gesicht mit den »unheimlich glühenden Augen«, das von »einer orientalischen Sinnlichkeit« sei. War das die Wahrnehmung einer Provinz-Presse oder fiel dieses Äußere auch in der Weltstadt Berlin auf?
Sander: Auch in Berlin wurden ihre Auftritte teils mit Befremden, teils mit Faszination aufgenommen. Diese Ambivalenz brachte schon 1901 Julius Bab zum Ausdruck, als er anlässlich einer Lesung im Nollendorf-Casino von »ihrer wilden, oft bizarren und seltsam gereckten, immer aber ernsten und innerlichen Pathetik« (Bab 1904: 62) sprach. Wieland Herzfelde beschrieb einen ihrer Vortragsabende folgendermaßen: »Sie hatte ein blaues Seidengewand an. Weite Hosen, silberne Schuhe, eine Art weite Jacke, die Haare wie Seide, tiefschwarz, wild zuweilen, dann wieder sinnlich sanft. [...] Und noch mehr erstaunte mich ihr Vortrag. [...] Das war kein Sprechen, das war Singen, ekstatisch, ewig tönend, wie das Zaubergebet eines orientalischen Propheten.« (Bernhard 2017: 97) Wie sehr Else Lasker-Schüler das Publikum provozierte und polarisierte, dokumentieren auch die Reaktionen auf ihre Auftritte in Prag, Zürich oder am Bauhaus in Weimar 1920.

Ihr Sehnsuchtsland hieß Theben – sie selbst ernannte sich zum »Prinzen Jussuf von Theben« und trat auch als solcher fantastisch verkleidet auf.
Sander: Ja, Else Lasker-Schüler liebte die Maskerade, das Spiel mit Identitäten und Geschlechterrollen. Mit ihren – meist orientalisch konnotierten – Selbstfigurationen signalisierte sie nicht nur ihre Distanz zur bürgerlichen Normalität, sondern hob auch die Grenze zwischen Kunst und Leben auf. Nach Tino von Bagdad wurde ab etwa 1909 Prinz Jussuf von Theben zu ihrer Lieblingsrolle. Es ist eine synkretistische Spielfigur, die sich auf der alttestamentlichen Josephslegende – ihrer »Lieblingsgeschichte« – gründet und in zahlreichen Texten, Zeichnungen und Briefen als eine Art Alter Ego fungiert. Mit dem Namen der altägyptischen Königsstadt Theben bezeichnet sie das imaginäre Reich, über das ihre Kunstfigur Prinz Jussuf als Souverän herrscht und das er stets offensiv verteidigt.

Else Lasker Schüler, 1867 in Elberfeld geboren, starb 1945 in Jerusalem. Mit dem Schauspiel *Die Wupper* setzte sie ihrer Heimatstadt ein Denkmal. Der Dichter Thomas Kling erhielt 1994 in Wuppertal, initiiert von der Else Lasker-Schüler-Gesellschaft, den ersten Else Lasker-Schüler Lyrikpreis.[3] Der »Sprachakrobat« zelebrierte seine Lesungen stets als theatralische Aufführung – in der Nachfolge der Dichterin Else Lasker-Schüler.

Bazon Brock (geb. 1936)

Am 5. Juni 1965, Punkt Mitternacht, war es so weit: das *24-Stunden-Happening* in der Wuppertaler Galerie Parnass begann. Die Nummernschilder auf dem Parkplatz verrieten überregionales Interesse. Sieben Künstler und eine Künstlerin wollten in sieben Räumen der mehrstöckigen Galerie in der Elberfelder Moltkestraße arbeiten, 24 Stunden lang: Wolf Vostell, Joseph Beuys, Bazon Brock, Nam June Paik, Charlotte Moorman, Eckehart Rahn und Thomas Schmit.

Die Idee zu diesem Happening kam von Wolf Vostell. Er war als Aktionskünstler schon mehrfach in der Galerie Parnass aufgetreten, einem Ort, der damals als ein Treffpunkt der internationalen Avantgarde galt. Vostell lag in seinem Raum auf dem Boden und steckte unentwegt Nadeln in rohes Fleisch. Ab und zu begab er sich in einen Glaskasten, bestäubte sich mit Mehl, verwischte damit die Sicht von außen auf ihn, und setzte eine Gasmaske auf. Später erklärte er dazu: »Das waren Aufführungen, die angeregt wurden durch politische Ereignisse jener Zeit – der KZ-Prozess in Frankfurt sowie der gegen Eichmann in Jerusalem, die beide von mir zu einem neuen Ritual zusammengefügt wurden, 24 Stunden lang in ständiger Wiederholung, als Rätsel für das Publikum. Das hatte 24 Stunden Zeit, dieses Rätsel zu dechiffrieren.« (Vostell, zit. n. Linsel 1995)

Die meisten BesucherInnen allerdings waren sichtlich ratlos und reagierten mit Kopfschütteln, Spott, Hohn, Lästern, Lachen und ab und zu mit Beleidigungen. Eine einzige Zeitung war vertreten, die *Westdeutsche Rundschau*, die kleinere der beiden Lokalzeitungen in Wuppertal. Der Feuilletonchef hatte seine junge Volontärin geschickt[4], die eine ganze Seite schreiben durfte: Das einzige gedruckte Dokument von einem Ereignis, das als legendär in die Kunstgeschichte eingegangen ist.

Das Publikum einbinden wollte auch Bazon Brock. Direkt an der Seite von Joseph Beuys, der neben einem Stück Fett auf einem Kästchen kauerte, stand Bazon Brock Kopf. Neben sich hatte er ein großes Rad gebaut, das sich vor einer Schei-

---

3 Der Else Lasker-Schüler-Preis in Höhe von 30.000 DM wurde nur zweimal vergeben – Friederike Mayröcker war 1996 die zweite Preisträgerin. (Wikipedia-Eintrag der Else Lasker-Schüler-Gesellschaft) »Nach langer Pause, die Gesellschaft hatte keine Sponsoren mehr gefunden, wurde der Lyrikpreis in Hohe von 3.000 Euro wieder vergeben«. (Wikipedia- Eintrag der Else Lasker-Schüler-Gesellschaft)

4 Die Autorin dieses Beitrags war zu dieser Zeit Volontärin bei der Westdeutschen Rundschau.

be drehte. In dieses Rad war ein Fenster geschnitten, so groß, dass man einen Buchstaben eines ganzen Satzes lesen konnte, der auf einem Tableau hinter der Scheibe angebracht war. Genau 24 Stunden lief einmal der ganze Satz durch, so dass nur der/diejenige, der/die 24 Stunden zusah, diesen Satz entziffern konnte: »Es war ein Satz, der stark und kräftig genug war, um der Menschheit Absolution zu erteilen und jedem Einzelnen auch die Möglichkeit bot, sich über den Zustand der Welt zu trösten.« (Brock, zit. n. Linsel 1995)

Es war ein Hegel-Satz in leicht abgewandelter Form, den Brock dann in ein Milchdöschen steckte, ehe er es verschloss und einer befreundeten Familie zur Aufbewahrung gab. Fünf Jahre später, am 21./22. Januar 1970, war Bazon Brock wieder Gast in Wuppertal bei einem zweitägigen Hearing zum geplanten Neubau des Von der Heydt-Museums. Brock stellte ein »Museum als Arbeitsplatz« (Brock 1970: 26) vor: Das Publikum solle anhand von Technik – Dia-Projektion, Film, Bücher, Bilder, Sprachübungen – aufgefordert werden, kunsttheoretische Übungen anzustellen, ein Begriffstraining zu machen, um zu einem neuen Verständnis der Museumssammlung bzw. von Kunst überhaupt zu gelangen. Die Originalbilder könne man in einen Tresor packen. Am Ende der Veranstaltung mit namhaften ExpertInnen bedankte sich der damalige Bürgermeister Dr. Heinz Frowein u.a. bei Brock für dessen avantgardistische Ausführungen. Brock antwortete: »Notwendig, meine Herren, nicht avantgardistisch.« (Brock, zit. n. Linsel 1970) Ein neues Museum wurde in Wuppertal nicht gebaut. Manche Ideen Brocks aber sind seit Jahren Standard in Museen weltweit: Dass Brocks visionäres »Museum als Arbeitsplatz« (Brock 1970: 26) heute im eigenen Haus sein kann, konnte er damals nicht wissen. Heute kann sich jede/r digital Bilder, Bücher, Filme aus den meisten Museen der Welt in sein Arbeitszimmer holen.

Zu seinem 70. Geburtstag machte Bazon Brock eine Tournee durch 20 Museen mit Station auch im Von der Heydt-Museum: Einen »Lustmarsch durchs Theoriegelände« (Brock 2008) unter dem Ausstellungstitel *Vom Sorgenkind zum Wundergreis*, umgeben von einem Haufen persönlicher Gegenstände aus Kindheit, Jugend und Gegenwart – ›Alltagsmüll‹. Darunter befanden sich aber auch solche, die »europäische Identität« (o.A. 2006) demonstrieren sollten, wie Pilgerstab, Rucksack, Sandalen, Wörterbuch, Bierflasche, Verdienstkreuz, Kulturbeutel, Aspirin u.a. Vier Stunden lang erklärte Brock die Welt von den Etruskern bis zum nahen Untergang Europas. PolitikerInnen – »Phrasendrescher« und »operettenhafte Gestalten« (ebd.) – empfahl er beim nächsten Italien-Urlaub nicht nur Lambrusco zu trinken, sondern sich das etruskische Lächeln anzusehen. Ein weiterer Rat: Es lohne sich, schon jetzt zu überlegen, was wir ins Grab mitnehmen, Gegenstände, die »chinesische Forscher in 80 Jahren in Europa ausgraben werden« (ebd.).

Bazon Brock: Emeritierter Professor für Ästhetik an der Bergischen Universität Wuppertal, Kunsttheoretiker, Kunstkritiker, Kunstvermittler, Autor, Erfinder

der Besucherschule auf der *documenta* in Kassel, ein »Künstler ohne Kunstwerk«.[5] Als Beteiligter an vielen Happenings betont er, dass »Happening« nicht nur »Ereignis« ist, sondern zusammen mit Beuys »Ereignis mit Epiphanie, mit Erscheinung« (ebd.). Wobei es ein Irrtum sei, dass »die Fluxus-Krümel« (ebd.), also die Reste, die von einem Happening übriggeblieben seien, auch wenn sie in einem Museum lägen, zu Kunstwerken erklärt würden. Das seien Relikte, wie abgelegte Werkzeuge. Das Kunstwerk war und ist »ein konzeptioneller, spiritueller Akt (ebd.) ›Bazon‹ kommt aus dem Griechischen und heißt »Schwätzer« (ebd.) – so nannte ihn in der Schule ein Lehrer. Das sei, so Brock, eine unzureichende Übersetzung. Es heiße auch »Redner mit Überzeugungskraft« (ebd.). So hofft er bei seinen unzähligen Vorträgen auf einen ›Paarlauf von Zuhörer und Redner‹. Zum Reden vor Publikum gehöre allerdings auch ›Darstellungsgabe‹. Damit ist Bazon Brock bis heute reichlich gesegnet.

Pina Bausch (1940-2009)

22. April 1978: im Bochumer Schauspielhaus steht die Uraufführung eines neuen Stücks von Pina Bausch, Direktorin des Tanztheater Wuppertal, auf dem Programm: *Er nimmt sie an der Hand und führt sie in das Schloss, die andern folgen* heißt es. Der damalige Bochumer Schauspiel-Intendant Peter Zadek hatte die Choreografin gebeten, *Macbeth* von William Shakespeare mit dem Tanztheater Wuppertal zu erarbeiten. Anlass für diesen Auftrag war die Jahreshauptversammlung der internationalen Shakespeare-Gesellschaft in Bochum. Im Publikum saßen demnach viele ProfessorInnen aus dem In- und Ausland. Schon nach wenigen Minuten wird klar, dass auf der Bühne nicht der *Macbeth*, den man erwartet hatte, zu sehen ist. Da erzählt eine Kindfrau mit großen Augen und tiefer Stimme im Stil einer Märchenerzählerin die ›Geschichte vom Ritter M.‹ (Mechthild Großmann). Die TänzerInnen laufen, rennen, springen, schreien, man hört vereinzelte Original-Zitate, getanzt wird fast gar nicht. Schon bald löst das einen regelrechten Tumult im Publikum aus. ZuschauerInnen verlassen Türe knallend den Raum, andere protestieren und pöbeln lautstark – die Herren Professoren haben ihre gute Erziehung vergessen. Irgendwann erhebt sich mitten in einer Szene die Tänzerin Jo Ann Endicott aus ihrer liegenden Position, geht vor an die Rampe und ruft ins Publikum: »Gehen Sie nach Hause. Und setzen sich vors Fernsehen. Aber lassen Sie uns hier in Ruhe spielen.«[6] Das endlich schafft Stille im Saal.

Pina Bausch hatte versucht, *Macbeth* in den Alltag zu holen. Die Themen des Stücks – Mord, Schuld, Angst, Macht und Begierde – hatte sie in eindringliche Körpersprache übersetzt. Gesten und Zeichen verrieten verzweifelte Versuche von Ver-

---

5 Siehe hierzu: https://bazonbrock.de/bazonbrock/biographie/kurz/ (letzter Zugriff: 10.04.2023).
6 Jo Ann Endicott im Gespräch mit der Autorin am 25.11.2021.

drängung, Vertuschung, Verlegenheit und nächtlichen Albträumen. Diese Version von *Macbeth* war in seiner Radikalität und Kühnheit der Beginn von Pina Bauschs eigenen freien Stücken. Ihre ersten größeren Arbeiten in Wuppertal hatten sich noch im traditionellen Rahmen an die literarischen und musikalischen Vorlagen gehalten: Gluck, Brecht, Weill, Strawinsky, *Iphigenie, Orpheus, Die sieben Todsünden, Das Frühlingsopfer*. Das war die Mischung aus Modern Dance eines Kurt Joos und einer Martha Graham. *Macbeth* aber hatte Pina Bausch zu einem neuen Weg inspiriert: Sie gab die Fragen, die sie selbst an das Stück hatte, an ihr Ensemble weiter. Konsequent entwickelte sie diese Fragetechnik im Laufe ihrer Arbeit weiter. In den Proben – der Probenraum Lichtburg war in einem Kino der 1950er Jahre untergebracht – gaben die TänzerInnen Antworten auf Pina Bauschs Fragen und Stichworte: mit Gesten, kleinen Szenen, auch mit Stimme und Sprache – mit ihrem ganzen Körper. Dieses Material, entstanden in unzähligen kleinen Performances, ist die Grundlage all ihrer eigenen Stücke geworden. Die Proben seien geprägt von großem gegenseitigem Vertrauen, so Pina Bausch. Denn die TänzerInnen hätten ja gar nicht gewusst, wonach sie gesucht habe. »Diese Menschen sind ja alle Perlen, jeder auf seine Weise.« (Linsel 2006) Sie sei glücklich, dass diese Persönlichkeiten so einen großen Teil ihres Lebens mit ihr verbrächten. Die neuen Stücke erzählten nicht eine Geschichte, sondern viele kleine Geschichten, von Liebe und Zärtlichkeit und der Angst davor, von Sehnsucht, Einsamkeit und Unglück, Macht, v.a. der der Männer über die Frauen, Kampf, v.a. der Geschlechter. Bei alledem blickte Pina Bausch mit ihren TänzerInnen fragend weit zurück in die Kindheit. Entdeckte hinter Erziehung und Konvention oft die Ursachen für Verletzungen, Verdrängungen, Verstörungen, die Unfähigkeit zur Liebe. Die TänzerInnen tanzten nicht nur – im Gegenteil: sie tanzten zeitweise immer weniger. Sie rannten über die Bühne, sprangen an den Wänden hoch, sie sprachen (meist in ihrer Muttersprache), sie schrien, lachten, weinten, erzählten Witze, absurde Geschichten. Der Bühnenboden war bedeckt mit Erde, Wasser oder Gras, auf der Bühne bewegten sich falsche Nilpferde, Krokodile oder echte Hunde, ArtistInnen, Stuntmen, Zauberer.

Bis zu seinem frühen Tod 1980 entwarf Rolf Borzik die Bühnenbilder und Kostüme, er hat das Tanztheater entscheidend mitgeprägt. Danach übernahm Peter Pabst die künstlerische Ausstattung, die ehemalige Solotänzerin Marion Cito entwarf die Kostüme, Matthias Burkert arrangierte die Musik. Zusammen mit bestimmten Stilprinzipien – Wiederholungen, simultanen Handlungen, Brechungen von ernsten und heiteren Situationen – ergab das eine ungewöhnliche, eigenständige Tanztheater-Sprache, die auch auf SchauspielregisseurInnen großen Einfluss hatte. In den Anfängen war das Publikum irritiert und verstört. Das Unverständnis schlug lange Zeit um in Aggression. Empörte ZuschauerInnen rannten Türen knallend aus der Vorstellung, störten massiv durch Zwischenrufe, die manchmal zu tumultartigen Szenen im Zuschauerraum führten. Doch auch die ArtistInnen der Kritikerzunft schienen, mit wenigen Ausnahmen, ratlos. Pina Bausch wollte nach eigenen Aussagen nie provozieren, sondern im

Gegenteil das Publikum einladen, sich einzulassen auf Bilder, in denen jeder eigene Lebensgeschichten entdecken konnte, Bilder, oft rätselhaft, vieldeutig und mit wunderbar hintergründigem Humor und aberwitziger Komik. »Alles muss man anschauen, die Gegensätze, die Reibungen, das Schöne und das Schmerzliche. Nichts darf man auslassen. Es geht um das Leben und darum, für das Leben eine Sprache zu finden.« (Ebd.) In über 40 Stücken hat Pina Bausch diese Sprache entwickelt. Wuppertal war die ideale Stadt für diesen mühevollen Weg. Weil Wuppertal eben keine Sonntags-, sondern eine Alltagsstadt ist. Hier hat die Choreografin zusammen mit ihren TänzerInnen den Tanz revolutioniert, aus »der Sklaverei der Schönheit befreit« (ebd.). Die Stücke werden in aller Welt verstanden und gefeiert, weil sie von den Menschen sprechen. Von ihren Träumen, Ängsten, Sehnsüchten, Enttäuschungen und Schmerzen. Das Tanztheater Wuppertal ist Welttheater.

Else Lasker-Schüler gehört heute zu den wichtigen Dichterinnen des deutschsprachigen Expressionismus. Namhafte und weniger bekannte SchauspielerInnen treten mit immer neuen Programmen auf, um das Werk von Else Lasker-Schüler – Gedichte und Prosa – bekannt zu machen. Pina Bausch starb im Jahr 2009. Eine neue Generation von TänzerInnen hat in den letzten Jahren bewiesen, dass sie das Erbe von Pina Bausch mit neuer Energie auf die Bühne bringen – als zeitlose, große Tanztheater-Kunst. Und Happening und Fluxus sind längst in die Kunstgeschichte eingegangen.

Quellenverzeichnis

Bab, Julius (1904): Die Berliner Boheme (= Großstadt-Dokumente, Band 2), Berlin/Leipzig: Hermann Seemann Nachfolger.
Bernhard, Peter (2017): »Frau Lasker-Schüler hatte uns mit ihren Staccato-Versen völlig im Bann«, in: ders. (Hg.): bauhausvorträge. Gastredner am Weimarer Bauhaus 1919-1925, Berlin: Gebr. Mann, S. 95-102.
Brock, Bazon (2008): Lustmarsch durch Theoriegelände – Musealisiert euch!, Köln: DuMont.
Brock, Bazon (1970): »Das Museum als Arbeitsplatz. Begründete Vermutungen«, in: Gerhard Bott (Hg.): Das Museum der Zukunft. 43 Beiträge zur Diskussion über die Zukunft des Museums, Köln: DuMont, S. 26-34.
Linsel, Anne (2006): Pina Bausch, Erstausstrahlung am 09.12.2006, WDR/arte.
Linsel, Anne (1995): »Stichtag heute: 05.06.1965 – das 24-Stunden-Happening in Wuppertal«, in: WDR-Zeitzeichen, 05.06.1995.
Linsel, Anne (1970): Das Museum als Arbeitsplatz, in: Neue Ruhr/Neue Rhein Zeitung vom 23.01.1970.

Kunstproduktion während der Corona-Pandemie. Ein Produktionsbericht aus der künstlerischen Praxis

Ophelia Young im Gespräch mit Katharina Weisheit

Ophelia Young ist freischaffende Tänzerin und Performerin. Sie wohnt und arbeitet in Wuppertal. Die Österreicherin mit afroamerikanischen Wurzeln lebt inzwischen seit 13 Jahren in Deutschland und studierte Zeitgenössischen Tanz an der Folkwang Universität der Künste in Essen. Über sieben Jahre arbeitete sie in Vollzeit mit dem Tanztheater Wuppertal Pina Bausch. Mitten in der Corona-Pandemie entschied sie, sich auf ihre Karriere als freiberufliche Künstlerin im Bereich der Performing Arts zu konzentrieren und arbeitet inzwischen über die Stadtgrenzen hinaus auch international in verschiedenen künstlerischen Projekten.

Ophelia Young ergänzt mit ihren Kenntnissen sowohl über die Arbeit einer großen Wuppertaler Tanzkompanie als auch über die Wuppertaler Freie Szene den Diskurs des Beuys-Performancefestivals. Denn die pandemiebedingte Transformation des Festivals in den digitalen Raum hat nicht zuletzt die veränderten Produktions- und Präsentationsbedingungen der Kunst- und Kulturszene in den Fokus gerückt. Hierüber haben Ophelia Young und Katharina Weisheit am 26. Juli 2022 im Maschinenhaus Essen gesprochen und diskutiert, inwieweit der krisenbedingte Wandel ästhetischer, künstlerischer sowie kulturpolitischer Strategien die Tanz- und Performance-Kunst auch nachhaltig beeinflussen wird.

(Katharina Weisheit)

Katharina Weisheit: Du bist gerade nicht in Wuppertal, sondern für eine Recherchearbeit im Maschinenhaus in Essen. Kannst du uns ein bisschen über deine aktuelle Arbeit erzählen?

Ophelia Young: Im Zuge der *#TakeHeart*[1] Residenzförderung von PACT Zollverein habe ich für eine Woche die Möglichkeit, in einem der Proberäume des Ma-

---

1 Im Rahmen des Rettungspakets *NEUSTART KULTUR* der Beauftragten der Bundesregierung für Kultur und Medien und der *#TakeThat*-Förderprogramme des Fonds Darstellende Künste e.V. unterstützt PACT Zollverein als Teil des Bündnis internationaler Produktionshäuser diese

schinenhauses[2] in Essen zu arbeiten. Ich begleite das Rechercheprogramm von *#TakeHeart*, was mir darüber hinaus ermöglicht, mich auch mit meiner Arbeit zu beschäftigen, die noch sehr roh ist und am Anfang steht. Durch das Residenzprogramm kann ich *bezahlt* einem Großteil meiner Arbeit nachgehen, der daraus besteht, Ideen zu entwickeln, Dinge auszuprobieren, zu verwerfen und wieder neu auszuprobieren. D.h. ich bekomme ein Gehalt, um meine Perspektive in das Rechercheprogramm einzubringen und kann dadurch auch meine eigene Arbeit vorantreiben. Zudem haben mir PACT und das Maschinenhaus, obwohl gerade Sommerpause ist, die Räumlichkeiten hier zur Verfügung gestellt.

Weisheit: Das ist wirklich ein toller Ort hier, ich bin ganz begeistert. Es gibt einen Bereich zum Arbeiten, der mit Tanzboden ausgelegt ist, es gibt eine Küche, eine Sitzgruppe mit Sofas, viele Arbeitsmaterialen, technisches Equipment …

Young: … und einen großen Esstisch.

Weisheit: Genau, wir haben gerade schon zusammen gekocht und gegessen. Aber verlassen wir das Hier und Jetzt für einen Moment und springen zurück ins Frühjahr 2020 und zum Beginn der Covid-19-Pandemie. Damals hast du noch nicht als freischaffende Künstlerin gearbeitet, sondern warst Tänzerin beim Tanztheater Wuppertal Pina Bausch. D.h., du kannst uns nicht nur Einblick in die Arbeit der Freien Szene geben, sondern hast auch die Folgen der Pandemie für die Arbeit einer großen, weltweit bekannten Kompanie miterlebt. Wann wurdet ihr das erste Mal mit Covid-19 konfrontiert?

Young: Das war ungefähr Mitte März, als der erste Lockdown kam. Das Tanztheater fährt meistens im Februar für Gastspiele nach London zum Sadler's Wells und ich kann mich erinnern, dass das da schon Thema war und einige Leute krank waren. Im März haben wir dann noch *Die sieben Todsünden* in Wuppertal performt

---

Programme mit der Vergabe und Durchführung von *#TakeCareResidenzen*. Das Residenzprogramm hat zum Ziel, ausgewählte, frei produzierende KünstlerInnen und Gruppen, die durch die Covid-19-Pandemie und die Einschränkungen im kulturellen Sektor existenziell betroffen sind, für mindestens zwei Monate zu begleiten und zu stärken. Das Verfahren verantwortet der Fonds Darstellende Künste e.V. in Zusammenarbeit mit dem Bündnis internationaler Produktionshäuser. Mit *#TakeHeart* hat der Fonds Darstellende Künste im Rahmen von NEUSTART KULTUR seine umfassenden Fördermaßnahmen fortgesetzt.

2 Das ehemalige Maschinenhaus der Zeche Carl in Altenessen wird seit 1985 als freier Produktions- und Veranstaltungsort genutzt. Der Trägerverein Carl Stipendium e.V. vergibt die Räumlichkeiten an KünstlerInnen aller Sparten, die vor Ort arbeiten und somit das Maschinenhaus Essen immer wieder neu inszenieren.

und während der Vorstellungsphase, so nach drei oder vier Abenden, kam plötzlich die Ansage: Ihr braucht morgen nicht zu kommen, es ist Lockdown.

Weisheit: D.h., an einem Abend war noch ganz normaler Theaterbetrieb mit ausverkauftem Haus und am nächsten Tag plötzlich alles zu?

Young: Ja, genau. Die zwei, drei Jahre vor der Pandemie waren für mich im Tanztheater sehr busy. Ich habe viel gearbeitet, habe in sehr vielen Stücken gespielt und dazu gab es noch den internen Konflikt um die Leitung des Tanztheaters. Ich muss sagen, dass dieser Moment für mich fast eine Erleichterung war und ich eine Pause tatsächlich gut gebrauchen konnte. Für viele von uns – ich kann natürlich nicht für alle sprechen – war das wirklich ein Moment zum Durchatmen, im Sinne von: Okay, dann pausieren wir jetzt mal alles, das schadet nicht.

Weisheit: Der Lockdown dauerte dann relativ lange, bis Anfang Mai. Stand der Betrieb des Tanztheater Wuppertal bis dahin komplett still?

Young: Ja.

Weisheit: Wie habt ihr in der Zeit miteinander kommuniziert und gearbeitet? Der Körper und die körperliche Präsenz spielen im Tanz ja eine entscheidende Rolle.

Young: Ich erinnere mich an einen Moment, wo ich dachte: Meine Güte, alle anderen Kompanien haben schon Strategien entwickelt, um weiterarbeiten zu können. Wieso machen wir immer noch nichts [lacht]? In meiner Erinnerung haben wir wirklich wochenlang nichts gemacht. Natürlich ist auf einer anderen, organisatorischen Ebene viel passiert u.a. mussten Tourneen abgesagt werden, aber für uns TänzerInnen war es zunächst wirklich ein Stillstand. Irgendwann sind wir dann in so eine Art Pandemiepanik verfallen, weil z.B. auch nicht gleich klar war, dass es so etwas wie Kurzarbeitergeld auch für uns gibt. Wir waren als TänzerInnen ja fest bei der Kompanie angestellt, aber von Kurzarbeitergeld hatte ich vorher nie gehört.

Weisheit: Im Vergleich zu AkteurInnen der Freien Szene wart ihr also durch das Angestelltenverhältnis vergleichsweise gut abgesichert.

Young: Total.

Weisheit: Was ist dann passiert? Warst du die ganze Zeit Zuhause in deiner Wohnung?

Young: Ich habe erstmal gefastet [lacht]. Buchinger-Fasten. Ich wollte das schon immer mal machen. Bisher ging das aber nicht, weil man sich dabei nicht körperlich verausgaben soll, was als Tänzerin natürlich nicht zu vermeiden ist. Nach ein paar Wochen gab es dann die ersten Zoom-Meetings, bei denen es erst einmal darum ging, in Kontakt zu bleiben. Viele TänzerInnen des Tanztheater Wuppertal sind internationaler Herkunft und haben ihre Familien und sozialen Geflechte nicht vor Ort in Wuppertal. Bettina Wagner-Bergelt, der damaligen Leitung der Kompanie, war es daher erst einmal wichtig, den Kontakt wiederherzustellen und zu sehen, wie es uns geht. Diese Treffen waren zunächst auf freiwilliger Basis. Irgendwann haben wir dann aber zusammen überlegt, wie wir tatsächlich weiterarbeiten können. Und irgendwann haben wir dann alle zwei mal zwei Meter Tanzboden geliefert bekommen [lacht].

Weisheit: Zu euch nach Hause?

Young: Ja, von den TechnikerInnen. Das war irgendwie witzig, weil man dafür ja erst mal Platz haben muss. Ich habe meinen zwei mal zwei Meter großen Tanzboden in meiner Küche verklebt und dann von dort via Zoom trainiert. Die DozentInnen, die wir sonst immer in persona getroffen haben, haben uns z.B. von Schweden, Den Haag und New York aus gecoacht.

Weisheit: D.h., ihr habt mehr oder weniger euren Trainingsplan eins zu eins ins Digitale übersetzt?

Young: Ja. Die DozentInnen haben natürlich ihr Material und ihr Konzept angepasst. Bei uns hat sich auch, wie überall, die Frage gestellt, wie unterrichtet man digital?

Weisheit: Wie hat sich euer Training dadurch verändert?

Young: Also, zu Beginn gab es immer eine Security-Einleitung, nach dem Motto »Seid vorsichtig«, »Tut euch nicht weh«, weil anders als in der Lichtburg[3] stehen in einer Wohnung natürlich viel mehr Möbel, da ist eine Wand, da hängen Lampen von der Decke. Das war schon ein bisschen gewöhnungsbedürftig. Ansonsten hat sich das Training v.a. räumlich verändert. Beim Balletttraining gibt es immer erst Übungen an der Stange und danach geht's ins Zentrum und man bewegt sich durch den Raum. Das ist natürlich Zuhause so nicht möglich. Meine Stange war ein Stuhl, den ich aber auch erst einmal finden musste. Der Stuhl darf nicht wa-

---

3 Die Lichtburg ist ein ehemaliges Kino in Wuppertal und seit 1977 Probenraum des Tanztheater Wuppertal.

ckeln und muss die richtige Höhe haben. Neben dem Raum war zu Beginn auch die Musik ein Thema, weil die meisten DozentInnen technisch noch nicht gut ausgerüstet waren. D.h., wir hatten Musik und Zoom-Meeting vom gleichen Computer laufen, so dass es ständig Rückkoppelungen gab. Ein anderes Problem war, dass ständig die Internetverbindung hängen geblieben ist und man die Hälfte der Übungen nicht mitbekommen hat. Irgendwann habe ich mich dann ganz grundsätzlich begonnen zu fragen: Wie will ich in Zukunft eigentlich trainieren? Was macht mir Spaß? Was fehlt mir? Wie möchte ich mich mental und neurologisch stärken für die Zeiten, die kommen? Das war schon besonders, dieser Bewusstseins-Shift von: Was trainieren wir eigentlich und wieso denken wir, dass das so, wie wir es bislang getan haben, essentiell und wichtig ist?

Weisheit: Hat sich dadurch das Trainieren und Arbeiten in der Kompanie auch langfristig verändert?

Young: Das kann ich nicht so gut beurteilen, da ich ja dann noch Mitten in der Pandemie die Kompanie verlassen habe. Ich glaube aber, dass unsere Zeit inzwischen einfach grundsätzlich andere TänzerInnen braucht. Damit meine ich, dass ich sowohl als Zuschauerin als auch als Tänzerin die unterschiedlichen Körper und die Präsenz von verschiedenen Trainingshintergründen, Expertisen und Genres meiner KollegInnen sehen und spüren möchte, wofür meiner Meinung nach aber ein Angebot von diverseren Trainingsformen – auch in etablierten Kompanien – notwendig ist. Und ich glaube, dass die Pandemie auch dem Tanztheater Wuppertal dafür die Augen und Ohren geöffnet hat. Abseits von diesem ganzen Produktions-Wahnsinn – wir haben einfach unglaublich viele Aufführungen gespielt und sehr viele Tourneen gemacht – hatte man plötzlich die Zeit und Ruhe, um zu fragen, was die TänzerInnen tatsächlich wollen und brauchen. Die Wahrnehmung von uns KünstlerInnen als Individuen mit unterschiedlichen Bedürfnissen und Expertisen hat zugenommen.

Weisheit: Ihr habt also irgendwann wieder gemeinsam trainiert, aber Aufführungen, geschweige denn Tourneen, waren aber weiterhin für lange Zeit nicht möglich. Habt ihr trotzdem am Repertoire gearbeitet – Wiederaufnahmen sind ja nach wie vor ein Großteil der Arbeit des Tanztheater Wuppertal – oder hat sich der Fokus auf andere Projekte verlagert?

Young: Ich erinnere mich noch gut an die USA-Tour, die für April 2020 geplant war und an der lange festgehalten wurde. Wir sind tatsächlich bis kurz vorher davon ausgegangen, dass wir in die USA fliegen, um *Palermo, Palermo* zu spielen, obwohl wir uns im Lockdown befanden und man nicht reisen konnte. So wurde uns das zumindest vermittelt. Ich erinnere mich noch, dass in dieser Zeit viele neue TänzerInnen in die Kompanie gekommen sind, die bisher nur wenig Berührung mit Pinas Stücken und sie bis dato weder geprobt noch performt hatten. Für ›die Neuen‹ gab es dann Einzel-Meetings mit den ProbenleiterInnen. Ansonsten gab es auch viel Vertrauen. Wer sagt denn, wie lange man ein Stück proben und wie oft man alles körperlich wiederholt haben muss? Viele hatten *Palermo, Palermo* schon getanzt und deswegen gab es dann den Moment, an dem gesagt wurde: Wir sind in einer Pandemie und wenn da nicht alles perfekt ist, dann ist das halt so. Für einige TänzerInnen war mit Blick auf die USA-Tour ein anderes Thema viel präsenter als das gemeinsame Proben: die Ermordung von George Floyd durch Derek Chauvin im Monat zuvor. In *Palermo, Palermo* gibt es eine Szene, in der Dominique Mercy mit einem schwarz bemalten Gesicht und Zigarette rauchend über die Bühne geht. Das ist eine verhältnismäßig kleine Szene …

Weisheit: … die aber nicht zuletzt dadurch groß wird, dass z.B. in der Spielzeit 2018/2019 ein Foto dieser Szene auf dem Cover des Programmhefts von *Palermo, Palermo* zu sehen ist.

Young: Genau. Damit ist diese kurze, aber sehr schmerzhafte Szene noch stärker ins Bewusstsein gerückt, als sie es eh für viele schon war. Das ist vor dem Hintergrund der Black Lives Matter-Bewegung und der Notwendigkeit, rassistische Motive in allen Lebensbereichen zu markieren, sehr problematisch und dazu muss man sich als Repertoire-Kompanie letztendlich verhalten. Einige TänzerInnen und ich hatten das Bedürfnis, darüber zu sprechen, was wir dann auch in verschiedenen Zoom-Meetings getan haben. Wir haben über Rassismus und die Reproduktion von rassistischen Inhalten in den Stücken gesprochen. Nicht genug, aber diesen Raum hätte es ohne den Lockdown so meiner Meinung nach nicht gegeben.

Weisheit: … was auch wiederum die Wahl des Coverbilds für das Programmheft nur *eine* Spielzeit davor bestätigt. Man hätte ja auch ein anderes, weniger problematisches Bild auswählen können.

Young: Absolut. Bis dato gab es wenig Sensibilisierung für diese Themen und auch keine wirkliche Gesprächskultur. Auch mein Wissen und meine Emotionalität hat sich in dieser Hinsicht in den letzten zwei Jahren geschärft. Es war und ist immer noch schwierig, Worte für diese Jahrtausende alten Dynamiken zu finden und noch schwieriger ist es, das strukturell, inhaltlich und dramaturgisch aufzuarbeiten, ohne andere typische Ablehnungsmechanismen heraufzubeschwören, die dann vielleicht doch wieder nur dafür sorgen, dass alles beim Alten bleibt. Aber immerhin findet jetzt eine Auseinandersetzung damit statt. Nachdem ich die Kompanie verlassen habe, wurde z.B. Emilia Roig, die zu Themen wie Vielfalt, Inklusion, Antidiskriminierung und Intersektionalität forscht und lehrt, für ein Gespräch eingeladen.

Weisheit: Sind in der Zeit des Lockdowns auch neue Projekte entstanden?

Young: Aus der Eigeninitiative einiger TänzerInnen heraus ist viel entstanden. Einige haben z.b. angefangen ein Solo zu erarbeiten. Andere haben z.b. einen Google Drive Ordner aufgemacht, über den wir uns täglich Aufgaben gestellt oder verschiedene Themen reflektiert haben. Diese Recherchearbeiten hatten aber nicht direkt mit dem Tanztheater zu tun. Ich hatte irgendwann einfach den Drang, auch aus dem Gefühl einer gewissen Verpflichtung als steuergeförderte Kompanie heraus, diese spezielle Zeit zu reflektieren und mich auch in meiner Arbeit damit auseinanderzusetzen. Also nicht nur als Privatperson, sondern auch als Künstlerin.

Weisheit: … in einer Zeit, in der vermehrt über die Systemrelevanz von Kunst und Kultur diskutiert wurde.

Young: In meinen Augen war das eine große Chance zu sagen: Okay, unser Haus ist zu. Was machen wir, wenn wir nicht mehr in unser Haus können? Gehen wir woanders hin? Sind wir obdachlos? Ich habe dann ein Projekt zum Stück *1980* vorgeschlagen.

Weisheit: Das Stück mit dem Rasen.

Young: Genau. Ich habe mich gefragt, wie man das Stück spielen kann, wenn man strukturell nicht mehr das kriegt, was man eigentlich dafür braucht. Wir konnten uns keinen Rollrasen liefern lassen, wir konnten nicht ins Theater, wir konnten die Technik nicht nutzen. Meine erste Idee war, das Stück im Fußballstadion in Wuppertal zu spielen u.a. deswegen, weil Fußballspieler schon sehr viel früher wieder trainieren und auch spielen durften. Zudem wäre es draußen und damit wiederum Corona-konform gewesen, weil man viel Platz zwischen den Leuten hätte schaffen können. Wir haben sogar eine Zusage für die Nutzung bekommen, leider ist es dann letztendlich wegen Terminkollisionen gescheitert. Also haben wir weitergeschaut, was es für Räume und Möglichkeiten in Wuppertal gibt. Schließlich hat uns das Freibad Mirke[4] die stillgelegten Bäder und Innenräume des Schwimmbads zum Proben und Spielen zur Verfügung gestellt. Wir haben aber nicht nur nach neuen Räumen gesucht, sondern auch über viele verschiedene Themen diskutiert. Z.B. über Hierarchien in der Kompanie. Wer leitet z.B. Wiederaufnahmen? Gibt es Leute, die auch mal in einem anderen Feld Erfahrung sammeln möchten? Und

---

4 Das Freibad Mirke, das 2010 von der Stadt Wuppertal geschlossen wurde und seitdem von dem Verein Pro Mirke e.V. betrieben wird, wird derzeit in einen Bürgerpark mit Naturfreibad umgewandelt.

wie können wir Themen aus den Stücken neu interpretieren? Für das Stück 1980 haben wir z.B. mit den ursprünglichen Fragen von Pina[5] gearbeitet. Wir wollten dabei nicht das alte Stück ummodeln, sondern ausgehend von gewissen existierenden Elementen etwas Neues entwickeln. Wir haben in diesem Projekt, anders als im üblichen Produktionsablauf, sehr stark den Prozess und das Entwickeln von Material in den Fokus gestellt und entschieden, keinen vorbestimmten Endpunkt zu setzen. Die Bereitschaft und Unterstützung der Leitung für das Projekt war da, letztendlich ist das Projekt dann aber leider doch gescheitert.

Weisheit: Irgendwann ging es ja dann auch Stück für Stück zurück zum ›normalen‹ Spielbetrieb.

Young: Wegen des Kurzarbeitergeldes war das zunächst noch sehr reglementiert. Wir mussten uns streng an die Stundenvorgaben halten und alles drüber hinaus war privat. Wir haben v.a. draußen trainiert, viel Abstand gehalten und meistens Maske getragen. Es gibt ja viele TänzerInnen in der Kompanie, die schon älter sind, da waren wir sehr achtsam.

Weisheit: Du hast in einem unserer Gespräche zu Beginn der Pandemie mal gesagt, dass die Covid-19-Pandemie zwar ein wichtiger Impulsgeber für eine Auseinandersetzung mit bekannten strukturellen Defiziten im Kunst- und Kulturbereich war, andererseits aber auch ein perfekter Nährboden für den Neoliberalismus ist, also für das Übertragen von gesellschaftlichen Problemen auf die Individuen, nach dem Motto: Wenn du es nicht schaffst, dann warst du einfach nicht stark, nicht innovativ, nicht flexibel genug. Siehst du das mit etwas zeitlichem Abstand immer noch so?

Young: Ja, ich würde schon sagen, dass das immer noch der Fall ist. Das war zwar eine Einschätzung der Situation zu einem Moment, in dem ich nur wenig Einblick in die Freie Szene hatte, aber schon da wurde deutlich, dass es wahrscheinlich nur diejenigen schaffen bzw. nur diejenigen weiter gefördert werden, die progressiv denken, sich weiterbilden und anpassen können. Also ein bisschen das Prinzip ›der Stärkere gewinnt‹. Die Stärkeren sind die, die sowohl in Bezug auf strukturelle, aber auch körperliche und emotionale Ressourcen durchhalten können. Struk-

---

5 Pina Bausch gab den DarstellerInnen der Kompanie bei der Erarbeitung ihrer Stücke keine Choreografie vor, sondern entwickelte anhand von Fragen, Stichwörtern und Impulsen gemeinsam mit den TänzerInnen die Szenen der Stücke. D.h. der Impuls zur Bewegung kam nicht länger (ausschließlich) von Musik- oder Literaturvorlagen, sondern das Bewegungsmaterial entwickelt sich durch Fragen rund um das Thema des Stücks und einer persönlichen Auseinandersetzung mit den TänzerInnen. Für die choreografische Komposition war Pina Bausch allerdings alleine verantwortlich.

turell gesehen gehört das Tanztheater Wuppertal als renommierte und geförderte Institution mit Sicherheit zu den ›Stärkeren‹. Es hat sich in der Förderlandschaft für die freischaffende Kunst- und Kulturszene aber inzwischen auch einiges verändert. Es wird z.B. nicht mehr nur das Produkt, d.h. die Aufführung oder der Film usw., gefördert, sondern auch Teile der Vorarbeit, die geleistet werden muss und die in vielen Fällen, zumindest bisher, leider unsichtbar und deswegen unentgeltlich war, aber trotzdem muss man auch für die neuen Stipendien und Fördertöpfe, die geschaffen wurden, einen guten Antrag schreiben können, was nicht zwangsläufig gleichzusetzen ist mit der Qualität der künstlerischen Arbeit.

Weisheit: Umso mutiger finde ich es, dass du mitten in dieser sehr unsicheren, prekären Zeit, den Schritt in die Selbstständigkeit gewagt hast. Du bist von deiner Festanstellung beim Tanztheater Wuppertal in die Freie Szene gewechselt. Wie ist es zu dieser Entscheidung gekommen?

Young: Ich habe schon immer gewusst, dass ich nicht beim Tanztheater Wuppertal alt werden möchte, sondern dass das eine Station sein soll. Wirklich bewusst war mir aber nicht, in welcher Zeit ich da gehe. Für mich war es einfach der richtige Zeitpunkt. Ich wollte eigene Projekte vorantreiben, was beim Tanztheater in der Form, wie ich mir das vorstellte, nicht möglich war und mich zunehmend frustriert hat. Mittlerweile glaube ich, ich habe den perfekten Moment für einen Wechsel in die Freie Szene gewählt [lacht].

Weisheit: Warum?

Young: Weil ich zu Beginn der Pandemie, zum Zeitpunkt der größeren Unsicherheit, durch das Kurzarbeitergeld abgesichert war. Ich hatte im Gegensatz zu vielen freischaffenden KünstlerInnen keine Existenzangst. Im Zweifel war es total naiv, aber ich war deswegen irgendwie zuversichtlich, dass der Sprung in die Freie Szene schon klappen wird. Außerdem hatte ich ein Netzwerk von Leuten, die mich bestärkt haben, den Schritt zu gehen. Und ich bin diesen Schritt in einer Phase gegangen, in der zahlreiche neue Fördertöpfe entstanden sind, von denen ich bzw. die Leute, mit denen ich jetzt zusammenarbeite, profitieren. Intuitiv habe ich rückblickend alles richtig gemacht.

Weisheit: Hat dir der Name ›Tanztheater Wuppertal Pina Bausch‹ bei deinem Schritt in die Freie Szene geholfen?

Young: Es ist auf der einen Seite natürlich total vorteilhaft in so einer namhaften Kompanie gewesen zu sein. Dadurch bin ich z.B. mit Tim Etchells in Kontakt gekommen, der mich jetzt für eine Arbeit, die er für das 20-jährige Jubiläum von PACT Zollverein entwickelt hat, angefragt hat. Andererseits hat das Tanztheater ganz wenig Bezugs- und Berührungspunkte mit der Freien Szene. Natürlich mag es sein, dass der Name ›Tanztheater Wuppertal Pina Bausch‹ auch beeindruckt, aber es ist auch ein Stigma. Und rein formal mit Blick auf die Förderstrukturen während der Pandemie habe ich ganz viele Stipendien und Fördermittel nicht bekommen, weil ich keine freischaffende Tätigkeit nachweisen konnte. Obwohl ich jahrelange Berufserfahrung habe, war mein Status bei den Anträgen wie der einer Studentin, die gerade erst anfängt zu arbeiten. Meine Arbeitserfahrung hat einfach nicht den Förderrichtlinien entsprochen. Auf der einen Seiten war die Absicherung durch eine jahrelange Festanstellung natürlich toll, besonders während der Pandemie, auf der anderen Seite war es mit Blick auf Fördermöglichkeiten in der Freien Szene auch ein Hindernis.

Weisheit: Du hast eben erzählt, dass sich die Freie Szene durch die Pandemie verändert hat u.a. dahingehend, dass nicht mehr nur das Produkt zählt. Was hat sich deiner Meinung nach noch verändert?

Young: Ich bin jetzt ja erst ein Jahr Teil der Freien Szene, deswegen müsste man meine Einschätzung noch mit jemandem abgleichen, der schon länger freischaffend arbeitet. Die größte Veränderung ist meiner Meinung nach aber tatsächlich das Bewusstsein für die Bedeutung des Arbeitsprozesses sowohl bei den Fördergebern als auch bei den KünstlerInnen selbst. Mir wurde im Studium erklärt: Dein Training ist deine Sache, was du liest, wie du recherchierst ist deine Sache. Was zählt ist eigentlich nur das, was du auf der Bühne machst. Das Produkt. Und dieses Verständnis und auch Selbstbewusstsein zu sagen, dass auch der Entwicklungs- und Rechercheprozess Teil meiner Arbeit ist und deswegen auch bezahlt werden muss, das ist neu. Es ist stärker ins Bewusstsein gerückt, was es im künstlerischen Arbeitsfeld alles zu berücksichtigen gilt. Und es gibt dafür inzwischen mehr Anerkennung, die sich auch monetär niederschlägt. Während der Pandemie ging es darum, Existenzen zu sichern. Die Stipendien, die von der Bundesregierung, den Ländern und teilweise auch von Kommunen ins Leben gerufen wurden, sind daher größtenteils auf den Entwicklungsprozess gerichtet, also mit Blick auf ein Stück oder einen Film vergleichsweise unspezifisch, sichern so aber das Überleben mancher KünstlerInnen.

Weisheit: Dadurch, dass keine Aufführungen in Präsenz möglich waren, sind zum einen andere Fördermodelle, zum anderen aber auch andere Formate entstanden, in denen die künstlerischen Arbeiten präsentiert werden. Glaubst du, das hat auch zukünftig Bestand? In meinem Arbeitsumfeld ist es so, dass zu Beginn der Pandemie ganz viel möglich war, inzwischen aber in vielen Bereichen immer mehr Schritte zurück zum Status Quo vor der Pandemie gemacht werden, z.B. Stichwort mobiles Arbeiten. Glaubst du, dass die Verbesserung der Strukturen und Arbeitsbedingungen der Freien Szene im Gegensatz dazu Bestand haben und die Kunstproduktion und -szene nachhaltig positiv verändern werden?

Young: Ich glaube, das sind zwei verschiedene Sachen. Das eine ist die positive Auswirkung und das Bewusstsein, das geschaffen wurde, und das wird sicher bleiben. Auf der anderen Seite werden die FördergeberInnen, Institutionen und Spielstätten merken, dass sie das strukturell gar nicht stemmen können. Die Frage ist ja auch, was die Häuser davon haben und wie sie das Versprechen auf Öffnung und Diversifizierung halten können. Ich bin total dankbar für die Zusammenarbeit mit PACT, aber was hat PACT langfristig davon? Und wie können KünstlerInnen ihre Praxis entwickeln, während sie Geld verdienen und ›funktionieren‹ müssen und vielleicht noch kein fertiges Produkt haben? Und was hat mein ›Produkt‹ davon? Das Produkt ist ja durch eine Förderung und Anerkennung des Arbeitsprozesses nicht überflüssig geworden. Ich möchte ja trotzdem irgendwann ein Stück zeigen können und am Kunstmarkt teilhaben. Gerade gibt es wirklich viele Fördergelder für die Freie Szene, aber ich frage mich ernsthaft, wie sich das strukturell etablieren kann. Denn trotz der derzeit positiven Förderlandschaft sind z. B. die Löhne immer noch extrem niedrig, was u. a. auch für mich ein Agieren als ›Neueinsteigerin‹ in der Freien Szene schwierig gemacht hat.

Weisheit: Obwohl der Fokus derzeit verstärkt auf dem Prozess liegt, sind Tanz, Theater und Performance-Künste, die v. a. von der Aufführungssituation getragen werden, also etwas, das während der Pandemie nicht möglich war. Während der Pandemie sind stattdessen viele andere Präsentationsformate entstanden. Z. B. sind in dieser Zeit zahlreiche Filme entstanden, die zu einem Präsentationsmodus von Tanz geworden sind. Natürlich gab es schon immer Tanzfilme und auch immer schon performative Arbeiten, die sich nicht in Form einer Aufführung realisiert haben, aber es bestand doch eine Hierarchie zwischen der Aufführung und anderen Präsentationsformaten. Mein Eindruck ist, dass sich diese Hierarchie begonnen hat aufzulösen. Glaubst du, dass diese Bandbreite an Präsentationsformaten Bestand haben wird? Wie sieht deiner Meinung nach die Zukunft für das Format ›Aufführung‹ aus?

Young: Ich finde es sehr schwierig, da eine Prognose abzugeben. Was du gerade beschrieben hast, ist in gewisser Weise ja auch eine Aneignung von Disziplinen. Ich habe an einigen filmischen Projekten mitgearbeitet und mache z. B. jetzt auch noch einen Film mit einem Kollegen, obwohl auch wieder Aufführungen möglich sind. Als Tänzerin bin ich an der Folkwang Universität der Künste natürlich überhaupt nicht dafür ausgebildet worden, einen Film zu machen. Aber was wir in der Zeit der Pandemie gelernt haben ist, dass auch andere Disziplinen für uns zugänglich sind. Man hatte Zeit zu recherchieren, wie z. B. Videobearbeitungsprogramme funktionieren und sich so neue Skills anzueignen, die man natürlich auch in der Zeit nach der Pandemie weiter nutzen möchte. Dabei ging es gar nicht darum, das perfekt zu können, sondern es war gerade die amateurhafte Ästhetik, die ich gut fand bzw. durchaus akzeptabel in Anbetracht der Ressourcen und Situation. Generell ist die Hemmschwelle, neue Sachen auszuprobieren, die strenggenommen nicht Teil der eigenen Disziplin sind, seit der Pandemie niedriger und ich kann mir gut vorstellen, dass das so bleibt. Ich habe z.B. bei einer Produktion von Artmann&Duvoisin mitgearbeitet, *A voice of A generation*, und da ist zusätzlich zum Tanzstück, das im August, September und Dezember 2022 u.a. in der TanzFaktur in Köln zu sehen war, auch ein Film der Videokünstlerin Ale Bachlechner entstanden. Damit war zum einen sichergestellt, dass die Fördermittel auch ausgeschüttet werden, falls die Aufführungen coronabedingt doch abgesagt hätten werden müssen und zum anderen gibt es mit dem Film auch noch ein ›Produkt‹, das über die Aufführung hinaus Bestand hat, was nicht zuletzt für zukünftige Förderanträge wichtig ist.

Weisheit: In welchem Verhältnis stehen der Film und die Aufführung zueinander?

Young: Das Tanzstück bzw. die Bühnenproduktion wurde nicht einfach nur abgefilmt und gestreamt, sondern es ist ein eigenständiger Kurzfilm entstanden. Eine ›nur‹ abgefilmte Bühnenproduktion wird meiner Meinung nach weder dem Tanz noch dem Film gerecht. Interessanterweise ist der Film lange vorher entstanden, bevor es überhaupt eine Struktur von dem Stück gab. Es gab zwar schon ein Skript, das auch jetzt noch Teil des Stücks ist, aber einiges ist erst beim Dreh selbst entstanden, was dann auch wiederum Teil des Stücks geworden ist. Die verschiedenen Formate haben sich wechselseitig bedingt und die Arbeit am Film hat letztlich das Stück verändert.[6]

Weisheit: Das finde ich sehr spannend und relativiert den Stellenwert der Aufführung für die künstlerische Produktion. D.h. natürlich nicht, dass die Aufführung deswegen überflüssig ist oder dass es sich dabei nicht um eine ganz spezifische Situation der Kunsterfahrung handelt. Ich denke an die spezifische Atmosphäre im Veranstaltungsraum, der Geruch deiner SitznachbarInnen, die Musik, die ganz plötzlich so laut wird, dass dir das Ohr weh tut und die du nicht am Bildschirm leiser regeln kannst usw. All das ist natürlich ein ganz spezifisches körperliches Erleben einer Aufführung in Präsenz, die wir alle wieder erleben möchten. Ich habe allerdings den Eindruck, dass im Moment wieder mehr Stimmen zu hö-

---

6 Nach unserem Gespräch ist auf Basis des Tanzstücks *A Voice of A generation* zusätzlich zum Film noch das Hörspiel *Der Innere Bergbau* entstanden. Es ist das erste Hörspiel von Elsa Artmann und Samuel Duvoisin. Das Hörspiel ist abrufbar unter: https://www.hoerspielundfeature.de/der-innere-bergbau-100.html (letzter Zugriff: 20.01.2023).

ren sind, die ausschließlich ein Zurück zu Veranstaltungen in Präsenz fordern, was sicherlich auch kulturpolitische Gründe hat. Mir scheint mit der Betonung der Notwendigkeit der körperlichen Anwesenheit aber der Moment der Aufführung wieder auratisch zu einem Original aufgeladen zu werden. Das Original ist die Aufführung und alles andere ist nicht der ›richtige‹ Tanz.

Young: Wir müssen Körper in dem Zusammenhang wahrscheinlich irgendwann neu definieren. Ich denke, es wird zukünftig immer mehr um ein körperliches Stimuliert-Werden gehen, was ja nicht zwangsläufig eine gemeinsame körperliche Anwesenheit in einem Raum braucht. Ich finde in dem Zusammenhang auch, dass die Kommunikation mit dem Publikum, die ja während der Pandemie ›verloren‹ gegangen ist, ein bisschen romantisiert wird. Manchmal stehe ich auf der Bühne und bin so beschäftigt mit dem, was ich da tue, dass es nicht wirklich adressiert ist. Natürlich bin ich davon beeinflusst, was ich höre, rieche oder von den Reaktionen vom Publikum. Und ich möchte das für meine eigene Arbeit auch auf jeden Fall stark mitdenken, also wer z.B. wo sitzt und wen ich wie adressiere und wen nicht. Aber das ist ja nicht die einzige Form und Möglichkeit zur Kommunikation.

Weisheit: Die Theaterwissenschaftlerin Doris Kolesch hat das Publikum von digitalen Performances in der Covid-19-Pandemie als »Gemeinsam allein« beschrieben. Findest du das zutreffend?

Young: Ja, auf der einen Seite ist es natürlich viel anonymer, aber ich finde es z.B. faszinierend bei einigen Formaten zu sehen, ah, da sind jetzt 300.000 ZuschauerInnen oder da sind nur 25. So entsteht natürlich ein abstrakteres Gefühl von Gemeinsamkeit, aber für mich waren die anderen Teilnehmenden so auch bei digitalen Performances sehr präsent und haben mein Verständnis von Räumlichkeit erweitert.

Weisheit: Ich würde auch sagen, dass andere Erfahrungsmöglichkeiten und Formen der Interaktion entstanden sind. Beim Wuppertaler Beuys-Performancefestival gab es z.B. eine Performance von Showcase Beat Le Mot, die live gestreamt wurde. Die Kamera hat das Stück allerdings nicht von einer festen Position aus übertragen, sondern die Kamera hat sich durch die Bühnensituationen und die anwesenden Leute hindurchbewegt, so dass man als ZuschauerIn der digitalen Performance der Choreografie der Kamera gefolgt ist. Die Performance fand in einem alten Fabrikgebäude statt, in dem es verschiedene Ebenen und Räume gab, die bespielt wurden, weswegen ein Filmen aus nur einer Position auch grundsätzlich nicht möglich gewesen wäre. Zusätzlich gab es noch kleinere Videos, die mit dem Handy aufgenommen wurden u.a. vom Moderator des Festivals, und während der Performance auf Insta-Live gestreamt wurden. Es gab z.B. große Flightcases mit Deckel, in die sich die wenigen ZuschauerInnen vor Ort reinlegen konnten und in denen sie dann durch die Fabrikhallen geschoben wurden. Aus dieser Perspektive sind z.b. Handyvideos entstanden, die wie gesagt, gestreamt und in den sozialen Medien auch kommentiert wurden. Man hatte also die Möglichkeit, die Performance auf vielen verschiedenen Ebenen und in verschiedenen Formaten wahrzunehmen. Und ich frage mich, inwieweit diese Strategien, die ja eigentlich aus einer Not heraus entstanden sind, sowohl die Produktion als auch Präsentation von Kunst nachhaltig verändert haben. Werden Performancefestivals auch zukünftig mit solch einer Vielfalt von Wahrnehmungsmöglichkeiten und Formaten arbeiten? Wird es in der Zukunft überhaupt noch reine Präsenzfestivals geben?

Young: Ich würde mir zumindest wünschen, dass die pandemischen Impulse sowohl auf struktureller als auch auf künstlerischer bzw. ästhetischer Ebene beibehalten und ausgebaut werden. Also z.B., dass unsichtbare Arbeit auch weiter entlohnt und prozessorientiertes Arbeiten gefördert und gefordert wird. Ich finde es wichtig, dass hybride Formate einen gleichwertigen künstlerischen Stellenwert in der Kulturlandschaft bekommen und nicht nur als Hilfsmittel oder Vermittlungsformate angesehen werden. Die Pandemie hat darüber hinaus ein Bewusstsein dafür geschaffen, wie divers unsere Kunst- und Kulturlandschaft ist und wie unterschiedlich auch die jeweiligen Bedürfnisse sind. Daher ist meiner Meinung nach ein Anerkennen von vielfältigen Präsentationsformaten und der Diversität der KünstlerInnen in der heutigen Zeit und in der Zukunft unumgänglich. Und das bedeutet auch, dafür Ressourcen zur Verfügung zu stellen. Genauso wichtig finde ich eine Erweiterung unseres Verständnisses von Hochkultur. Die Freie Szene hat in der Pandemie so viel produziert und geleistet, wofür es immer noch nicht genug Wertschätzung gibt. Es sollte ein Selbstverständnis dafür geben, dass nicht nur bekannte Kompanien wie das Tanztheater Wuppertal auf den sog. großen Bühnen stehen dürfen. Und mit Blick auf deine Frage nach den Präsenzfestivals: Ich glaube, es wird zukünftig beides geben: Digital und Präsenz. Aber ich glaube auch in diesem Zusammenhang, dass wir Körper und Präsenz neu denken müssen. Ich denke da z.B. an VR und die Effekte, die diese Form des Erlebens oder Wahrnehmens auf unseren Körper hat. Und vor diesem Hintergrund lässt sich auch Rezipieren umfassender verstehen, also über die körperliche Anwesenheit hinaus, weil so natürlich auch nicht zuletzt eine andere, globalere Zugänglichkeit von und Teilhabe an Kunst und Kultur ermöglicht wird.

DISKRETION...

DIE LÖCHER WIR KÖNNEN ETW. AUSLASSEN / WEGLASSEN	WIR SEHEN (ZU) VIEL	ES GEHT DO[CH] UM MICH ES GEHT DO[CH] [NICHT]
DIE SCHÖNE FREIHEIT	TOOLS	LEITE[R]
LIEBE HEFTCHEN, [P]OST-IT'S, WARTE!- WARTEN	... UND WENN ICH DANN NICHT DRÜBER SPRECHEN KANN... (?) (WAS DANN?) DANN...	... UND NA[CH] GANZEN AUF D[...]

Spurensuche. Raimund Hoghe und Joseph Beuys

Katja Schneider

Dieser Text[1] handelt von einer Aufführung, die niemals stattfand. Für den 2. Juni 2021 programmierte das Beuys-Performancefestival in der CityKirche Elberfeld die Performance *Der Mensch ist frei* von Raimund Hoghe. Als das Kulturbüro der Stadt Wuppertal die Pressemeldung herausgab, dass wegen der damals aktuellen Lage der Covid-19-Pandemie die Veranstaltungen ins Netz umziehen und diesen Umständen angepasst werden würden, da begleitete in der Programmübersicht den Namen Raimund Hoghe bereits das Kreuz. Knapp drei Wochen vorher, am 14. Mai 2021, war der in Wuppertal geborene Künstler in seiner Wohnung in Düsseldorf gestorben, zwei Tage nach seinem 72. Geburtstag.[2]

Spurensuche: Die Aufführung, die niemals stattfand, hinterließ nur wenige konkrete Spuren. Der langjährige Wegbegleiter und künstlerische Mitarbeiter von Hoghe, Luca Giacomo Schulte, hatte auf meinen Anruf hin Computer und Schreibtisch durchgesehen und Anfang Juli 2021 telefonisch gemeldet, dass keine Datei zu Beuys vorhanden wäre und auch in der Ablage nichts zu finden sei, obenauf lägen die Unterlagen zu *Traces*, dem Stück, mit dem sie zuletzt beschäftigt gewesen seien. Das Stück sei zwar fertiggestellt worden, aber hätte wegen des Lockdowns nicht aufgeführt werden können. Texte seien eingesprochen, und es sei gefilmt worden. Vielleicht hätte Raimund etwas aus *Traces* übernommen, so Schulte: vielleicht den Gesang der Callas, das Umhergehen auf der Bühne, die Vermessung der

---

1 Ich danke Luca Giacomo Schulte und Rosa Frank für die uneingeschränkte, großzügige Unterstützung dieses Beitrags mit ihrem Wissen, ihren Erinnerungen, für den Zugang zum privaten Archiv von Raimund Hoghe und ihr Vertrauen.
2 Beim Beuys-Festival war Raimund Hoghe dennoch vertreten: Am 05.06.2021 wurde ein Mitschnitt seines Stücks *Postcards from Vietnam* (2019) aus dem tanzhaus nrw gezeigt, gefolgt von einem im selben Jahr aufgenommenen Gespräch mit Christina Irrgang. In der Woche, in die sein Todestag fiel, sollte Raimund Hoghe beim Festival DANCE in München mit seinem Stück *Canzone per Ornella* (2018) auftreten. Als der Lockdown die Live-Veranstaltung unmöglich machte, wurden anstelle der beiden Vorstellungen zwei Film- und Gesprächsabende für den 14. und 15.05.2021 geplant, in denen Hoghe mit der Verfasserin dieses Beitrags über seine Arbeit sprechen wollte. Stattdessen wurden an seinem Todestag sein Film *Die Jugend beginnt im Kopf* und ein Nachruf auf der Homepage des Festivals publiziert, siehe hierzu DANCE Festival 2021.

Wand mit den Armen, er, Luca, das Schwimmen im roten Pullover. Wohl auch einige der Texte, die er mir schickte, hätten Verwendung gefunden. Der erste lautet: *Im Frachtraum eines im Mittelmeer versunkenen Schiffes wurde neben dem toten Flüchtling die Hülle eines Schoko-Törtchens der Marke Luppo gefunden. Der Name des Toten blieb unbekannt.* Zu den letzten Büchern, die Hoghe sich bestellt hatte, gehörte: *Namen statt Nummern. Auf der Suche nach den Opfern des Mittelmeeres* von Christina Cattaneo (2013).

Hoghes waches Bewusstsein für soziale Ungerechtigkeit, Diskriminierungen und die Not der Ausgegrenzten fand immer Platz in seinen Stücken, schon in dem frühen Werk *Lettere Amorose* (1999) gab er zwei Jugendlichen Stimme, Gehör und Raum, die versucht hatten, aus Afrika als blinde Passagiere im Fahrgestell eines Flugzeugs nach Europa zu kommen. Konsequent und programmatisch arbeitete Hoghe intertextuell. Er war ein guter Zuhörer, der sich viel merken konnte, ein intensiver Leser, der in seine Texte und Stücke Verweise, Zitate, Anspielungen wob und Beziehungen zwischen ihnen stiftete. Immer wieder neue und andere Bezüge zwischen Texten, Musiken, Biografien, Bewegungen und Verrichtungen herzustellen und zu inszenieren, das war ein Prinzip seiner Arbeit.

Die Verfügung über das Material beruhte auf seiner Ordnung, seinem großen Archiv an Gesten, Texten und Musiken sowie einem klaren dramaturgischen Blick, »er baute die Stücke fast wie Spiele«, sagte Luca Giacomo Schulte in jenem Telefongespräch im Juli, auch für *Der Mensch ist frei* hätte er das spontan machen können. So habe er es mit den sog. »Projekten« gehalten – Aufführungen wie *Avec le temps* (2019) im Haus der Stiftungen in Düsseldorf, *Projekt Bethanien, Berlin* (2019) oder *Pièce pour le Collège des Benardins* (2018) in Paris oder das *Skyroom Project* (2010) im French Institut Alliance Française (FIAF) in New York. Diese Inszenierungen waren abgestimmt auf die spezielle Örtlichkeit, den großen leeren Raum, den Hoghe mit seinen Verrichtungen, den Einspielungen von Chansons, Musikstücken und Texten füllte, mit den Dingen, die getragen, verteilt, wieder eingesammelt, überreicht, ausgelegt wurden. Oft allein, manchmal mit einem Gast, immer zusammen mit Schulte als künstlerischem Mitarbeiter.

Die CityKirche Elberfeld wäre so ein Ort gewesen, der die Reihe der Inszenierungen in außergewöhnlichen Räumen fortgesetzt hätte, in der eine temporäre Welt der Dinge und der Referenzen hätte entstehen können. Mit einer Lupe, einem Strauß weißer Blumen, einer Fotografie. Möglicherweise. Hoghe hätte die Apsis bespielt, erzählt Urs Kaufmann, Kontaktperson im veranstaltenden Wuppertaler Kulturbüro, am Telefon[3], man könne es sich ähnlich vorstellen wie das *Projekt Bethanien, Berlin*, mit der Einspielung von Callas-Arien. Möglicherweise.

Die Bedingtheit des Schreibens angesichts des Ungewissen: Katharina Weisheit, Mitarbeiterin des KuratorInnenteams des Festivals, schickte mir am 20. Juli

---

3 Telefonat mit der Verfasserin am 14.09.2022.

2022 eine E-Mail mit dem Link zur Homepage des Festivals und zum Ankündigungstext sowie folgendem Hinweis: »Hoghe hat sich in seiner Arbeit auf ein Interview mit Beuys zum Thema ›Der Mensch ist frei‹ aus dem Jahr 1985 bezogen, das im WDR ausgestrahlt wurde und auf youtube zu sehen ist.«[4] In diesem Interview, das in mehreren Versionen im Netz vorhanden ist[5], spricht Beuys mit Bezug auf Friedrich Schiller davon, dass die »Möglichkeiten zur Freiheit immer gegeben sind« (Beuys, zit. n. BeuysTV 2020). Der Mensch mag mit »Hinderungen« konfrontiert sein, diese seien aber keine Behinderungen, denn »die Freiheit ist letztlich das Anwachsen des menschlichen Bewusstseins« (ebd.). Beuys korreliert sein Konzept der menschlichen Freiheit mit Kunst und Spiritualität. Der tibetische Mönch, der sich freiwillig einschließe und in seine Meditation und Übungen versenke, sei ebenso frei wie er, Beuys selbst, wenn man ihn in diesem Raum einsperren würde. »Ich stelle fest, ihr habt mich eingeschlossen, und ich muss mit dem Verhältnis fertig werden.« (Ebd.) Die Bedingungen zur Freiheit seien in einer Welt, die behindere, größer, radikaler, als in einer unbehinderten Situation, die alles anbiete.

> »Das ist geradezu das Gegenbild von dem, was Menschen eigentlich, oder sagen wir, was bewusste Menschen oder Leute, die sich strenge Regeln auferlegt haben in Bezug auf die Kunst, denn es handelt sich letztendlich um die Kunst, die sich diese strengen Regeln aufgegeben haben, sie geübt haben – denn das Ganze kann ja nur erworben werden durch Übung, durch tägliche Übung, man kann das Meditation nennen oder Konzentration oder welche Übung man auch immer nehmen kann [...].« (Ebd.)

Die Selbstermächtigung, die Beuys' Idee der Freiheit bedeutet, nämlich sich die Freiheit *zu* etwas zu nehmen, etwa zur Kunst, könnte stark mit Hoghes Vorstellungen resoniert haben. In Beuys' *Aufruf zur Alternative*, der am 23. Dezember 1978 in der *Frankfurter Rundschau* veröffentlicht und 1979 als Multiple publiziert wur-

---

4 Es handelt sich um folgendes Video, wie Luca Giacomo Schulte und Urs Kaufmann später bestätigen: siehe BeuysTV 2020.

5 Ich beziehe mich auf den angegebenen, knapp dreiminütigen Ausschnitt aus dem 1985 geführten Gespräch von Joseph Beuys mit Walter Smerling und Knut Fischer. Es existiert im Netz eine erweiterte Fassung des Gesprächs »Beuys über Beuys« vom Januar 1985 (vgl. BeuysTV 2019). Die Angabe dort lautet: »Diese neue Fassung des Gesprächs ist zusammengesetzt aus zwei verschiedenen, gekürzten Versionen des Films. Zum einen aus jener, die im WDR vor etwa 15 Jahren lief [...] und aus jener, die im Juni 2013 auf BRalpha gezeigt wurde. Beide wurden für die TV-Ausstrahlung auf knapp 1 Stunde Länge gekürzt. Bei der ersten Fassung wurden am Schluss ca. 25 Minuten weggelassen, bei der zweiten (ziemlich willkürlich) innerhalb der ersten Stunde 4 Teile (von je ca. 6 Minuten Länge) herausgeschnitten. Für diese Version wurden nun bei der zweiten Fassung (da diese eine bessere Bildqualität besitzt), die dort herausgeschnittenen Szenen mit jenen des WDR-Films ergänzt.« (Ebd.)

de, bestimmt Beuys als erstes der drei proklamierten »Grundbedürfnisse« des Menschen: »Er will seine Anlagen und seine Persönlichkeit FREI ENTWICKELN und seine Fähigkeiten in Verbindung mit den Fähigkeiten seiner Mitmenschen FREI für einen als SINNVOLL erkannten Zweck einsetzen können.« (Beuys 1978: 2, Herv. i.O.)[6]

Hoghe hatte sich diese Freiheit erkämpft. »›Den Körper in den Kampf werfen‹, schreibt Pier Paolo Pasolini, und sein Satz hat sich festgesetzt, nicht nur in meinem Kopf. Es war auch ein Anstoß, auf die Bühne zu gehen – mit einem Körper, der selten auf der Bühne zu sehen ist.« (Hoghe 2012: 150) Selbstverständlich waren Hoghes Auftritte auf der Tanzbühne zunächst nicht. Er choreografierte zuerst für andere Körper, Tänzerkörper. Seine Inszenierung des Körpers verband sich mit einer dezidierten Haltung zur Welt. Er wolle Stellung beziehen, heißt es in diesem Text (vgl. ebd.). Seine Arbeit als Tänzer und auch als Choreograf kann als radikale Selbstermächtigung angesehen werden, mit der er genaues Hinsehen erzwang. Er beharrte auf dem Blick, er konfrontierte die Zusehenden mit den Zuschreibungen an einen Körper, er insistierte auf der Ästhetik eines nicht den ›normalen‹ Proportionen entsprechenden Körpers. Indem er ihn als »Landschaft« (Hoghe 2012: 152) bezeichnete, öffnete er ein neues Register, eines, das Form und Formen in den Fokus rückt. Er zeigte auf diese Weise, dass für gesellschaftspolitische Differenzbildungen nicht unterschiedliche Körperbilder wesentlich sind, sondern die Darstellung unterschiedlicher Weisen der Wahrnehmung dieser Körper. Dies verband sich mit ästhetischen und moralischen Werten und Normen, erotischen Konnotationen und Assoziationen. Hoghe verstieß gegen die Rollen, die ihm zugeschrieben wurden. Sein Körper brach ein in das konfektionierte Setting, aus dem er sich nicht ausschließen ließ. Wenn Hoghe den Kopf senkte und den Oberkörper nach vorne beugte, wuchs der Rücken mit dem Buckel wie ein Berg empor, stand er im Profil, wölbte er sich nach außen. Nach und nach inszenierte er – neben seinem eigenen – auch andere Körper, junge, schöne, der Norm entsprechende, aber auch schöne, nicht mehr junge Körper. Allen gemeinsam war, dass sie als vermögende Körper ins Spiel gebracht wurden, nicht als defizitäre und ungenügende. Den Körper in den Kampf werfen. Zum ersten Mal tat er dies in seinem Stück *Meinwärts* (1994), seither entstanden 25 weitere Produktionen. Für seine Arbeit wurde er mit zahlreichen Preisen gewürdigt, erhielt 2001 den Deutschen Produzentenpreis für Choreografie, 2006 den Prix de la critique française, 2020 den Deutschen Tanzpreis, 2019 wurde er Officier de l'ordre des Arts et des Lettres.

---

6 Joseph Beuys: *Aufruf zur Alternative* (1979), Siebdruck auf Zeitungspapier, in unlimitierter Auflage herausgegeben von der Free International University. Siehe: https://pinakothek-beuys-multiples.de/product/joseph-beuys-aufruf-zur-alternative/?lang=de (letzter Zugriff: 19.09.2022) (Herv. i.O.).

»Wiederholungen. Einzelne Sätze, Textabschnitte, Erinnerungen tauchen in diesem Buch an verschiedenen Stellen und immer wieder auf [...]« (Hoghe 2019b: 154), schreibt Hoghe im Nachwort zu seiner letzten Veröffentlichung, die einige seiner Texte sammelt, die er im Laufe seiner Karriere als Journalist und Kritiker verfasste. Er schrieb für die Wochenzeitung *Die Zeit*, publizierte Porträts und Interviews, interessierte sich für individuelle Biografien, für Menschen mit ihren Sehnsüchten und Brüchen, dafür, wie sie sich in der Gesellschaft behaupten. Er schrieb über die Wartefrau Maria Rüb und über den Schriftsteller Peter Handke, über die Ausdruckstänzerin und Pädagogin Palucca und über Begegnungen in einem jüdischen Altenheim, über Pier Paolo Pasolini als Zeichner und den Fotografen Stefan Moses (vgl. Hoghe 2019a). Zu seiner Zeit als Dramaturg bei Pina Bausch veröffentlichte er Bücher über die Kompanie und die Arbeitsweise der Choreografin (vgl. Hoghe 1981/ders. 1987). Ein Beuys-Porträt publizierte er nicht, aber es gibt ein Buch, in dem Beuys und Hoghe auf dem Umschlag zusammenkommen (vgl. Hoghe/Rosen 1991)[7]. Rosa Frank, die von Anfang an die Bühnenarbeiten Hoghes fotografisch dokumentierte, berichtet, dass Hoghe an der Düsseldorfer Kunstszene, wohin der Wuppertaler Ende der 1970er Jahre gezogen war, sehr interessiert war[8], an der »Haltung« der Szene, auch an Beuys' Aktionen.

Möglicherweise beschäftigte er sich mit dessen Ritualen, wie dem Kehren oder dem Anlegen von Bannkreisen (vgl. Fritz 2002: 120-127). Vermeintlich alltägliche Verrichtungen sind in Hoghes Arbeiten ebenso zentral wie die Aneignung des Bühnenraums durch körperliche Aktionen. Das Reinigen, Kehren der Bühne, das Verteilen und Auslegen von Dingen, deren Einsammeln und erneutes Verteilen, das Auseinanderfalten von Decken, Tüchern und Folien, das Zusammenlegen, das Platzieren von Teelichtern, die er entzündet, und Objekten, die später wieder abgeräumt werden. Was sind das für Ansichtskarten, die im Verlauf von *Postcards from Vietnam* (2019) immer wieder neu eingesammelt, getragen, überreicht, ausgelegt werden? Die Welt der Dinge, die hier entsteht, ist oft schwer zu erkennen: Teelichter, ein Paar Schuhe, ein Fächer, Blumen, ein Bogen Goldfolie, Sand, Fotografien. Bunte Lämpchen. Eiswürfel. Kaffeebohnen. 80 Mal bückt sich Hoghe in *Sans-titre* (2009), 80 Mal nimmt er ein weißes Blatt Papier vom Stapel, geht in die Knie, legt das Blatt auf die Bühne, erhebt sich wieder, geht einen Schritt weiter, bückt sich erneut. Er schreitet den Raum aus. Vermisst ihn mit seinem Körper. Bereitet ihn für andere. Er führte seine Aktionen meist in zeitlicher Parallelität zu einer Musik durch – zu einem Chanson

---

[7] Der verschattete Kopf des prominenten Beuys ist eines von zwei Bildmotiven, die Fotograf Rosen als exemplarisch für seine Werkstrategie auf dem Umschlag platziert hat, auf dem auch der Name und ein Textfragment des (Ko-)Autors Hoghe verzeichnet sind.
[8] Gespräche zwischen Rosa Frank und der Autorin am 21.08.2022 und 02.09.2022 in Düsseldorf.

Dalidas, einer Arie der Callas, einem Song von Peggy Lee, um nur einen kleinen Ausschnitt der großen Musiksammlung des Choreografen zu zitieren. War die Musik verklungen, beendete er zügig die Aktion und wandte sich einer anderen zu.

Auf die mythisch-mystische Aufladung der Beuysschen Aktionen verzichtete Hoghe. Ritualisiert waren seine Handlungen, aber schamanistisch (vgl. Stachelhaus 1989: 94f., 211f.) nur insofern, als er auf das Publikum einwirken wollte: »Ich gehe mit dem Bewusstsein auf die Bühne, etwas gemeinsam zu machen, ein Ritual auszuführen. Ich mache es vielleicht stellvertretend für andere, aber ich sehe mich selbst auch als Zuschauer, weil ich die Distanz zu mir habe. Es ist ein Ritual, und ich mache es nicht für mich allein.« (Hoghe 2009: o.S.) Er machte es aber auch nicht nur *für* das Publikum, er wollte dem Publikum keine Arbeit abnehmen. Die Arbeit der Erinnerung etwa. Die Arbeit der eigenen Gedanken.

Hoghe entwarf Mentalitäts- und Zeitgeschichten, die in seiner Biografie ihren Ursprung haben konnten. Damit öffnete er ein Archiv kulturellen Gedächtnisses. In den drei frühen Soli *Meinwärts* (1994), *Chambre séparée* (1997) und *Another Dream* (2000) steht die deutsche Geschichte zwischen 1930 und 1970 im Fokus. Wuppertal in den 1950er und 1960er Jahren: die Schlagersängerin Gitte und die amtierende Miss Germany geben Autogramme bei der Eröffnung eines Bekleidungshauses, im Roxy-Kino laufen Schlagerfilme, Hoghe gewinnt ein Preisausschreiben und fährt als »Wunschträumer der Woche« für die Zeitschrift *Wochenend* als Jungjournalist zum Eurovision Song Contest 1967 nach Wien (vgl. Hoghe 1984: 81, 88), wo Sandy Shaw mit *Puppet on a String* brilliert. Hoghe konnte Schlager und Kitsch, Sehnsucht und Schönheit integrieren mit Ernsthaftigkeit und Nachdruck. Beuys machte 1982 einen Ausflug in den Pop, sang *Sonne statt Raegan* in der ARD-Sendung *Bananas* als munteren Protestsong. Mit seinem Satz: »Du musst den Leuten die Wahrheit deiner Erkenntnis vorsetzen, auch wenn sie unwahr ist. Deine Erkenntnis musst du ihnen vorsetzen« (Beuys, zit. n. BeuysTV 2020), hätte sich Hoghe wohl einverstanden erklärt.

Raimund Hoghe hatte am gleichen Tag wie Joseph Beuys Geburtstag, am 12. Mai. Das habe ihm gefallen, sagt Urs Kaufmann. In der Mappe mit Kunst, die unter Hoghes Bett in seiner Wohnung lag, fanden sich zwei Plakate der Galerie Ilverich in Meerbusch, die 1981 und 1984 Ausstellungen von Beuys ankündigten. 1991, erzählt eine Postkarte, erhielt er eine persönliche Einladung zur Schau anlässlich des 70. Geburtstags des Künstlers. Auch das Multiple *Aufruf zur Alternative* hatte Hoghe aufgehoben. Joseph Beuys ist im kulturellen Gedächtnis durch seine unablässige Insistenz sowie seine aufsehenerregenden Aktionen präsent. Er selbst charakterisierte sein Engagement im letzten Interview. Es passt auch zu Raimund Hoghe:

»[...] zwei in meinem Werk stets gegenwärtige Elemente [...], von denen ich glaube, daß sie in jeder Handlung des Menschen enthalten sein sollten, sowohl das Feierliche der Selbstbestimmung des eigenen Lebens und der eigenen Gesten als auch die Bescheidenheit unserer Handlungen und unserer Arbeit in jedem Augenblick. Das ganze kommt aber ohne großes Aufheben zum Ausdruck, ja auf eine sehr stille Weise.« (Beuys 1986: 92f.)

Quellenverzeichnis

Beuys, Joseph (1978): »Aufruf zur Alternative«, in: Frankfurter Rundschau vom 23.12.1978, S. 2.
Beuys, Joseph (1986): »Joseph Beuys im Gespräch mit Michele Bonuomo. Neapel, Dezember 1985«, in: Armin Zweite (Hg.): Beuys zu Ehren, München: Städtische Galerie im Lenbachhaus, S. 92-93.
BeuysTV (2019): Joseph Beuys – »Frühstücksgespräch« (1985). Youtube.com 11.04.2019. https://www.youtube.com/watch?v=sQsdNN5IHO8 (letzter Zugriff: 18.08.2022).
BeuysTV (2020): Joseph Beuys – Eingeschlossensein als Möglichkeit zur Freiheit. Youtube.com 28.03.2020. https://www.youtube.com/watch?v=sQsdNN5IHO8 (letzter Zugriff: 24.10.2022).
DANCE Festival (2021): Einführung zu Raimund Hoghe – Katja Schneider. Youtube.com 14.05.2021. https://www.youtube.com/watch?v=r2ZKmMnt7dA (letzter Zugriff: 12.09.2022).
Fritz, Nicole (2007): Bewohnte Mythen. Joseph Beuys und der Aberglaube, Nürnberg: Verlag für moderne Kunst.
Hoghe, Raimund (1981): Bandoneon – Für was kann Tango alles gut sein? Texte und Fotos zu einem Stück von Pina Bausch, Frankfurt a.M.: Suhrkamp.
Hoghe, Raimund (1984): Preis der Liebe. Aachen: Rimbaud Presse.
Hoghe, Rainmund (1987): Pina Bausch – Tanztheatergeschichten, Frankfurt a.M.: Suhrkamp.
Hoghe, Raimund/Rosen, Hartmut (1991): ANFÄNGE. Keinegeschichte von Begegnungen mit Menschen (1976-1990). DOPPELHELIX-DETAIL. Nichtbild & Vorbilder von Begegnungen mit Menschen (1966-1990), Braunschweig: Analog Verlag AVA.
Hoghe, Raimund (2009): [unveröffentl. Interview mit der Autorin], Düsseldorf 30.09.2009.
Hoghe, Raimund (2012): »Den Körper in den Kampf werfen. Anmerkungen zu Behinderten auf der Bühne und anderswo«, in: Katja Schneider/Thomas Betz (Hg.): Schreiben mit Körpern. Der Choreograph Raimund Hoghe. Photos von Rosa Frank, München: K. Kieser, S. 150-152.

Hoghe, Rainmund (2019a): Wenn keiner singt, ist es still. Porträts, Rezensionen und andere Texte, Berlin: Theater der Zeit.

Hoghe, Raimund (2019b): »Nachwort«, in: ders.: Wenn keiner singt, ist es still. Porträts, Rezensionen und andere Texte, Berlin: Theater der Zeit, S. 154-155.

Stachelhaus, Heiner (1989): Joseph Beuys. München: Heyne.

Mediale Plastik? Handlungen zwischen Archiv und Verlebendigung, zwischen Technologie und sozialer Teilhabe. Onlineperformances mit Joseph Beuys denken

Maren Butte

Der Desktop als Bühne. Das Performancefestival in seiner Onlineversion

Aufgrund von pandemiebedingten Planungsunsicherheiten fand das Performancefestival *Die Unendlichkeit des Augenblicks. Aufführungskünste nach Beuys* 2021 online statt. Auf der Website des Festivals hieß es, es sei auf der Streamingsplattform *stew.one* zu erleben, die beteiligten KünstlerInnen hätten ihre ursprünglich analog geplanten Arbeiten ins »Digitale modifiziert«. Das Publikum an den Bildschirmen würde auf »vielfältige Weise die Möglichkeit erhalten, die KünstlerInnen zu begleiten und mit Hilfe sozialer Medien und interaktiver Tools unmittelbar am Festival teilzuhaben«.[1] Und tatsächlich realisierte sich keine pure Übertragung der Live-Ereignisse auf die Bildschirme des zu Hause gebliebenen Publikums, sondern vielmehr künstlerische Versuche, Anpassungen, Modifikationen zwischen Analog und Digital, um eine Verbindung mit einem ebenfalls transformierten ›Publikum‹ herzustellen (vgl. Bennett 1990; Padberg 2021), genauer: um die Performances, ihre Verfahren und Wirkungen in den digitalen Raum zu erweitern, sie über die getrennten Räume auszudehnen. So entstanden auf gewisse Weise ortsspezifische Arbeiten, die sich mit den Mitteln der Performance die Eigenschaften und Bedingungen des digitalen Raums aneigneten. Die Arbeiten konnten auf der Plattform *stew.one* besucht werden, die ein personalisiertes Switchen zwischen mehreren Ansichten und Zeitwahrnehmungen oder *Dauern* erlaubte und ganz eigene, sozusagen personalisierte Collagen und künst-

---

1 Siehe hierzu auch den Beitrag *Das Beuys-Performancefestival in Wuppertal* von Bettina Paust in diesem Band sowie den Ankündigungstext auf der Website des Festivals, abrufbar unter: https://www.wuppertal.de/microsite/Beuys-Performancefestival_/Beuys-Performancefestival/index.php (letzter Zugriff: 23.12.2022).

lerisch-gestaltete Erfahrungswelten ermöglichte. Es entstand ein Online-Theater zwischen Theater, Film, Computeranwendung, Desktop und ZuschauerInnenwahrnehmung, das das Live-Ereignis in hybride Räume und heterogene Wahrnehmungssituationen überführte.

Die Einheit des physischen Raums, die körperliche Versammlung oder der »Ko-Präsenz« aller Beteiligten (Fischer-Lichte 2004: 25) wurde freilich aufgebrochen. Das Typisch-Theatrale, das Körperliche und Kontingente der Performance-Künste kehrte aber, so die These des Beitrags, in anderer Form – als sinnlich-entgrenzende Live-Erfahrungen von Gemeinschaftlichkeit zurück. Es fehlt uns heute, wie mir scheint, nicht an Experimenten an der Ästhetik und (kollaborativen) Produktionsverfahren von Performance im und mit dem digitalen Raum, aber nach wie vor am Vokabular für diese Arbeitsweisen und Aufführungserfahrungen.[2] Hier setzt der Beitrag an, er möchte einen Vorschlag machen, über die Medialität des Performativen nachzudenken – entlang der besonderen Onlineperformance-Projekte nach Beuys' Idee der *Sozialen Plastik*.[3]

Lebende Archive. *Soziale Plastiken* und mediale Praktiken

Der Begriff und das Konzept der *Sozialen Plastik* ist eine grundlegende Formel in Joseph Beuys' Kunstverständnis. Mit ihm beschrieb Beuys bereits 1967 die Idee, dass das Denken, jenes unsichtbare Material, gestaltbar sei. Jeder Mensch sei ein/e KünstlerIn und zu kreativen Handlungen fähig. In der damaligen wie heutigen Kunsttheorie und -kritik wurde der Begriff in Bezug auf die Erweiterung des Kunstbegriffs interpretiert, als eine radikale Entgrenzungsfigur der Skulptur – als einer Kategorie der bildenden Kunst – ins Soziale. Die *Soziale Plastik* beschreibt ein Übergangsphänomen zwischen Objekt und Handlung, zwischen Kunst und Leben und sie hat einen zutiefst performativen Charakter: Jene beschreibt ja wiederholende, bedeutungsstiftende Handlungen, die Wirklichkeit herstellen können. Die *Soziale Plastik* bildet dabei ein Wuchern zwischen den Be-

---

2 Siehe hierzu auch den Beitrag von André Eiermann in diesem Band.

3 Einen ähnlichen Versuch stellt das Projekt *Viral Theatres* dar. Das Projekt wurde gegründet von der Künstlerin Janina Janke, der Theaterwissenschaftlerin Ramona Mosse, dem Computerwissenschaftler Christian Stein und Künstlerin und Theaterwissenschaftlerin Nina Tecklenburg im Jahr 2021. In diesem Archiv wurden die neuen Formen und Themen des pandemischen Theatermachens und -erlebens gesammelt und künstlerisch erforscht. Es ist ein doppeltes Zeitdokument, denn es zeigt auf, welche neuen Ideen, Themen und Produktionsweisen durch die pandemiebedingte Digitalisierung entstanden sind. Sie zeigt aber auch eine Suchbewegung in die Zukunft. Wie wollen wir Theater als Kunstform verstehen in einer Welt, die nicht mehr in analog und digital aufgeteilt ist, sondern in der sich beide Erfahrungsweisen vermischen? (vgl. Mosse/Janke/König u.a. 2022)

reichen des Ästhetischen, Sozialen, Politischen und Ökonomischen. Beuys verstand das Kunstwerk nämlich als einen »soziale[n] Organismus« (Beuys 1974), als eine Form der Verbundenheit von Natur und Kultur, Mensch und Tier, Sein und Technik, Denken und Fühlen.

Die meisten, wenn nicht alle, der zwölf kuratierten Performances, Aktionen und künstlerischen Arbeiten des Wuppertaler Performancefestivals *Die Unendlichkeit des Augenblicks. Aufführungskünste nach Beuys* nahmen genau jene Frage nach der *Sozialen Plastik* neu in den Blick: Sie erforschten ein ›Nachleben‹ dieser Entgrenzungsfigur,[4] suchten nach Spuren, Relikten, Überresten und transformierten sie in ihre je eigene Fragestellung und Arbeitsweisen und Stile. Dabei wurden sie in diesen Begegnungen selbst zu ›lebendigen Archiven‹, zu elektrischen Leitungen zwischen der Vergangenheit und einer (ungewissen) Zukunft.

Eine Dimension des Performativen und Sozial-Plastischen wurde dabei besonders auffällig: das Mediale. Denn jedes Archiv beruht auf der medialen Vermittlung seines Gegenstands, die – mit Jacques Derrida gesprochen – niemals neutral ist (vgl. Derrida 1997).[5] In Bezug auf Beuys ist dieses Archiv eine reiche Sammlung gespeicherter und aufgezeichneter Dinge, Artefakte, Zeichnungen, Ausstellungsobjekte, Fotografien, Videos, Tafeln, Vorträge, Berichte von ZeitgenossInnen, Kritiken, Diskurse und Texte, sowie flüchtige Gesten im kollektiven Gedächtnis.[6] In den Begegnungen mit Beuys' »Stil«, so nannte Arthur Danto Beuys' Praxis einmal in Bezug auf die gut erinnerbare Ästhetik und auf sein ikonisches »Kostüm« von Hut, Anglerweste, Blue Jeans, weißem Hemd und zeitweise Pelzmantel (Danto 2007: XIII),[7] liegt ein Moment der Übersetzung: Der Suchbewegung und der transformierenden Weitergabe eines ›spirit‹ von Beuys' Werken und Wirken in die Gegenwart der Performance.

Das Mediale, Vermittelnde erscheint in dieser Perspektive auch als ein Interesse von Joseph Beuys selbst – freilich in einer anderen Zeit und einem anderen Kontext; man denke an seine Tätigkeiten als Lehrender oder auch an die leitenden, fließenden oder isolierenden Materialien seiner Kunst wie Gold, Fett, Filz, Honig,

---

4 Vgl. den Ankündigungstext des Panels »Soziale Plastik« des Wuppertaler Beuys-Performancefestivals am 02.06.2021: https://www.wuppertal.de/microsite/Beuys-Performancefestival_/Panels/index.php (letzter Zugriff: 02.03.2023).

5 Siehe hierzu auch den Beitrag von Julia Reich in diesem Band.

6 Dabei erscheint es aber v.a. auch interessant, wie ein Archiv immer auch von einem flüchtigen Repertoire der Praktiken geprägt ist. In ihrer Studie beschreibt die Theaterwissenschaftlerin Diana Taylor, wie die alltägliche Praxis, also kollektive Gesten, Bewegungen und Lebensweisen das Archiv durchkreuzen können. Sie analysiert Performance als eine gelebte (Erinnerungs-)Praxis, die durch viele Körper und Ensembles verläuft (vgl. Taylor 2003).

7 In seinem Vorwort zum *Joseph Beuys Reader* von Claudia Mesch und Viola Michely schreibt Arthur Danto: »Beuys is often thought of as if he were someone influenced by Beuys.« (Danto 2007: XIII)

Kreide. Immer scheint es auch um Fragen und Formen des Vermittelns, Leitens, Verwandelns (Speicherns, Übertragens, Prozessierens?) zu gehen. Hätte er sich heute wohl mit dem Internet befasst? Vermutlich hätte er es trotz des scheinbar leichten Zugangs zu politischer Kommunikation und kreativer Teilhabe,[8] Open Source Material und DIY-Ästhetik (vgl. u.a. Hadley 2007: 2) die neuen Medien unter den Verdacht der Kulturindustrie gestellt. Die Performances des Festivals 2021 jedenfalls nahmen dezidiert aus ihrer eigenen Gegenwart heraus auch ein Ethos des Internets in den Blick und befragten die Verbindungen von Mensch und Maschine, von Selbstbildern und Identitätspolitiken im Netz, Formationen eines ästhetischen (Netz-)Kapitalismus, Konsumerismus, *waste culture* und Nachhaltigkeit: Insbesondere *Remode Zombie Andy Beuyz* von Showcase Beat Le Mot erzeugte, worauf der Artikel im nächsten Kapital noch zurückkommt, eine performative *Soziale Plastik* über ein Parlament der Dinge – von Pflanzen, Tieren, technischen Geräten, popkulturellen Artefakten usw.[9]

Rückblickend könnte man das Performance-Festival zu Ehren Joseph Beuys' 100. Geburtstag als – so die These – eine mediale Plastik lesen, nämlich als eine *Soziale Plastik*, die ihr eigenes Mediales, Vermittelndes in den Vordergrund stellte. Die Arbeiten fragten nach der Bedeutung von Beuys' Kunstpraktiken und -glauben heute, nach seinem künstlerischen und politischen Potential, nach der Kraft der Verletzlichkeit seiner Arbeiten und nach den Modi der Vermittlung. Sie verhandelten auf je eigene Weise die Übertragung der analogen künstlerischen Arbeiten in den digitalen Raum, das Verhältnis von Performance und Archiv, Unmittelbarkeit und Vermitteltheit, Liveness und Partizipation in der Gegenwart. Sie sind soziale und mediale Plastiken, weil sie aus einem unbestimmten Material der Vergangenheit und Gegenwart ein Denken formten, das die Welt transformieren will. Und zu einem gewissen Teil lag der Bezug zur *Sozialen Plastik* freilich nur darin, ihre naive Kraft angesichts heutiger Krisen und veränderter Kunstdiskurse distanzierend zu betrachten.

Live vs. Recorded? Performance und/als Liveness

Die Arbeiten des Festivals stellten in ihrer Übersetzung der Begegnung mit dem Erbe von Beuys ins Digitale zweifelsohne und zugespitzt die zentrale Frage nach Wesen und den medialen Dimensionen der Performance. In theaterwissenschaft-

---

8 Beuys' geflügelter Satz »Jeder Mensch ist ein Künstler« (Beuys 1991: 20f.) wäre hier vielleicht umzuformulieren in: ›Jeder Mensch ist ein *prosumer*, also Nutzende/r, Konsumierende/r und Gestaltende/r zugleich.‹

9 Siehe hierzu auch den Beitrag von Timo Skrandies in diesem Band.

lichen Diskursen wird nach wie vor diskutiert, ob es sich hier um einen Gegensatz von Theater als Unmittelbarkeit und medialer (Wieder-)Erscheinung handelt, oder in welcher Relation Live und Recorded, Ereignis und Aufzeichnung gesehen werden müssten. André Eiermann betont bspw. in seiner Studie zum Postspektakulären aus psychoanalytischer und performancetheoretischer Perspektive die Durchdringung beider Wahrnehmungsmodi (vgl. Eiermann 2009). Georg Döcker spricht in seinem Artikel zum (unbewussten) Verhältnis von Kybernetik und Theater von einer Art Phantasma des Auratischen im Theaterereignis (vgl. Döcker 2020b). Zudem stellt sich aus theaterwissenschaftlicher Perspektive die Frage nach dem (Medien-)Technischen des Theaters. Theater und Performance haben sich stets neue Technologien angeeignet, um ihre Ausdrucksformen zu erweitern und die Erfahrung zu intensivieren, und auch, um Einfälle zu bewahren. Piscator integrierte bereits in den 1920er-Jahren Fotografien und Filmmaterial in seine Inszenierungen ein und Bertolt Brecht lobte die Verwendung elektronischer Medientechniken für Proben und kreative Prozesse. Diese Dinge sind u.a. in der theaterwissenschaftlichen Intermedialitätsforschungen herausarbeitet. In den performativen Künsten wirken stets technische und performative Handlungen zusammen, mediale Aufzeichnung und Ereignishaftigkeit treten in vielschichtige Verbindungen.

Mit den Avantgarden, insbesondere dem Futurismus, Dadaismus, Bauhaus usw., im Zeichen der Happenings, Fluxus, Pop Art und intermedialer Performance-Kunst sowie später in der experimentellen digitalen Tanz- und Performance-Kunst wird das Medientechnische der Performance erneut zum Gravitationspunkt kreativer Praktiken.[10] Angesichts dieser hochgradig technifizierten Theaterkultur erscheint es seltsam, die Unmittelbarkeit der Aufführung zu betonen. Selbst in den reduziertesten Formen der Body Art, bspw. in den Körperperformances von Marina Abramović, sind bestimmte Vorbereitungstechniken im Spiel. Zwar meint die Aura des Theaters die Unwiederbringlichkeit des Augenblicks, die Nicht-Reproduzierbarkeit und das Faktum, dass die Kunst hier zwischen allen Beteiligten entstehe, jedoch leuchtet nicht ein, warum dies nicht auch von technischen Elementen durchdrungen sein sollte und umgekehrt.

Peggy Phelan und Philip Auslander diskutierten prominent an unterschiedlichen Stellen darüber, ob die Live-Performance eine flüchtige, einmalige Erfahrung sei, bei der »das einzige Leben in der Gegenwart liege« (Phelan 1999: 146) oder

---

10 Die experimentelle digitale Performance-Kunst steigert diese technische Verfasstheit des Theaters noch einmal, indem sie analoge und digitale Praktiken kombiniert: Durch computerbasierte choreografische Werkzeuge, Interface-Szenografien mit Sensoren, Motion Tracking Devices, Closed Circuit-Elementen und plurimedialer *real-time*-Ästhetik. Hier entstehen Mischformen aus mechanischen, digitalen und menschlichen Techniken. Sie verändern die Bühne, so beschreibt es Johannes Birringer, Richtung einer sensiblen Umwelt, eines menschlich-technischen »*environments*« (Birringer 2003: 90; vgl. Dixon 2007; Wynants 2010).

ob die Mediatisierung auch ein integraler Teil der Live-Performance und jeglicher Reperformance sei (vgl. Jones/Heathfield 2012). Auslanders These, dass Live-Formen mit Entwicklung technischer Geräte zunehmend mediatisiert worden seien (vgl. Auslander 2020), ist freilich in der Zeit der Corona-Pandemie real geworden. Er zeigte, dass wir ein Medienphänomen wie eine Performance durchaus als *live* empfinden können, ohne am selben Ort zu sein, dass die Kraft der Lebendigkeit in der Tat nicht eine Funktion von Nähe, sondern von Distanz sein kann (vgl. Auslander 2020: 296). Karin van Es entwickelt in ihrer Studie ein entsprechendes Konzept von Liveness, wenn sie sie als Form der Dringlichkeit charakterisiert und als ein Insistieren darauf, dass etwas genau *jetzt* relevant sei. Liveness vermittle zwischen »real time und sociality« und erzeuge Wahrnehmungen von Authentizität, Unvorhersehbarkeit, Präsenz und Partizipation – Attribute, die man einer Performance zuschreiben würde (van Es 2016: 1249).

Mediale Näheerfahrungen

Die zwölf Performanceprojekte des Festivals präsentierten also unterschiedlichste Themen und Zugänge auf die Arbeiten von Joseph Beuys und reflektieren die Art ihrer medialen Übertragungen auf produktive Weise mit. So zeigte bspw. das Künstlerkollektiv Jackson Pollock Bar innerhalb ihrer Playback-Serie eine Art Reenactment oder theatrale Kopie einer Fernsehgesprächsrunde mit Joseph Beuys als ›Theorieinstallation‹ mit dem Titel *Der Hang zum Gesamtkunstwerk*. Sie inszenierten so eine verstellte Kopie, ein konzeptuelles Aperçu über die bleibende Vergangenheit oder eine Art unheimliche zyklische Wiederkehr von Joseph Beuys' Redepraxis und Imagination.[11] *Schütze die Flamme! – Akademie der Straße* bespielte, ausgehend von Beuys religiös anmutendem wortgleichen Zitat, den Wuppertaler Stadtraum mit einem Laien-Fackellauf als *Soziale Plastik*.[12] Und Rimini Protokoll enttarnte in einer immersiven Installation die Kälte der industriellen Nahrungsmittelproduktion sowie die Ambivalenz der gestalterischen Handlungen zwischen Körperlichkeit und technischen Verfahren. Die typische künstlerische Methode von Rimini Protokoll sog. ExpertInnen des Alltags in die künstlerische Arbeit einzubeziehen, erhielt hier eine technisch-basierte Dimension der Nähe und Distanz zwischen Menschen, Tieren und Maschinen. Jene künstlerische Zuwendung zum industriellen Verfahren am Tier wirkte verfremdend; oder vielmehr erzeugte diese performative Hinwendung zu einem aus dem Alltag verdrängten Ort ein Schillern zwischen technischer Grausamkeit und performativer

---

11 Siehe hierzu auch den Beitrag von Jackson Pollock Bar in diesem Band.
12 Siehe hierzu auch das Gespräch von Bettina Paust, Roland Brus und Daniela Raimund über die Mobile OASE in diesem Band.

Beseelung des toten Tierkörpers. Die Arbeit *Feast of Food* lässt die Technologien der medialen und performativen Übertragung selbst zum Mythos und zur symbolischen Form werden.[13]

Weitere, v.a. auch klangbezogene Arbeiten können an dieser Stelle nicht genauer diskutiert werden, es soll aber auf zwei Arbeiten eingegangen werden, die die Frage der medialen Übertragung, genauer: der *Sozialen Plastik* im Medialen auf besondere Weise bearbeiten. Das KünstlerInnenduo Kattrin Deufert und Thomas Plischke befasste sich in (ihrer neuen Fassung von) *I like Erika and Erika likes me* mit Beuys' Aktion *I like America and America likes me*. Jene ikonische Kojoten-Aktion von Beuys fand 1974 in der New Yorker Galerie René Block statt.[14] Beuys' Arbeit thematisierte Regime der Sichtbarkeit und Überwachung, sie referierte über das Symbol des mythischen Tieres, aber auch auf die Vertreibung und Ermordung der indigenen Bevölkerung Nordamerikas. Für das Festival entwickelte das Kunstduo deufert&plischke kein Reenactment, aber eine Arbeit, die auf Beuys referierte, indem sie eine Art Übersetzung der ›Energien‹, Ströme und Verfahren wiederbelebte. Neben zwei digitalen Workshops mit Interessierten über Stoffe und Praktiken ist ein Performance-Film entstanden. Jener war nicht nur eine Antwort auf die Kojoten-Aktion, sondern auch auf v.a. frühe Frauen-Zeichnungen von Joseph Beuys, in denen typisch fragile fragmentarischen Körperumrisse gezeigt werden. deufert&plischke, die momentan auch an Formen des Textilen arbeiten, faszinierte nach eigener Aussage das Spinnenhafte der weiblich anmutenden Figuren, die auch an den Mythos und die Praktiken des (Geschichten- und Stoffe-)Spinnens der Arachne-Figur erinnerten, die sie als erste »politische Künstlerin« beschreiben.[15] »Vielfältige Themen«, so schreiben sie weiter, ließen »gedankliche Bezüge zu Beuys erkennen: die Kraft des mythologischen Denkens jenseits rationaler Begründbarkeit, die enge evolutionäre Verbindung von Mensch und Tier, Fragen nach der Diversität menschlicher Existenz und nicht zuletzt nach politischer und damit gesellschaftlicher Relevanz von Kunst.« (Ebd.) Das Produkt der Auseinandersetzung, der ca. 20-minütige Film, konnte während des Festivals gestreamt werden und ist immer noch auf der Website des KünstlerInnenduos abrufbar:[16] eine filmisch-skulpturale Arbeit, die sich aus einer performativen Arbeit und einem begleitenden Workshop in eine audiovisuelle Form erstreckte. Der Film zeigt eine Szenencollage

---

13 Siehe hierzu auch den Beitrag von Barbara Gronau und Bettina Paust zu *Feast of Food* von Rimini Protokoll in diesem Band.

14 Siehe hierzu auch das Interview von Katharina Weisheit mit deufert&plischke in diesem Band.

15 Vgl. Beschreibung der Arbeit auf der Website: https://www.wuppertal.de/microsite/Beuys-Performancefestival_/Kuenstlerische_Projekte/kattrin-deufert-thomas-plischke.php (letzter Zugriff: 01.02.2023).

16 Siehe hierzu: https://www.spinnereischwelm.net/deufert-plischke (letzter Zugriff: 10.02.2023)

von Menschen in dicken-wollig-pastelligen Strumpfhosen, um die dünne Schnüre mit kleinen Glöckchen gespannt waren, einschneidend ins Fleisch der Körper – in einem leeren, weißen Innenraum und in einem Waldstück im Bergischen Land. Einige Szenen zeigen, wie Urin die Strumpfhose entlang den Schritt einfärben, unbekannte Formen in die textile Fläche zeichnen. Die Körper sind in minimalen, skulpturalen Bewegungen inszeniert, Gesichter sind nicht sichtbar, die Perspektiven ungewohnt nah auf die Körperteile. Schnitte und Perspektiven sind repetitiv und wirken immersiv und desorientierend. Eine narrative Tonspur, die eine Art kommentierend-fragende Bildbeschreibung der Beuys-Bilder vornimmt, ist durch eine weibliche Stimme eingelesen und referiert auf die mädchenhaften Figuren und ihre unheilbaren Wunden und Verletzungen, auf Traumata des Kampfes, auf die Pflaster, die das Innere nach Außen zeigten und deformierte Körper bzw. Gesten, die Schutz und Stärke erzeugen. Die Arbeit erscheint als mehrfache Übersetzung Beuys'scher Motive, Formen und Verfahrensweisen. Besonders prägnant sind jedoch die Frage nach der politischen Kraft der uneindeutigen, affektiv wirksamen Materialien im Verhältnis zum Körper und die Reflexion der (medialen) Form: Es besteht zweifelsohne in der Ästhetik eine Nähe zur zeitgenössischen Videokunst; es ist ja zuvorderst eine filmische Arbeit. Jedoch, in der Art und Weise der Inszenierung finden sich Elemente des performativen Umgangs mit Körpern und Bildern: eine Arbeit am und mit dem Körper sowie Momente eines nahen, fast haptisch-akustischen Kontakts zwischen PerformerInnen und Publikum über den Computerbildschirm hinaus. Hier wird ein affektives Kontinuum über eine bestimmte neue mediale »Aufteilung des Sinnlichen« erzeugt (Rancière 2006: 25). In jenem mediengestützten Näheeffekt (Abend/Haupts/Müller 2012; Harvey 1989) werden Inhalte sinnlich-körperlich erfahrbar.

Das filmisch-hybride Performance-Liveformat von Showcase Beat Le Mot erzeugte ebenfalls in ihrem Umgang mit dem digitalen Raum Effekte von affektiver Nähe über den Bildschirm – sowie, noch stärker, das Gefühl einer sinnlichen Online-Gemeinschaft über die Einbeziehung der Live-Kamera und die Möglichkeiten des *stew.one*-Portals. *Remode Zombie Andy Beuyz* realisierte ein (für die Gruppe typisches) Live-Kochevent, in dem die vier Performer in einem alten Fabrikgebäude Gerichte zubereiteten, sich dabei in gewohnt poetisch bis alltäglicher Sprache über Pflanzen, Tiere, das Internet und Joseph Beuys austauschten. Später konnten wenige ZuschauerInnen in Flightcases mit Guckschlitzen durch die Räume gefahren werden wie in Särgen, untote WiedergängerInnen, ›Remodes‹ ihrer selbst. Dort sahen sie entlang eines spektakulären Parcours mehrere Mini-Aktionen, die an Arbeiten von Beuys und Warhol erinnerten. Die meisten Aktionen – spezielle Wurfbewegungen im Raum, Fettecken, Hirtenstäbe und Filz- bzw. Schaumstoff-Körper-Skulpturen – erinnerten an Beuys' ikonische Aktionen, waren aber eher Zitate als Reenactments. Das Publikum am Rechner zu Hause konnte zwischen zwei Kanälen wechseln und mal die Gesamtansicht, mal die Perspektive durch die Schlitze anwählen. Dies konnte eine Reflexion über Blickordnungen und Partizipation anregen sowie ein Nachdenken über analog-digitale Alltagsräume: Blicke wanderten zwischen Flugboxen, Theater-Black-Box und der Computerbox hin und her. Darüber hinaus waren die Dialoge und Handlungen gespickt mit Verweisen auf die zombiehaften Wiedergänger der post- oder antimodernen Kunst von Andy Warhol und Joseph Beuys. Einmal inkorporierten zwei Performer ein Gespräch der beiden ikonischen Künstler über das Zyklische des Abfalls. Dann erzeugte ein Performer über Beatboxing eine Soundcollage, die mit elektronischen Beats unterlegt war und erinnerte dabei auch an die berühmte *ö ö Programm*-Rede (1967) von Beuys (m. Henning Christiansen) in der Kunstakademie Düsseldorf. Doch waren diese Referenzen keine Hommage oder Kopie der Arbeiten von Warhol und Beuys, vielmehr trafen sich die Showcase-eigenen Verfahren und Themen auf unheimliche Weise mit Wiedergängern der Kunst der anderen, überlagerten sich, machten Verwandtschaften offenbar, kommentierten einander, aber auch gegenseitig – stellten eine zyklische-nicht-lineare Zeit her. Erfahrbar (selbst am Bildschirm) wurden Eindrücke einer mythischen und (medialen) Fernwirkung durch Magie und Schamanismus, verkörpert auch durch die sinnliche Alchemie des Kochens, aber auch durch die vielfältige bildhafte und akustische Reproduktion von Theater- und Popkultur-»Aura« (Benjamin 1980: 433).

Der Effekt verstärkte sich im Format der Live-Videoübertragung sogar, die – ganz im Stil des Videoeinsatzes im postdramatischen Theater – durch Plansequenzen inszeniert waren. Mehrere Handkameras begleiteten die Performance live und übertrugen sie, gestalteten sie mit. Sie bildeten ein Netzwerk im Raum, eigene Form von technisch-menschlichen AkteurInnen, die Wege und Bilder in die Situation einschrieben. Die Dynamik entlang der Situation entspann eine Verbindung in die Bildschirme der »homeized« ZuschauerInnen hinein (Benvenuto 2020). Der Effekt der Nähe entstand dabei auch durch die Bezugnahme auf einen gemeinsamen medialen Horizont der Bilder und Klänge: Songs der Popkultur wurden eingespielt, Videos und Fotografien von Beuys, ein kollektives Gedächtnis der Materialien heraufbeschworen, auf das freilich nicht immer affirmativ Bezug genommen wurde. Nur zu gerne wurde auch mit den großen Vorläufern gehadert, ihre Verfahren ironisiert und kommentiert. Prägnant für die Ästhetik wurden aber v.a. die einfachen, fast unperformativen Gesten der Nähe: Das Entfernen von Moos und Unkraut vom gläsernen Oberlichtglasdach des Bühnenraums und das Kochen. Am Bildschirm sah man diesen Handlungen freilich nur in der Entfernung zu. Man lauschte den Beobachtungen und Gesprächen über die Speisen. Diese sinnliche Amputation (nicht riechen, nicht schmecken zu können) wurde manchmal für einen kurzen Moment zum Synästhesie-Effekt, in dem man, auf magische Weise der Übertragung, zu riechen glaubte, wovon die Sprache war oder was man im Topf sah. Das Zubereiten der Speisen geriet dabei nicht nur zum Gemeinschaftsritual der Anwesenden vor Ort und vor den

Rechnern. Es wurde zur erfahrbaren Metapher einer Verbundenheit aller Lebewesen, Menschen, Tiere, Pflanzen, zu einer Utopie einer anderen Lebensweise. Die Performance wurde über die sinnliche Aufteilung von Gemeinschaft, durch ihre medientechnische Intimität zu einer Grenzfigur zwischen Privat und Öffentlich. *Remode Zombie Andy Beuyz* ließe sich also beschreiben als eine transmediale und transgressive, mediale-soziale Plastik, in der sich geteilte und verteilte Aufmerksamkeiten ereigneten. Eine solche mediale Plastik unterscheidet sich dabei eindeutig von der kybernetisch gesteuerten Wahrnehmungssituation und Aufmerksamkeitsökonomie in unserem gewohnten Medienalltag, wo wir vereinzelt konsumieren und durch die algorithmisch organisierten Websites navigieren.

Die intermediale Arbeit von Showcase Beat Le Mot bot eine Unterbrechung des kapitalisierten Digitalraums und eröffnete (im guten Sinne) ziellose, kontemplative, offene, zögernde, sinnliche Freiräume für eine andere, eine gemeinsame und utopische Imagination der Welt zwischen Analog und Digital.

Computer Ethics und Performance

Anders als viele Arbeiten während der Pandemie, die mit digitalen künstlerischen Verfahren und Arbeitsweisen operierten, wählten sowohl deufert&plischke als auch Showcase Beat Le Mot v.a. filmisch-performative und weniger distinkt digitale Verfahren. Das Beuys-Festival wurde allerdings zu dem durch mehrere digitale Interaktionsmöglichkeiten begleitet und lud die ZuschauerInnen ein, sich über Insta-Live oder das Frag-Jetzt-Portal noch weiter mit dem Geschehen zu vernetzen.

Die Kontaktbeschränkungen während der Pandemie hat eine Vielzahl an experimentellen digitalen Theaterformen hervorgebracht. Die Projekte von machina Ex, Interrobang oder punkt.live bspw. arbeiteten innerhalb ihrer digitalen Performances noch mehr als die beiden genannten mit digitalen Tools und partizipativen Elementen (Messenger-Dienste, Abstimmungstools, Videochats, Game-Elemente usw.). Jene inszenierten Formen eines interaktiven Desktoptheaters (vgl. Liedke/Pietrzak-Franger 2021; Padberg 2021; Bissel/Weir 2022; Zellner/Lobbes/Zipf 2022; Felton-Dansky 2018). Das hieß, sich noch stärker ortspezifisch einzuspeisen in die Regeln des digitalen Raums. Die Online-Performances des Beuys-Festivals hingegen schienen ein Stück weit mehr im analog-affektiven Energiefluss zu verbleiben. Dies erzeugte – das ließe sich abschließend sagen – eine besondere Gestimmtheit in der Annäherung an Joseph Beuys. Sie wirkten fast wie menschlich-empathische Residuen im digitalen Raum, ein Interface zwischen Mensch, Dingen, Medien, das sich nicht unsichtbar macht, sondern immer mitbedacht wird. Der Medientheoretiker Alexander Galloway beschreibt in seinem Buch *The Interface-Effect* die Ästhetik und Sozialität von sog. Schnittstellen zwischen Mensch und

Maschine (Videospielen, Software, Fernsehen, Malerei und anderen Bildern), dem Verhältnis von technischen und nicht-technischen ›Gesichtern‹ (*Interfaces*) in ihrer Begegnung. Er beschreibt damit die materielle Einwirkung von Schnittstellen in die Bereiche des sozialen und politischen Lebens und »*vice versa*« (Galloway 2012: VII). Interessanterweise stellt er die filmische und die datenbasierte Schnittstelle einander gegenüber und beschreibt, wie die Computerschnittstelle mit der Digitalisierung das humane Gesicht verliere – ein Computer nehme keine Subjekte wahr. Dafür entstehe aber ein neues Ethos des Computers in Form der radikalen Relationalität und Beziehung von Daten zwischen Mensch und Maschine (vgl. ebd.: 8, 10, 14). In jeder Zwischenzone schienen die Performances des Beuys-Festivals zu existieren: Als eine mythische Zone der Materialisierung zwischen Menschlichkeit und einer seltsamen Erhabenheit der Daten.

Schluss

Der Beitrag widmet sich der Online-Version des Beuys-Performancefestivals und betrachtet die Schichten des Medial-Performativen darin: Die Formen des Archivs und der medialen Übertragung in neue Performances und Formate, der Verlebendigung und Liveness als neuer ZuschauerInnenkonstellation und der Frage der affektiv-sinnlichen Vernetzung und Vergemeinschaftung zwischen analogen und digitalen Räumen, die man als mediale Plastik bezeichnen könnte. Die mediale Form der Beuys-Performanceprojekte, so sehr sie das Live-Event haben vermissen lassen, erzählten keine Verlustgeschichte des Performativen im digitalen Raum, vielmehr boten sie Erfahrungsräume zwischen den Medien und zwischen Analog und Digital. Sie ermöglichen auch eine Unterbrechung des computergestützten Datenkapitalismus; sie inszenierten Räume der Kontemplation und sozialer Teilhabe jenseits neoliberaler Verwertbarkeit sowie Gemeinschaftserfahrungen durch ein Netzwerk geteilter sinnlicher Erfahrungen. Der Beitrag beleuchtet also das Mediale zwischen Live-Event und Technologie, sowie zwischen Archiv und Verlebendigung, um zu fragen, wie sich die Performance angesichts neuer Medien ändert. Er möchte einen Dialog eröffnen und weiterführen, um zu befragen, wo das Analoge des Theaters dringend nötig ist und wo es wichtig ist, sich in den digitalen sozial-medialen Raum künstlerisch einzuschreiben. Auf gewisse Weise handelt jede Onlineperformance des Festivals genau von dieser Frage: Der Frage des Gemeinwohls und der gemeinsamen Ressourcen, Güter und Infrastrukturen und der sozialen Teilhabe in analogen *und* digitalen, globalen Räumen. Sie waren auf gewisse Weise soziale und mediale Plastiken, die fragten, wie wir in Zukunft leben, gestalten und teilen wollen.

Quellenverzeichnis

Abend, Pablo/Haupts, Thomas/Müller, Claudia (Hg.) (2012): Medialität der Nähe. Situationen – Praktiken – Diskurse. Bielefeld: transcript.

Auslander, Philipp (2008): Liveness: Performance in a Mediatized Culture. London: Routledge.

Auslander, Philipp (2020): »So Close and Yet So Far Away: The Proxemics of Liveness«, in: Matthew Reason/Anja Mølle Lindelof (Hg.): Experiencing Liveness in Contemporary Performance: Interdisciplinary Perspectives. London/New York: Routledge, S. 295-298.

Benjamin, Walter (1980): Das Kunstwerk im Zeitalter seiner technischen Reproduzierbarkeit [1935], in: Rolf Tiedemann/Hermann Schweppenhäuser (Hg.): Walter Benjamin. Abhandlungen (= Gesammelte Schriften, Band. I.2), Frankfurt a.M.: Suhrkamp, S. 431-469.

Bennett, Susan (1990): Theatre Audiences. London/New York: Routledge.

Benvenuto, Sergio (2020): »Welcome to Seclusion«, in: ders./Michel Foucault/Giorgio Agamben: »Coronavirus and Philosophers«. The European Journal of Psychoanalysis 3/2020, https://www.journal-psychoanalysis.eu/articles/coronavirus-and-philosophers/ (letzter Zugriff: 01.02.2023).

Beuys, Joseph (1974): Der Soziale Organismus – ein Kunstwerk, Vortrag in Bochum am 02.03.1974, https://www.tate.org.uk/art/artworks/beuys-for-the-lecture-the-social-organism-a-work-of-art-bochum-2nd-march-1974-ar00621 (letzter Zugriff: 01.02.2023).

Beuys, Joseph (1991): »Interview mit Joseph Beuys, 9. Dezember 1984, 14.00-19.00 Uhr in Beuys' Atelier Drakeplatz 4, Düsseldorf«, in: Mario Kramer (Hg.): Joseph Beuys ›Das Kapital Raum 1970-1977‹, Heidelberg: Steidl, S. 9-41.

Birringer, Johannes (2003): »Dance and Interactivity«, in: Dance Research Journal 35/36 (2003-2004), 35/2-36/1, S. 88-112.

Bissel, Laura/Weir, Lucy (Hg.) (2022): Performance in a Pandemic. New York/London: Routledge.

Danto, Arthur (2007): »Foreword«, in: Claudia Mesch/Viola Michaly (Hg.): Joseph Beuys – The Reader. Cambridge, MA: MIT Press, S. XIII-XVIII.

Derrida, Jacques (1997): Dem Archiv verschrieben. Eine Freudsche Impression. Berlin: Brinkmann & Bose.

Dixon, Steve (2007): Digital Performance. A History of New Media in Theater, Dance, Performance Art, and Installation. Cambridge: MIT.

Döcker, Georg (2020a): Digitale Logen, leere Stühle und chaotische Räume. Über Corona und Theater, https://www.hebbel-am-ufer.de/hau3000/digitale-logen-leere-stuehle-und-chaotische-raeume/ (letzter Zugriff: 10.10.2022).

Döcker, Georg (2020b): »Control Performance. Theater und Kybernetik anhand von Pasks Proposals for a Cybernetic Theatre«, in: Kathrin Dreckmann/Maren

Butte/Elfi Vomberg (Hg.): Technologien des Performativen. Das Theater und seine Techniken. Bielefeld: transcript, S. 61-70.

Eiermann, André (2009): Postspektakuläres Theater. Die Alterität der Aufführung und die Entgrenzung der Künste. Bielefeld: transcript.

Es, Karin van (2016): The Future of Live. Cambridge: Polity.

Felton-Dansky, Miriam (2018): Viral Performance: Contagious Theaters from Modernism to the Digital Age. Illinois: Northwestern UP.

Fischer-Lichte, Erika (2004): Ästhetik des Performativen, Frankfurt a.M.: Suhrkamp.

Galloway, Alexander R. (2012): The Interface-Effect. Cambridge: Polity.

Hadley, Bree (2017): Theatre, Social Media, and Meaning Making, Cham: Palgrave Macmillan.

Harvey, David (1989): The condition of postmodernity. An enquiry into the origins of cultural change, Oxford: Blackwell.

Jones, Amelia/Heathfield, Adrian (Hg.) (2012): Perform – Repeat – Record. Live Art in History. Bristol/Chicago: Intellect.

Liedke, Heidi/Pietrzak-Franger, Monika (2021): »Viral Theatre: Preliminary Thoughts on the Impact of the COVID-19 Pandemic on Online Theatre«, in: Journal of Contemporary Drama in English 9/1, Berlin: de Gruyter, S. 128-144.

Mesch, Claudia/Michely, Viola Maria (Hg.) (2007): Joseph Beuys – The Reader. Cambridge, MA: MIT Press.

Mosse, Ramona/Janke, Janina/König, Judith/Stein, Christina/Tecklenburg, Nina (2022): »Viral Theatres' Pandemic Playbook – Documenting German theatre during COVID-19«, in: International Journal of Performance Arts and Digital Media 18/1, S. 105-127.

Padberg, Kai (2021): »New Forms of Communities? The Constitution and Performance of Audiences in Digital Theater during the COVID-19 Pandemic«, in: PAMIĘTNIK TEATRALNY 70/3, S. 145-163.

Phelan, P. (1999): Unmarked: The Politics of Performance. London: Routledge.

Ranciére, Jaques (2006): Die Aufteilung des Sinnlichen. Die Politik der Kunst und ihre Paradoxien. Berlin: b_books.

Taylor, Diana (2003): The Archive and the Repertoire. Performing Cultural Memory in the Americas, Durham: Duke.

Wynants, Nele (Hg.) (2019): Media Archaeology and Intermedial Performance: Deep Time of the Theatre, Cham: Springer.

Zellner, Juliane/Lobbes, Marcus/Zipf, Jonas (Hg.) (2022): Transformers. Digitalität Inklusion Nachhaltigkeit (= Theater der Zeit Arbeitsbuch, Heft 7/8), Berlin: Theater der Zeit.

Wie man der toten Fledermaus Beuys' Aktionskunst erklärt oder: Von postpandemischen Hasen und präpandemischen Igeln auf dem Feld der Theaterwissenschaft

André Eiermann

Performance und Pandemie

Also, tote Fledermaus: Dass das hier sowohl eine Anspielung auf die Corona-Pandemie als auch auf Beuys' berühmte Aktion *wie man dem toten Hasen die Bilder erklärt* von 1965 ist, muss ich nicht explizit erklären. Aber wenn ich behaupte, dass diese Aktion exemplarisch für Formen sozialer Distanzierung steht, die schon lange vor der Pandemie und ganz unabhängig von Gründen des Infektionsschutzes in performativer Kunst zum Einsatz gekommen sind, dann ist eine Erklärung wohl angebracht.

Beuys hat dem toten Hasen die Bilder ja hinter der Fensterscheibe der Düsseldorfer Galerie Schmela erklärt. Das Publikum musste erstmal draußen bleiben und konnte die Aktion also nur durch diese abschirmende Scheibe beobachten.[1] Erst als Beuys dann schließlich mit dem Hasen auf einem Stuhl Platz genommen hatte, wurde den BesucherInnen Einlass gewährt.[2]

So gesehen ist soziale Distanzierung für ein an Beuys' Aktionskunst orientiertes Verständnis von Performance also nichts absolut Neues. Und wie die Fensterscheibe der Galerie Schmela als Medium zwischen Künstler und Publikum stand, so finden sich in Beuys' Aktionskunst auch zahlreiche weitere Beispiele für mediale Anordnungen, die räumliche Distanzen und physische Barrieren zwischen KünstlerInnen und Publikum sowohl schaffen als auch über diese Distanzen hinweg und durch diese Barrieren hindurch vermitteln.[3]

---

1 Vgl. auch die Beschreibungen der Performance von Martin Müller (1994: 19), Bettina Paust (2019: 19-21) und Barbara Gronau (2019: 96).

2 Es existieren unterschiedliche Angaben dazu, wie lange die Performance bis zum Einlass des Publikums gedauert hat. In den meisten Fällen ist jedoch von drei Stunden die Rede.

3 Neben *wie man dem toten Hasen die Bilder erklärt* wird darauf weiter unten auch in Bezug auf andere Aktionen näher eingegangen.

Möglicherweise ist das auch eine Erklärung dafür, dass sich das Wuppertaler Beuys-Performancefestival 2021 mit seiner pandemiebedingten Verlegung in den digitalen Raum nicht sonderlich schwergetan hat, sondern sie stattdessen, ganz im Sinne von Beuys' Interesse an Transformationen, produktiv zu nutzen wusste.[4] Zwar war die Umstellungsbereitschaft des Festivals selbstverständlich notgedrungen. Sie kann aber dennoch als durchaus logische Konsequenz aus Beuys' Aktionskunst gesehen werden – um nicht zu sagen: als Fortführung der medialen Aspekte dieser Kunst mit digitalen Mitteln.[5]

Der Titel des vorliegenden Buches – *Performance transformieren* – sollte deshalb nicht als Ausdruck der Behauptung missverstanden werden, dass erst die Pandemie ein solches Transformieren ausgelöst habe. In Anbetracht von Beuys' Aktionskunst lässt sich dieser Titel vielmehr in dem Sinne interpretieren, dass die Pandemie Bedingungen geschaffen hat, unter denen mediale Anordnungen und Transformationsprozesse, wie sie auch vor der Pandemie schon zum Repertoire performativer Kunst gehörten[6], auf besondere, oft eben digitale Weise zur Geltung kommen konnten.

Ähnliches lässt sich auch hinsichtlich jener Aktualisierung des Performance-Begriffs sagen, welcher sich dieses Buch vor dem Hintergrund der Transformationen, die mit der Verlegung des Festivals in den digitalen Raum einhergingen, verschrieben hat.[7] Denn diese Aktualisierung ist dann weniger als eine erst aufgrund pandemischer Bedingungen erforderliche Revision des Performance-Begriffs zu verstehen. Vielmehr erweist sie sich als von den pandemischen Notwendigkeiten angeregte Erinnerung daran und Konsequenz daraus, dass sich auch schon lange vor der Pandemie Aspekte in performativer Kunst finden ließen, die Anlass dazu gegeben haben, diesen Begriff anders zu denken, als es in weiten Teilen der Theater- und Kunstwissenschaft vorherrschend ist.

So steht das Wuppertaler Beuys-Performancefestival 2021 zwar ohne Zweifel exemplarisch für einen durch die Pandemie bedingten »Wandel der performativen Künste«, wie ihn Benjamin Wihstutz, Daniele Vecchiato und Mirjam Kreuser

---

4 Siehe hierzu auch den Beitrag *Das Beuys-Performancefestival in Wuppertal* von Bettina Paust in diesem Band.

5 Diese Sichtweise liegt nicht zuletzt aufgrund des intensiven Gebrauchs nahe, den Beuys in seiner Aktionskunst von technischen Aufzeichnungs- und Distributionsmedien gemacht hat (vgl. Weiß 2021).

6 Besonders deutlich zeigt sich dies in Performances wie *Field Works-hotel* (2009) von Heine Avdal und Yukiko Shinozaki/fieldworks sowie *Guilty Landscapes* (2016) von Dries Verhoeven. In beiden Arbeiten begegnen sich und interagieren jeweils ein/e ZuschauerIn und ein/e PerformerIn vermittelt über eine Videoschaltung – nicht unähnlich den digitalen Kommunikationsformen, die dann unter pandemischen Bedingungen Normalität werden sollten.

7 Siehe hierzu den Beitrag *Performance transformieren* von Katharina Weisheit in diesem Band.

in ihrer kürzlich erschienenen Anthologie *#CoronaTheater* (2022a) konstatieren. Gerade der Bezug auf Beuys' Aktionskunst lädt jedoch dazu ein, diesen Wandel aus einer anderen Perspektive zu betrachten und zu beschreiben, als es in vielen der Beiträge zu *#CoronaTheater* der Fall ist. Denn von wenigen Ausnahmen abgesehen, scheinen diese Beiträge davon auszugehen, es sei vor der Pandemie eine allgemein akzeptierte und von performativer Kunst durchgängig bestätigte Gewissheit gewesen, dass – wie Erika Fischer-Lichte es dereinst in ihrer *Ästhetik des Performativen* formuliert hat – »die mediale Bedingung von Aufführungen in der leiblichen Ko-Präsenz von Akteuren und Zuschauern« (Fischer-Lichte 2004: 58) bestehe.[8]

Mit gespitzten Fledermausohren lässt sich in *#CoronaTheater* zwar das leise Echo der bereits auf präpandemischen Beobachtungen basierenden Feststellung vernehmen, dass die »neueren Entwicklungen performativer Kunst […] die scheinbaren Gewissheiten ihrer Theoretisierung unterlaufen und herausfordern« (Wihstutz/Hoesch 2020: 10). Dieses Echo[9] wird jedoch weitestgehend von Stimmen übertönt, die suggerieren, dass insbesondere die scheinbare Gewissheit, leibliche Ko-Präsenz sei die grundlegende Voraussetzung performativer Kunst schlechthin, erst durch die Pandemie wirklich infrage gestellt worden sei. Außer Acht gelassen wird dabei, dass zahlreiche präpandemische Beispiele der performativen Kunst längst zu dieser Infragestellung und »zur Kritik an zentralen theaterwissenschaftlichen Diskursen und Begriffen geführt [haben]« (ebd.: 7), und dass insbesondere der Aufführungsbegriff bereits grundlegend überprüft und revidiert worden ist (vgl. Eiermann 2009; Aggermann/Döcker/Siegmund 2017). Ein bisschen wirken die entsprechenden Texte in *#CoronaTheater* deshalb wie jener fabelhafte Hase, der sich so sicher ist, das Rennen gegen den Igel zu gewinnen – nur um dann im Ziel auf einen Igel zu treffen, der ihn wissen lässt: »Ick bün all hier!« (Schröder 1840).

---

8 Als Ausnahme ist in diesem Zusammenhang der Text von Maximilian Haas hervorzuheben, in dem jene leibliche Ko-Präsenz nicht als mediale Bedingung der Aufführung, sondern als etablierte künstlerische Praxis benannt wird (vgl. Haas 2022: 132). Auch erwähnt Haas »konzeptuelle Ansätze der performativen Künste«, die »auch ohne leibliche Ko-Präsenz entwickelt und verfolgt werden können« (ebd.: 134f.).

9 Auch die Einleitung enthält eine Formulierung, in der die leibliche Ko-Präsenz nicht – zumindest nicht ausdrücklich – als mediale Bedingung der Aufführung bezeichnet wird: »Am auffälligsten ist sicherlich, dass einige theatrale Grundprinzipien, Praktiken und Konventionen für ein erhöhtes Infektionsrisiko stehen: Die Versammlung in geschlossenen Räumen, die ›leibliche Ko-Präsenz von Akteuren und Zuschauern‹ […].« (Wihstutz/Vecchiato/Kreuser 2022b: 8)

Impulsgeber Beuys

Vom Standpunkt solch ›präpandemischer Igel‹ aus betrachtet, lässt sich nun aber nicht nur jener pandemiebedingte Wandel der performativen Künste anders beschreiben, als es die ›postpandemischen Hasen‹ in *#CoronaTheater* tun – nämlich, wie schon gesagt, nicht als grundlegender Umbruch, sondern als Intensivierung bestimmter, schon dagewesener Aspekte performativer Kunst. Auch die Frage nach den für zeitgenössische Kunstformen impulsgebenden Aspekten in Beuys' Aktionskunst, denen das Wuppertaler Beuys-Performancefestival 2021 insbesondere gewidmet war[10], lässt sich von diesem Standpunkt aus anders beantworten als aus jenen Blickwinkeln, welche performative Kunst (zumindest bis zur Pandemie) sozusagen als Gegenteil sozialer Distanzierung erachteten und zeitgenössische Kunst im Allgemeinen von einer Hinwendung zu sozialer Nähe geprägt wissen wollten. Gerade aus solchen Blickwinkeln ist Beuys ja als Impulsgeber in Anspruch genommen worden, um direkte zwischenmenschliche Begegnungen zum *Non plus ultra* der entsprechenden Ästhetiken zu erklären.[11]

Ein Blick aus ›Igelperspektive‹ kann hingegen Aspekte in Beuys' Aktionskunst entdecken, die auf ganz andere, mithin entgegengesetzte Weise als impulsgebend beschrieben werden können. Und hinsichtlich der »Bandbreite an performativen Genres und Theaterformen« (Wihstutz/Hoesch 2020: 10), die schon vor der Pandemie Anlass zur Revision des herkömmlichen Aufführungsbegriffs sowie mit diesem »eng verknüpfter Begriffe wie Liveness, leibliche Ko-Präsenz, Flüchtigkeit, Ereignishaftigkeit oder Singularität« (ebd.: 11) gegeben haben, sind es insbesondere »postspektakuläre oder posthumanistische Performances« (ebd.), für die sich Beuys' Aktionskunst aus einer solchen Perspektive als impulsgebend zeigt. Unter posthumanistischen Gesichtspunkten ist darauf bereits andernorts ausführlich hingewiesen worden.[12] Und dass es insbesondere die schon erwähnten

---

10 Vgl. hierzu: https://www.wuppertal.de/microsite/Beuys-Performancefestival_/Beuys-Performancefestival/index.php (letzter Zugriff: 11.01.2023).

11 Auf ähnliche Weise wie bei Erika Fischer-Lichte (vgl. dies. 1998; 2004) ist dies auch in Nicolas Bourriauds *Esthétique relationnelle* (ders. 1998) sowie im Zusammenhang von Claire Bishops Überlegungen zu einem *social turn* und partizipatorischer Kunst (vgl. dies. 2006a; 2006b; 2012) der Fall. Zum Verhältnis dieser Diskurse vgl. auch Rebentisch (2013: 60ff.) sowie Eiermann (2015).

12 So hat bspw. Bettina Paust gezeigt, dass »Beuys [...] eine Vorreiterrolle im Paradigmenwechsel der Mensch-Tier-Beziehung ein[nimmt], wie er sich fast 40 Jahre später in den grundlegenden Ansätzen von Bruno Latour und Donna J. Harraway manifestiert.« (Paust 2019: 34). Davide Brocchi beschreibt Beuys als Vordenker sowohl der Umwelt- und Nachhaltigkeitsdebatte im Allgemeinen als auch der maßgeblich von Bruno Latour geprägten Akteur-Netzwerk-Theorie im Besonderen (vgl. Brocchi 2021: 465). Und auch Jessica Ullrich zeigt, dass Beuys' Werk insbesondere für den *animal turn* in den Künsten, der im Kontext der *Human-Animal Studies* und *Critical-Animal-Studies* stattgefunden hat, »als wegweisend bezeichnet werden [kann]« (Ullrich 2021: 445).

Aspekte sozialer Distanzierung in Beuys' Aktionskunst sind, die als impulsgebend für postspektakuläre Formen der performativen Kunst beschrieben werden können, möchte ich im Folgenden verdeutlichen.

Postspektakuläres Theater *avant la lettre*

Den Begriff des postspektakulären Theaters habe ich, vor mittlerweile geraumer Zeit, als Bezeichnung solcher Formen der performativen Kunst vorgeschlagen, die sich kritisch zu den radikal veränderten Bedingungen dessen verhalten, was Beuys' Zeitgenosse Guy Debord 1967 als Gesellschaft des Spektakels beschrieben hat (vgl. Eiermann 2009; Debord 1996). Entscheidend ist dabei, dass sich diese Formen insbesondere von zeitgenössischen Fortsetzungen einer Spektakelkritik Debordscher Prägung unterscheiden. Postspektakuläres Theater trägt der Einsicht Rechnung, dass sich »das Problem unserer Zeit« – wie Juliane Rebentisch formuliert – »gerade nicht als eines der Teilung dar[stellt], wie dies etwa in der sich auf Debord berufenden Forderung nach mehr unmittelbarer ›Relationality‹ im Kunstkontext angenommen zu werden scheint.« (Rebentisch 2007) Statt dieses Problem weiterhin wie Debord – und in dessen Nachfolge Bourriaud (vgl. Rebentisch 2013: 66) – »als eines der – durch Repräsentationen verursachten – Teilung der politischen Gemeinschaft in Spektakel und Publikum« (ebd.) zu erachten, hat postspektakuläres Theater mit »einschlägigen Beiträgen zur politischen Theorie der Gegenwart« (ebd.) gemeinsam, dass es ihm »gerade um die Verteidigung von Vermittlungen, von Repräsentationen und damit einhergehenden Teilungen [geht].« (Ebd.)

Auf dieser Grundlage in Bezug auf Beuys' Aktionskunst von einem postspektakulären Theater *avant la lettre* zu sprechen, mag zwar zunächst einigermaßen merkwürdig erscheinen. Denn insbesondere Beuys' gesellschaftskritischer Diskurs ist demjenigen Debords in mancher Hinsicht sehr ähnlich.[13] Und es gibt gute

---

13 So erinnert Beuys' Unterscheidung zwischen einem »westlichen Privatkapitalismus« und einem »östlichen Staatskapitalismus« (Rappmann 1984: 10) bspw. daran, wie Debord zunächst das »diffuse Spektakuläre« (Debord 1996: 52) der westlichen Konsumgesellschaften einerseits und das »konzentrierte Spektakuläre« eines »bürokratischen Kapitalismus« (ebd.: 51) andererseits voneinander unterscheidet. Und spricht Beuys davon, dass diese Systeme »sich im übrigen auch immer mehr integrieren, also […] dahin tendieren, ein einheitliches Unterdrückungssystem für die Menschen zu werden« (Rappmann 1984: 10), so entspricht dies ziemlich genau dem, was Debord dann in seinen 1988 veröffentlichten *Commentaires sur la société du spectacle* diagnostiziert, nämlich dass sich seit seiner Unterscheidung zwischen diffusem und konzentriertem Spektakulären »eine fein abgewogene Kombination der beiden« (Debord 1996: 200) entwickelt habe, die er – in nächster Nähe zur Wortwahl Beuys' – »das *integrierte Spektakuläre*« (ebd.) nennt, welches ihm zufolge »heute danach strebt, sich weltweit durchzusetzen« (ebd.).

Gründe, auch über Beuys zu sagen, was Rebentisch in Bezug auf Debord feststellt, nämlich dass sich dessen Gesellschaftskritik an einer »Utopie sozialer Authentizität ausrichtet«, die schon allein deshalb problematisch ist, »weil sie auch dort, wo sie sich als demokratische versteht, latent oder manifest Züge autoritärer Vergemeinschaftung trägt.« (Rebentisch 2007; dies. 2013: 65) Aus Rebentischs Sicht »[sind dafür] Rousseau und Marx [...] die wohl einschlägigsten Beispiele.« (ebd./ebd.: 65f.) Und wie Marx' Warentheorie eine der wichtigsten Referenzen für Debord darstellt, so erinnert Beuys' »Traum von einem pseudoparadiesischen Naturzustand als Ausweg aus einer [...] erkrankten Entwicklung westlicher Industriegesellschaften« (Paust 2019: 31) mehr als deutlich an das auf Rousseau zurückgehende Motto ›Zurück zur Natur‹.

Was also Beuys' gesellschaftskritische Haltung betrifft, ist diese eher als genaues Gegenteil einer postspektakulären Haltung zu bezeichnen. Hinsichtlich der Aspekte sozialer Distanzierung jedoch, die sich in Beuys' Aktionskunst finden, kann durchaus von einem postspektakulären Theater *avant la lettre* die Rede sein. Denn diese Aspekte weisen deutliche Ähnlichkeiten mit jenen Verfahren auf, durch welche im postspektakulären Theater sowohl jene problematische Utopie sozialer Authentizität als auch der herkömmliche Aufführungsbegriff infrage gestellt wird. Tatsächlich findet sich in Beuys' Aktionskunst bereits ein ziemlich breites Spektrum an Formen jenes Ausspielens von Unterbrechung, Abwesenheit und Mittelbarkeit, wie es für postspektakuläres Theater charakteristisch ist. Und es lässt sich durchaus sagen, dass diese Formen – obgleich Beuys' gesellschaftskritischer Diskurs anderes impliziert – im Sinne von Rebentischs Bourriaud-Kritik (vgl. Rebentisch 2013: 60ff.) »Teilungen [...] exponieren und zu Konflikt und Abstand [...] schärfen.« (Rebentisch 2007)

Fensterscheibe — Gitterwand — Filzverhüllung

Ganz konkrete Unterbrechungen, die in Beuys' Aktionskunst Teilungen zwischen Künstler und Publikum exponieren und deren Verhältnis zu Abstand schärfen, sind physische Barrieren: Wie die Fensterscheibe der Galerie Schmela im Fall von *wie man dem toten Hasen die Bilder erklärt* das Publikum von Beuys und dem Hasen trennte, so stand in der Aktion *I like America and America likes Me*, in deren Rahmen sich Beuys 1974 drei Tage lang mit einem Kojoten in der New Yorker Galerie René Block aufhielt, eine Gitterwand zwischen den beiden und ihrem Publikum.[14]

Bemerkenswerterweise betont ausgerechnet Erika Fischer-Lichte, dass die mit dieser Gitterwand gegebene »Trennung« über deren Funktion »als Schutzvorrich-

---

14 Nähere Beschreibungen der Aktion finden sich bspw. bei RoseLee Goldberg (1979: 97) sowie ausführlicher bei Erika Fischer-Lichte (1998: 38-45; 2004: 176-184) und Bettina Paust (2019).

tung für die Zuschauer« hinaus auch »ein konstitutives Element der Aktion dar[stellte]« (Fischer-Lichte 1998: 45). Indem diese Trennung »den Zuschauern die Position von Voyeuren zugewiesen« habe, sei »[d]ie Fremdheit zwischen dem aus Europa eingeflogenen Beuys, der wie ein einheimischer indianischer Schamane agierte, und dem amerikanischen Publikum [...] vertieft und markiert« (ebd.) worden.[15]

Interessant ist allerdings, dass diese Betonung, wenn Fischer-Lichte ihre Beschreibung der Aktion in *Ästhetik des Performativen* wiederholt, auf ähnliche Weise verschwindet wie Bettina Paust zufolge die Gitterwand in der fotografischen und filmischen Dokumentation der Aktion. In deren »Nachbildern«, so Paust, »wird diese Käfigsituation größtenteils ausgeblendet, indem das Gitter optisch verschwindet und so der Eindruck erweckt wird, als seien die Besucher*innen und in der Folge die Betrachter*innen der Aktionsdokumentation mitten im Geschehen.« (Paust 2019: 29)

Zwar beschreibt Fischer-Lichte die mit dem Gitter gegebene Trennung auch in *Ästhetik des Performativen* weiterhin als »konstitutives Element der Aktion« (Fischer-Lichte 2004: 183). Allerdings fährt sie dort anders fort. Denn in der früheren Version ihrer Beschreibung hatte sie noch konstatiert, dass »die Energieströme, die [...] zwischen Beuys und dem Kojoten zirkulierten« (Fischer-Lichte 1998: 45), das Publikum aufgrund der Trennung nicht erreicht hätten – was sie dort nur mit der in Klammern gesetzten Frage »Oder doch?« (ebd.) relativiert. In der neuen Version findet sich diese Frage hingegen in ihre bejahende Antwort transformiert, und zwar in Form einer Erweiterung, in der Fischer-Lichte ausführlich darlegt, weshalb trotz der Trennung davon auszugehen sei, »daß die Aktion auf die Zuschauer eine ungewöhnliche Wirkung ausübte« (Fischer-Lichte 2004: 183). Diese Erweiterung läuft schließlich auf die These hinaus, dass die Präsenz von Tieren auf besondere Weise auf »die prinzipielle Unverfügbarkeit der Aufführung« (ebd.: 186) aufmerksam mache, d.h. auf jenes Phänomen, welches Fischer-Lichte zufolge aus der leiblichen Ko-Präsenz von AkteurInnen und ZuschauerInnen entsteht. Der Bezug auf *I like America and America likes Me* erfüllt somit in Fischer-Lichtes Diskurs letztlich die Funktion, ihre These von der leiblichen Ko-Präsenz als medialer Bedingung der Aufführung zu bekräftigen.[16]

Gerade hinsichtlich der Frage nach medialen Bedingungen ist es jedoch entscheidend, die Gitterwand nicht auf diese Weise auszublenden. Vielmehr gilt es,

---

15 Dass Fischer-Lichte im hier zitierten, 25 Jahre alten Text weder gendergerechte Sprache verwendet noch eine umstrittene Bezeichnung der Urbevölkerung Amerikas vermeidet, sei hier aus kritischer Perspektive angemerkt.

16 Noch deutlicher wird dies im Zusammenhang weiterer Bezüge auf Beuys' Aktionskunst, die sich in *Ästhetik des Performativen* finden, genauer gesagt der Bezüge auf die 1964 im Rahmen des Festivals der neuen Kunst in Aachen durchgeführte Aktion *Kukei, akopee – Nein!, Braunkreuz, Fettecken, Modellfettecken* (vgl. Fischer-Lichte 2004: 23) sowie *Celtic + ~~~~* von 1971 (vgl. ebd.: 106ff.).

sie als konstitutives Element der Aktion genauer in den Blick zu nehmen und darauf hinzuweisen, dass sie – wie die Fensterscheibe der Galerie Schmela – eben jenes Medium war, welches als zwischen Beuys' und dem Publikum stehendes Mittel deren Verhältnis und die ästhetischen Erfahrungen der Aktion entscheidend prägte.

Dieser mediale Charakter sowohl der Gitterwand als auch der Fensterscheibe wird einerseits an den Einschränkungen deutlich, die mit diesen Barrieren verbunden waren: Die Gitterwand überlagerte den Anblick von Beuys und dem Kojoten durch ein Rautenmuster. Und die Fensterscheibe rahmte Beuys und den toten Hasen nicht nur in visueller Hinsicht. Sie schirmte die beiden sowohl physisch als auch akustisch von den BetrachterInnen ab.[17]

Andererseits hatten diese Medien aber nicht nur einschränkende Wirkung, sondern machten gleichzeitig die jeweils spezifische Weise aus, auf welche die Aktionen den BetrachterInnen über unterschiedliche Sinne zugänglich waren. Hätte bspw. im Fall von *I like America and America likes Me* anstelle der luftdurchlässigen Gitterwand ebenfalls eine Fensterscheibe das Publikum von Beuys und dem Kojoten getrennt, so wäre die Aktion insbesondere in akustischer sowie in olfaktorischer Hinsicht auf eine ganz andere Weise zugänglich gewesen und erfahren worden.[18] Und dass sowohl Gitterwand als auch Fensterscheibe dem Publikum die Aktionen auf jeweils spezifische Weise zu sehen gaben, machte in visueller Hinsicht der theatrale Akt des Vorhang-Aufziehens als Eröffnung des Blicks in die Galerie Schmela und auf Beuys' Aktion besonders deutlich (vgl. Rüger 2015).

In gewisser Weise – apropos Transformationen – schien sich dieser Vorhang dann in *I like America and America likes Me* in die Filzbahnen verwandelt zu haben, die in dieser Aktion zum Einsatz kamen: In sie eingewickelt verhängte Beuys ja, sowohl auf dem Weg vom Flughafen in die Galerie als auch auf dem Weg zurück, nicht nur seinen eigenen Blick auf Amerika wie mit einem Vorhang – in der erklärten Absicht, sich von Amerika isolieren zu wollen (vgl. Goldberg 1979: 97). Er wickelte sich im Laufe seiner Aktion dann auch hinter der Gitterwand wiederholt in diese Filzbahnen ein – um nicht zu sagen: Er verschwand während der Aktion wiederholt in deren Umhüllung.

Wie Fensterscheibe und Gitterwand, so kann dabei auch der Filz als Medium beschrieben werden: Als Umhüllung, in der Beuys' Körper verschwand, vermittelte

---

17 Der Grad der akustischen Abschirmung war dabei offenbar auch von der Distanz der einzelnen BetrachterInnen von der Fensterscheibe abhängig. So schreibt bspw. Martin Müller, dass »die ›Erklärungen‹ von Beuys nur durch die geöffneten Oberlichter hörbar« (Müller 1994: 19) gewesen seien, während es anderen Quellen zufolge unbekannt blieb, ob Beuys tatsächlich zum Hasen gesprochen oder nur die Lippen bewegt hat (vgl. Rüger 2015).

18 Eine olfaktorisch nicht unwesentliche Rolle dürfte dabei das Urinieren des Kojoten während der Aktion gespielt haben (vgl. Goldberg 1979: 97; Fischer-Lichte 1998: 44; dies. 2004: 179; Paust 2019: 30f.).

der Filz gleichzeitig eine Vorstellung von diesem verhüllt-abwesenden Körper. Angenommen es hätte BetrachterInnen gegeben, die der dreitägigen Aktion nur in denjenigen Phasen beigewohnt hätten, in denen Beuys gerade verhüllt war, so hätte der umhüllende Filz ihnen zumindest die Vorstellung vermittelt, dass ein menschlicher Körper darunter verborgen war – wobei sie sich allerdings nicht absolut sicher hätten sein können, ob es sich dabei wirklich um Beuys' Körper handelte.

Um einiges wahrscheinlicher, dass es BetrachterInnen gab, die Beuys tatsächlich gar nicht unverhüllt zu Gesicht bekamen, ist es im Fall von DER CHEF/THE CHIEF. Fluxus-Gesang. Denn in dieser Aktion von 1964 lag Beuys neun Stunden lang in Filz eingerollt zwischen zwei toten Kaninchen und »[trat] nur am Anfang und Ende der Aktion als Person sichtbar in Erscheinung« (Luckow 1998: 61). Was eine Vorstellung von Beuys' Person vermittelte, war also ansonsten allein das verhüllende Medium – der »Filz, an dessen Oberfläche sein Körper in plastischen Konturen sichtbar war« (ebd.).

Ein Ausspielen von (und ein Spiel mit) Unterbrechung, Abwesenheit und Mittelbarkeit wird also bereits mit Blick auf Beuys' räumliche Gestaltung seiner Aktionen und seiner Filz-Verwendungen sehr deutlich. Darüber hinaus zeigt sich dieses Ausspielen aber auch in anderen Hinsichten. So ist im Fall von DER CHEF/THE CHIEF. Fluxus-Gesang noch eine ganz andere, viel weitreichendere Dimension der Unterbrechung, Abwesenheit und Mittelbarkeit im Spiel – oder, in Rebentischs Worten, eine zu einem noch viel größeren Abstand geschärfte Teilung (vgl. Rebentisch 2007).

›DER CHEF‹ und ›THE CHIEF‹

Beuys hatte die Aktion zum ersten Mal in Kopenhagen durchgeführt. Ein weiteres Mal wollte er sie eigentlich mit Robert Morris realisieren, den er im selben Jahr kennengelernt und mit dem sich ein intensiver Austausch entwickelt hatte (vgl. Luckow 1998: 33ff.). Der Plan war dabei, die Aktion »als eine ›auf die Sekunde synchrone‹ Aufführung von Beuys« – sozusagen als ›DER CHEF‹ – »in der Galerie René Block in Berlin und von Morris« – sozusagen als ›THE CHIEF‹ – »in einem Raum im New Yorker Stadtteil Brooklyn« (ebd.: 58) durchzuführen.

Wäre dieser Plan aufgegangen, so wäre also die Weise, auf die Beuys aufgrund seiner Filzverhüllung gewissermaßen von seinem Publikum abwesend war, von einer noch viel abwesenderen Abwesenheit verdoppelt worden. Auch wäre der Abstand dieser Abwesenheit zum Berliner Publikum noch dazu weitaus ›geschärfter‹ gewesen, als es der Abstand des eingerollt-abwesenden Beuys zu diesem Publikum war – ein Abstand, der nicht nur durch Beuys' Verhüllung, sondern auch durch eine Aufteilung von Aktions- und Publikumsbereich in zwei benachbarte Räume der Galerie hergestellt wurde (vgl. Verwoert 2008).

Auch Mittelbarkeit hätte in dieser Dopplung der Aktion eine entscheidende Rolle gespielt, und zwar ebenfalls in einem doppelten Sinne: Zum einen hätte sie dies in Form der Medialität der Mikrofone und Lautsprecher getan, über die aus den Filzrollen heraus die von den beiden Künstlern jeweils erzeugten Geräusche übertragen worden wären, so dass ihre Stimmen also von ihren Körpern getrennt gewesen wären. Zum anderen hätten diese synchron auf beiden Seiten des Atlantiks erzeugten Geräusche auch wie »akustische Zeichen von ›Sender‹ zu ›Empfänger‹ zwischen Berlin und New York« (Luckow 1998: 60) wirken sollen. Luckow erläutert hierzu: »Das ›Sender-Empfänger‹-Motiv thematisierte die elementarste Form von zwischenmenschlicher Vermittlung und Kommunikation, das beide Künstler damals in Texten und Werken aufgriffen.« (Ebd.) Dass das Interesse dabei offenbar insbesondere der Medialität zwischenmenschlicher Kommunikation galt, macht die Aktion unmissverständlich deutlich.

Tatsächlich ging der Plan dieser Aktionsverdopplung jedoch nicht auf. Nur Beuys führte die Aktion in Berlin durch, nicht aber Morris in New York.[19] Allerdings ließe sich behaupten, dass Morris somit in der Aktion auf noch viel konsequentere Weise abwesend war, als er es ohnehin gewesen wäre. Und daran anschließend passt es gut zu erwähnen, dass Morris auch in einer früheren Arbeit, in der Luckow einen Impuls für »[d]as Eingewickeltsein von Beuys in den Filz« (ebd.: 61) sieht, bereits konsequenter abwesend war als Beuys in seiner Filzrolle.

Column

Es handelt sich um Morris' Arbeit *Column*, eine Performance, die er mehreren Quellen zufolge 1961 (vgl. ebd.; Krauss 1977: 201), tatsächlich aber wohl erst 1962 (vgl. Spivey 2003/2004: 123) im New Yorker Living Theatre durchgeführt hatte. Auch die Beschreibungen der Performance in diesen Quellen unterscheiden sich leicht. Aber entscheidend ist, und darin stimmen die Beschreibungen überein, dass in dieser Performance eine quaderförmige Säule – genauer gesagt eine der von Morris' schon 1961 geschaffenen *Two Columns* (vgl. ebd.: 114, 123) – zuerst dreieinhalb Minuten auf der Bühne stand, dann umfiel, und dann dreieinhalb weitere Minuten dort lag. Fertig.

Morris hatte eigentlich geplant, selbst in der Säule versteckt zu sein und von innen her für ihr Umfallen zu sorgen. Aber da er sich beim Proben dieser Aktion am Kopf verletzt hatte (vgl. Luckow 1998: 63), musste er eine andere Lösung finden. Diese bestand dann darin, dass die Säule durch das verborgene Ziehen an einem unauffälligen Faden, der an ihr befestigt war, zu Fall gebracht wurde (vgl. Spivey 2003/2004: 123).

---

19 Zu den möglichen Gründen hierfür vgl. Luckow 1998: 67f.

Wie Morris also in DER CHEF/THE CHIEF. *Fluxus-Gesang* noch abwesender war als eigentlich geplant, so war er dies auch in *Column* – insofern er schließlich nicht nur *in der Säule* abwesend war, sondern sogar in der Säule *abwesend* war. Noch deutlicher als sowohl DER CHEF/THE CHIEF. *Fluxus-Gesang* als auch die eigentlich geplante Durchführung von *Column* zeigt diese ungeplante Abwesenheit, dass Performances keineswegs nur aufgrund einer leiblichen Ko-Präsenz von AkteurInnen und ZuschauerInnen zustande kommen können. Wie sowohl Beuys als auch Morris somit als Impulsgeber eines postspektakulären Theaters beschrieben werden können, so zeigen ihre Arbeiten auch auf besonders deutliche Weise, dass performative Kunst und soziale Distanzierung schon lange vor der Pandemie kein Widerspruch waren.

Vom Wuppertaler Beuys-Performancefestival 2021 und seiner ebenfalls ungeplanten Verlegung in den digitalen Raum kann vor diesem Hintergrund nun abschließend nochmals gesagt werden, dass es die pandemischen Bedingungen produktiv dazu zu nutzen wusste, eben jenes igelhafte Schon-Da-Sein der Vereinbarkeit performativer Kunst und sozialer Distanzierung zu verdeutlichen. Und insbesondere mit Blick auf die medialen Aspekte in Beuys' Aktionskunst besteht Grund zur Vermutung, dass auch er sich mit hoher Wahrscheinlichkeit der digitalen Mittel bedient hätte, die im Rahmen des Festivals zum Einsatz kamen.

Quellenverzeichnis

Aggermann, Lorenz/Döcker, Georg/Siegmund, Gerald (Hg.) (2017): Theater als Dispositiv. Dysfunktion, Fiktion und Wissen in der Ordnung der Aufführung, Frankfurt a.M.: Peter Lang.

Bishop, Claire (2006a): »The Social Turn: Collaboration and its Discontents«, in: Artforum 44/6, S. 178-183.

Bishop, Claire (Hg.) (2006b): Participation, London/Cambridge MA: MIT Press.

Bishop, Claire (2012): Artificial Hells. Participatory Art and the Politics of Spectatorship, London/New York: Verso.

Bourriaud, Nicolas (1998): Esthétique relationnelle, Dijon: Les presses du réel.

Brocchi, Davide (2021): »Ökologie«, in: Timo Skrandies/Bettina Paust (Hg.): Joseph Beuys-Handbuch. Leben – Werk – Wirkung, Stuttgart: J.B. Metzler, S. 463-469.

Debord, Guy (1996): Die Gesellschaft des Spektakels, Berlin: Edition Tiamat.

Eiermann, André (2009): Postspektakuläres Theater – Die Alterität der Aufführung und die Entgrenzung der Künste, Bielefeld: transcript.

Eiermann, André (2015): »A postspectacular perspective on ›relational aesthetics‹ and audience participation«, in: BIT Teatergarasjen (Hg.): Framing a Mirage.

Communicating contemporary art and its values, Bergen: BIT Teatergarasjen & APAP – advancing performing arts project, S. 95-132.

Fischer-Lichte, Erika (1998): »Verwandlung als ästhetische Kategorie. Zur Entwicklung einer neuen Ästhetik des Performativen«, in: dies./Friedemann Kreuder/Isabel Pflug (Hg.): Theater seit den 60er Jahren, Tübingen/Basel: A. Francke, S. 21-91.

Fischer-Lichte, Erika (2004): Ästhetik des Performativen, Frankfurt a.M.: Suhrkamp.

Goldberg, RoseLee (1979): Performance. Live Art 1909 to the Present, New York: Harry N. Abrams.

Gronau, Barbara (2019): »Tier und Tod. Vom Umgang mit Kadavern in der Aktionskunst«, in: Bettina Paust/Laura-Mareen Janssen (Hg.): Das ausgestellte Tier. Lebende und tote Tiere in der zeitgenössischen Kunst, Berlin: Neofelis, S. 89-103.

Haas, Maximilian (2022): »Generalprobe Corona. Pandemie und Klima«, in: Benjamin Wihstutz/Daniele Vecchiato/Mirjam Kreuser (Hg.): #CoronaTheater. Der Wandel der performativen Künste in der Pandemie, Berlin: Theater der Zeit, S. 124-137.

Krauss, Rosalind E. (1977): Passages in Modern Sculpture, New York: The Viking Press.

Luckow, Dirk (1998): Joseph Beuys und die amerikanische Anti Form-Kunst, Berlin: Gebr. Mann.

Müller, Martin (1994): Wie man dem toten Hasen die Bilder erklärt. Schamanismus und Erkenntnis im Werk von Joseph Beuys, Alfter: VDG.

Paust, Bettina (2019): »Joseph Beuys und der Kojote. Wie das lebende Tier in die Kunst kam«, in: dies./Laura-Mareen Janssen (Hg.): Das ausgestellte Tier. Lebende und tote Tiere in der zeitgenössischen Kunst, Berlin: Neofelis, S. 13-35.

Rappmann, Rainer (1984): »Der Soziale Organismus – Ein Kunstwerk«, in: Volker Harlan/Rainer Rappmann/Peter Schata (Hg.): Soziale Plastik. Materialien zu Joseph Beuys, Achberg: Achberger Verlag, S. 7-71.

Rebentisch, Juliane (2007): »Spektakel«, in: Texte zur Kunst 66, https://www.textezurkunst.de/de/66/spektakel/ (letzter Zugriff: 24.02.2023).

Rebentisch, Juliane (2013): Theorien der Gegenwartskunst zur Einführung, Hamburg: Junius.

Rüger, Michael (2015): ZeitZeichen vom 26.11.1965 – Wie man dem toten Hasen die Bilder erklärt [Audiopodcast], Köln: WDR, https://www1.wdr.de/radio/wdr5/sendungen/zeitzeichen/joseph-beuys-toter-hase-104.html (letzter Zugriff: 24.02.2023).

Schröder, Wilhelm (1840): »Dat Wettloopen twischen den Swinegel un den Haasen up de lütje Haide bi Buxtehude«, in: Hannoversches Volksblatt vom 26.04.1840, https://www.literatur-niedersachsen.de/landgang/detailansicht/

dat-wettloopen-twischen-den-swinegel-un-den-haasen-up-de-luetje-haide-bi-buxtehude.html (letzter Zugriff: 24.02.2023).

Spivey, Virginia (2003/2004): »Sites of Subjectivity: Robert Morris, Minimalism, and Dance«, in: Dance Research Journal 35/36, S. 113-130.

Ullrich, Jessica (2021): »Human Animal Studies«, in: Timo Skrandies/Bettina Paust (Hg.): Joseph Beuys-Handbuch. Leben – Werk – Wirkung, Stuttgart: J.B. Metzler, S. 445-451.

Verwoert, Jan (2008): »The Boss: On the Unresolved Question of Authority in Joseph Beuys' Oeuvre and Public Image«, in: e-flux journal 1, https://www.e-flux.com/journal/01/68485/the-boss-on-the-unresolved-question-of-authority-in-joseph-beuys-oeuvre-and-public-image/ (letzter Zugriff: 24.02.2023).

Weiß, Matthias (2021): »Medien«, in: Timo Skrandies/Bettina Paust (Hg.): Joseph Beuys-Handbuch. Leben – Werk – Wirkung, Stuttgart: J.B. Metzler, S. 85-89.

Wihstutz, Benjamin/Hoesch, Benjamin (2020): »Für einen Methodenpluralismus in der Theaterwissenschaft«, in: dies. (Hg.): Neue Methoden der Theaterwissenschaft, Bielefeld: transcript, S. 7-21.

Wihstutz, Benjamin/Vecchiato, Daniele/Kreuser, Mirjam (Hg.) (2022a): #CoronaTheater. Der Wandel der performativen Künste in der Pandemie, Berlin: Theater der Zeit.

Wihstutz, Benjamin/Vecchiato, Daniele/Kreuser, Mirjam (2022b): #CoronaTheater – Einleitung, in: dies. (Hg.): #CoronaTheater. Der Wandel der performativen Künste in der Pandemie, Berlin: Theater der Zeit, S. 7-13.

Ein Haus aus den Knochen von Joseph Beuys

Showcase Beat Le Mot

I.

Das Internet war tot: das gleich vorweg.

Und die Kraftwerke waren tot. Die Hochbahn war schon lange tot. Poesie, der Roman, Malerei, sie waren alle tot und Kunst war tot. Sogar in Großbuchstaben. Theater und Kino waren beide tot. Die Literatur war tot. Das Buch war tot. Modernismus, Postmodernismus, Realismus und Surrealismus waren alle tot. Sogar der tote Hase war nun richtig tot, genauso wie der Coyote tot war. Und die Butter, das Blattgold, der Filz und die Fragen waren tot. Fluxus auch tot.

Jazz war tot, Popmusik, Disco, Rap, klassische Musik und überhaupt das Radio waren tot. Die Vergangenheit war tot. Die Geschichte war tot. Die Demokratie war tot. Kommunismus, Faschismus, Neoliberalismus, Kapitalismus – alle tot, der Marxismus tot, der Feminismus auch. Politische Korrektheit: tot. Der Rassismus war tot. Die Religion war tot. Das Denkmal und die Installation waren genauso tot wie das Denken und die Inkarnation. Die Hoffnung war tot. Wahrheit und Fiktion: beide tot. Die Medien waren tot, das W-Lan verschwunden. Twitter, Instagram, Facebook, Google: tot. Heilung und Wiederverzauberung waren tot. Zaubersprüche und Verwünschungen waren genauso tot wie die *Arkasha Chroniken* nicht mehr zu erreichen waren. Neben dem Klavier lehnt eine Axt.

Die Liebe war tot.

Der Tod war tot.

Sehr vieles war tot.

Manches jedoch war nicht tot oder noch nicht. Viele Untote waren nicht mehr tot, weil sie aus den Filmen herausgestiegen waren und nun quicklebendig herumschlurften. Das Leben war nicht tot. Die Revolution war nicht tot. Die Gleichheit war nicht tot. Der Hass war nicht tot.

Und der Computer? Tot. Das Fernsehen? Tot. Direkte Demokratie und Talkshow-Runden? Toter als tot. Telefone waren tot, Batterien, Akkus: tot. Wie überhaupt der Strom und das Streaming tot waren. Beziehungen waren tot. Das Sexleben war tot. Die Blumen waren tot, tot in ihrem Wasser. Das Laub war rutschig. Und 7.000 Eichen rotteten vor sich hin, weil sie mit nichts mehr verbunden waren.

Der Schamane trifft einen Zauberer, der einen Magier trifft, die alle von Hexen unterrichtet wurden. Denn: Wo bleibt das Weibliche? Die Kalte Kraft? Sie wäre dunkel, feucht, vieldeutig, schwach, nachgiebig, passiv, partizipativ, rund zyklisch, friedfertig, fürsorgend, zusammenziehend, zurückwischend und kalt. Keine weibliche Kraft hat jemals einen Krieg begonnen oder ist abgestürzt. Darum waren Akademien tot, wie Einbäume tot auf dem Rhein trieben. Nur die Butter, das Fett und die Margarine schwimmen oben, auf dem Flusswasser.

Stell Dir vor, Du wirst von den Geistern dieser toten Dinge verfolgt? Stell Dir vor, Du wirst von dem Geist einer Blume oder einer Bienenarbeiterin aus der Honigpumpe verfolgt?

Die Geister selbst waren nicht tot, nicht direkt. Vielmehr kamen folgende Fragen auf:

Sind Geister tot?
Sind Geister tot oder lebendig?
Sind Geister tödlich?

II.

Eure Handys, Euer Internet, Eure Galerien und Akademien, Eure Kuratoren und Biennalen, Eure Flughäfen und Messen. Der Strom, das Essen. Miete und Klamotten und Geld für den Bus und die Bahn. Hör zu, mein Künstler, es freut mich ehrlich, dass Du etwas über Indigene erfahren möchtest. In Büchern, Dokumentarfilmen, Podcasts und in Mediatheken. Verkleide Dich in deinem Hasenpelzmantel. Sende Andy Warhol ein Fax und male ihm eine Zeichnung, von Jungfrauen, Jesus oder Nackedei. Weil Du ein Indigener sein möchtest. Ein Tatare. Das Rudel von Dschingis Khan. Dein schwarzes Telefon klingelt unaufhörlich. Du lernst durch Reden. Du belohnst in der Schule die Kinder, die am meisten reden. Auf Deinen Vernissagen versuchen alle gleichzeitig zu reden. In deiner Arbeit hast Du ständig Besprechungen, in denen jeder jeden unterbricht. Wenn Ihr in einem Raum seid und es herrscht Stille, werden alle nervös, außer Dariusz. Ihr müsst den Raum mit Geräuschen füllen. Mit einer zwölfstündigen Gong Show von Bazon Brock. Wenn der in einem Haus wohnt, heißt er Brockhaus, in 24 Bänden.

Weiße Menschen lieben es zu diskutieren. Sie lassen die andere Person nicht mal den Satz beenden. Sie unterbrechen immer. Für uns Native Americans sieht das nach schlechten Manieren oder sogar Dummheit aus. Wenn Ihr anfangt zu reden, werde ich Euch nicht unterbrechen. Ich werde zuhören. Oder vielleicht aufhören zuzuhören. Ansonsten werde ich einfach schweigen und weggehen.

Die Menschen sollten Ihre Worte als Samen betrachteten. Sie sollten sie säen und sie dann in der Stille wachsen lassen. Unsere Ältesten lehrten uns, dass die Erde immer zu uns spricht, aber wir sollten schweigen, um sie zu hören.

Aus einem fiktiven Brief von Anpetu Waste Win, American Native, an Joseph Beuys, 1971.

III.

Die Sonne verschwindet hinter einem Berg, wie ein Stuhl, der unter einen Tisch geschoben wird.

IV.

Kein Traum: Ich bin auf einem Schiff auf dem Ozean. Bären kommen vorbei und rauchen Zigarren. »Wir haben die Musik«, singen die Bären, »wir haben, wonach Du gesucht hast.«

V.

Als Joseph Beuys in der Tundra abstürzte, waren wir schon in die Städte umgesiedelt. Wir ziehen schon lange von Ort zu Ort, aber das Land zieht mit uns wie Erinnerungen. Ein Tatare gehört zur Stadt, und Städte gehören zur Erde. Kein Prozess, der einer Sache ihre Form gibt, sei es ein chemischer, ein synthetischer, ein technologischer oder sonst irgendein Prozess, macht sein Ergebnis zu etwas anderem als einem Produkt der lebenden Erde. Gebäude, Autobahnen, Autos – entstammen sie denn nicht der Erde? Wurden sie etwa vom Mars oder Mond geliefert? Nur weil sie hergestellt oder verarbeitet wurden oder weil wir sie bedienen? Sind wir denn etwas anderes? Haben wir uns denn nicht auch aus etwas völlig anderem gebildet, Homo Sapiens, Einzeller, kosmischer Staub, unbegreifliche Prä-Urknall-Quantentheorie?

Nichts ist ursprünglich, alles kommt von etwas anderem, das vorher da war und einst nichts war. Alles ist brandneu und dem Untergang geweiht. Wir fahren mit Schwebebahnen, Scootern und Skateboards auf Eisen und Beton. Das Land ist überall und nirgends.

Mit Textsamples aus: *Le Guin, Ursula K. (2020): Am Anfang war der Beutel. Warum uns Fortschritts-Utopien an den Rand des Abgrunds führten und wie Denken in Rundungen die Grundlage für gutes Leben schafft, Klein Jasedow: Drachen 2020. Orange, Tommy (2019): Dort dort, München: Carl Hanser. Smith, Ali (2020): Winter, München: Luchterhand.*

Showcase Beat Le Mot: *Remode Zombie Andy Beuyz* – ein Geistergespräch

Timo Skrandies

»Synthesis fällt aus.«
(Lehmann 1999: 140)

OFF (1): »Was ist die Zeit und was ist die Geschichte eines Gespensts? Gibt es eine Gegenwart des Gespensts? Ordnet es sein Kommen und Gehen gemäß der linearen Abfolge eines Vorher und Nachher, zwischen einer vergangenen und einer zukünftigen Gegenwart, zwischen einer ›realen‹ und einer ›aufgeschobenen Zeit‹? Wenn es so etwas gibt, wie die Spektralität, das Gespenstige, dann gibt es Gründe, diese beruhigende Ordnung der Gegenwart anzuzweifeln, und v.a. die Grenze zwischen der Gegenwart, der aktuellen und präsenten Realität der Gegenwart, und allem, was man ihr gegenüberstellen kann: die Abwesenheit, die Nicht-Präsenz, die Unwirklichkeit, die Inaktualität, die Virtualität oder selbst das Simulakrum im allgemeinen usw. V.a. muß die Gleichzeitigkeit der Gegenwart mit sich selbst bezweifelt werden.«

Andy: Wer spricht?

Beuyz: Wen kümmert's? Was liegt daran?

Andy: Ist es dir denn gar nicht wichtig zu wissen, wer da spricht? Immerhin positioniert man sich ja so. Und: Ob es überhaupt ein Mensch, oder ein anderes Lebewesen oder ein Ding, eine Infrastruktur, ChatGPT, oder auch ein Lebensraum, etwas eher Terrestrisches ist, das sich da ausspricht. Wenn man an die Projekte von Showcase Beat Le Mot denkt, merkt man doch, dass da alles durcheinander spukt: Architektur, Naturraum, Nahrungsmittel, Rituale, Menschen, Technik, Texte, Sounds, Gerüche, eigentlich auch die bio-chemischen, körperlichen Metabolismen, die alles verändern. So heißt es ja auch in ihrem Text *Ein Haus aus den Knochen von Joseph Beuys*, den einer von ihnen während der Festival-Performance 2021 vorgetragen hat und der auch in dem Band *Performance transformieren* abgedruckt ist: Dort wird vieles von dem, was uns umgibt und unserer Identität zuspielt als »tot« deklariert. Aber dann heißt es dort auch: »Stell dir vor, du wirst von den Geistern dieser toten Dinge verfolgt? Stell dir vor, du wirst von dem Geist einer Blume oder einer Bienenarbeiterin aus der Honigpumpe verfolgt? Die Geister selbst waren nicht tot, nicht direkt.« Das ist ziemlich gespenstisch, untot eigentlich, zombie-artig. Als seien wir menschlichen Lebewesen nur so eine Art Durchgangsstation der im Großen und Ganzen nicht-anthropozentrischen Prozesse, Transformationen und Metabolismen. Hier, schau, da heißt es: »Haben wir uns denn nicht auch aus etwas völlig anderem gebildet, Homo Sapiens, Einzeller, kosmischer Staub, unbegreifliche Prä-Urknall-Quantentheorie. Nichts ist ursprünglich, alles kommt von etwas anderem, das vorher da war und einst nichts war. Alles ist brandneu und dem Untergang geweiht. Wir fahren mit Schwebebahnen, Scootern und Skateboards auf Eisen und Beton. Das Land ist überall und nirgends.« Was uns als Menschen bedingt, scheint jedenfalls etwas Un-menschliches zu sein. Bei Showcase öffnet sich der theatrale Raum hin zu einer post-anthropozentrischen Landschaft. Ja, da der Begriff der ›Landschaft‹ historisch immer auch verknüpft war mit einer subjektzentrierten und irgendwie machtvollen Blickperspektive, müsste man vielleicht etwas paradox formulieren: Showcase bieten multimodale und polyfokale Landschaften an.

OFF (2): »Landschaften aus Stein, Landschaften aus Wasser – beide poetischen und theatralischen Dispositionen sprechen vom Zustand einer post-humanistischen Realität. Beide stellen, mit unterschiedlichen Akzenten, den Menschen als Identität in Frage; Müller könnte sagen: ›In jeder Landschaft ist das Ich kollektiv.‹ Und beide weisen auf die Notwendigkeit eines Theaters hin, das jenseits des Modells der anthropozentrischen Ideologie liegt. Das gilt es zu lernen. Und es ist zu entwickeln – in unvorhersehbaren postdramatischen Konfigurationen.«

Andy: Aber was soll das alles bedeuten? Das würde ich schon gerne wissen.

Beuyz: Was meinst du: »bedeuten«? Das bedeutet doch nichts, wir sprechen hier von Performance-Kunst und postdramatischem Theater. Wenn überhaupt, entsteht die Bedeutung ja kontinuierlich, indem Etwas als Etwas passiert, also: Es geschieht.

Andy: Das ist mir zu wenig! Oder vielmehr: Zu generell. Zu sagen, dass das ›geschieht‹, erklärt ja noch nichts. Denn das Performativum gilt doch dann wohl für Alles und wir könnten dann nicht mehr zwischen Kunst und Leben unterscheiden. Oder zumindest gerät sie aus den Fugen und dieses Theater wird post-anthropozentrisch. Ich möchte aber wissen, was mir diese Aufführung sagen wollte.

Beuyz: Es war ja gar keine Aufführung.

Andy: Nicht?

Beuyz: Nein.

Andy: Erzähl!

Beuyz: Nun ja, gerne, aber es ist etwas kompliziert, du weißt es, denn du warst ja selber auch dort und hast es eben schon gesagt: Da sind ganz verschiedene Dynamiken, Handlungen, Räume, Infrastrukturen, die ineinandergreifen und nicht so leicht auseinanderzuhalten sind.

Andy: Dann fang doch einfach am Anfang an.

Beuyz: Der ›Anfang‹ ist ja schon das erste Problem (*lacht*). Wann, wie und wo fängt etwas an, wird produziert, wenn es nicht mehr – oder jedenfalls nicht mehr nur – als ›Aufführung‹ gedacht oder gemacht ist? Man müsste mal überlegen, inwiefern man das als einen Prozess sozialer Plastik beschreiben könnte. So wie Beuys das gedacht und gemacht hat: Verschiedenartige Parallelprozesse an unterschiedlichen Orten bilden Transformationen und Verknüpfungen dieser Orte und ihrer Akteure. Deren netzwerkartige Verdichtung kann eigentlich als ein ›plastischer‹ Prozess verstanden werden.

OFF (3): »Produktion lässt sich so weder ausgehend von einem Anfangspunkt (im Sinne von Ursache und Wirkung) noch in Bezug auf einen feststehenden Endpunkt (im Sinne eines fertigen Produkts) denken, sondern als andauerndes Werden. Damit einhergehend werden Produktionsprozesse nicht notwendig bzw. ausschließlich intentional, und nicht nur von Subjekten, in Gang gesetzt, sondern von verschiedenen (menschlichen wie nicht-menschlichen) Akteuren und deren spezifischen Intraaktionen.«

Andy: Das leuchtet mir ein. Ein, z.B., werkästhetischer Blick auf eine Theater- oder Tanz-Aufführung bleibt weiterhin möglich, wird aber eingebettet in diesen erweiterten Produktionsbegriff. Das ist eine Perspektive, die, finde ich, auch der künstlerischen Praxis entspricht. Was Showcase Beat Le Mot bei dem Beuys-Performancefestival gemacht haben: Prozesse anstoßen, Veränderungen vornehmen und geschehen lassen. Möhren schneiden, eine Zigarette rauchen, den Raum wechseln, essen, Personen in Kisten steigen lassen, sie herumschieben und an anderer Stelle wieder aussteigen lassen usw.

Beuyz: Es geht halt nicht mehr nur darum, *was Etwas ist* – z.B. als künstlerisches Werk –, sondern nun gerät auch in den Blick, *wie es dieses Etwas wird*. Die Vorbereitungen, die Technik, die Proben, die medialen Formen, die Dinge, die institutionellen Bedingungen usw. bilden zusammen ein sehr kompliziertes Netzwerk. Daher ja dieses Problem mit dem ›Anfang‹: Wie legen wir fest, wo, wie und wann jeweils die ersten Verknüpfungen begannen? Nimm für unseren Fall z.B. diesen Typ, der dort am Nachmittag mit einem geschienten Bein und auf Krücken orientierungslos durch die Räume und Etagen des alten Fabrikgebäudes in Wuppertal-Barmen unterwegs war und zufällig auf die Männer von Showcase trifft. Er fragt sie nach dem Weg. Denn eigentlich sucht er die technische Schaltzentrale des Beuys-Performancefestivals. Diese gab es, ausgestattet mit zahlreichen Monitoren, Computern, Kameras, Mikrofonen, Kabeln, digitalen Anzeigen usw., weil das Festival wegen der pandemiebedingten Quarantäne v.a. in den virtuellen Raum des Internets übertragen wurde. Von diesem Schaltraum aus wurde kontrolliert, was vom Festival sichtbar werden sollte – und wie dies zu geschehen hatte, mit welcher Rhythmik, Dauer, Zeitstruktur und in welcher Intensität, in welcher leiblichen Nähe und inwiefern dokumentarisch. Mit einer organischen Metapher könnte man sagen: Der Technikraum war zugleich Gehirn, Herz und Organsystem des Festivals. Denn hiervon ausgehend (und wie gesagt: auch hierhin zurückkehrend) verlief die technische Infrastruktur – also wiederum Kabel, Aufnahme- und Ausgabegeräte, immaterielle Funksignale – kreuz und quer durch das mehrstöckige und verzweigte Gefüge der Fabrikräume. Gebäude, technische Infrastruktur, mediale Formate und die Handlungen der Menschen gingen ineinander über, oder waren zumindest stets aufeinander bezogen und angewiesen. So gesehen erinnert es an den Grundgedanken der Beuysschen *Honigpumpe am Arbeitsplatz*.

Andy: Verstehe. Du denkst das in die digitalen Räume übertragene und das präsentische Festival gar nicht als, sagen wir, Festivals erster und zweiter Realität. Es sind wohl eher Verfestigungen und Übersetzungen einer einzigen komplexen Situation oder Existenzweise mit stets offenen Enden, die Anschluss bieten. Beuys hatte das auf der *documenta 6* (1977) ähnlich angelegt. Während die *Honigpumpe* Material transformierte und transportierte, im Schema eines menschlichen Körpers, verliefen die Schläuche aber auch hinein in andere Gebäudeteile, wo als Pop-Up-Akademie die *Free International University* (FIU) tagte und über politische Themen wie den *Erweiterten Kunstbegriff* oder die *Soziale Plastik* diskutierte. Die materiellen Metabolismen der Honigpumpe wurden auf diese Weise übersetzbar in die sozialen und ästhetischen Metabolismen der Diskussionen in der FIU, und *vice versa*. Nur: Ich sehe bei Showcase Beat Le Mot nicht dieses große Meta-Konzept einer gesellschaftlichen Transformation usw. Sie sind ja keine Epigonen von Beuys.

Beuyz: Nein, sind sie nicht. Es ist ein ›remode‹-Modus, Joseph Beuys wird neu codiert, modifiziert, durchgearbeitet, umgemodelt. Wie auch immer, um diese Sache mit dem fraglichen Anfang abzuschließen: Die Männer, die dem Mann auf

Krücken begegneten (waren es überhaupt die von Showcase?), kannten den Weg auch nicht. Nun: Gehört diese Szene, mit ihrem nachmittäglichen Licht, mit der surrenden Technik und ihrem zufälligen, fast surrealen Charakter schon zum Stück, das den Titel trägt *Remode Zombie Andy Beuyz*? Das Stück, das nie nur ein einziges Stück gewesen ist, sondern zweimal aufgeführt wurde ...

Andy: Du sagst »aufgeführt« ...

Beuyz: Ja, verzeih, ich habe irgendwie kein anderes Wort; sollte ich sagen: »performed« wurde? Aber das führte uns wieder zum Anfang zurück. Unsere Schwierigkeit zu sagen, was das für Handlungen und Ereignisse sind, welchen ontologischen Modus sie haben, hat doch vielleicht irgendwie damit zu tun, dass wir das alles nicht mehr einfach nur betrachten und uns ›dazu‹ unsere Empfindungen und Gedanken machen. Es ist so ein Fort-Da-Spiel: Wir sind dabei, mittendrin, und doch gibt es zugleich diese Distanzerfahrung einer ästhetischen Situation.

OFF (4): »Postdramatisches Theater ist *Theater des Präsens*. [...] heißt vor allem: es als Prozeß, als Verbum denken. Es kann nicht Objekt, Substanz sein, nicht Gegenstand denkender Erkenntnis im Sinne einer durch Einbildungskraft und vollbrachten Synthesis. [...] Dieses Präsens ist nicht ein verdinglichter Jetztpunkt auf einer Linie der Zeit, sondern als ein unaufhörliches Schwinden dieses Punkts schon Übergang und zugleich Zäsur zwischen dem Vergangenen und Kommenden. *Präsens ist notwendig Aushöhlung und Entgleiten der Präsenz*. [...] Präsens in diesem Sinne einer schwebenden, schwindenden Anwesenheit, die zugleich als ›Fort‹, Abwesen, als Schon-Weggehen in die Erfahrung tritt, streicht im postdramatischen Theater die dramatische Repräsentation durch.«

Beuyz: Hast du das auch gehört? Da war schon wieder so eine Stimme.

Andy: Ja, du bildest es dir nicht ein – hab's auch gehört. Weiß nicht, wer oder was das war. Ein bisschen gespenstisch das Ganze.

Beuyz: Stimmt – und ich glaube, dass das, was hier jetzt gerade mit diesen zu uns sprechenden Stimmen geschieht, genau das ist, was ich schon die ganze Zeit zu sagen versuche: Was Showcase Beat Le Mot an den beiden Abenden während des Wuppertaler Performancefestivals gemacht haben – und was wir alle dort zusammen gemacht haben, zusammen mit ihnen, mit dem Gebäude, auch mit und in den medialen Übertragungen, mit unseren riechenden, schmeckenden, verdauenden Körpern – was dort also alles geschehen ist, was sich realisiert, verändert, transformiert, metabolisiert hat, das war sowohl präsentisch dort, vor Ort, als auch, unentscheidbar und ununterscheidbar in die Präsenz eingelassen, räumlich entrückt von ›dort‹. Und es war auch zeitlich sowohl ein auratisches Ereignis eines dortigen und damaligen Jetzt, einer eigenen Gegenwart – es wurde gekocht, gerührt, abgeschmeckt, geraucht, vorgelesen, Musik gemacht, Kisten durch die Räume gerollt, Metallstäbe gehalten und bewegt usw. —, als auch hat das alles – um es paradox zu sagen: zugleich – in eigenen, mit der Gegenwart unverfugten Zeiten stattgefunden.

Andy: Du meinst die Materialzeiten der Speisen, das Verdampfen des Zigarettenrauchs, die Verdauung durch die Körper, die Zeiten der Dunkelheit in den Flightcases, die medialen Übertragungen ins Netz, der verlesene Text *Ein Haus aus den Knochen von Joseph Beuys*, die Prozession, die Rituale mit den Metallstäben, die Sounds, die anderen Leute, die ja auch immer mit irgendwas beschäftigt waren und sich bewegten.

OFF (5): »Wenn Wahrnehmung immer schon *dialogisch* funktioniert, indem die Sinne auf Angebote und Ansprüche der Umwelt *antworten*, zugleich aber auch eine Disposition dafür aufweisen, das Mannigfaltige allererst zu einer Wahrnehmungstextur zusammenzufügen, es also als Einheit konstituieren, so bieten ästhetische Praxisformen die Chance, diese synthetisierende, leibliche Aktivität sinnlicher Erfahrung gerade auf dem Weg ihrer gezielten Erschwerung zu intensivieren und als Suche, Enttäuschung, Entzug und Wiederfinden bewußt werden zu lassen.«

Beuyz: Genau so ist es mir gegangen. Wie auch schon die erste Stimme aus dem Off es eben sagte: Die Ereignisse entrücken sich gegenseitig und werden einander gespenstisch, geraten aus den Fugen. Und gerade dadurch – habe ich jetzt den Eindruck – intensivieren sich Sinneseindrücke, Empfindungen; und auch so eine Art nachdenkliche Erfahrungsweise wird nachhaltiger, fängt an, mich zu begleiten.

Andy: Und vergiss das Körperlich-Leibliche nicht: Wir haben fantastisch gegessen an den Abenden. Es hat so gut geschmeckt! Besonders beeindruckt hat mich die Gelassenheit, Umsicht und Ruhe, mit der die Mahlzeiten zubereitet waren. Während des Essens dann war es so, als nähmen wir nicht nur das Zubereitete, sondern auch diese Art der Zubereitung in uns auf.

Beuyz: Ja, wir haben das Werk aufgegessen, zum Teil, wir sind Zombies.

OFF (6): »*Post-anthropozentrisches Theater* wäre ein treffender Name für eine bedeutende, freilich nicht die einzige Gestalt, die postdramatisches Theater annehmen kann. […] Es sind ästhetische Figurationen, die utopisch auf eine Alternative zum anthropozentrischen Ideal der Naturunterjochung hinweisen. Wenn die Menschenkörper gleichberechtigt mit Sachen, Tieren und Energielinien in eine einzige Wirklichkeit sich fügen [...], macht Theater eine andere Realität als die des naturbeherrschenden Menschen vorstellbar.«

Zitatnachweise aus dem Off
Off 1: Derrida 1995: 69f.
Off 2: Lehmann 2022.
Off 3: Weisheit 2021: 466.
Off 4: Lehmann 1999: 259f.
Off 5: Lehmann 1999: 144.
Off 6: Lehmann 1999: 137f.

Quellenverzeichnis

Derrida, Jacques (1995): Marx' Gespenster. Der verschuldete Staat, die Trauerarbeit und die neue Internationale, Frankfurt a.M.: Fischer.
Lehmann, Hans-Thies (1999): Postdramatisches Theater, Frankfurt a.M.: Verlag der Autoren.
Lehmann, Hans-Thies (2022): »Das Wasser, die Steine«, tanz.dance vom 27.02.2022, https://tanz.dance/das-wasser-die-steine-premium/ (letzter Zugriff: 29.03.2023).
Weisheit, Katharina (2021): Tanz in Produktion. Verdichten. Transformieren. Institutionalisieren, München: epodium.

Mit anderen Augen sehen: Die immersive Videoinstallation *Feast of Food* von Rimini Protokoll

Barbara Gronau und Bettina Paust im Gespräch

Zur Videoinstallation und ihrer Präsentation

Rimini Protokoll nahmen die lukullischen Ausschweifungen in den ländlichen Szenerien der Gemälde des Künstlers Pieter Bruegel d. Ä., wie Schlaraffenland *(um 1567) oder* Bauernhochzeit *(1568), zum Anlass, nachzuforschen, wie industrielle Landwirtschaft und Lebensmittelproduktion das heutige ›ländliche Leben‹ prägen und welche Folgen damit verbunden sind. In der Betrachtung von High-Tech-Agrarindustrien, zu denen sich inzwischen auch zahlreiche familienbetriebene Bauernhöfe entwickelt haben, und deren auf Profitmaximierung ausgerichtete ›Tierproduktion‹, greift der Aphorismus von Joseph Beuys, dass sich das Tier für den Menschen geopfert habe. Seit den 1960er Jahren plädierte Beuys für einen würde- und respektvollen Umgang mit Tieren – durchaus auch als menschliche Nahrungslieferanten – und entwarf das Projekt* einer Partei für Tiere *(1966).*

Rimini Protokoll führt uns mit ihrer Installation vor Augen, wie das Lebewesen Tier in der industriellen Landwirtschaft zur Massenware wird, wie Obst und Gemüse in riesigen Gewächshäusern massenweise produziert und wie in Supermärkten und Discountern diese Lebensmittel als Dumpingangebote verhökert werden. Wie einst Joseph Beuys in den 1970er und 1980er Jahren, sensibilisiert Rimini Protokoll mit dieser Arbeit vor dem aktuellen Hintergrund der globalen Klimakrise nicht nur für ein Aufbrechen der Hybris des Menschen über das Tier, sondern plädiert für einen fairen und respektvollen Umgang mit nicht-menschlichen Lebewesen sowie der gesamten Natur. Unsere Nahrungsgewohnheiten spielen dabei eine zentrale Rolle, denn sie bestimmen weltweit die Nachfrage nach tierischen und pflanzlichen Lebensmitteln.

In der Videoinstallation werden die ZuschauerInnen wie in den Gemälden Bruegels mit einem komplexen Spektakel aus Gesten und Beziehungen konfrontiert und können via Head-Mounted-Displays fünf immersive Reisen zu fünf verschiedenen Orten der Lebensmittelproduktion unternehmen. Im Zentrum der Galerie Kunstkomplex von Nicole Bardohl, wo die immersive Videoinstallation Feast of Food *von Rimini Protokoll am 4. und 5. Juni 2021 auch in Präsenz zu erleben war, stand ein mit einer Tischdecke versehener und von fünf Drehstühlen flankierter Tisch. In die Leinentischdecke sind kunstvoll fünf Tischgedecke gestickt, die zugleich die Platzierung der fünf VR-Brillen markieren. Jedes der Gedecke ist einem Thema industrieller Lebensmittelproduktion gewidmet.*

In der Woche des Performancefestivals lockerten sich zwar die restriktiven Corona-Verordnungen, doch war die Zurückhaltung der BesucherInnen noch sehr groß, Orte der Kunst zu besuchen. Im Gegensatz zu anderen Arbeiten des Festivals, war es jedoch nicht möglich, die Videoinstallation in ein digitales Format zu überführen, das ein ähnliches Erleben wie die Betrachtung durch die VR-Brillen ermöglicht. Deshalb begaben sich Barbara Gronau und Bettina Paust in die Galerie Kunstkomplex und schilderten sich gegenseitig ihre virtuellen Reiserlebnisse. Es folgte ein Gespräch über die Installation und über ihre sehr individuellen Wahrnehmungen bei der Betrachtung. Ein Zusammenschnitt dieses Zwiegesprächs, durchsetzt mit Sequenzen, in denen sich Gronau und Paust – jeweils mit einer VR-Brille versehen – inmitten unterschiedlicher Szenarien befanden, wurde während des Festivals mehrfach gesendet. Die ZuschauerInnen erlebten so am Bildschirm, wie die beiden Installations-Besucherinnen – am Tisch sitzend, sich bewegend, umherschauend und -drehend und weit ausladend gestikulierend – selbst zu AkteurInnen auf der ersten BetrachterInnenebene wurden. Denn das Erleben des Geschehens über die VR-Brille fordert förmlich die Bewegung der Betrachtenden heraus, da sie auf der virtuellen Ebene der Choreografie der Displays folgen. Die Kameraführung und die Positionierung der Betrachtenden in den Displays – meist von erhöhtem Standpunkt aus – führen Regie und motivieren zu Bewegungen, wie dem Drehen des gesamten Körpers auf dem Drehstuhl, dem Senken oder Heben des Kopfes oder dem Gestikulieren mit den Händen.

 Normalerweise bleibt beim Erleben der Installation Feast of Food *jede/r Besuchende in ihrer/seiner individuellen Betrachtung für sich. Durch das Moment des gegenseitigen Erzählens des jeweilig virtuell Erlebten jedoch haben Barbara Gronau und Bettina Paust eine weitere Wahrnehmungsebene eröffnet.*

(Bettina Paust)

Barbara Gronau: Wir haben jetzt fünf verschiedene Filme gesehen, die gemeinsam eine sog. VR- oder immersive Installation von Rimini Protokoll bilden. Rimini Protokoll ist ja eigentlich ein Theater-Label, das sich im Jahr 2000 aus Studierenden bzw. AbsolventInnen der angewandten Theaterwissenschaft in Gießen gegründet hat. Von Beginn an haben sie sehr stark an der Befragung des konventionellen Theaterbegriffs gearbeitet, z.B. durch die Arbeit mit nicht-professionellen DarstellerInnen, also Personen, die aufgrund ihrer beruflichen Expertise oder existentiellen Erfahrungen auf der Bühne stehen. In den jüngeren Arbeiten geht es meistens darum, mit Hilfe von technischen Settings den Schnittstellen von urbaner oder erlebter und digitaler Realität als neuen Formen der Bühnenrealität nachzugehen. Bei *Remote-X* macht sich bspw. das Publikum auf den Weg durch die Stadt und wird dabei über Stimmen aus Kopfhörern zu Bewegungen und Aktionen angehalten. Dieses Switchen zwischen verschiedenen Ebenen von Realität ist hochkomplex. Bei *Feast of Food* haben wir ein Setting, in dem wir fest an einem Tisch sitzen, auf eine kunstvoll bestickte Tischdecke blicken und mithilfe einer VR-Technik in völlig andere Räume eintauchen. Nicht immer war uns ganz klar, wo sich diese eigentlich befinden, obwohl das hier auf der Tischdecke als Information dazugegeben wird. Inwiefern ist dieser virtuelle Raum auch ein performativer oder Theaterraum?

Bettina Paust: Ja, ich glaube – wie du es schon beschrieben hast –, dass man die Arbeit *Feast of Food* nicht in Kategorien pressen kann und ich weiß auch gar nicht, ob man sich die Frage nach der Einordnung in ein Setting hier überhaupt stellen sollte. Ich werde an jedem der Tischplätze durch die VR-Brillen-Sicht in eine andere Welt versetzt. Das werde ich im Theater auch, aber da muss ich natürlich noch eine ganz andere Eigenleistung mitbringen. Hier werden wir als die Betrachtenden selbst zu AkteurInnen des Performativen. Was wir beide jetzt nicht sehen konnten, was nur die Außenstehenden sehen können, ist, wie wir uns am Tisch während des Betrachtens bewegt haben. Wir haben uns durch die VR-Brille in diesem, für uns virtuellen Raum, der jedoch ein realer Raum ist, bewegt. Ich habe das zunächst nicht verstanden, erst als du gesagt hast: »Dreh dich doch mal um.« Das war mir gar nicht klar, dass ich den virtuellen Raum in einer 360 Grad-Übersicht erkunden kann. Ich war zunächst so fixiert auf die Einansichtigkeit. Und da sind wir natürlich wieder beim traditionellen Theaterraum. Also, ich glaube, es mischt sich hier alles.

Gronau: Die von uns benutzten Drehstühle gehören zu dem Setting, weil es dadurch möglich ist, sich im virtuellen Raum wie in einem 360 Grad-Panorama zu bewegen. Zugleich haben wir uns während des Eintauchens in die Räume der Lebensmittelproduktion miteinander unterhalten und wurden dadurch Performerinnen und Zuschauende zugleich.

Zwischenszene:
Gronau [schaut durch VR-Brille]: Oh, ich sehen eine riesige geschlachtete Rinderhälfte, die an einem Haken aufgehängt durch die Halle auf mich zufährt. Da hinten rechts kommt noch eine neue an. Wahrscheinlich ist das Schlachthaus auf der rechten Seite und hier ist die Halle des Zerlegens in kleinere Teile.

Zwischenszene:
Paust [schaut durch VR-Brille]: Barbara, bist du schon in deiner neuen Welt?

Gronau [schaut durch VR-Brille]: Genau, ich bin in einer Fabrik und ich sitze an einem blauen Fließband einer ungefähr zwanzigjährigen Frau gegenüber, die ein Haarnetz und Schutzbrille trägt, in Viererreihen Kartoffelchips-Tüten ganz schnell und gewandt in einen Pappkarton bringt. Sie macht das ziemlich gelangweilt, schaut da gar nicht mehr richtig hin, sondern lässt die fertigen Tüten nur reinspringen in den Karton. Das ist beeindruckend routiniert als Tätigkeit. Ich glaube, ich befinde mich in Deutschland, denn hier ist eine deutsche Aufschrift, die sagt: »Vorsicht, nicht mit den Händen zwischen die Bänder fassen«.

Paust [schaut durch VR-Brille]: Ich befinde mich auf einem Förderband und vor mir liegen schon zerschnittene Tierteile. Also, das muss ich sagen, das geht schon im wahrsten Sinne des Wortes an die Nieren. Vor mich werden weitere zerkleinerte Fleischstücke von Tieren geworfen. Links und rechts des Förderbands, auf dem ich mich befinde, arbeiten Männer in weißen Schutzkleidungen im Akkord. Sie zerlegen ganze Tiere und werfen die Fleischstücke auf dieses Band. Also, ich befinde mich wirklich mitten in einer Fleischfabrik auf einem Förderband und werde zum nächsten Verarbeitungsschritt weitertransportiert.

Gronau [schaut durch VR-Brille]: Hast du irgendwo Abfälle, die du sehen kannst?

Paust [schaut durch VR-Brille]: Ja, ich sehe – ach so, ja stimmt, ich muss mich mal umdrehen – vor und hinter mir nur rohes Fleisch. Ich bin selbst ein Stück Fleisch. Ich bin ein Stück Fleisch auf diesem Förderband. Und das Fleisch vor mir bewegt sich noch.

Gronau: Zur Beschreibung der Arbeiten von Rimini Protokoll gehört ja immer die Kritik an traditionellen Theatervorstellungen, denn da gibt es keine Rollenfiguren und da fühlt sich niemand ein und wird Hamlet oder was auch immer. In *Feast of Food* taucht aber wieder etwas auf, das an die alte Zauberkunst des Theaters erinnert: die Illusion und das Eintauchen. Du hast gerade gesagt: »Wow, ich bin verloren.« Das spiegelt unser Gefühl, Teil der Situation zu sein und diesen Bildern in gewisser Weise aufgeliefert zu werden. Mit Prinzipien der Immersion kommen illusionäre Techniken wieder zurück in die künstlerische Praxis, die als Verblendungszusammenhang diskreditiert waren und das ist eine interessante Wendung.

Paust: Ja, die Art und Weise, wie der Betrachtende – in diesem Falle wir beide – uns durch die Szenerien bewegen, durchgängig orientierungslos und im wahrsten Sinne des Wortes bodenlos. Denn uns wird nicht vermittelt, dass wir auf dem Boden stehen, wir sind immer in einer irgendwie erhöhten Situation, bewegen uns langsam durch einen virtuellen Raum und betrachten das Geschehen von oben. Und dennoch tauchen wir ein, teilweise wird auf uns reagiert, teilweise überhaupt nicht. Also, wir changieren – obwohl wir nur Betrachtende sind –

letztendlich zwischen der Rolle eines/r HauptakteursIn und eines/r unbemerkten BetrachtersIn.

Gronau: Genau, beim Aufsetzen der Head-Mounted Displays synchronisiert sich unser Blick automatisch mit dem der filmenden Kamera. In den Momenten, wo die Menschen in den Räumen auf die Kamera reagieren, also direkt in sie hineinschauen oder ihr ausweichen, werden wir als BeobachterInnen adressiert und merken, dass wir hier auch eine Rolle spielen, selbst wenn wir sie uns gar nicht ausgesucht haben. Immersion meint ja eigentlich »Eintauchen« und geht auf die religiöse Praxis des Eintauchens bei der Taufe zurück. Sie zielt nicht nur ab auf Versenkung, sondern auch auf Transformation und meint eine Praxis, in der der Körper sozusagen voll und ganz den Boden verliert, wie du es beschrieben hast. Wenn wir uns nicht miteinander unterhalten hätten, wären wir wohl noch einsamer in der BeobachterInnensituation gewesen.

Paust: Ich frage mich auch, was das mit uns gemacht hat, dass wir uns gegenseitig erzählt haben, was wir sehen, was wir erleben. Und es ist ja auch so, dass wir beide alle fünf virtuellen Räume durchlebt haben und uns trotzdem noch was zu erzählen haben. Du hast Dinge entdeckt, die ich nicht gesehen habe. Du hast manches auch anders empfunden als ich und auch verbal anders formuliert. Ich fand, dass man auf der einen Seite – im Wortsinn – total eintaucht und eingetaucht wird, obwohl unsere Körper hier im Raum auf den Drehstühlen am Tisch ›arretiert‹ sind. Auf der anderen Seite kam für mich durch das unmittelbare Gespräch mit dir und das sich gegenseitig Erzählen, wo wir gerade auf unseren virtuellen Reisen sind, nochmal eine neue Ebene hinzu, die für mich das Erleben ›in der Brille‹, in den virtuellen Räumen, deutlich intensiviert hat.

Zwischenszene:
Gronau [schaut durch VR-Brille]: Ah, ich bin hier bei einer riesigen, automatischen Spülmaschine mit den Dimensionen eines Kleiderschranks und da kommt im Minutentakt das Geschirr angefahren.

Gronau: Durch das gegenseitige Erzählen haben wir eine Ekphrasis, also eine Bildbeschreibung vorgenommen, die uns hilft zu verstehen, was wir sehen. In den meisten Immersionsarbeiten gibt es keine Kommentarebene. Durch das Aussprechen haben wir uns selbst dazu in ein Verhältnis gesetzt.

Paust: Die Räume von *Feast of Food* sind so beeindruckend und es ergreift einen wirklich ganz tief, was man in den einzelnen Räumen erlebt. Deshalb bezweifle ich, ob man das Gesehene und ›Erlebte‹ überhaupt für sich behalten kann.

Gronau: ... vielleicht will man das auch gar nicht. Wir können ja noch einmal über den Titel *Feast of Food* sprechen, den wir mit »Fest des Essens« oder der »Fest der Speisen« oder schlicht mit »Das Festessen« übersetzen könnten. Wir sitzen ja auch an einem Tisch mit einzelnen ›Menüs‹: ein Fischmenü, ein Fleischmenü, ein Gemüsemenü.

Paust: ... und mit einer wunderschönen Leinentischdecke und aufgesticktem Geschirr, wie sich das auch gehört für einen schön gedeckten Tisch eines Festmahls.

Gronau: Genau. Und die Frage ist: Wie viel von diesem Überfluss, von dem Festmahl, sehen wir überhaupt? Also, eigenartig ist ja: Du hast ganz oft gesagt: »Hier ist doch gar kein Essen, ich sehe überhaupt keins, ich weiß gar nicht, was ich da sehe.«

Paust: Naja, wenn ich Festessen höre, da kommen natürlich viele Bilder in meinen Kopf, die ich aber nur mit einem der fünf Settings in Verbindung bringen würde, und zwar dem in der großen Fischhalle. Ich kenne es so, dass man Austern und Meerestiere meist nur zu besonderen Anlässen isst. Alle anderen Lebensmittelproduktionen würde ich in keinster Weise mit einem Festessen in Verbindung bringen. Würdest du eine Chipstüte auf den Tisch legen, wenn du ein Festessen veranstaltest?

Gronau: Nein. Aber was natürlich zum Festessen gehört, ist die Menge. Auch bei Pieter Bruegel geht es ja um den Moment des Überflusses. Am stärksten war dieser Eindruck bei dem industriellen Gemüseanbau in Spanien, da wissen wir nicht mal, welche Pflanzen in den riesigen Gewächshäusern wachsen.

Paust: Das stimmt, die sehen wir gar nicht. Aber ich würde Festmahl eher in die andere Richtung denken, nämlich: Ich habe Lebensmittel, von denen ich im günstigsten Fall weiß, woher sie kommen, die eben gerade nicht massenweise produziert und verarbeitet werden.

Gronau: Die etwas Besonderes sind?

Paust: Genau, die etwas Besonderes sind. Nicht unbedingt, weil sie teuer sind, sondern weil es vielleicht eine alte Gemüsesorte ist oder ein entsprechend aufgezogenes Hähnchen. Festessen ist für mich hier eine Art Gegenbegriff zu dem, was wir in der Videoinstallation erleben.

Gronau: Dann wäre der Titel ein ironischer Verweis auf den Gegenstand?

Paust: Ich weiß gar nicht, ob ›ironisch‹ hier zutreffend ist. Es ist eher der Anstoß dazu, sich über die Herkunft, den Anbau und die Verarbeitung unserer Lebensmittel Gedanken zu machen und was das wiederum für Auswirkungen auf unser Konsum- und Essverhalten hat – bzw. umgekehrt.

Gronau: Ich denke, in der Menge, in der uns diese verarbeiteten Lebensmittel plötzlich entgegenkommen, verstehen wir nochmal, was es im 21. Jahrhundert heißt, Nahrung zu sich zu nehmen. Die kommt aus riesigen Gewächshäusern, wird transportiert und in großen Markthallen, Supermärkten oder Discountern weiterverkauft. Aus dieser überbordenden Menge von Lebensmitteln kann man nochmal Rückschlüsse ziehen, für wie viele Millionen Essende das jeweils produziert wird.

Paust: Genau, und wer hat überhaupt Zugang zu diesen Lebensmitteln? Das ist vielleicht eine gute Überleitung zu der Frage, die wir uns auch im Vorfeld als Kuratorinnen dieses Beuys-Performancefestivals in Wuppertal gestellt haben: Warum haben wir Rimini Protokoll gerade um diese Arbeit gebeten? Du hast es gerade beschrieben: Einmal diese – jedenfalls in der westlichen Welt – überbordende Verfügbarkeit von Lebensmitteln, und auf der anderen Seite die Art und Weise – und das erleben wir ja hier –, wie Lebensmittel produziert werden. Allein durch die Tatsache, darüber zu reden, wie Fleisch ›produziert‹ wird, sind wir natürlich bei Joseph Beuys und bei dem, was er mit seiner Kunst u.a. deutlich machen wollte. Beuys wollte, dass – und wir gehen jetzt ungefähr 50, 60 Jahre zurück in die Mitte des 20. Jahrhunderts – die Menschen wieder die Tiere und Pflanzen wertschätzen, sie nicht nur als Nahrungsmittel begreifen. Tiere waren für Beuys ein großes Thema und er hat einmal gesagt: Das Tier habe sich für den Menschen geopfert. Wenn ich diese Fleischfabrik sehe, dann muss man dazu gar nicht mehr viel sagen. Es geht letztendlich darum, wie verantwortungsvoll wir mit Pflanzen und Tieren umzugehen haben. Beuys hat ja bereits in den 1960er Jahren, also 1966, vorgeschlagen, *eine Partei für Tiere* zu gründen. Die existierte also theoretisch immerhin schon Mitte der 1960er Jahre. Anfang der 2000er Jahre kam z.B. die *Partij voor de Dieren* ins niederländische Parlament. Damit ist dann Beuys' Idee, zumindest Jahrzehnte später, politische Realität geworden. Ich will damit sagen: Beuys hat sich dafür eingesetzt, dass wir mit einer anderen Wertschätzung und auch generell anders auf Tiere als Lebewesen, als nicht-menschliche Lebewesen, blicken und ihnen begegnen sollen.

Gronau: Zugleich ist ja für Beuys die ganze Idee von Nahrung – sowohl geistiger als auch materieller Nahrung – zentral als Form der Wärme, des Wachsens, der Liebe oder auch der Gabe. Wenn man bedenkt, dass die deutsche Lebensmittelindustrie auch in diesem Jahr 165 Milliarden Euro Umsatz macht, dann verschwin-

det die einzelne Kartoffel, die für mich Bedeutung hat, darin. Hinter Nahrung als zeitgenössische Industrieform kommen wir gar nicht so schnell wieder zurück.
Paust: Schau doch heute einfach mal auf die Straße. Essen ist v.a. in den Städten überall verfügbar. Überall, wo du hingehst, immer. Und auch das ist etwas, was sich in den letzten Jahrzehnten ungemein verändert hat. Es gibt natürlich auch Tendenzen, wo die Nahrung wertgeschätzt wird, das Entstehen von Pflanzen, die Aufzucht von Tieren. Aber in der Menge, befürchte ich, ist noch viel zu tun.

Gronau: Interessanterweise haben wir auch in der Arbeit von Rimini Protokoll häufig Szenen und Räume gesehen, von denen wir nicht genau sagen konnten, wo das ist und was da genau passiert. Die Räume sind neutralisiert, technisiert und ähneln sich alle. Sie wandeln sich nur in den Körpern, die darin arbeiten: männliche und weibliche Körper, verschiedene Schutzkleidungen etc. In der VR-Brille auf dem Teller doppelt sich das ja motivisch: Was auf meinem Teller landet, ist eine technifizierte Wirklichkeit.

Paust: Guck dir doch an, wie Massentierhaltung funktioniert. Da geht es nicht um das individuelle Tier(-wohl). Die Produktionsweisen sind weltweit identisch, mit all den Problematiken, die sie nach sich ziehen.

Gronau: Ja, das vermittelt die Installation sehr stark. Vorgänge, die wir normalerweise nicht sehen, werden gezeigt und damit wird der Weg, den die verarbeiteten Lebensmittel bis zu uns auf diesem Teller – oder sogar im Abwasch – zurückgelegt haben, nochmal ins Bewusstsein geholt. Trotz der immersiven Technik, verfährt die Installation hier als Form der Wissensvermittlung.

Paust: Ja, absolut.

Gronau: Die Frage ist, inwiefern das VR-Theater von Rimini Protokoll, wie wir es hier gesehen haben, ein Zukunftsmedium ist. Die KünstlerInnen von Rimini Protokoll versuchen immer, mit neuen technischen Entwicklungen auch neue Formen ihrer künstlerischen Praxis zu entwickeln. Es ist sehr gut vorstellbar, dass Formen der Virtual Reality in Zukunft noch viel stärker Teil der performativen Künste werden, denn das Aufeinandertreffen verschiedener Realitätsebenen birgt viele Möglichkeiten. Denken wir an Formen der Augmented Reality (wie bei Google Glasses), so ist jedoch die Unterscheidung zwischen illusionärem Eintauchen und Lenkung und Kontrolle nicht immer möglich. Wohin sich das entwickelt, weiß ich nicht.

Paust: Ich kann mir sehr gut vorstellen, dass diese Form der Virtualität durchaus Bestand hat, auch bei der technischen Weiterentwicklung, und, dass sie eine Stufe ist und genauso Bestand hat, wie die barocke Deckenmalerei als Raumillusion. Deswegen würde ich prognostizieren, dass illusionistische Räume – wie auch immer sie generiert sein werden – nicht verschwinden werden, sondern jeweils ein Schritt sein werden in einer künstlerischen und technischen Weiterentwicklung.

Gronau: Genau, wir haben die Videoinstallation von Rimini Protokoll wie ein Spiel gemeinsam gespielt und sind eben nicht ganz alleine nur darin versunken.

Paust: Und wir haben das virtuell Erlebte wieder zurückgebunden an das gesprochene Wort im Dialog. Ehrlich gesagt, hatte ich zunächst Bedenken, dass für mich in dieser virtuellen Welt die Möglichkeit der eigenen Fantasie, der eigenen Assoziationsräume eingeschränkt wird. Aber diese Befürchtung hat sich in keinster Weise bewahrheitet, im Gegenteil!

Gronau: Es regt eher die Fantasie noch weiter an, so dass man als Zuschauende hineingehen möchte in diese Räume und sich Gedanken macht, wer wäre ich in diesem Raum? Was bleibt verborge?

Paust: Das heißt, die immersive Videoinstallation erweitert die Möglichkeiten des Erlebens.

Gronau: Auf jeden Fall. Sie ist insofern performativ, weil sie eine eigene Wirklichkeit erzeugt, an der wir teilhaben und bei der wir selbst einen AkteurInnenstatus einnehmen.

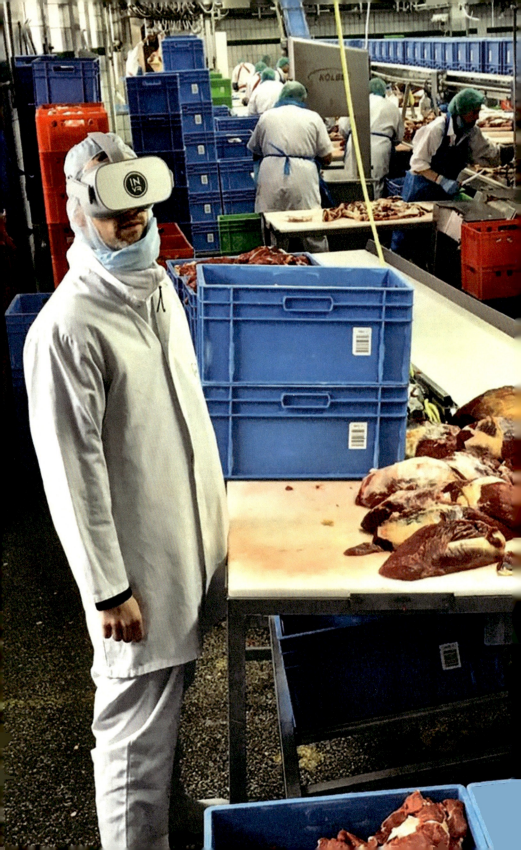

Virtuelles Ausstellen. Die Heilkünstlerei von Olaf Reitz und Andy Dino Iussa

Svetlana Chernyshova

»Das ist das ewige Missverständnis gegenüber der Literatur und Kunst: Sie behandeln Erfahrenes, nicht Begriffenes. H.M.« – Das Zitat des Dramatikers Heiner Müller, mit weißer Kreide auf eine von der Decke der sog. Heilkünstlerei herunterhängende Metallplatte geschrieben, markiert auf eine symptomatische Weise das Feld des Projekts *Ich bin Alle*. Im Fokus der von Olaf Reitz und Andy Dino Iussa realisierten, zweiteiligen Performance steht die Thematik von Schmerzerfahrungen, das Teil-Werden und Mitteilen und damit auch das Behandeln der eigenen Wunden. Die beiden Künstler, die seit über 15 Jahren zusammenarbeiten und beide aus dem erweiterten Theater- und Schauspielkontext kommen, setzen sich intertextuell und intermedial mit Theatertexten und Literatur auseinander. So gehört zu ihren Produktionen z.B. auch das langjährige Performanceprojekt *DIE TÜRME* (vgl. Reitz 2021), das Literatur und Sound in eine architektonische Mensch-Turm-Dialog-Situation überführt.

Von Reitz und Iussa anlässlich des Beuys-Performancefestivals in Wuppertal ins Leben gerufen, ist der Projektraum der Heilkünstlerei unmittelbar am Ev. Friedhof Hugostraße in Wichlinghausen in Wuppertal gelegen und beherbergt seitdem mehrere Projekte, die sich u.a. mit Trauer, Erinnerung oder Stille befassen (vgl. Iussa/Reitz 2021). Das Performanceprojekt *Ich bin Alle* (2021), das im Fokus der vorliegenden Auseinandersetzung steht, verknüpft die Räumlichkeit der Heilkünstlerei zugleich mit weiteren Orten – dem Barmer Bahnhof in Wuppertal sowie auch dem digitalen Raum. So wurde in der Bahnhofsbuchhandlung des Barmer Bahnhofs eine sog. Wundstation errichtet, auf die ebenfalls online sowie über das Telefon zugegriffen werden konnte. Darin wurde allen InteressentInnen über mehrere Tage angeboten, von ihren Wunden – sei es körperlicher, psychischer, sozio-ökonomischer oder sonstiger Art – zu erzählen. Die Erzählungen wurden dann, kombiniert mit einigem, von Reitz und Iussa über Jahre gesammelten Found-Footage-Material, zu einer Soundcollage zusammengetragen. In ein anderes mediales Format überführt, wurde die Collage schließlich zu einer virtuell begehbaren Installation in der digitalen Repräsentation der Wuppertaler Heilkünstlerei: eine virtuelle Ausstellung zum Anklicken und Raumerkunden.

In Folge dessen geht der vorliegende Text der Frage nach, welche medialen Verschiebungen eine solche Übertragung ins Virtuelle nach sich zieht. Was kann es heißen, eine Performance virtuell zu erfahren? Dieses Themenfeld greift der Text auf, indem er zunächst die Ebene des digitalen Settings der Heilkünstlerei – d.h. die Ausstellungserfahrung im Bildschirmregime – in den Fokus nimmt und von da aus, gewissermaßen ins Bild reingehend, die Ebene der Installation (die versammelten Objekte etc.) in den Vordergrund rückt. Schließlich wird die Ebene der Narration (hier insbesondere die Soundcollage) thematisiert sowie die Frage aufgeworfen, inwiefern ein Zeigbar-, Hörbar- bzw. Erfahrbarmachen im Virtuellen eine besonders prägende Form im Hinblick auf die Thematik von Verwundung und Heilung annimmt respektive annehmen kann. Was vermag also vor diesem Hintergrund ein mediales Transformieren ins Virtuelle et vice versa?

Ich bin Alle: Das digitale Setting

Den Vollbildschirmmodus aktiviert, befinden wir uns virtuell am Eingang eines mit grüner Markise überdachten Pavillons mit halbrunder, verglaster Front – dem Gebäude der Heilkünstlerei im Norden Wuppertals, das einst die Friedhofsgärtnerei beherbergte. Auf der rechten Seite des Eingangs werden wir von einem Kunststoff-Mannequin empfangen, gekleidet in eine Jeans und Anglerweste, einen Hut tragend (s. Abb. 1).

Abb. 1: Bildschirmansicht der virtuellen Ausstellung Ich bin alle *der Heilkünstlerei, Screenshot: Svetlana Chernyshova*

Die Glastür steht ein stückweit offen und lädt ein in den dahinterliegenden Raum. Auf dem Boden erscheinen zu unterschiedlichen Seiten gerichtete Pfeile, die die Bewegungsmöglichkeiten vorzeichnen. Die Ansicht zeigt sich folglich zugleich als ein Operationsfeld mit anklickbaren Flächen. Das 360°-Bild wird von zwei Leisten in Blau und Orange – den Farben der Heilkünstlerei – gerahmt und verweist auf die Möglichkeit bzw. die Notwendigkeit, den digitalen Ausstellungsbesuch aktiv zu gestalten, indem geschaut, gescrollt und geklickt wird.

Folgen wir dem oberen Pfeil und betreten die Heilkünstlerei – eintauchend in eine rauschende Soundkulisse –, dann zeigt sich ein von innen mit filzähnlichem Abdeckvlies abgedunkelter Raum, ausgestattet mit einem großen Tisch sowie der eingangs bereits erwähnten Metallplatte, die prominent in der Mitte des Raums von der Decke herunterhängt (s. Abb. 2).

Abb. 2: *Bildschirmansicht der virtuellen Ausstellung* Ich bin alle *der Heilkünstlerei, Screenshot: Svetlana Chernyshova*

Beim näheren Betrachten entpuppt sich diese als Teil einer tragbaren Leichenbahre; direkt darunter ist ein Spiegel mit der Aufschrift »Wir sind nicht die Ärzte. Wir sind der Schmerz. Tankred Dorst« platziert. Auf dem Tisch, den Fensterbänken sowie dem Boden sind des Weiteren unterschiedliche Objekte verteilt: zum einen klar benennbare, mitunter funktional anmutende Gegenstände wie Lautsprecher, Mikrophone, Bildschirm, Scheinwerfer oder eine zum Kerzenständer umgewandelte Weinflasche. Zum anderen werden Objekte sichtbar, die allesamt als vielschichtige Referenzstücke gelesen werden können: eine Axt in einem Steinblock, ein Stück Baumstamm, aufgehäufte Schieferplatten, ein Bilderrahmen, zu einem Bündel zusammengezurrte Papierröllchen, ein Sonector-Phon, Steine, eine Farbtube, Darstellung der heiligen Maria, ein mit silberner Rettungsfolie und Eiswürfeln bestücktes zylinderartiges Zinkrohr mit der Aufschrift »Art. 5« oder ein an ein ovales, mit einer Schraubzwinge zusammengepresstes Kissen erinnerndes Objekt, das sich wie ein Rahmen um eine Säuglings-Sillhouette legt (s. Abb. 3) – allesamt Gegenstände, die *objet-trouvé*-artig versammelt wurden, sei es direkt vom nebenan liegenden Friedhof, als persönliche Fundstücke oder als Überbleibsel der (Theater-)Projekte, an denen Reitz und Iussa jeweils beteiligt waren.

Abb. 3: Objekt zwingend geboren *der Ausstellung* Ich bin alle *der Heilkünstlerei, Fotografie: Süleyman Kayaalp © Kulturbüro der Stadt Wuppertal*

Die aufgezählten Objekte, die jeweils angeklickt und damit einzeln herangezoomt werden können, gewinnen auf diese Weise eine besondere Rahmung, die zum Infragestellen ihrer Funktion bzw. ihres Status führt. Betrachten wir den digital sichtbar gewordenen Innenraum der Heilkünstlerei zunächst als eine Installation, dann zeigen sich hier wunderkammerartig versammelte Gegenstände (vgl. u.a. Schüchter 2023), mit Hans Blumenberg gesprochen – *objets ambigues* (Blumenberg 2001), also Gegenstände, die sich einer disziplinär-ontologischen Zuordnung entziehen. Daneben lassen sich diese wiederum als direkte Verweise auf die Arbeiten von Joseph Beuys lesen, v.a. wenn wir darin insbesondere das für Beuys charakteristische Material- und Objektrepertoire erkennen (Steine, Schieferplatten, Filzstoffe, Arbeitsutensilien etc.). Gleichzeitig – beziehen wir uns wiederum auf die Ebene des Digitalen, d.h. auf die Arbeit als Bildschirmsituation – handelt es sich bei den Objektbildern nicht zuletzt um funktionale Operationsflächen. Werden die Objekte – wie z.B. die Metallplatte, die Lautsprecher oder der Bildschirm (die zwecks besserer Orientierung orange blinken) – angeklickt, dann wird eine Audioerzählung bzw. ein Video abgespielt, die eine weitere Ebene der Arbeit zum Vorschein kommen lassen: die explizit fragmentarisch-narrative Ebene. Während das gezeigte Video *Ist da ...?* von Jonathan Lutz (in Zusammenarbeit mit Luk Perceval, o.J.) auf eine ins Poetisch-Abstrakte übergehende, theatralisierte Weise Momente von kritischer Selbstkonfrontation in einem Spiegel-Doppelgänger-Selbstgespräch thematisiert, handelt es sich bei den insgesamt sechs Audiozusammenschnitten um teils nachgesprochene, offenbar biografische Erzählungen von verschiedenen Personen sowie vorgefundene mediale Fragmente, die allesamt zu einer audio-visuellen Collage werden. Demnach wird an diesem Punkt die Bifokalität von *Ich bin Alle* präsent: das Zeigbar- und Hörbarmachen fremder Erzählungen in einer (digitalen) Ausstellungssituation sowie das dem offenbar vorgelagerte ›Sammeln‹ dieser Erzählungen. So wird die Arbeit auch auf der Website der Heilkünstlerei als ein aus zwei Teilen bestehendes Projekt beschrieben, nämlich aus dem ersten Teil *Sprich Deine Wunde/Ich* sowie dem zweiten Teil *Erkenne dich im Andern/Alle*.

Wie auf der Website konturiert, geht der erste Teil u.a. auf zwei ›Sprechstunden‹ in der bereits angesprochenen Wundstation zurück. Die auditiv aufgenommenen, zusammengetragenen Erzählungen offenbaren dabei ein enormes Spektrum dessen, was ›verwunden‹ bedeuten kann. Die anonymisierten Personen sprechen von Krankheiten, Körpernormierungen, Ausgrenzungen, Narben, Therapieerfahrungen, Heilung, Stigmatisierungen, von Arbeitslosigkeit, Glauben, körperlichen, aber auch ›seelischen‹ Schmerzen. Ohne dabei eine therapeutische Funktion zu übernehmen, gestaltete sich *Sprich Deine Wunde/Ich* damit als ein zumindest temporär institutionalisiertes offenes Ohr für all die Schmerzerfahrungen und Wunden, die überwiegend jenseits der Mitteilung verbleiben. Das Sprechen der Wunde wird bei diesem ersten Teil des Projekts demzufolge zu einem Aussprechen, das gehört wird.

Der zweite Teil der Arbeit fokussiert sich wiederum auf das Erfahrbarmachen, auf das Mit-Teilen des Moments der Verwundung. *Erkenne dich im Andern/Alle* induziert folglich eine Öffnung, bei der nicht nur der eigene Schmerz im Fokus steht, sondern dieser zu einem Gemeinsamen, zu einem Geteilten werden kann, denn obwohl die Erfahrungen und Wunden unverkennbar individuell sind, gibt es doch eine Ebene der Verletzung, die ›ich‹ selbst kenne und ›mich‹ darin im Anderen wiederfinden kann. Jenes Wiederfinden bzw. Wiedererkennen greift der zweite Teil des Performanceprojektes auf, indem er die Erzählungen in der virtuellen Installation der Heilkünstlerei versammelt. Als eine audio-visuelle Collage an anklickbare Objekte gekoppelt und im Raum verteilt, werden diese als montierte Narrationen erfahrbar.

Mit-Teilen

Während die Zweiteilung von *Ich bin Alle* eine Unterscheidbarkeit zwischen Ich vs. Alle respektive das Individuelle vs. das Kollektive suggeriert, bricht sie diese im gleichen Zuge wieder auf, denn die Performance geht gerade nicht in einer binären Aufteilung auf, sondern lässt indessen ein Möbiusband entstehen. Auf diese Weise adressiert die Arbeit folglich eine nicht-substituierbare Verflechtung zwischen dem sog. Eigenen und dem sog. Fremden (vgl. u.a. Waldenfels 2015). Auf der Website des Projekts heißt es vor dem Hintergrund dessen deshalb auch: »In einem zweiten Schritt bieten wir interessierten Menschen einen Raum an, in dem sie sich ›im Antlitz des anderen‹ erkennen können – auch als schöpferisches, soziales Wesen.« (Iussa/Reitz 2021) Damit macht die Arbeit insbesondere das Moment eines sozialen Mit-Seins und Mit-Teilens explizit, das sowohl mit der Thematik von Verantwortung als auch Ethik im Weitesten Sinne einhergeht. So heißt es etwa bei Emmanuel Levinas: »Die Verantwortung für die Anderen, die kein Unfalls ist, *der einem Subjekt zustößt, sondern die in ihm dem Sein vorausgeht, hat nicht auf die Freiheit gewartet, in der ein Engagement für die Anderen hätte eingegangen werden können. Ich habe nichts getan und bin doch immer schon betroffen gewesen: verfolgt.*« (Levinas 1992: 253, Herv. i.O.) Darin zeigt sich die Unabdingbarkeit von Verantwortung, die mit Alterität einhergehe. In seiner Auseinandersetzung mit Levinas stellt auch Thomas Bedorf heraus, dass Levinas' Konzept von Andersheit insofern per se mit Momenten des Ethischen zusammenhänge, als diese im leiblichen Selbst beginne, sodass das Selbst sich zwangsläufig zum Anderen zu verhalten habe, was wiederum Gleichgültigkeit verunmöglicht (vgl. Bedorf 2019: 77). Auf diese Weise wird folglich auch die politische Dimension dieser Thematik präsent. Die Verschränkung zwischen ›Ich für mich selbst‹ und ›Ich als Alle‹ lässt sich damit etwa auch als das von Jean-Luc Nancy proklamierte *singulär plural sein* (vgl. Nancy 2016) lesen und wird demzufolge insofern zu einer politischen Geste, als mit der Verflechtung von ›Alle‹ und ›Ich‹, die die Performance zum Thema macht, keine totalisierende Einheit angestrebt wird, sondern ein Mit-Sein, das sich für eine diverse Pluralität ausspricht.

Dieses Geflecht aus narrativen Biografismen einerseits und dem Impetus des Politischen andererseits, das das Projekt *Ich bin Alle* auszeichnet, findet sich nicht zuletzt auch bei Joseph Beuys wieder. In *zeige deine Wunde* (1974-76/80), einer installativen Arbeit, an deren Titel der erste Teil des Projekts in der Heilkünstlerei angelehnt ist, versammelt Beuys unterschiedliche Objekte und Materialien, darunter jeweils zwei Schultafeln, Zeitungsseiten, Forken, Schäleisen, Leichenbahren, gefettete Zinkblechkästen, Reagenzgläser mit je einem Vogelschädel darin,

Weckgläser etc.[1] Die Arbeit, die zur Zeit ihrer Entstehung und erstmaliger Öffentlichwerdung im damaligen *Kunstforum*, einem Münchener Ausstellungsraum des Lenbachhauses in einer Fußgängerunterführung, einer starken Kritik ausgesetzt war (vgl. Aszodi 2021: 6), greift die Thematik von Sterblichkeit und Verwundbarkeit auf (vgl. u.a. Nöllen 2021). Dies tut sie, indem sie unterschiedlich konnotierte Objekte und Instrumente (handwerkliche Arbeit, Bildung, Medizin, Tod etc.) auf eine Weise zusammenbringt, die zwischen beinahe zu melancholischen Verfallssymboliken und pragmatischer Nüchternheit des Institutionell-Messbaren changiert. So spricht etwa Kirsten Claudia Voigt davon, dass Beuys gewissermaßen eine nietzschenianische Position vertritt und Krankheit und Krisen als »bewusstseinsbildende Faktoren und Grundlage schöpferischen Arbeitens annonciert« (Voigt 2021: 234).

In der Heilkünstlerei wird diese Thematik des Krisenhaften respektive der Wunde auf eine polyvalente Weise erfahrbar gemacht. So wird zunächst, wie bereits nachgezeichnet, das Instrumentell-Messbare in Szene setzt – nämlich im Versammeln und Zeigen der insofern ambigen Gegenstände, als diese sowohl als formalästhetische Referenzen Richtung Beuys' Werk gelesen werden können, als auch als Objekte, die primär für sich stehen bzw. ganz andere Narrationen evozieren: das Handlich-Gewaltsame der Axt, das Nicht-Mehr-Lebendige des Baumstücks, das Normierte und Erdrückte der gefrästen und durch Schraubzwinge gehaltene Säuglings-Sillhouette. Hinzu kommt die explizit narrative Ebene der Audioerzählungen, die jedoch nicht nur inhaltlich verstanden werden dürfen, sondern tatsächlich erspürt werden müssen. In der Varianz der unterschiedlichen Stimmen, im Wechsel der Stimmlagen und insbesondere durch die die Ausstellungssituation begleitende Soundebene – das teils sehr unruhige Rauschen – kommt eine affektive Dimension ins Spiel, die eine weitere Spannung erzeugt und die Thematik, wie das Zitat auf der Metallplatte zu Beginn bereits ankündigte, nicht nur begreifbar, sondern tatsächlich auch erfahrbar macht: durch die harten Schnitte der Soundcollage, die Sprünge von einem Bild zum nächsten, die allesamt eine stets präsente Intervallisierung erzeugen.

Dies führt uns zu der Frage, was schließlich bei *Ich bin Alle* passiert. Die Heilkünstlerei inszeniert und evoziert im gleichen Maße einen Raum, der Heilung möglich macht, und zwar nicht durch Versprechen einer magischen Wirksamkeit oder einer medizinischen oder sozio-ökonomischen Gewissheit, sondern durch ein initiiertes Geteiltes, ein gemeinsam Gehörtes. Ohne eine verabsolutierende Antwort oder ›Lösungsmöglichkeit‹ zu liefern, wohl aber die Schnitte und aufklaffende oder vernarbte Stellen aufzeigend, die in der fragmentarischen Form der Erzählungen ihre Verstärkung finden, realisiert die Performance ein ›Ermög-

---

1 Siehe hierzu: https://www.lenbachhaus.de/entdecken/sammlung-online/detail/zeige-deine-wunde-30011090 (letzter Zugriff: 24.09.2022).

lichen von‹: von Sprechen, von Erkennen, von Kommunizierbar-Machen. Dabei ist die Form des Imperativs, die sowohl im Beuys'schen *zeige deine Wunde* als auch in *Sprich deine Wunde* sowie *Erkenne dich im Anderen* stattfindet, eine nicht unerhebliche. Mutet dem Imperativ stets etwas latent Übergriffiges an, verwirklicht sich dieser hier viel mehr als eine Aufforderung, es anzunehmen, nicht eingekapselt in der Verletzung zu existieren, sondern sich mitzuteilen, eine Antwort zu erhalten, in die Mitverantwortung zu ziehen. Und so wird diesem Imperativ in der Heilkünstlerei auf eine vielfache Weise Rechnung getragen: die Wunden werden (aus-)gesprochen, Übertragungen markiert, Neuverknüpfungen bestärkt. Möglich wird dies allerdings v.a. durch die Form des Projekts: durch die Verbindung einer performativen Form des Zur-Aussprache-Einladens im ersten Teil sowie des Zeigbar-Machens der sensiblen Thematik, die keine direkte, gar plakative Darstellung erfährt, sondern in einen versammelnd-installativen Zugang mündet, der Offenheit von Verbindungen und Zwischenraum zulässt. Das sowohl visuell als auch auditiv collagierte (Sich-)Zeigen wird damit zu einer entscheidenden Geste und ermöglicht auf diese Weise, mit Donna Haraway gesprochen, einen partiellen, nicht totalitären Blick (vgl. Haraway 2007: 310, 313).

Zur Präsenz im Virtuellen

In der Zeit der Pandemie erhält die Thematik des Heilens eine besondere Rolle, weil es buchstäblich ›uns alle angeht‹, sowohl in einem biologisch-individuellen als auch kollektiven Verständnis. Doch ist es, wie schon konturiert, nicht lediglich die explizit narrative Ebene von Schmerz, Ängsten, Verletzungen und Normierungen, die das Projekt auszeichnet, sondern zu einem sehr entscheidenden Grad auch seine Form. Neben den Momenten des Partiell-Fragmentarischen gibt es indes, wie bereits vorgezeichnet, eine weitere Eigenheit des Zeigens bei *Ich bin Alle*, die das Projekt entscheidend auszeichnet: die Ebene des Virtuellen. Und während zum einen das Entstehenlassen eines digitalen Ausstellungssettings auch pragmatische, der Pandemie geschuldete Gründe hat, wirkt die Form weit darüber hinaus und führt uns zu der Notwendigkeit, diese explizit ins Blickfeld zu rücken.

Die insbesondere seit 2020 vorherrschende Covid-19-Pandemiesituation zog, neben psychosozialen Effekten, auch ganz entscheidende technomediale Auswirkungen nach sich. Durch die Intervallisierung von Lockdowns hatte nicht zuletzt auch der Kunst- und Kulturbetrieb Transformationen vornehmen müssen, die andere Formen von Präsenz als ›realphysische‹ Ko-Präsenz[2] (vgl. u.a. Fischer-Lichte 2004) ermöglichen. Während sich auch im Bereich von (Kunst-)Ausstellun-

---

2 Siehe hierzu auch den Beitrag von André Eiermann in diesem Band.

gen bereits lange vor der Pandemie Entwicklungen nachzeichnen lassen, die den digitalen Raum für sich zu nutzen versuchen (vgl. u.a. Seidel 2019), brachte der Umstand von Schließungen und Zugangsbeschränkungen ein erhebliches Umdenken im Hinblick auf Formen von Teilnahme bzw. Teilhabe, d.h. Produktion sowie auch Rezeption mit sich.

Virtuelles Ausstellen, das sich in Folge dessen peu à peu etabliert, markiert dabei ein Gefüge an unterschiedlichen Parametern, die sich vor diesem Hintergrund rekonfigurieren (vgl. Chernyshova 2023). Hierzu gehören etwa die temporale Komponente, die Frage nach dem (räumlichen) Setting, veränderten Zugangsbedingungen, nach Modalitäten affektiver Ansprache etc. So stellt sich auch beim Projekt *Ich bin Alle* der Heilkünstlerei die Frage, welche Transformationen bzw. mediale Formen hier adressiert werden. Wie bereits eingangs beschrieben, gestaltet sich die digitale Version des Projekts als ein ›begehbares‹ 360°-Bild, das von uns insofern Interaktivität verlangt, als wir uns im Raum umschauen und einzelne Elemente anklicken müssen, um Video- sowie Audioebenen zu aktivieren. Im Hinblick auf die oben erwähnten Parameter macht sich damit folglich bereits bemerkbar, dass sowohl die temporale als auch die räumliche Komponente eine Verschiebung erfahren, denn der virtuelle Ausstellungsbesuch kann (zumindest solange die Website aktiv ist und wir selbst über Internetzugang verfügen) jederzeit vorgenommen werden. Im Hinblick auf den Raum scheint die Verschiebung noch entscheidender zu sein, denn der Ausstellungsbesuch kann demnach nicht nur zu einer vollkommen individuell gelegten Zeit, sondern auch an einem individuell erwählten Ort stattfinden. Berücksichtigen wir dabei jedoch v.a. die im Jahr 2021 geltende Lockdownsituation, dann wird deutlich, dass es sich räumlich überwiegend um eine Zu-Hause-Situation handeln wird. Die Wahrnehmungssituation, um einen Begriff von Martin Seel heranzuziehen (vgl. Seel 2003: 45) spielt sich demzufolge auf dem Bildschirm in den eigenen vier Wänden ab und führt uns damit zu einem weiteren Punkt, der gegenwärtig breit diskutiert wird: der Frage nach Präsenz. In ihrer als Gespräch angelegten Publikation *Die Wirklichkeit findet statt!* (2021) sprechen sich Horst Bredekamp und Gunter Gebauer für die Erfahrung des Originals – sei es im Kunstmuseum oder im Fußballstadion – aus und damit für die Bekräftigung der Macht des Realpräsentischen. Darin spiegelt sich jedoch nicht nur eine Sehnsucht nach einem anderen Zustand als dem der Isolation wider, sondern auch ein bestimmtes Verständnis dessen, was Präsenz bedeutet. Hatte Hans Ulrich Gumbrecht bereits Anfang dieses Jahrhunderts mit Emphase von Präsenzeffekten gesprochen und damit all diejenigen Momente adressiert, die aus der sog. Sinnkultur gewissermaßen herausfallen, also nicht im Intelligiblen aufgehen (vgl. Gumbrecht 2004), stellt sich für uns im Hinblick auf das Aufkommen virtueller Ausstellungsformate erneut die Frage danach, was Präsenz bedeutet respektive bedeuten kann. Hat sich inzwischen im alltäglichen Sprachgebrauch überwiegend die Unterscheidung nach ›in Präsenz‹ und

›online‹ etabliert, d.h. ob man sich realphysisch in einem Raum materiell greifbar begegnet oder dies virtuell, d.h. im Online-Raum tut, scheint ebenjene Unterscheidbarkeit weitreichende Fragen nach sich zu ziehen. Während der Begriff bei Bredekamp und Gebauer eine recht eindeutige Konnotierung zu erfahren scheint, zeigt sich gerade hier die Notwendigkeit, nach den Konsequenzen dessen im Hinblick auf Online-Formate zu fragen. Kann auf der einen Seite nicht von der Hand gewiesen werden, dass ein ›realphysischer‹ (so unzufriedenstellend diese Bezeichnung auch ist) Ausstellungsbesuch eine multimodale leiblich-körperliche Ansprache nach sich zieht, kann auf der anderen Seite nicht behauptet werden, dass der Online-Besuch ›immateriell‹ oder ›absentisch‹ bleibt. Dies zeigen nicht zuletzt die insbesondere seit den 1990er Jahren aufkommenden künstlerischen Arbeiten, die mit sensorischen Übertragungen operieren, wie etwa Stelarc und seine zahlreichen Körpererweiterungsexperimente (z.B. *Extra Ear*, 2003), Stahl Stenslie und Kirk Woolford mit der Arbeit *Cyber SM* (1993/1994)[3] oder Eduardo Kac mit seinem Begriff der Telepresence-Art (vgl. Kac 1993). Fruchtbarer erscheint es an dieser Stelle zunächst festzuhalten, dass sich etwas verschiebt. Präsenz bedeutet hier folglich nicht, z.B. von einer Masse von Besuchenden umgeben zu sein und ihren Körpergeruch in der Nase zu spüren, es bedeutet auch nicht, in einem schnelleren oder langsamen Tempo um Ausstellungsobjekte herumzulaufen oder sich beim Schauen vom Ausstellungspersonal beobachtet zu fühlen oder Smalltalks mit Bekannten rauchend vor dem Eingang zu führen. Präsenz bedeutet in diesem Falle aber, sich durch Operationsfelder durchzuklicken, plötzlich Sounds zu vernehmen, die irritieren und womöglich unruhig machen. Hier bedeutet es zugleich aber auch eine zutiefst spannungsgeladene Überlagerung zu erfahren und am eigenen Schreibtisch in den eigenen vier Wänden und gleichzeitig woanders zu sein – in einem routiniert-gewohnten Setting, das zu einem anderen wird, sobald wir uns auf die Bildschirmsituation einlassen. Damit ist nicht gesagt, dass jeder Websitebesuch zu einem genuinen ›präsentischen‹ Ausstellungsbesuch wird. *Ich bin Alle* realisiert sich in seiner digitalen Form jedoch auf eine Weise, die ebenfalls involviert und allem voran ein jewels ganz anderes, eigenes Setting entstehen lässt – sei es in einem Eine-Person-Haushalt oder einer überfüllten Wohngemeinschaft – in dem das Teil-Werden der Schmerzthematik zu einer individuellen wird, die dennoch nicht vereinzelt. Wir können die Wunde hören, die Wunde erkennen, die Wunde sprechen und damit ein Teil der Performance werden, ohne im Rampenlicht zu sein, ohne markiert zu werden: in einer Form von Präsenz, die nicht nur stattfindet, weil keine andere möglich ist, sondern weil sie auch eigene Qualitäten und eigene Verknüpfungen ermöglicht, ohne grenzüberschreitend, ohne exponierend zu sein.

---

3 Siehe hierzu: http://www.medienkunstnetz.de/werke/cybersm/ (letzter Zugriff: 09.09.2022).

Fazit/Ausblick

Mag das Virtuelle in Zeiten einer ›realphysischen‹ Isolation lediglich wie eine eher bescheidene und notgedrungene Alternative für soziale Zusammenkünfte wirken, zeigt der Bereich des Virtuellen v.a. *in* und *qua* Kunst, dass es zu kurz gegriffen wäre, diesen als sekundär im Sinne von ›entkörperlicht‹ und frei von Affekten, ja frei von ›Präsenz‹ zu lesen. Und während die Thematik von ›Second Life‹ sowie das Ausloten seiner Möglichkeiten auch im Kontext von Kunstgeschichte zu keinem absoluten Novum gehören, scheint es zugleich eine Verschiebung zu geben, die uns vor grundsätzliche Fragen und techno-sensuale Transformationen stellt. Eine Performance im Virtuellen kann sich womöglich nach einem medialen Kurzschluss anfühlen, nach einem ›nicht an die Originalerfahrung‹ heranreichende Form, kann aber auch aufzeigen – und dies wurde mit *Ich bin Alle* in der Heilkünstlerei diskutiert –, dass diese Form eigene Logiken innehat, die stetig neue Möglichkeiten für sich aushandeln. Und v.a. dann, wenn es um Verletzbarkeit und (offene) Wunden geht, bietet gerade das digitale Setting einen Raum, der das Gefühl eines Mit-Seins vermittelt, ohne Sichtbarkeit zu verlangen und doch dazu auffordernd, uns an unsere Wunden heranzuklicken.

Quellenverzeichnis

Aszodi, Zsuzsanna (2021): »Biographische Daten und Stationen – Zeittafel«, in: Timo Skrandies/Bettina Paust (Hg.): Joseph Beuys-Handbuch. Leben – Werk – Wirkung. Berlin: J.B. Metzler, S. 3-7.

Bedorf, Thomas (2019): »Emmanuel Levinas – Der Leib des Anderen«, in: ders./Emmanuel Alloa/Christian Grüny/Tobias Nikolaus Klass (Hg.): Leiblichkeit. Tübingen: UTB, S. 68-80.

Blumenberg, Hans (2001): »Sokrates und das ›objet ambigu‹. Paul Valérys Auseinandersetzung mit der Tradition der Ontologie des ästhetischen Gegenstandes«, in: ders.: Ästhetische und metaphorologische Schriften. Frankfurt a.M.: Suhrkamp, S. 74-111.

Bredekamp, Horst/Gebauer, Gunter (2021): Die Wirklichkeit findet statt! Köln: Buchhandlung Walther und Franz König.

Chernyshova, Svetlana (2023): [EXP]OSITION – Die Ausstellung als Existenzweise. Ästhetische, epistemologische und politische Bedingungen des Ausstellens. Bielefeld: transcript.

Fischer-Lichte, Erika (2004): Ästhetik des Performativen. Frankfurt a.M.: Suhrkamp.

Gumbrecht, Hans Ulrich (2004): Diesseits der Hermeneutik. Die Produktion von Präsenz. Frankfurt a.M.: Suhrkamp.

Haraway, Donna J. (2007): »Situiertes Wissen. Die Wissenschaftsfrage im Feminismus und das Privileg einer partialen Perspektive«, in: Sabine Hark (Hg.): Dis/Kontinuitäten: Feministische Theorie. Wiesbaden: VS Verlag für Sozialwissenschaft, S. 305-322.

Iussa, Dino Andy/Reitz, Olaf (2021): Heilkünstlerei. https://heilkuenstlerei.art/ich-bin-alle/ (letzter Zugriff: 21.09.2022).

Kac, Eduardo (1993): »Telepresence Art«, in: Richard Kriesche (Hg.): Teleskulptur, Graz: Kulturdata, S. 48-72.

Levinas, Emmanuel (1992): Jenseits des Seins oder anders als Sein geschieht. Freiburg/München: Karl Alber.

Nancy, Jean-Luc (2016): singulär plural sein. Zürich: Diaphanes.

Nöllen, Jasmina (2021): »Schmerz«, in: Timo Skrandies/Bettina Paust (Hg.): Joseph Beuys-Handbuch. Leben – Werk – Wirkung. Berlin: J.B. Metzler, S. 415-426.

Reitz, Olaf (2021): Die Türme. http://dietürme.de/media (letzter Zugriff: 17.11.2022).

Schüchter, Nina-Marie (2023): »Zeitgenössische ›Wunderkammern‹ als maritime Reflexionsräume«, in: Robert Bauernfeind/Andreas Tacke/Michael Wenzel (Hg.): Das Meer in der Kammer. Maritime Themen und Materialien in Kunstkammern der Frühen Neuzeit (= Hainhoferiana – Studien zur Kunst- und Kulturgeschichte Schwabens und Europas, Band 2), Petersberg: Michael Imhof (im Erscheinen).

Seel, Martin (2003): Ästhetik des Erscheinens. München/Wien: Suhrkamp.

Seidel, Martin (2019): »Play it (again). Realitäten in Kunst und Nichtkunst – und dazwischen«, in: ders. (Hg.): Borderlines: Kunst, Nichtkunst, Nichtkunstkunst. Kunstforum International, Band 262, S. 104-117.

Voigt, Kirsten Claudia (2021): »Friedrich Nietzsche«, in: Timo Skrandies/Bettina Paust (Hg.): Joseph Beuys-Handbuch. Leben – Werk – Wirkung. Berlin: J.B. Metzler, S. 232-237.

Waldenfels, Bernhard (2015): Sozialität und Alterität. Modi sozialer Erfahrung. Berlin: Suhrkamp.

17.4.21

Sterbende Hunde, sterbende
und sterbende Hunde nächtliche ?
hier künftige
... in der Einsamkeit ein
war es hier aber

ICH BIN ALLE

Die Arbeit macht die Beuys-Installation *Zeige Deine Wunde* (1976) zum Ausgangspunkt einer eigenen Untersuchung.

»Zeige deine Wunde, weil man die Krankheit offenbaren muss, die man heilen will. Der Raum […] spricht von der Krankheit der Gesellschaft«, so Beuys. Daran knüpften Reitz und Iussa an und luden als Zuhörer und Sammler interessierte Menschen zur Sprechstunde ein. Aus diesen Gesprächen entstand eine Klanginstallation in der HEILKÜNSTLEREI, aus der einige Auszüge hier zu lesen sind. -> heilkuenstlerei.art

Kapitel 1

… ich habe viele Narben, obwohl die doch so lange weg sind, denkt man doch, die müssten doch weg sein, ne!? … Das wird nie ganz weg gehen, glaube ich… Ich habe das ganz lange nicht realisiert, was passiert ist… Auch sind da 'ne Menge Kerben, glaube ich, … Manchmal fühle ich das so, als würde das auf meiner Stirn geschrieben stehen, obwohl es das ja überhaupt nicht tut … Sozusagen eine Sammel-Wunde, die sich da so ausbreitet, haben alle mit Freundschaft zu tun. Die Wunde brennt, die heißt dann plötzlich Einsamkeit. Das ist das eine und das andere, wo die Wunde manchmal brennt, muss ich da jetzt eine andere Farbe für nehmen? Das eine ist bei mir so ein schwarzes Feuer, was ich da so habe, aber manchmal ist es so richtig richtig rot gelb, und dann brennt das, und dann kommt der Gedanke ans Alter und die Angst vor dem Alter und dass ich allein sein werde im Alter… Zuhören passiert nicht, es kommt kein wirkliches Interesse nach meiner Person, aber auch darüber wird nicht gesprochen. Aber dieses nicht drüber reden, dieses Unterdrücken, nicht Reden wollen, alles so lassen wie es ist, dieses Vertuschen, da spüre ich schon, dass das was ist, was mich tiefer verwundet hat. … Ich kann es kaum aussprechen, es trifft mich immer wieder, … aber irgendwie haben die einfach beschlossen, dass ich einfach nicht gehe, … also wie man mich angegriffen hat, … aber das ist interessant: wenn man gar nicht darüber redet, dann ist es kein Problem … Und was mich so sehr gekränkt hat dabei, ist die Selbstverständlichkeit, mit der man von mir erwartet hat, dafür Verständnis zu haben. … vielleicht ist es mit der Verletzung so, dass die einen dazu bringen, so zu denken. Das ist eigentlich die Art der Verletzung, das meinte ich vorhin mit ins ›Hirn ficken‹ … wegstoßen tut weh, keine Anerkennung tut weh, alleine sein mit einem großen Batzen an Verantwortung und natürlich immer die Frage, warum der Kopf getrennt vom Körper ist. … Aber das ist eine Wunde, die doch sehr tief ist, wo jetzt so der Schorf drüber ist, aber die Wunde ist da, ne? … Aber das ist doch nicht greifbar, so, … es geht ja ganz viel und Macht … aber weißt du, Geburt, Tod: das machst'e halt alleine … und wünschen Ihnen alles Gute für ihren weiteren Lebensweg …

Kapitel 2

Das ist so die Heilung … Wunden zeigen hat ja so was christlich religiöses … Heilung dieser Wunden … so Heilung ist vielleicht auch in dem Sinne: was Öffnen … also ich hatte was, was mich so trägt … also physische Narben, die ich so habe, aber das hat mich so rausgeholt, … also früher habe ich mich immer total für diese kleine Wunde geschämt, aber irgendwann war das eben ein Markenzeichen … also das hat natürlich lange gedauert, aber das war so ein Weg: was kann ich selber, und was kann ich selber für mich verändern, damit es mir selber gut geht … das ist ein ständiger Kampf zwischen: was bin ich jetzt und was war ich mal, was kann ich sein, wo will ich hin… ich habe Ideen, aber ich habe auch viele Ängste, aber es klappt immer besser, je mehr ich meinen Weg gehe … du hast viele andere Facetten in dir, aber du hast auch viele Blüten in dir, ja? Oder Samenkörner auch …

Also ich vermute mal, wär mir das alles nicht passiert, dann wäre ich auch so durchs Leben gegangen und hätte vielleicht wirklich gar nichts wahrgenommen, was da noch so alles ist. … Also manchmal habe ich das Gefühl, dass mir das auch manchmal so die Augen geöffnet hat, was einem wirklich wichtig ist und was einem nicht so wichtig ist. Und da möchte ich doch auch dieses Leben genießen, also heute(!), ich weiß auch, morgen kann es vorbei sein … eine andere Salbe sind halt eben die Erinnerungen an Erfahrungen, wo ich sehr glücklich war, wo ich merke, vielleicht ist es ja nicht so schlimm, sei doch froh, nimm es doch als Aufforderung, das Alleinsein zu üben und dich zu lieben, mit allen Schwierigkeiten die dabei sind. Vielleicht dauert es zwei Stunden, drei Stunden bis du es genießen kannst, aber dann auf einmal, du hast was gekocht, hast ein Buch gelesen, schreibst selbst irgendwas auf, auf einmal bin ich mit mir selbst so intim, dass ich froh bin, dass mir da keiner dazwischen funkt…

Kapitel 3

… also wo soll ich anfangen … Also ich habe gar nichts gefühlt, nicht traurig sein, nicht lustig sein, irgendwie so leer … Boah, jetzt gehst du unter in dieser Wunde … der findet sich schon selber Scheiße, keine Angst, … ja, das hat genauso weh getan, wie das körperliche … aber klar bestimmt das mein Leben, fast jeden Tag, ich hab das Gefühl, dass es mich verfolgt und die Menschen mich immer noch danach beurteilen, was in der Vergangenheit passiert ist … dass ich mich so gefühlt habe, dass ich immer von meinem Ziel abkommen würde, immer so abdriften, mal mehr nach rechts, mal nach links und dass ich unterwegs immer aus dem Auge verliere, wo ich hin will … also ich selber war gar nicht da wo ich sein wollte … ich sehe mich, wie ich durch die dunklen Hallen gehe, und überall hört man das Wasser, es ist eiskalt, 5 Grad, und ich stehe da, friere, und ja, mein Körper hat das auch gar nicht so mitgemacht, und ich stehe da, und ich denke mir, und ich kontrolliere die Notbeleuchtung, was mache ich hier eigentlich? … das was einem als Geborgenheit suggeriert wird, zeigt sich: das gibt's aber nur, wenn man ganz brav ist, so … da gab es krasse Momente, wo ich gemerkt habe: ja, Junge, jetzt sitzt du da und überlegst, ob du den Glühwein zulässt oder nicht. Die Leute sagen, das ist Lockdown und das ist vorübergehend. Aber du weißt es besser: So wird es sein, das ist ein Vorgeschmack. Später wirst du körperlich und überhaupt immer weniger leistungsfähig, dann kannst du nicht mal acht Stunden wandern oder so … Da habe ich nicht mehr ganz klar realisiert, weil ich da schon überhaupt nicht mehr denken und auch gar nicht mehr handeln konnte, weggetreten, irgendwie, …

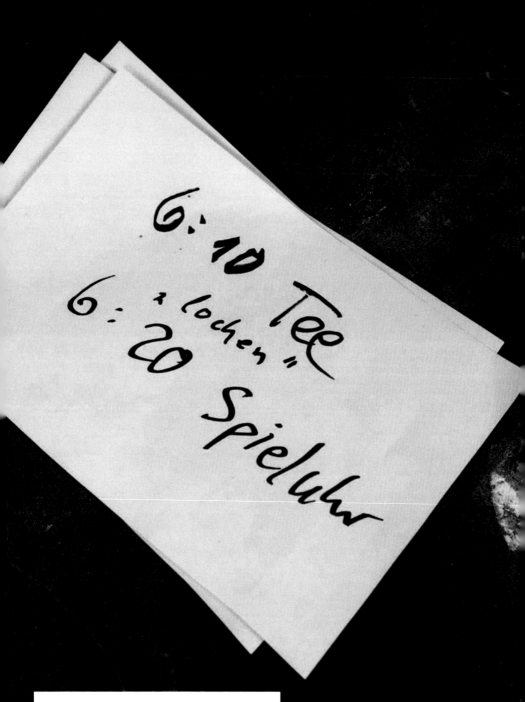

Temporales Transformieren

Beuys' Eigenzeiten – Augenblick, Prozess und Dauer in der Kunst von Joseph Beuys

Barbara Gronau

Ein Schwerpunkt der Arbeit von Joseph Beuys galt der Auseinandersetzung mit Erscheinungen und Wahrnehmungen von Zeit. Sowohl seine plastischen Arbeiten als auch seine Zeichnungen, Lectures und Aktionen durchzogen Fragen von Wandel und Transformation, von Beharrung und Flüchtigkeit oder von Struktur und Rhythmus.

Ausgehend von diesem Befund adressierte das Wuppertaler Beuys-Performancefestival anlässlich seines 100. Geburtstags v.a. die sog. Zeitkünste, d.h. Konzerte, Aufführungen und Interventionen.[1]

Die Wahl ephemerer Kunstformen knüpfte an jenen *performative turn* der Neoavantgarden an, an dem Beuys wesentlich Anteil hatte. Dort wurde Kunst als ephemeres, körper- und situationsbedingtes Handeln bestimmt, das komplexe temporale Qualitäten zu entfalten vermochte. Beuys hat in seinen zahlreichen Aktionen einige kanonische Beispiele für den Ereignischarakter moderner Kunst geschaffen. Zugleich ist sein Œuvre von Ästhetiken der Dauer, des Stillstellens und Gedenkens geprägt. In ihm finden sich Formen des Anhaltens und Speicherns neben solchen der Flüchtigkeit. Der folgende Text skizziert Beuys' Umgang mit künstlerischen Dimensionen der Zeit anhand der Parameter Augenblick, Prozessualität und Dauer.

»Was nun mit der Zeit?«

Auf einem kleinen Notizblock aus dem Ritz Hotel in London notierte Joseph Beuys zwischen 1983 und 1985 mit Bleistift die beiden Fragen »Was nun mit all der gestauten Zeit? Was nun mit der Zeit?« (Beuys 2015: 70f.) Zeit erscheint hier als Problem, als Frage, die es zu lösen gilt. Dabei ist jedoch nicht ganz eindeutig, wo sich dieses Problem verortet, denn den beiden Sätzen fehlt das Verb. Als Lesende sind

---

[1] Siehe hierzu auch den Beitrag *Das Beuys-Performancefestival in Wuppertal* von Bettina Paust in diesem Band.

wir aufgefordert, die grammatikalische Lücke zu füllen, z.B. ontologisch: Was *ist* nun mit der Zeit? Ebenso möglich wäre auch: Was *geschieht* nun mit der Zeit oder aktivisch gewendet: Was *tun* (*wir*) mit der Zeit? Das Blatt fragt nach dem Status der Zeit und unserem Verhältnis zu ihr.

Beuys schließt zumindest in der Statusfrage an das bekannte Paradox des antiken Philosophen Augustinus an, der auf die Frage »Was also ist die Zeit?« antworten musste »Wenn man mich nicht fragt, was Zeit ist, weiß ich es, wenn man mich aber fragt, so kann ich es nicht erklären.« (Augustinus, zit. n. Fischer 2000: 25) Der Schwierigkeit, Temporalität definitorisch zu fassen, ist das europäische Zeitdenken mit dem Modell der sog. homogenen Zeit begegnet. Bereits Aristoteles verstand Zeit als Aneinanderreihung von flüchtigen Augenblicken, die sich als Abfolge von Vergangenheit, Gegenwart und Zukunft zu einer kontinuierlichen Reihe formen. »Denn eben das ist die Zeit: die Messzahl von Bewegung hinsichtlich des davor und danach« (Aristoteles, zit. n. Zekl/Theiler 1995: 106), heißt es in seiner Schrift über die Physik. Dieses Grundmodell der Zeit als permanente Abfolge in sich homogener Einheiten wie Sekunde, Minute, Stunde etc. ist eine wesentliche Basis naturwissenschaftlich-technischen Denkens geworden. Die Uhr wurde zu seinem Synonym; mit ihr gingen Praktiken der Messung, Taktung und Vereinheitlichung einher, die das moderne Leben bis heute bestimmen. Dass das Konzept der homogenen Zeit jedoch nicht ausreicht, um unsere vielfältigen temporalen Erfahrungen adäquat abzubilden, wurde schon früh bemerkt. So sprach bereits Johann Gottfried Herder allen Phänomenen eine Eigenzeit zu:

> »Eigentlich hat jedes veränderliche Ding das Maß seiner Zeit in sich; [...] keine zwei Dinge der Welt haben dasselbe Maß der Zeit. Mein Pulsschlag, der Schritt oder Flug meiner Gedanken ist kein Zeitmaß für andere; der Lauf eines Stromes, das Wachsen eines Baumes ist kein Zeitmaß für alle Ströme, Bäume, Pflanzen. [...] Es gibt also im Universum zu einer Zeit sehr viele Zeiten.« (Herder 1998: 360)

Zeit wird hier nicht als quantitative Messeinheit vorgestellt, sondern als qualitative Erfahrungsdimension und Gestaltungsmöglichkeit. Wie die Forschung gezeigt hat, haben die Künste in der Moderne wesentlichen Anteil an der Ausformulierung dieser »Eigenzeiten« (Bies 2020: 87ff.). Der Begriff verweist stets auf die Verbindung jeglicher Zeitlichkeit zu Körpern, Umwelten und Relationen und markiert damit eine notwendige Kritik an der Reduktion von Zeit auf eine absolute mathematische Größe.

Mit Blick auf Beuys' Notizen lässt sich behaupten, dass der Künstler Zeit als gesellschaftliche Herausforderung verstanden hat, die ihm – im Wissen um die Vergangenheit und mit Blick auf die Zukunft – eine Haltung zur eigenen Gegenwart abforderte. Beuys' (auf demselben Notizblock festgehaltenes) Bonmot: »Die einzige Genialität die ich besitze ist die, dass ich mich mit dem Druck der Zeit bewege, während andere sich dagegen bewegen« (Beuys 2015: 60f.) erinnert an die Zeit als gesellschaftliche Aufgabe, als Zeitgenossenschaft (vgl. Lehmann 2020: 447ff.). Für ihn, der seine historische Gegenwart in vielfacher Hinsicht als Schwellensituation begriff, erfüllte sich die eigene Zeitgenossenschaft nicht im bloßen Mitlaufen. Als »Krümmer der Zeit« und »Erzeuger der Zeit« (Beuys, zit. n. Koepplin 1969: Titelblatt) komme – so Beuys – dem Menschen vielmehr die Aufgabe zu, Gegenwart zu gestalten und die Welt für die Zukunft transformierend zu erhalten.

Im ersten Satz auf dem Notizblatt steckt zudem der Hinweis auf die Figur der stockenden oder »gestauten« (ebd.) Zeit – der aus Sicht der Physik wenig Sinn macht, für die Dimension der Zeitwahrnehmung aber von elementarer Bedeutung ist. Mit ihr verbindet sich die Idee der Latenzzeit, die als unsichtbares, aber aktives Hineinwirken von Vergangenem und Zukünftigem in die Gegenwart beschrieben werden kann (vgl. Simon 2020: 218ff.). Die unsichtbaren Wirkungen dieser anderen Zeiten zu erspüren, ihnen Gestalt zu geben und sich zu ihnen in Bezug zu setzen, war ein wesentliches Movens der Arbeit von Joseph Beuys.

Gerade das Motiv der »gestauten Zeit« (Beuys, zit. n. Koepplin 1969: Titelblatt) eröffnet die Möglichkeit, über seinen künstlerischen Umgang mit Temporalformen zu reflektieren. Im Stau stecken nicht nur Künste des Anhaltens und Stillstellens als Gegenmodelle zur modernen Beschleunigung. Im Stau steckt auch die Ansammlung, Häufung von Stoffen, Materialien, Formen und damit das potentielle Umkippen von Quantitäten in neue Qualitäten.[2]

Stillstellen, festhalten

Das Foto zeigt das Ende des *24-Stunden-Happenings*, das am 5. und 6. Juni 1965 in der Villa des Galeristen Rolf Jährling in Wuppertal-Elberfeld sattgefunden hat. Es hält einen Moment der Aktionskunstgeschichte in der Bundesrepublik Deutschland fest (s. Abb. 1).

Zu den teilnehmenden KünstlerInnen gehörten Joseph Beuys, Bazon Brock, Charlotte Moorman, Nam June Paik, Eckart Rahn, Tomas Schmit und Wolf Vostell – die ab Mitternacht (00:00 Uhr) je einen eigens präparierten Raum des Hauses bespielten.[3]

---

2 Mein Beitrag folgt ab hier zum Teil in direkter Wiedergabe den beiden unter Gronau 2010 und Gronau 2016 genannten Publikationen.
3 Siehe hierzu auch den Beitrag von Anne Linsel in diesem Band.

Abb. 1: KünstlerInnen des 24-Stunden-Happenings,
Ausstellungskatalog Galerie Parnaß Wuppertal: 24 Stunden, Itzehoe
Voßkate: Hansen&Hansen, S. 334, Fotografie: Ute Klophaus

Während Vostell für seine Aktion *Die Folgen der Notstandsgesetze* die Stunden damit zubrachte, auf dem Parkettfußboden liegend, tausende von Stecknadeln in frische Rinderinnereien zu stechen, gab Paik ein 24-stündiges *Konzert unter Verwendung nichtinstrumentaler Gegenstände* mit der nackt in Plastikfolie gehüllten Cellistin Charlotte Moorman. Der Musiker Eckart Rahn unternahm eine Live-Vertonung des sog. *Kinsey Reports* mit Kontrabass und Blockflöte und Bazon Brock meditierte anfänglich im Kopfstand und dann auf einem Konferenztisch stehend oder liegend über einen Satz zu Tötungsexperimenten mit Kobragift (vgl. Brock 1977: 1006). In einem kleinen Salon führte Thomas Schmit seine *Aktion ohne Publikum* durch, bei der er einen Zirkel aus Wassereimern ineinander leerte, jedoch sofort damit aufhörte, sobald irgendein/e ZuschauerIn den Raum betrat. In einem als ›Atelier‹ bezeichneten Raum saß, kniete, hockte und stand Joseph Beuys 24 Stunden auf einer Apfelsinenkiste, die ihm als Sockel und Bühne diente. »Es war«, so der Künstler Bazon Brock rückblickend, »das Thema gestellt, einen Zeitabschnitt von 24 Stunden durch Geschehnisse zu gestalten.«[4] Mit der Deklaration der Veranstaltung als ›Happening‹ rekurrierten die Beteiligten auf eine Aufführungsform, die Susan Sontag treffend als »Kette von Aktionen und Vorgängen« (Sontag 1989: 73) bezeichnet hatte.[5] Das Ersetzen objekthafter Werke durch prozess- und ereignishafte Formen rückte die Zeit als wesentliches Gestal-

---

4 Bazon Brock in »Kunst und Ketchup«, Fernsehfilm von Elmar Hügler, Erstausstrahlung am 14.02.1966, Süddeutscher Rundfunk (Schneede 1994: 84).

5 »Das Happening hat keine Handlung, wenngleich es eine Aktion oder vielmehr eine Kette von Aktionen und Vorgängen darstellt.« (Sontag 1989: 73).

tungselement in den Fokus künstlerischer Praxis. Zum einen als Betonung des Ephemeren und des Unwiederholbaren, das mit dem Begriff des Happenings im Sinne eines plötzlichen Geschehnisses bereits angezeigt wurde. Zum anderen im Ausstellen der Zeit als Diskontinuität und Variable. Gegen die rationalen Modelle der homogenen Zeit sollten temporale Qualitäten erlebbare werden, in denen das Prozessuale und Momenthafte im Vordergrund stand.

Paradoxerweise steht der zentralen Idee der Neoavantgarde mit flüchtigen und plötzlichen Aktionen eine Geste der Subversion gegen den werkförmig organisierten Kunstbetrieb zu setzen, deren Festhalten im Medium der Fotografie entgegen.

Erst die Übertragung der Aktion in ein Bild, stellt den künstlerischen Prozess still und ermöglicht dessen Mediatisierung, Institutionalisierung und weitere Vermarktung in Dokumenten und sog. Aktionsrelikten. Das Stauen der Augenblicke im Bild oder der Bildserie gab den Aktionen eine neue eigene Zeitlichkeit: nämlich als Zeugnisse eines vergangenen Geschehens, das niemand in Gänze wahrnehmen konnte. Gerade das Überdauern im Dokument hat der Aktionskunst eine Kanonisierung im Kunstsystem beschert.

Andauern, aushalten, sammeln

Aus heutiger Perspektive lassen sich Aktionen wie das *24-Stunden-Happening* als Beispiele einer ›performativen Wende‹ deuten, die in der zweiten Hälfte des 20. Jahrhunderts zu beobachten ist. Pollocks Agieren auf der Leinwand, das urbane Umherstreifen der Pariser Situationisten, die Happenings des Allan Kaprow, die schmerzhaften Körperexperimente der Body Art – all diese Kunstformen benutzen anstelle von Leinwand und Bronze die Materialität des menschlichen Körpers. Als ›performativ‹ gelten diese neuen Formen, weil hier die Dimensionen des Handelns, seine Bedingungen und seine Wirkungen in den Vordergrund rücken. Für die Arbeiten von Joseph Beuys gilt das in dem Maße, weil der Künstler sowohl in seiner Theorie als auch in seiner Praxis auf die generierende und transformative Kraft des Handelns abhob. Im Unterschied zu den meisten KünstlerInnen, die mit performativen Formaten die Grenzen der Kunst sprengen wollten, war das Agieren bei ihm jedoch nicht auf den Bereich der Subjekte beschränkt und das Aufführen nicht auf den Bereich der Bühne.

Das Spiel mit langen Dauern stellt eines der interessantesten Forschungsfelder dar, weil diese den aktionskünstlerischen Enthusiasmus des Ephemeren ein Stück weit unterlaufen und weil sich in ihnen Ereignishaftigkeit und Ereignislosigkeit auf intrikate Weise verbinden. Geradezu exemplarisch zeigt sich das in den sog. long durational perfomances, das heißt Aufführungen, die durch eine überdurchschnittlich lange Aufführungsdauer gekennzeichnet sind (vgl. Gronau

2016). Ob es sich dabei um den Zeitraum von 24 Stunden, um die Dauer eines Jahres oder ein lebenslanges Happening handelt – stets geht es um eine Zeitspanne, die von den heute traditionellen 90 Minuten abweicht. Auch die Angabe eines Handlungsrhythmus' oder eines finalen Effektes können als temporale Markierungen fungieren.

In long durational performances wird das Vergehen, Erleben und Gestalten von Zeit aufgeführt. Sie ist nicht nur Bedingung, sondern Gegenstand der Darstellung.[6] Dabei wird die Zeit zum ›Spielpartner‹, unter Umständen sogar zur existentiellen Herausforderung, nämlich dann, wenn es gilt, eine selbstgestellte Aufgabe zu lösen, die durch oder im Prozess ihrer Ausführung immer schwieriger wird.[7]

Beuys hat seine Aktionen oft als langandauernde Zeiträume angesetzt, in denen er redundante, sparsame oder kaum wahrnehmbare Handlungen ausführte und den Begriff der Aktion damit um Dimensionen des Passiven bereicherte. In skulpturale Posen und physischen Anstrengungen – wie dem langen Liegen in enger Umhüllung wie *DER CHEF/THE CHIEF. Fluxus-Gesang* (Kopenhagen 1964), dem ausdauernden aufrechten Stillstehen wie in *Celtic + ~~~~*(Basel 1971) oder dem Halten des Körpers im Ungleichgewicht in eben jener Wuppertaler 24 Stunden-Aktion *und in uns ... unter uns ... landunter* (Wuppertal 1965) – machte Beuys erkennbar, was es heißt, sich den Kräften der Zeit auszusetzen.

Sein Œuvre zeigt damit Qualitäten von long durational performances, in denen neben der eigenen physischen Belastbarkeit auch das Rezeptionsverhalten der ZuschauerInnen auf die Probe gestellt wurde. Sichtbar werden dabei nicht nur materielle oder physische Formen, sondern auch deren energetische Bedingungen: Im Verfaulen, Schlafen, Schwitzen und Zittern wird erkennbar, was es heißt, sich den Kräften der Zeit auszusetzen. Die Formen, die Beuys in Wuppertal aufführte, waren Formen unter der Bedingung der Entropie: als Genese und Zerfall.

---

6   Sie wird »bewusst gemacht, ihre Wahrnehmung intensiviert und ästhetisch organisiert«. (Lehmann 2005: 330)

7   »The term duration is often used to indicate an art work that draws attention to its temporal constraint as a constitutive element of its meaning. The meaning of word duration itself, evolving from the Latin ›duratus‹ (to last) is bound into the notion of persistance, of remaining through time, and is separable from but shadowed by the term endurance, often associated with sufferance. Endurance Art was frequently deployed as a nomination in relation to early Performance Art and Body Art, with its use of the body *in extremis*, but appears somewhat overloaded applied to Hsiehs work, as it assumes the experience of pain as a primary focus.« (Heathfield 2009: 22). Für die Entwicklung der Kunstform long durational performance ist der hier genannte Künstler Tehching Hsieh mit seiner Serie von *One Year Performances* beispielgebend.

Schichten, Speichern, Aufstauen

Beuys' Lebenswerk war auch paradigmatisch für eine performative Gedächtniskunst in der zweiten Hälfte des 20. Jahrhunderts. Gedächtnis wurde zu einem Prozess des Sedimentierens, bei dem verschiedene Zeiten durch Akkumulation, Ablagerung und Schichtenbildung zusammengebracht wurden. Das galt sowohl für die biografischen Sedimente, wie die Kindheitserlebnisse oder das Kriegserlebnis, die sich mit den Leitmotiven Wunde, Sterben und Tod durch das künstlerische Werk zogen. Das galt aber auch für die werkhaften Sedimente, also das Zitieren und Wiederverwenden von Formen und Objekten an anderen Stellen des Werks. Das Ziel des Künstlers bestand darin, Prozesse zu initiieren, in denen Zeitlichkeit als Verdichtung und Verwandlung begreifbar wurde. Deshalb waren Beuys' künstlerische oder politische Aktionen nicht nur als flüchtige Ereignisse konzipiert, sondern stets Teile eines andauernden Gestaltungsprozesses. In seiner Verschränkung von Aktion und Plastik hat Beuys die Flüchtigkeit performativer Akte mit dem Arrangieren und Gestalten der daraus hervorgehenden Formen verbunden (vgl. Gronau 2010).

Als Beispiel lässt sich hier der *Block Beuys* nennen, der mehr als 250 Plastiken, Zeichnungen, Multiples und Aktionsrelikte umfasst, die der Künstler ab 1970 in sieben aufeinander folgenden Räumen des Hessischen Landesmuseums in Darmstadt zu einer Installation zusammengeführt hat (vgl. Beuys 1990: 97ff.). Sie sind jedoch weder chronologisch aufgestellt, noch durch Beschriftungen mit Werkangaben kontextualisiert, so dass kein Ordnungssystem aus Jahreszahlen und Werktitel zur Verfügung steht und die BesucherInnen mit ihren Erfahrungen auf sich selbst zurückgeworfen werden.

Beim Durchgang durch die Installation treffen die BesucherInnen auf Objekte, die ihren Weg kreuzen, die Schritte lenken, sie anziehen oder abstoßen. In zahlreichen gläsernen Vitrinen häufen sich zudem organische Stoffe wie Wurst, Blaubeeren, Fett, Zucker, Eierschalen, Zehennägel, eingeweckte Birnen, Schokolade etc. Gleichzeitig treffen dort ebenfalls anorganische Materialien wie Metall, Schiefer, Glas, Papier und Alltagsgegenstände wie Messer, Flaschen, Töpfe auf Spielzeug, Industrieformen und Zeitungen aufeinander. Das Sammelsurium ordnet sich jedoch weder nach Materialien, noch nach Themen oder Formprinzipien. Die beieinanderliegenden Dinge formen sich nicht zu einer gemeinsamen Erzählung, sondern bleiben autonome Elemente, die – dem Prinzip der Parataxe entsprechend – nebeneinanderstehen.

Die zeitliche Verbindung aus Aktion und Plastik verdeutlicht bspw. die Arbeit *Mundplastik*, die zum Bestand des Darmstädter *Block Beuys* gehört. Es handelt sich dabei um mehrere Klumpen Wachs, die der Künstler während der Aktion *Hauptstrom Fluxus* 1967 aus einem großen Stück herausgebissen hatte, um damit den Galerieraum zu präparieren. Noch heute zeugen die Objekte von einem vitalen Akt, mit dem Beuys Teile seines Körpers in das weiche Ausgangsmaterial hineingedrückt hat. Er zeigt somit den Prozess des Abdrückens als ein nach Außen Kehren des Körperinneren. Die sichtbare Spur der Zähne und des Gaumens sind dabei aneinander gereihte Höhlungen und Wölbungen im Talg geworden. Sein honiggelber Glanz macht einen fleischähnlichen Eindruck. Das ehemals weiche Wachs hat sich verhärtet und hat ein Objekt erzeugt, das Beuys' plastischen Prozess exemplarisch verdeutlicht. Mit dem Verfahren des Abdrucks zitierte der Künstler zugleich eine alte Technik zur Erzeugung anthropometrischer Formen. Der menschliche Körper fungiert dabei als Ursprung und Matrix einer Bildwerdung durch Prozesse des Drückens, Brennens oder Gießens (bspw. bei Totenmasken, Moulagen oder auch in den *Anthropometrien* von Yves Klein). In diesen Arbeiten verdanken sich die Formen abwesenden Körper(n), die das Objekt in einer zeichenhaften Spur festhalten und lesbar machen. Beuys' *Mundplastik* ist eine Gedächtnisform, die performative Akte bewahrt.

Zeit – so hat Johannes Stüttgen es für Beuys auf den Punkt gebracht – »war das Medium der Zukunft in der Gegenwart« (Stüttgen 1988: 126). Sich mit dem Druck der Zeit zu bewegen, hieß für den Künstler seiner Gegenwart Gestalt zu geben in Rhythmen, Strukturen und Materialien. Den komplexen Wechsel zwischen Prozessen und Formen, zwischen flüchtigen Ereignissen und plastischen Zeugnissen, vollzog er entlang zahlreicher Praktiken des Stillstellens, Sammelns, Speicherns etc., die die Vielschichtigkeit unserer temporalen Verfasstheit spiegeln. Gegen die moderne Beschleunigung und jenseits rein homogener Zeitmodelle hat Beuys bis heute beeindruckende Erfahrungen der Eigenzeitlichkeit unserer Welt initiiert.

Quellenverzeichnis

Beuys, Joseph (2015): Mysterien für alle. Kleinste Aufzeichnungen, Auswahl und Nachwort von Steffen Popp, Frankfurt a.M.: Suhrkamp.
Beuys, Eva Wenzel/Jessyka (Hg.) (1990): Joseph Beuys. Block Beuys. München: Schirmer/Mosel
Bies, Michael (2020): »Eigenzeit«, in: Michael Gamper/Helmut Hühn/Steffen Richter (Hg.): Formen der Zeit. Ein Wörterbuch der ästhetischen Eigenzeiten, Hannover: Wehrhahn, S. 87-94.
Brock, Bazon (1977): Ästhetik als Vermittlung. Arbeitsbiographie eines Generalisten, Köln: DuMont.
Fischer, Norbert (Hg.) (2000): Aurelius Augustinus. Was ist Zeit? Confessiones XI./Bekenntnisse 11, Hamburg: Meiner.
Gronau, Barbara (Hg.) (2019): Künste des Anhaltens. Ästhetische Verfahren des Stillstellens. Berlin: Neofelis.

Gronau, Barbara (2016): Die Zeit aufführen. Zur Kunst der long durational performance, in: Michael Gamper/Eva Geulen/Johannes Grave/Andreas Langenohl/Ralf Simon/Sabine Zubarik (Hg.): Zeiten der Form – Formen der Zeit, Hannover: Wehrhahn, S. 163-176.

Gronau, Barbara (2010): Theaterinstallationen. Performative Räume bei Beuys, Boltanski und Kabakov, München: Fink.

Heathfield, Adrian 2009): Out of Now. The Lifeworks of Tehching Hsieh, London/Cambridge: MIT Press.

Herder, Johann Gottfried (1998): Metakritik zur Kritik der reinen Vernunft [1799], in: Martin Bollacher/Günter Arnold (Hrsg): Werke in zehn Bänden, Band 8: Schriften zur Literatur und Philosophie 1792-1800, Frankfurt a.M.: Deutscher Klassiker Verlag, S. 360.

Koepplin, Dieter (Hg.): Joseph Beuys. Werke aus der Sammlung Karl Ströher. Ausst. Kat. Kunstmuseum Basel. Basel 1969.

Lehmann, Hans-Thies (2005): Postdramatisches Theater, Frankfurt a.M.: Verlag der Autoren.

Lehmann, Johannes F. (2020): »Zeitgenossenschaft«, in: Michael Gamper/Helmut Hühn/Steffen Richter (Hg.): Formen der Zeit. Ein Wörterbuch der ästhetischen Eigenzeiten, Hannover: Wehrhahn, S. 447-455.

Schneede, Uwe M. (1994): Joseph Beuys – Die Aktionen. Kommentiertes Werkverzeichnis mit fotografischen Dokumentationen. Ostfildern-Ruit: Hatje Cantz.

Simon, Ralf (2020): »Latenzzeit«, in: Michael Gamper/Helmut Hühn/Steffen Richter (Hg.): Formen der Zeit. Ein Wörterbuch der ästhetischen Eigenzeiten, Hannover: Wehrhahn, S. 218-225.

Sontag, Susan (1989): Happenings: Die Kunst des radikalen Nebeneinanders [1973], in: dies. (Hg.): Geist als Leidenschaft. Ausgewählte Essays zur modernen Kunst und Kultur, Leipzig/Weimar: Kiepenheuer, S. 73-85.

Stüttgen, Johannes (1988): Zeitstau. Im Kraftfeld des erweiterten Kunstbegriffs von Joseph Beuys. Sieben Vorträge im Todesjahr von Joseph Beuys, Stuttgart: Urachhaus.

Zekl, Hans Günther/Theiler, Willy (Hg.) (1995): Aristoteles. Philosophische Schriften in sechs Bänden, Band 6: Physik. Vorlesung über die Natur/Über die Seele, Hamburg: Meiner.

(Re-)Aktivierungen zwischen Performance und Archiv

Julia Reich

Austritt des Archivs

Der hallenartige Raum im Kulturbunker Köln-Mühlheim ist in tiefes Schwarz getaucht. Dass die Sitzreihen nahezu voll besetzt sind, lassen lediglich schwache Silhouetten mutmaßen. Auf der Bühne, beleuchtet von nur einem Spot, steht fast regungslos der Performance-Künstler Skip Arnold und wiederholt mit leiser singender Stimme *I'm on your stage. Waiting for the people and the big parade. Nobody came, streets are bare, I'm all alone.* Neben Arnolds Gesang und dem Grundrauschen des Publikums sind unregelmäßige Klick-Geräusche zu vernehmen, die der Kamera von Evamaria Schaller entstammen.[1] Die Künstlerin dokumentiert im Dienst der *Schwarzen Lade* Arnolds Aufführung aus allen Blickwinkeln, fängt dabei Momente zunehmender Unruhe im Publikum ein und den selbstermächtigenden Bühnenaufstieg einiger weniger, die dann in Arnolds Gesangsschleife einstimmen. Ihre Präsenz auf der Bühne führt nicht zu einer erhofften Änderung des Verlaufs, der Künstler setzt den selben Text fort, bis er nach etwa einer Stunde die Bühne verlässt.

Arnolds Aufführung fand im Rahmen der Reihe *Open the Door a Window* (Juni bis November 2022) statt, die das internationale Performance Art Archiv *Black Kit | Schwarze Lade* in Kooperation mit der Kunsthalle Gießen ausrichtete. Die *Schwarze Lade* ist ein vom Performance- und Installationskünstler Boris Nieslony angestoßenes Vorhaben, das sich als kontinuierlich wachsender Ideengenerator versteht, in dessen Kern die Bewahrung und Vermittlung performativer Künste sowie die Entwicklung ihrer theoretischen Grundlage stehen. Durch und um die *Schwarze Lade* und nicht zuletzt durch den rastlosen Einsatz Boris Nieslonys entwickelte sich ein ausgreifendes internationales Netzwerk[2] von KünstlerInnen

---

[1] An dieser Stelle möchte ich mich für die überaus kooperative Kommunikation mit dem Team der *Schwarzen Lade* bedanken, das sehr entgegenkommend Abbildungsmaterial zur Verfügung gestellt hat.

[2] Beispielhaft hierfür sind das seit 1985 aktive Performance-Kollektiv *Black Market International* (BMI) bestehend aus zehn KünstlerInnen sieben verschiedener Länder, von denen Boris Nieslony ein Gründungsmitglied ist, und die *Art Service Association European* (ASA), eine 1990 gegründete

und ForscherInnen. Im Kulturbunker waren je Event zwei internationale KünstlerInnen zu sehen, die oft seit Dekaden Teil dieses breiten Archiv-Netzwerks sind. Alle in dem Kontext durchgeführten Performances wurden nicht nur maßgeblich vom Archiv organisiert, sie gehen darüber hinaus in Form von Aufnahmen wieder in den Bestand der *Schwarzen Lade* ein, genauso wie im performativen Vollzug entstandene Materialien und Relikte. Verwahrt in Archivkartons steht dieses heterogene Konvolut Interessierten zu (künstlerischen) Forschungszwecken zur Verfügung, wird zudem aber auch in Ausstellungen gezeigt und in experimentellen Austausch- und Arbeitsformaten genutzt, was wiederum Handlungen und Weiterschreibungen anregt. Damit steht die *Schwarze Lade* symptomatisch dafür, dass ein Archiv im Bezugsrahmen von Performance-Kunst nicht nur in Kategorien von Dauerhaftigkeit und Beständigkeit zu denken ist. Denn die *Lade* tritt regelrecht aus sich heraus, wird performativ und fungiert »als Instrument, Medium und Praxis« (Grau 2019: 148). In diesem Heraustreten lassen sich dynamisierende (Re-)Aktivierungsformen zwischen Performancedokumenten im Zusammenspiel mit performativer Praxis und Rezeptionssituationen nachzeichnen, die das Archiv nicht als Endpunkt, sondern als Reflexionsfigur und Handlungsraum innerhalb eines zyklischen Erkenntnis- und Entstehungsprozesses versteht. Bildet die *Schwarzen Lade* gewissermaßen einen Kreislauf aus (Re-)Aktivierungen zwischen performativer Praxis, Dokumentation und Archiv ab, sollen im Verlauf dieses Beitrags zwei jüngere Auseinandersetzungen – Locuratolos/Moritz Riesenbecks Ausstellungsprojekt *Performing Archive* und Anne Arndts Performance *Bereitschaftssiedlung Bereit?* – hinzugezogen werden, die an unterschiedlichen Stellen jenes Zyklus ansetzen und sich performativ mit Fragen der Ausstellbarkeit und Dokumentwerdung befassen.

Die *Schwarze Lade* und ihre (Re-)Aktivierungsformen

Genaugenommen ist die *Schwarze Lade* kein Archiv im engeren Sinne, sondern eine »aktive Sammlung« und damit eine Mischform aus Sammlung und Archiv, ein lebendes, »sammelndes Archiv« (Messner 2014: 289). Denn in seiner Konzeptualisierung des 19. Jahrhunderts verstand man das Archiv im Unterschied zur Sammlung als dezidiert nach Provenienz[3] geordnete und historisch ausgerichtete

---

Kunstinitiative, die sich dem Servicegedanken verpflichtet hat, Rahmen und organisatorische Strukturen für Begegnung und Austausch bereitzustellen, etwa das Ausrichten von Performance-Kunst-Konferenzen.

3 Die Grundlage für die Ordnungsstruktur in einem Archiv ist das sog. Provenienzprinzip, das die Wahrung des Entstehungszusammenhangs des jeweiligen Archivguts vorsieht und dies als Prämisse für dessen Erschließung bestimmt, statt es etwa zu verschlagworten, wie es bspw. in

Institution, die anders als die damalige Registratur keine laufenden Prozesse in Form von Belegen in sich aufnahm, sondern nur solche die abgeschlossen waren, so der Archivwissenschaftler Philip Messner (ebd.: 292ff.). Haben sich Archive unlängst geöffnet, ihr Selbstverständnis eines neutralen, objektiven Informationsspeichers im Zuge des *archival turn* abgelegt und sich kritisch mit ihrer gesellschaftlich machtvollen Position, Wissen, Geschichte und Kultur zu gestalten, auseinandergesetzt, bleibt ihr konzeptueller Einsatzpunkt dennoch ein anderer, als der von Boris Nieslonys *Schwarzen Lade*. Denn als eine grundsätzlich auf Erweiterung, kommunikativen Austausch, Netzwerkbildung und experimentelles Arbeiten ausgelegte Sammlung ist die *Schwarze Lade* neben anderen Langzeitprojekten[4] Nieslonys künstlerisches Lebenswerk und hat weniger mit dem Archiv als solchem zu tun, als eher mit seiner Neuverhandlung. Die *Lade* orientiert sich vielmehr an den poststrukturalistischen Reflektionen zum Archiv, die – sehr verkürzt gesprochen – mit ihrer Perspektivverschiebung auf die Entstehungsbedingungen und die gesellschaftlichen Effekte des Archivs maßgeblich den *archival turn* miteinführten (vgl. Wirth 2005). Der *archival turn* in der zeitgenössischen Kunst fächerte etwa die kritische Reflexion der Ein- und Ausschlussmechanismen mit Blick auf Pluralität und Kanonbildung, einer historischen Linearität und ihren Narrativen auf, brachte aber zudem die Beschäftigung mit netzartigen Bezugsgeflechten sowie mit dem Archiv als Material und Metapher auf (vgl. Callahan 2022: 19ff.) und erlaubte es die »Grauzonen des Archivischen« (Bührer/Lauke 2016: 15f.) künstlerisch zu erkunden.[5] Vor diesem Hintergrund bietet die *Schwarze Lade* aus einer genuin performativen Praxis heraus ein experimentelles Modell für einen aktiven, prozessorientierten Umgang mit dokumentarischem Material, Ephemera und Relikten von Performances an, der nicht primär an einer Ablage, sondern an Formen der (Re-)Aktivierung interessiert ist, im Sinne von Vernetzung, Teilhabe und Kommunikation. Diese weniger objektzentrierte, als an Prozessen und Praktiken der Produktion, Präsentation, Verbreitung wie Reflexion interessierte Umgangsweise, spielt auch bei aktuellsten performativen Auseinandersetzungen eine zentrale Rolle, wie später deutlich werden wird.

Sammlungen oft der Fall ist, aber bei zunehmendem Zuwachs zu einer Unübersichtlichkeit führen kann.

4 Hierzu zählen *Das Paradies*, eine seit 1980 wachsende, laborartige Installation bestehend aus verbundenen Tisch- und Regalmodulen mit darin präsentierten Objekten, die ein Netz von Beziehungen zwischen sich spannen, und *Das Anthropognostische Tafelgeschirr*, eine auf 1969 datierte Materialsammlung, die verschiedene Texte, Bilder und Objekte umfasst und für Nieslony den Nukleus seiner künstlerischen Praxis bildet. Vgl. Sachsse 2019.

5 Über die allgemeine Perspektive auf zeitgenössische Kunst hinaus, bildet sich seit den 1990er Jahren ein auf das Spannungsfeld Performance, Dokumentation und Archiv blickender Diskurs. Exemplarisch sei hier auf eine aktuelle Publikation verwiesen, vgl. Büscher/Cramer 2021.

Hervorgegangen ist die *Schwarze Lade* aus dem *Konzil*,[6] einer von Nieslony initiierten und vom damaligen Leiter des Stuttgarter Künstlerhauses, Ulrich Bernhardt, dort 1981 organisierten Zusammenkunft von über 70 Performance-KünstlerInnen. Das 30 Tage andauernden *Konzil* folgte der Idee einer ergebnisoffenen Arbeits- und Begegnungssituation (vgl. Raap 1991) und lancierte diverse Formen der gemeinsamen Aushandlung, was auf die Verbindung von künstlerischer, rezeptorischer und soziologischer Feldforschung zielte: Es wurde »zusammen gelebt, gestritten, geforscht und Aktionen [wurden; JR] durchgeführt« (Johar/Stockhausen 2021: 8), so das archiveigene Online-Magazin, das anlässlich des 40-jährigen Bestehens entstand. Gegen Ende des zeitlich ausgreifenden Zusammenkommens entstand ein umfangreiches Materialkonvolut, bestehend aus Dokumenten, Fotografien, Videos, Objekten, Relikten und Weiterem, das die Prozesse und die entstandenen Erkenntnisse gemeinsamen Denkens, Arbeitens und Handelns in sich bündelte. Als Initiator nahm sich Boris Nieslony diesem Konvolut an und baute 1982 mit TeilnehmerInnen des ersten *Konzils* die *Schwarze Lade* (s. Abb. 1), die seinerzeit noch aus zwei schwarzen, rollbaren Büroregalen bestand und in den nächsten Jahren deutlich über dessen Fassungsvermögen hinauswachsen sollte.

Abb. 1: Die Schwarze Lade, 1982, Hamburg © Konzil & International Performance Art Archive Black Kit | Schwarze Lade

---

6 Bemerkenswert an Boris Nieslonys gesamter Praxis sind die stark bedeutungsaufgeladenen, ambiguen Titelgebungen, die vielfach Assoziationen aufrufen. Rolf Sachsse beleuchtet das *Konzil* und die *Lade* auch vor ihrem historischen und etymologischen Ursprung. Vgl. Sachsse 2019.

Diese Konstruktion konnte mittels Scharnier geschlossen und geöffnet und im eingeklappten Zustand mobil im Raum bewegt werden. Im Zusammenhang mit diesem modifizierten Verwaltungsmobiliar brauchte das Konvolut eine erste Ordnung und wurde nach Personen und Themen in Aktenordner sortiert, die später von den typischen Archivkartons[7] ersetzt werden sollten. War das Materialkonvolut des ersten *Konzils* zwar Anstoß für das Entstehen der *Schwarzen Lade*, war sie nicht als unbewegter Ablageort konzipiert, sondern vielmehr als dynamische, impulsgebende Instanz für offene Aushandlungsprozesse, als lebendige Archiv-Praxis ohne Abgeschlossenheit gedacht, die sich in Konsequenz in zahlreichen Formveränderungen manifestiert.[8] Denn angefangen mit zwei mobilen, schwarzen Rollregalen, erforderte die konstant wachsende Sammlung zunehmend mehr Raum und Fassungsvermögen, was letztlich zu ihrer aktuellen Form führte: in einer ehemaligen Industriehalle in Köln-Poll, dem Atelierhaus Quartier am Hafen, hat das heutige *International Performance Art Archiv Schwarze Lade | Black Kit* seinen Standort auf über 125 m² gefunden (s. Abb. 2). Dort ruhen unzählige Archivschachteln in meterlangen Regalgängen, warten auf ihre Öffnung und die (Re-)Aktivierung ihres Inhalts.

Mag die *Schwarze Lade* nun zwangsläufig immobiler geworden sein, ist ihr die Außenwirksamkeit weiterhin wesentlich, etwa dann, wenn Teile des Bestands in Ausstellungen zu sehen und zu benutzen sind. Jüngste Beispiele hierfür sind die Schauen *Boris Nieslony: Das es geschieht. Werkschau eines Halbruhigen* im Kunstmuseum Ratingen (28.06.-06.10.2019), in der das Archivische als Element von Nieslonys künstlerischer Praxis mitgeführt ist (s. Abb. 3), oder *Permanente Performance. 40 Jahre Konzil* (31.08.-12.09.2021) im Stuttgarter Künstlerhaus, bei der anlässlich des *Konzil*-Jubiläums auch historische Dokumente des ersten *Konzils* als Faksimiles zur Anschauung und Nutzung in Regalen in den bekannten Archivschachteln bereitstanden (s. Abb. 4). Sie bildeten den Ausgangspunkt für die täglich stattfindenden Tischgespräche sowie für Performances.[9]

---

7 Diese haben neben der konventionellen Archivschachtel auch kunsthistorische Vorläufer, etwa im *Fluxkit* (1964-1966), einem Multiple in Form einer Koffersammlung mit ausgewählten Kleinstobjekten und Materialien mehrerer FluxuskünstlerInnen. Weitere kunsthistorische Referenzen sind etwa die von Johannes Cladders herausgegebenen Kassettenkataloge des Museums Abteiberg in Mönchengladbach und die von Brian O'Doherty konzipierte Box des Aspen Magazins. Vgl. Stockhausen 2019: 4f.

8 Als gewachsene Sammlung, die nicht den gängigen Ordnungssystematiken von Bibliotheken oder Archiven folgt, zeigte sich die *Schwarze Lade* bei Überführungsversuchen schon des Öfteren als widerständiges und eigensinniges Gefüge. Mittlerweile ist ein Großteil im Katalog der Kunst- und Museumsbibliothek des Museum Ludwig erfasst, wird aber als Präsenzbestand geführt, weshalb die *Lade* in ihrer aktuellen Form weiterhin bestehen kann.

9 Ein weiteres Beispiel ist die Ausstellung *Was ist das, was sich ›Die Schwarze Lade‹ nennt* in der Kunst- und Museumsbibliothek der Stadt Köln (19.09.-08.11.2020), die die innere Struktur, die Ziele des Archivs und die Selbstpositionierung als Forschungswerkzeug, als Wissenslager und Vermittlungsbörse veranschaulichte.

Abb. 2: Boris Nieslony im International Performance Art Archive Black Kit | Schwarze Lade, Köln © International Performance Art Archive Black Kit | Schwarze Lade

Abb. 3: Installationsansicht der Ausstellung Boris Nieslony. Das es geschieht. Werkschau eines Halbruhigen *im Kunstmuseum Ratingen (28.06.-06.10.2019), Fotografie: Thomas Reul © Kunstmuseum Ratingen & International Performance Art Archive Black Kit | Schwarze Lade*

Abb. 4: Installationsansicht der Ausstellung Permanente Performance – 40 Jahre Konzil *im Künstlerhaus Stuttgart (31.08.-12.09.2021). Fotografie: Frank Kleinbach © Künstlerhaus Stuttgart & International Performance Art Archive Black Kit | Schwarze Lade*

Diesen Ausstellungen ist gemein, dass sich die *Schwarze Lade* v.a. über die Präsentationsweise als Archiv inszeniert, bspw. indem hohe Rollregale samt Schachteln zur Schau gestellt werden, statt nur deren Inhalt. Mögen Gründe hierfür in der Genese der *Lade* selbst liegen, sind solche Formen darüber hinaus mit einer (Be-)Nutzbarkeit assoziiert, die zum Entdecken und Erforschen einladen.

Damit folgt die *Schwarze Lade* noch heute ihrem ursprünglichen Kredo, ein Generator für Ideen und eine »Skulptur öffentlichen Interesses«[10] zu sein. Denn bereits ein Jahr nach ihrer Entstehung zeichnete sich die Idee ab, die *Lade* in ihrer Ereignishaftigkeit zu denken, nämlich das »Archiv als Event« zu begreifen, worunter Ric Allsopp nicht nur die Ausstellung von Archivbeständen meint, sondern auch »the active and interactive realization of certain areas of the archive and their implications« (Allsopp/Cassens 1998: 125). Dies lässt sich engführen mit Philip Auslanders Gedanken, den Rezeptions- und Verstehensprozess bei der Betrachtung von Performancedokumenten nicht als Akt historischer Wiederherstellung zu beschreiben, sondern als Reaktivierung, in der das Ereignis im interaktiven Dialog zwischen BetracherIn und Artefakt mithervorbracht wird (vgl. Auslander 2018).[11] Da solche Rezeptionszusammenhänge

---

10 Bis 1998 bezeichnete sich das Archiv selbst jahrelang als »Skulptur des öffentlichen Interesses.« Nieslony nutzt diese Metapher noch heute für die Beschreibung des Archivziels, darüber hinaus war sie zudem 1981 der Untertitel der *Schwarzen Lade*. Vgl. Nieslony 2019: 78; Raap 1988.

11 Der Performancetheoretiker entwickelt diesen Zugriff über die Relektüre von Walter Benjamins *Das Kunstwerk im Zeitalter seiner technischen Reproduzierbarkeit* (1935), wobei er seinen Ausdruck der Reaktivierung des durch die Reproduktion vermittelten Originals berücksichtigt und unter Bezugnahme

von der *Schwarzen Lade* initiiert werden, lässt sich das Konzept der Reaktivierung übertragen und insofern erweitern, als sowohl die performativen Ereignisse reaktiviert wie auch die Rezipierenden in verschiedene Aktivierungszusammenhänge eingebunden werden. Denn indem die *Lade* als mobile Einheit zum zweiten *Konzil* 1982 im Künstlerhaus Hamburg sowie (oft in Teilen) zu zahlreichen weiteren Austauschzusammenhängen zur Performance-Kunst mitgenommen und in Folge sukzessive erweitert wurde, fungierte ihr ausgreifender Bestand in erster Linie als Angebot und Ausgangsmaterial für die Reflexion, Weiterentwicklung sowie Neuproduktion. Den Dokumenten und Relikten wie dem Archiv wird auf diese Weise eine Performativität zugestanden, als sie nicht nur eine bewahrende Qualität haben, sondern auch Handlungen bewirken können (vgl. Auslander 2006; Schneider 2012). Dies steht auch in Linie mit der englischen Übersetzung *Black Kit*, mit der neben der Mobilität und Pluralität die Charakteristik des Experimentellen hervortritt, ist *Kit* doch gleichbedeutend mit Bausatz oder Werkzeug und soll die Experimentierfreude für ein aktives Selbstdenken/-machen wecken. Im Dialog mit den Archivbeständen entstanden und entstehen immer noch teils neue Bestandelemente, die wiederum auf die gelagerten Materialien referenzieren und so ein komplexes, auf Pluralität ausgelegtes Bezugsgeflecht zwischen Zeiten, Orten, Menschen im Umgang mit und im Kontinuum der Lade herausbilden.

Versteht die *Lade* Begegnungen zwischen Menschen als einen zu fördernden Wert, aus denen sich das Archiv nach wie vor speist, erwiesen sich diese angesichts der Corona-Pandemie quasi verunmöglicht. Anlässlich des 40. *Konzil*-Jubiläums, das auf einen Zeitpunkt fiel, in dem ein Zusammenkommen in kleiner Runde wieder möglich schien, fanden sich 32 KünstlerInnen vor Ort und im Netz zusammen, um experimentell am Thema *h an de ln* zu arbeiten, was in ein 30-tägiges Programm aus hybriden Arbeitstreffen, Talks sowie Aufführungen und Online-Screenings eingesendeter Performancevideos mündete. Die teilweise aus und im Dialog mit dem Archivbestand entstandenen Aushandlungsformen sind ihrerseits dokumentiert und in der bereits erwähnten Online-Publikation aufgearbeitet worden. Geht es hier auch um eine Erhöhung von Zugänglichkeit, zielt das Team der *Schwarzen Lade* zudem auf die Weiterführung und Öffnung einer Diskussion, weshalb die LeserInnen aktiv angehalten werden, Zuschriften an das Team zu senden, um die Publikation zu erweitern.[12]

Sowohl die Organisation von, aber auch Teilnahme an Events, Ausstellungen und deren Aufarbeitung in Form einer online publizierten Dokumentation

---

auf Hans Georg Gadamers Hermeneutik für Performancedokumentation weiterentwickelt. Auslanders Konzept meint, dass durch die Rezeption von Performancedokumenten, das ihnen inhärente Reproduzierte in der Betrachtung selbst reproduziert und damit erneut zum Leben erweckt wird.

12 Die Online-Publikation ist unter folgendem Link einsehbar: https://internationalperformanceartarchive.com/online-magazin/ (letzter Zugriff: 21.12.2022).

der *Schwarzen Lade* regen (Re-)Aktivierungsprozesse an, die zwischen Ereignis, Medialisierung und Rezeption vermitteln. Durch sie erfolgt stetig eine Aktivierung der Besuchenden, Teilhabenden und Lesenden, die zu Mithandelnden und Mitdenkenden werden und durch sie bereits Gedachtes sowie Gemachtes, das in den Beständen eingeschrieben ist, durch konstantes Nachaußentreten der *Lade* reaktiviert wird. Dass dies kein singuläres Phänomen ist, sondern eines, das grundsätzlich das Spannungsfeld von Performance-Kunst und Archiv dynamisch mitbestimmt und seinerseits ein bewegliches Verhältnis einfordert, zeigen die folgenden Positionen von Locuratolo, Moritz Riesenbeck und Anne Arndt.

Performative Exposition des Archivs als Ausstellung

Nur neun Tage lang war die Ausstellung *Performing Archive. Narration at Site* der performativ und ortsspezifisch arbeitenden KünstlerInnen Locuratolo[13] und Moritz Riesenbeck im Düsseldorfer Off-Projektraum *Nails Project Room* zu sehen (s. Abb. 5). Am Tag der Eröffnung gab das großflächige Schaufenster den Blick in einen ausgeleuchteten, weißen Raum frei.

Abb. 5: Außenansicht der Performance und Ausstellung Performing Archive. Narration at Site *im Nails Project Room von Locuratolo/Moritz Riesenbeck, Düsseldorf (29.07.-07.08.2022), Fotografie: Kai Werner Schmidt © Nails Project Room*

Darin befand sich ein fast leeres Industrieregal, ein weißer Hochglanztisch mit zwei Stühlen und dahinter ein weiterer abgedunkelter Raum. Changierte die

---

13 Locuratolo identifiziert sich mit den Pronomen they/them, weshalb im Text auf eine geschlechtsbinäre Ansprache verzichtet und durchgehend der Personenname genannt wird.

räumliche Szenerie des Schauraums in ihrer Atmosphäre zwischen kühlem Labor und einem noch einzurichtenden Empfangsbüro für BesucherInnen, mutete der Hinterraum wegen der darin gestapelten Archivkartons, Ordner, Bücher und einer beleuchteten Perücke wie ein Lager und Arbeitsraum des Off-Spaces an (s. Abb. 6).

Abb. 6: Ausstellung Performing Archive. Narration at Site *im Nails Project Room von Locuratolo/Moritz Riesenbeck, Düsseldorf (29.07.-07.08.2022), Fotografie: Kai Werner Schmidt © Nails Project Room*

Am Eröffnungsabend konvergierten diese disparaten Raumassoziationen miteinander, indem die KünstlerInnen, das im Hinterraum verstaute Materialkonvolut stückweise in den Schauraum trugen und es sorgfältig im Regal arrangierten. Das Archiv trat hervor, stellte sich zu Schau, wurde ereignishaft. In Vorbereitung der Ausstellung hatten die unabhängig voneinander arbeitenden KünstlerInnen dokumentarische Materialien und im Produktionsprozess entstandene Artefakte und Relikte ihrer schwer ausstellbaren sowie archivierbaren Arbeiten zusammengetragen. Neben Kartonagen und Aktenordner mit Fotografien, Drucken, Notizen fanden auch Perücken und Kostüme Platz im Regal, welches dadurch wie eine Mischung aus Aktenschrank und Theatergarderobe anmutete. In weiß gekleidet, räumte Locuratolo annähernd drei Stunden die Gegenstände mit Handschuhen ein, drappierte sie, breitete sie aus, legte sie wieder zusammen. Dabei unterhielt sich Locuratolo zeitweise mit den BesucherInnen über das Tun, über (institutionelle) Praktiken des Archivierens, Ordnens und des Zeigens sowie Inszenierens.

Im Dialog wechselte Locuratolo die Sprechperspektiven und kehrte performativ Reibungspunkte zwischen den Positionen des/r ArchivarIn, KünstlerIn, KuratorIn, RestauratorIn hervor, was oft das Aufscheinen widersprüchlicher Anliegen wie Ansprüche zur Folge hatte. Schien Locuratolos Präsenz zwischen performativem Vollzug und altbewährtem Eröffnungs-Geplauder hin und her zu schwingen und für die BesucherInnen Grenzziehungen zwischen inszenierter Situation und Vernissage zu erschweren, rückte Moritz Riesenbeck zurückhaltend, ganz in schwarz gekleidet, eher situationsbedingt in die Position einer (kunst-)vermittelnden Instanz. Denn sowohl der performativ-konzeptuelle Ansatz der Ausstellung, als auch die über das Materialkonvolut und die dokumentarischen Artefakte repräsentierten Arbeiten erforderten ein Mehr an Kommunikation, um sich für die Wahrnehmung der Besuchenden zu entfalten. Dies setzte sich während des Ausstellungszeitraum fort, denn Riesenbeck war während der Öffnungszeiten immer vor Ort. Meist sitzend am Tisch anzutreffen, gab er Auskunft und verwickelte Besuchende in Gespräche über die Regalinhalte, lud sie ein, eigenständig darin zu forschen. Neben der direkten Kommunikation gaben kleine Beschriftungen an den Kartonagen Informationen über die mit dem Inhalt in Verbindung stehenden Arbeiten, etwa *Shaking 2020*, Blackbox, Kiel. Inhalt dieses Kartons war ein Bällebad, das im Zuge einer partizipatorischen Performance von Locuratolo Verwendung fand. Neben ihrem Informationsgehalt mahnen derlei Objektbeschriftungen, die grundsätzlich in Ausstellungen als auch in Archiven anzutreffen sind, oft an eine institutionell erbetene Distanz zum (Kunst-)Objekt. Jene unterliefen Locuratolo/Riesenbeck mit zusätzlichen Handlungsanweisungen für die BesucherInnen, wie *Take Me Home*. Gerade in der gezielten Forcierung eines aktiven Umgangs mit den ausgestellten Dingen entstanden neben Gesprächen kleine, kaum merkliche performative Mikroereignisse in der Ausstellung, die etwa dann Konventionsreibungen erzeugten, wenn Teilexponate in eine Handtasche wanderten und in dem Zuge tradierte Eigentumsverhältnisse eines Archivs oder einer Ausstellung außer Kraft setzten.

Auf diese Weise wurden die zusammengeführten KünstlerInnenarchive nicht nur im performativen Prozess des Arrangierens im Schauraum neuartig in den Blick gerückt, als eine gestaltbare Ordnungs- und Wissensstruktur mit konstant umformbaren Erzählungen und unbestimmten Eigentumsverhältnissen. Außerdem wurden sie mit der Überführung in das Schauformat der Ausstellung (re-)aktiviert: Über die je spezifische performative Ausführung der KünstlerInnen und über die involvierende Aktivierung der RezepientInnen. Denn der Titel *Performing Archive* lässt sich in mindestens drei Richtungen auslegen: Erstens bezieht er den Prozess des Entstehens und Umgangs mit dem Archiv ein, spielt zweitens darauf an, in welcher Form Archive unser Verständnis von Geschichte und Kultur vorwiegend aus einer Abhängigkeit zum Material zu formen vermögen sowie unsere Handhabung mit ihnen prägen, und verweist drittens auf den oft angeführten Widerstreit zwischen künstlerischen Ausdruckformen des Hier und Jetzt und dem mit Dauerhaftigkeit und Beständigkeit assoziierten Archiv, der jedoch mit Blick auf die performativen Aushandlungsebenen des Archivs vereinbarer erscheint.

Dokumentwerden als gemeinsame Arbeit und performatives Ereignis

Gehen Locuratolo/Riesenbeck mit *Performing Archive* den Fragen nach, wie und ob sich ihre performativen, ortsspezifischen Arbeiten über die wiederum performative Aktivierung von dokumentarischen Artefakten ausstellen lassen, setzt Anne Arndt viel früher an, nämlich bei dem Prozess des *Dokumentwerdens*.[14] Der historisch wirkmächtige Dokumentationsprozess, wurde während der Performance *Bereitschaftssiedlung Bereit?* an das Publikum teildelegiert, um anschließend in Form externen Dokumentationsmaterials in die Videodokumentation einzufließen.

Arndts Performance entstand im Rahmen des vom NRW Kultursekretariat Gütersloh initiierten Projekts *Stadtbesetzung*, das darauf abzielt, Kunst abseits des Museums unmittelbar zu den Menschen und in ihre städtische Umgebung zu führen, in Form künstlerischer Interventionen im öffentlichen Raum. In dem Zusammenhang befasste sich Anne Arndt seit Anfang 2022 intensiv mit Marl, einer von der Chemieindustrie und dem Bergbau geprägten Stadt im Ruhrgebiet. Als vom Skulpturenmuseum Marl eingeladene Künstlerin, deren Arbeit auf künstlerischer Forschung basiert, setzte sie sich in intensiven Feldstudien mit der jüngeren Geschichte der Stadt, deren Architektur und ihren BürgerInnen auseinander. Sie forschte im Stadtarchiv, führte zahlreiche Gespräche mit AnwohnerInnen, sichtete persönliche Fotoalben, VHS-Kassetten sowie ZeitzeugInnenmaterial aus dem Zweiten Weltkrieg und baute auf diese Weise Verbindung zu der Stadt, ihren BürgerInnen und deren eigenen Geschichten auf. So bot ihr der Kontakt zu etwa Dr. Karin Derichs-Kunstmann, der Leiterin des Arbeitskreises Recklinghäuser Frauengeschichte, Einblicke in die Aufarbeitung unerzählter Geschichten von Frauen im Ruhrgebiet. Neben den für die Künstlerin gewonnenen Innenperspek-

---

14 Der Neologismus *Dokumentwerden* entspringt dem Kontext des Bochumer Graduiertenkollegs *Das Dokumentarische. Exzess und Entzug* und wurde im Rahmen der Tagung *DokumentWerden. Zeitlichkeit | Arbeit | Materialisierung* (05.-07.05.2022) näher konturiert. Ausgehend von der Frage, auf welche Weise etwas zu einem Dokument wird, richtete die Tagung den Blick auf einerseits die durch Dokumente eingeforderten Praktiken und andererseits auf solche, die ein Artefakt erst als dokumentarisch oder als Dokument wahrnehmen lassen. Ein Schwerpunkt hierbei war die Hervorbringung von Dokumenten bzw. einer Lesart des Dokumentarischen durch Prozesse des (Zusammen-)Arbeitens, auf den hier rekurriert ist. Denn die dem Dokumentarischen nachgesagte Wirklichkeitsnähe wird durch die Delegation der Dokumentation an das Publikum insofern verstärkt, als gerade viele Blickwinkel und heterogenes Material eine besonders lückenlose Repräsentation der Aufführung suggerieren.

tiven, begrüßten es die MarlerInnen, in den künstlerischen Forschungsprozess von Arndt einbezogen zu werden und an diesem mit ihren Erzählungen, Erfahrungen mitzuwirken und teilzuhaben. Arndts besonderes Interesse weckten dabei eigentümliche oberirdische Splitterschutzbunker, die vor dem Zweiten Weltkrieg erbaut wurden und im Stadtjargon wegen ihrer ovalen Form *Marler Eier* genannt werden. Diese kommen in der denkmalgeschützten Bereitschaftssiedlung, einem Stadtteil in angrenzender Nähe zu dem heutigen Chemiepark, besonders gehäuft vor, sind jedoch nicht auf Stadtplänen verzeichnet. Als kriegsstrategisch wichtige Fabriken, die seinerzeit als *Chemische Werke Hüls GmbH* Werkstoff für die Reifenproduktion herstellten, war die Chemiezone Marls oft Ziel von Bombenangriffen. Um die hauptsächlich in der Bereitschaftssiedlung wohnenden ArbeiterInnen der Werke zu schützen, wurden die *Eier* als oberirdische Schutzzellen in die Siedlung gesetzt, damit sich wenige Personen bei Bombenalarm darin in Sicherheit bringen konnten. Sind diese heute teils umfunktionierten, teils verwahrlosten Architekturen für Marler BürgerInnen selbstverständlicher Teil des Stadtbildes und ihres persönlichen Wohnraums, etwa indem Bänke vor ihnen aufgestellt oder Blumenbeete um sie herum angelegt sind, empfand Arndt diese Zellen und deren Involviertheit in den alltäglichen Lebensraum befremdlich. Mag die Aneignung kriegsarchitektonischer Reminiszenzen eine Form gesellschaftlicher Bewältigungsstrategie sein, drohen mit ihr – insbesondere bei jüngeren Generationen – der genuine Kriegsursprung und die eingeschriebene Geschichte zu verblassen. Als Reaktion gegen das Vergessen, aber auch mit Blick auf das aktuelle Kriegsgeschehen in der Ukraine, lud Arne Arndt Interessierte und AnwohnerInnen zu ihrer Performance *Bereitschaftssiedlung Bereit?* am *Marler Ei* auf der Rappaportstraße ein (s. Abb. 7).

Gekleidet in einem blauen Overall, schrubbte Arndt vom porösen Betonkorpus eifrig Graffitis ab und fegte umherliegende Glasscherben zusammen. Sie setzte die Splitterschutzzelle wieder in Stand und dabei sahen ihr ungefähr 45 BesucherInnen zu. Löste ihre Reinigungsarbeit[15] bei einigen das Gefühl unbehaglichen Voyeurismus aus, fühlten sich andere angeregt, in den Austausch zu treten und zu berichten, welche Rolle das *Marler Ei* in ihrer Kindheit hatte oder in ihrem Alltag einnimmt.[16] Auf diese Weise führte die Performance Menschen verschiedener Generationen und sozialer Herkunft zueinander, deren Berührungspunkte sonst

---

15 Eine deutliche kunsthistorische Referenz ist die *Maintenance Art* von Mierle Laderman-Ukeles, die darauf abzielt, gesellschaftlich ungesehene und unbeachtete Arbeit in den Blick zu rücken und damit anzuerkennen.

16 Ein großer Dank gilt hier Luise Klonowski, der Volontärin des Skulpturenmuseums Marl, die mir hilfreiche Einblicke in die situative Atmosphäre und die BesucherInnenreaktionen gewährte.

Abb. 7: Anne Arndt Bereitschaftssiedlung Bereit?, *Instandsetzungsperformance am 06.08.2022, Rappaportstraße in Marl, organisiert durch das Skulpturenmuseum Marl © Anne Arndt*

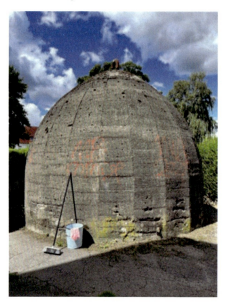

eher rar sind, und eröffnete ihnen im Gespräch Gemeinsamkeiten zu entdecken. Für weiteren Gesprächsstoff vor Ort sorgte auch die geteilte Aufgabe des Dokumentierens: Denn bereits im Ankündigungstext der Instandhaltungsperformance wurde explizit das Publikum dazu aufgerufen die Arbeit am *Ei* zu dokumentieren und das Material für die Videoarbeit einzuschicken. Am Ort des Geschehens wiesen zusätzlich laminierte Schilder darauf hin, dass eine Dokumentation der BesucherInnen ausdrücklich erwünscht sei und Luise Klonowski, die Mitarbeiterin des Skulpturenmuseums, verteilte Visitenkarten mit Arndts Kontaktdaten an die Anwesenden. Die später an Arndt zugesandten Fotografien und Filmsequenzen flossen wiederrum in die aus der Performance entstandenen Videoarbeit ein (s. Abb. 8).

Anders als in Performancedokumentationen, die lediglich den performativen Vollzug zeigen, ist das Publikum hier zweifach im Bild: Einerseits sind die Umherstehenden und fleißig Dokumentierenden abgebildet, wie sie sich unterhalten und zusehen, und andererseits sind ihre Aufnahmen selbst Teil der Dokumentation. Dies geht auf Arndts Anliegen zurück, keine Arbeit über die MarlerInnen und ihre Stadt zu machen, sondern sie und ihre unerzählten Erlebnisse ins Licht ihrer eigenen Geschichte zu rücken und ihnen eine Stimme zu geben.

Abb. 8: BesucherInnen dokumentieren Anne Arndts Performance
Bereitschaftssiedlung Bereit?, *am 06.08.2022, Rappaportstraße in Marl,
organisiert durch das Skulpturenmuseum Marl, Fotografie: Luise Klonowski*

Die aktivierende Einbindung des Marler Publikums in den Dokumentationsprozess verweist auf die Vielfalt möglichen Erinnerns und Erzählens – dies auch im Zuge einer neuen Werkwerdung. Auf diese Weise macht Arndt die BesucherInnen zu Ko-AutorInnen gemeinsamer Wissensproduktion und zu ZeugInnen der Aushandlung eines kulturellen Gedächtnisses. Denn ihre Gespräche und ihre (visuellen) Perspektiven auf die performative Arbeit am *Marler Ei* fließen nicht nur in die spätere Videoarbeit (s. Abb. 9), sondern gehen mit ihr auch in die Sammlung des Marler Skulpturenmuseums ein.

Mag die Delegation des Dokumentierens einerseits ein Kommentar auf den durch Smartphones angestoßenen ubiquitären Dokumentationsexzess in den sozialen Medien sein, die es erlauben, alles in Kürze aufzuzeichnen und zu teilen, kann die Übertragung an das Publikum als Ermächtigungsgeste gelesen werden. Denn indem ihre Innenperspektiven in der Videodokumentation integriert werden, wird ihnen gleichsam ermöglicht, selbst Teil der eigenen Geschichtsschreibung zu werden.

Abb. 9: Anne Arndt Bereitschaftssiedlung Bereit?, *Still aus der Videodokumentation, in der Dokumentationsmaterial vom Publikum integriert ist, TC 16:27 © Anne Arndt*

Ohne Ende

Welche Auskunft geben die drei besprochenen Beispiele über die Dynamiken des Archivs im Zusammenspiel mit performativer Praxis und folglich auch für die Überführung des Beuys-Performancefestivals 2021 in Wuppertal ins Digitale und dessen Weiterführung in dieser Publikation? Alle bestätigen einmal mehr, dass Archiv, Dokumentation und Performance-Kunst nicht im Widerstreit zueinanderstehen, sondern sich in einem wechselseitigen und zyklisch-fortwährenden Verhältnis aus (Re-)Aktivierungsprozessen zwischen (performativem) Ereignis, Medialisierung und Rezeption hervorbringen. Dabei vermag das Archiv seinerseits in vielgestaltiger Form nach Außen treten, wie am Beispiel Boris Nieslonys *Schwarzer Lade* deutlich wurde, darüber selbst ereignishaft werden und Situationen anstoßen, die aufs Neue dokumentiert werden und ins Archiv eingehen. Bildet die *Schwarze Lade* eine Bandbreite an (Re-)Aktivierungsprozessen und das stetige Ineinandergreifen von Flüchtigem und Haltbarem ab, verdeutlichen aktuelle Beispiele, wie das performative Ausstellungsprojekt *Performing Archive*, die Relevanz einer performativ reflexiven Befragung der Praktiken des In-Erscheinung-Tretens von dokumentarischen Artefakten. Als performative Arbeit, die aus der Recherche in privaten Archiven der Marler BürgerInnen hervorgeht, stößt Arndts *Bereitschaftssiedlung Bereit?* in die undokumentierten Lücken eines kulturellen Gedächtnisses vor und legt in der Einbindung des Publikums den Dokumentationsprozess als einen frei, der das, was später im Archiv (nicht) ausgelesen werden kann, maßgeblich bestimmt.

Quellenverzeichnis

Allsopp, Ric/Cassens, Linda (1998): »Archive Review. On Place«, in: Performance Research 3, S. 124-126.

Auslander, Philip (2018): »Reactivation. The Complex Temporality of Performance Documentation«, in: ders. (Hg.): Reactivations. Essays on Performance and Documentation, Ann-Arbor: University of Michigan Press, S. 41-67.

Auslander, Philip (2005): »Zur Performativität der Performancedokumentation«, in: Barbara Clausen, Barbara/Museum Moderner Kunst Stiftung Ludwig (Hg.): After the Act. Die (Re)Präsentation der Performancekunst, Nürnberg: Verl. für Moderne Kunst, S. 21-34.

Bührer, Valeska/Lauke, Stephanie Sarah (2016): »Archivarische Praktiken in Kunst und Wissenschaft. Eine Einführung«, in: dies./Peter Bexte (Hg.): An den Grenzen der Archive. Archivarische Praktiken in Kunst und Wissenschaft, Kadmos: Berlin, S. 9-24.

Büscher, Barbara/Cramer, Franz Anton (Hg.) (2021): Bewegen, Aufzeichnen, Aufheben, Ausstellen: Archivprozesse der Aufführungskünste. Ein Arbeitsbuch, Leipzig/Berlin, https://nbn-resolving.org/urn:nbn:de:bsz:14-qucosa2-780226 (letzter Zugriff: 30.10.2022).

Grau, Pascale (2019): »Performancekunst im archiv performativ«, in: Kunstforum International 264, S. 145-148.

Johar, Tarika/Stockhausen, Michael (2022): »Vorwort. 1 Monat experimentelles h an deln«, in: International Performance Archive Black Kit | Schwarze Lade (Hg.): 1 Monat experimentelles Arbeiten. h an de ln, 30. Sept.-31. Okt. 2021, Köln, S. 6-10, https://internationalperformanceartarchive.com/online-magazin/ (letzter Zugriff: 13.10.2022).

Messner, Philip (2014): »Das Archivische. Konfigurationen zwischen Kunstdiskurs, Geschichtswissenschaft und Verwaltungspraxis«, in: Gilbert Coutaz/Gaby Knoch-Mund/Ulrich Reimer (Hg.): Informationswissenschaft: Theorie, Methode und Praxis, Baden: Hier und Jetzt, S. 283-303.

Nieslony, Boris/Siever, Wiebke/Stockhausen, Michael (Hg.) (2019): Boris Nieslony: Das es geschieht, Publ. anl. gleichn. Ausst., Museum Ratingen (28.06.-06.10.2019), Köln: Strzelecki Books.

Raap, Jürgen (1991): »Asa/Black Market. Boris Nieslony: Mentales Network«, in: Kunstforum International 116, S. 228-230.

Raap, Jürgen (1988): »Öffentliches Interesse. Boris Nieslony: Die Schwarze Lade«, in: Kunstforum International 95, S. 227-229.

Sachsse, Rolf (2019): »Das Konzil, die Lade, der Tisch. Drei Durchgänge für Boris Nieslony mit paradiesischem Ende«, in: Nieslony 2019, S. 9-15.

Schneider, Rebecca (2012): »Performance Remains«, in: Amelia Jones/Adrian Heathfield (Hg.): Perform, Repeat, Record. Live Art in History, Bristol/Chicago: Intellect, The University of Chicago Press, S. 138-150.

Stockhausen, Michael (2019): »Es wird Zeit. Ein Vorwort zum Queren und Überqueren«, in: Nieslony 2019, S. 3-6.

Wirth, Uwe (2005): »Archiv«, in: Roesler, Alexander/Stiegler, Bernd (Hg.): Grundbegriffe der Medientheorie, München: Wilhelm Fink, S. 17-27.

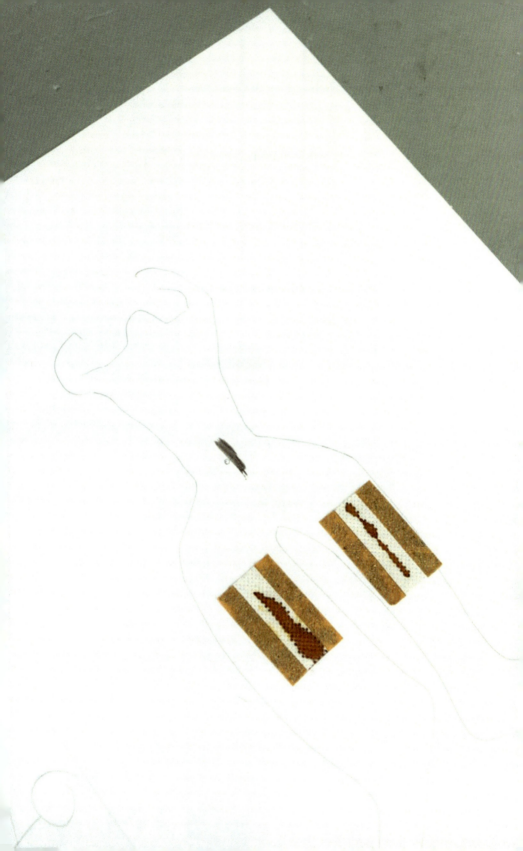

Hybride Hörsituation. Ein situiertes Experimentieren von Partita Radicales *Etüde der Langsamkeit*

Jens Fehrenbacher

Weingläser werden mit Geigenbögen gestrichen. Jede der feinen Handbewegungen kann mitverfolgt werden, wie sie schier endlose Texturen erzeugen, die trotz fortlaufender, minimaler Variationen wie gefroren wirken. Statt Entwicklung und Spannungsaufbau reine, instantane Klanglichkeit. Die konzentrierten, aufmerksamen Gesichter sind nah, fast intim. Über ihnen schwebt ein roter Punkt, neben den ebenso roten Buchstaben ›REC‹. Dahinter die heimische Raufastertapete, die ich, in nicht mehr ganz bequemer Pose auf einem Yogakissen, mal mehr mal weniger ausblenden kann.

Hybridität experimentieren

Eine schriftliche Auseinandersetzung mit der *Etüde der Langsamkeit* des Improvisations-Ensembles Partita Radicale auf dem Wuppertaler Beuys-Performancefestival steht vor einem Problem, das in unterschiedlichem Ausmaß viele der hier zusammengetragenen Artikel betrifft: Mit der coronabedingten Unmöglichkeit eines anwesenden Live-Publikums lässt sich nicht mehr in selbstverständlicher Weise über die Aufführung *als solche* schreiben. Selbstverständlich übertragen sich die *hard facts* auch im gestreamten, durch den Medienkünstler Florian Zeeh bearbeiteten Videomitschnitt: Die vier Musikerinnen Gunda Gottschalk, Ortrud Kegel, Karola Pasquay und Ute Völker füllen den großen Raum eines historischen Industriegebäudes in unterschiedlichen Formationen mit instrumentalen Klängen von Querflöte, Akkordeon, Violine und E-Piano und diversen analogen und elektronischen Klangerzeugern, die etwa auf Tischen im Raum verteilt sind. Im Verlauf der dreieinhalbstündigen, improvisierten Musikperformance sitzen sie mal ganz kammermusikalisch nebeneinander, mal verteilen sie sich im Raum, formen zeitweilige Duette und kommen wieder als Ensemble an unterschiedlichen Stellen, wie am besagten Tisch mit den Weingläsern, zusammen.

Das Ambiente und die Klangräume der verlassenen Fabriketage zu schildern, wie sie in unterschiedlichen räumlichen Konstellationen durch die Musikerinnen gefüllt wird und sich der Duft des vom Teemeister Linus Schlüter zubereiteten Tees langsam im Raum ausbreitet, wird in der Rezeption auf Distanz dafür umso schwieriger. Demgegenüber drängen sich die technischen Möglichkeiten der Aufnahme von Bild und Ton, ebenso wie das Abspielgerät der Wahl, in meinem Fall ein Laptop, hinein in die Erfahrung. Statt nun diese Ausgangslage der medialen Übertragung entweder auszublenden, diesen Mangel als Verlust zu betrauern oder medientechnische Dispositive zu analysieren, scheint in der Einladung der Herausgeberinnen eine weitere, so unabgesichert wie interessant wirkende Möglichkeit auf: die künstlerische Arbeit als Ausgangspunkt zu nehmen, mit ihr aufgreifend zu experimentieren.

Diese Einladung möchte ich in diesem Text annehmen, um sie mit Isabelle Stengers (grammatikalischen) Neologismus zu verbinden: als Vorhaben, die *Etüde der Langsamkeit* in diesem hybriden Modus *zu experimentieren*:

> »Das Verb ›experimentieren‹ wird hier in einem ähnlichen Sinne wie ›erfahren‹ verwendet, das heißt ohne ›mit‹ oder ›an‹, um so nicht die Vorstellung einer Trennung zwischen dem Experimentator und demjenigen, ›mit‹ dem oder ›an‹ dem experimentiert wird, aufkommen zu lassen. Es handelt sich also um einen (französisch inspirierten) Neologismus, der eine Praxis der aktiven, offenen, erhöhten Aufmerksamkeit anzeigen soll, die wir einer Erfahrung in dem Moment schenken, in dem sie erfahren wird.« (Stengers 2008: 116)

Damit wendet sich Stengers sowohl gegen die *aktive* Vorstellung, dass *mit etwas* experimentiert werden könne, ohne von diesem Experimentieren selbst *betroffen* zu sein, wie auch gegen die *passive* Vorstellung, dass etwas *an sich* erfahren werden könne, ohne selbst mitwirkend in dieses Erfahren verwickelt zu sein. Erfahren und Experimentieren greifen also ineinander, ein Erfahren vollzieht sich in stets ganz eigener Weise, die sich der Generalisierung entzieht. Der Versuch der Trennung der Rollen, also das Ausblenden der eigenen, jeweils besonderen Mitwirkung entspricht dem »god trick« (Haraway 1988: 581), den Donna Haraway in ihrem Entwurf zum »Situierten Wissen« (ebd.) anprangert und demgegenüber sie die Übernahme von Verantwortung für die eigene Involviertheit fordert. Ein Experimentieren in Stengers und Haraways Sinne ist also ein *situiertes* Vorgehen, in welchem das eigene Mitwirken, die eigenen Interessen und Aufmerksamkeiten ebenso als elementare Bestandteile des Erfahrens betrachtet werden wie ihre situativen, etwa sozialen oder räumlichen Bedingungen.

Ein solches situiertes Experimentieren soll also hier mit der *Etüde der Langsamkeit* versucht werden, indem jene unfreiwillige, pandemische Rezeptions-Situation in die Beschreibung eingeflochten wird, die sich in der eigenen Wohnung vollzieht. Entgegen der Beschreibung einer vermeintlich isolierbaren künstlerischen Arbeit, soll also die Einbettung der Erfahrung in ihre situativen, auch vermeintlich nebensächlichen Kontexte thematisiert werden. Statt der Ausblendung jener unordentlichen Gemengelage, welche die künstlerische Inszenierung überschreitet, geht es also, wie Stengers es ausdrückt, um ein »giving to the situation the power to make us think« (Stengers 2005: 185). Zu welchen Fragen und Aufmerksamkeiten kann also diese besondere Konstellation befähigen?

Ein situierter Selbstversuch

Als Teil jenes situierten Beschreibens lässt sich etwa über die Mitwirkung des Umstandes nachdenken, dass der Vorsatz zum situierten Experimentieren mit dieser Arbeit auf die doppelte Verpflichtung antwortet, einen Artikel zu erstellen und dabei der künstlerischen Arbeit gerecht zu werden. Diese Verpflichtung hebt für mich die sonstige Unverbindlichkeit von Online-Formaten auf: Die Übertragung nebenbei betrachten, zwischendurch eine Kaffeepause einlegen oder Care-Verpflichtungen nachzugehen scheint mir unangemessen. Zu diesem Eindruck führt neben der Erwartung, einen Artikel zu schreiben, aber auch die Betitelung und Ankündigung der Arbeit. Eine *Etüde der Langsamkeit*, die sich explizit der »Wahrnehmung der Zeit« (so der Programmtext[1]) widmet und sich einreiht in eine Folge von »Langzeitstudien«[2] formuliert in meinen Augen die Forderung, die Langsamkeit, die Dauer von über drei Stunden als zentrales Motiv mit zu vollziehen. Gerade in der Freiheit des unfreiwilligen, hybriden Formats, nicht der sozialen Situation der Ko-Präsenz zu unterliegen, die es abwegig erscheinen lässt, einfach zwischendurch den Aufführungsraum zu verlassen, wächst also die Verantwortung, selbst für einen Rahmen zu sorgen, der ein Einlassen auf diese Erfahrung ermöglicht. Statt einer beiläufigen Berieselung stelle ich mir also die Frage: Was lässt sich mit dieser hybriden Situation anfangen? Was kann ich dafür tun, um dieser künstlerischen Arbeit in dieser pandemischen Lage gerecht zu werden?

Aus diesen Überlegungen folgt ein *Wenn-dann-richtig*-Entschluss: Ich mache mich also bereit, diese ›Langsamkeitsstudie‹ als Herausforderung anzunehmen. Mit eher rudimentären Vorerfahrungen in Yoga und Meditation nehme ich auf einem Yogakissen Platz. Die Gesamtdauer von über drei Stunden sorgt schon

---

1 Vgl. hierzu: https://www.wuppertal.de/microsite/Beuys-Performancefestival_/Beuys-Performancefestival/index.php (letzter Zugriff: 30.11.2022).

2 Vgl. hierzu: http://www.partitaradicale.de/ (letzter Zugriff: 30.11.2022).

für ein mulmiges Gefühl, da sie weit die Dauer meiner bisherigen Meditationserfahrungen übersteigt. Aber im Nachempfinden der Teezeremonie, die Teil der Aufführung ist, habe ich mir zumindest eine Thermoskanne Grüntee zur Seite gestellt. Natürlich entspricht mein Supermarkt-Sencha keineswegs der chinesischen Tradition jener Zeremonie, aber das wird mir erst im Verlauf der Performance so explizit auffallen. Zumindest erweitert sich mein sinnliches Spektrum, das in vielerlei Hinsicht von der Ko-Präsenz abgeschnitten ist, durch die Wärme, den Geruch und den Geschmack meiner provisorischen Teevariante.

Die Übertragung beginnt mit einer kurzen Anmoderation. Wir befinden uns in Streaming-Kanal 1 und werden freundlich darauf hingewiesen, dass auf Kanal 2 auch eine Reportage und ein Diskussionspanel zu sehen sein wird.[3] Der Moderator David J. Becher empfiehlt, sich der *Entschleunigung* auf Kanal 1 zu widmen, wer aber etwas ›hibbelig‹ ist, kann auch Kanal 2 wählen und ab und zu für ein paar Minuten Langsamkeit zurück zu Kanal 1 zappen. In meinen Ohren klingt das fast wie eine Provokation: Niemand zwingt dich, dich mit dieser ausufernden Dauer zu konfrontieren. Nun gut, einmal noch die Wolldecke bequem zurechtlegen, Rücken gerade, einmal tief Ein- und Ausatmen und los.

Ein dumpfer, synthetischer, minimal pulsierender Baston füllt die Kopfhörer. Er bleibt so lange für sich stehen, dass bereits die kleinste Modulation der Obertonstruktur oder das Knarzen eines Stuhls aufmerken lässt. Die Musikerinnen, auf vier Stühlen nebeneinander, scheinen sich nicht zu rühren. Eine hat ein Smartphone in der Hand, das mutmaßlich für diesen Liegeton verantwortlich ist. Nach einer gefühlten Ewigkeit steigt zunächst das Akkordeon mit einem ebenso konstanten, etwas knarzigeren Baston ohne merkliche Veränderung ein, etwas später die Violine mit zögerlichem Hauchen. Wann das E-Piano einsetzt, lässt sich kaum genau festhalten, da auch hier eine synthetische Klangeinstellung vorgenommen wurde und zunächst allein das bassige Spektrum bedient wird, dass sich teils mit den Smartphone-Klängen, teils mit dem Akkordeon überlagert. Vielleicht hat der Ankündigungstext mit dem Verweis auf die Teezeremonie und den Ritualcharakter der Aufführung sowie mein daraus folgendes Rezeptionsarrangement meiner Assoziation bereits eine deutliche Richtung gegeben, aber tatsächlich stellt sich schnell ein Eindruck von Meditationsmusik ein, wie sie etwa in hinduistischer Tradition häufig von Harmoniumklängen getragen wird. Auch die Videoregie des Medienkünstlers Florian Zeeh trägt zu dieser meditativen, fast psychedelischen Stimmung bei, mit gemächlichen Kamerabewegungen und sich lange erstreckenden Überblendungen, teils auch zu Standbildern desselben Raums bei Nacht und in leerem Zustand. So ergibt sich ein multisensuelles Gefüge aus Klang und Bild mit jeweils unterschiedlichen, langsam verlaufenden

---

3 Siehe hierzu auch den Beitrag *Das Beuys-Performancefestival in Wuppertal* von Bettina Paust in diesem Band.

Übergängen, in der sich die Videoarbeit als ein gleichwertiges, wenn auch nachgeordnetes Ausdrucksmittel in die kollektive Improvisation einreiht.[4] Die Prinzipien des diffusen Überlagerns und Verschwimmens dominieren also diese erste Phase, in der deutlich wird, dass es bei dieser zeitgenössischen Improvisationsmusik keineswegs um maximale Reibung oder individuellen Ausdruck geht. Auch wenn kein gemeinsames rhythmisches oder melodisches Zentrum besteht, ist ein intensiver gegenseitiger Bezug spürbar. Hier arbeiten keine vier Solistinnen, sondern ein Ensemble, das gemeinsam Texturen, Flächen und Muster webt, in denen oft unklar bleibt, welcher Ton genau woher kommt.

Die *Etüde* zwischen Übung und Enthaltung

Es zeigt sich also recht früh, dass der im Titel angelegte Kontrast zwischen *Etüde* und *Langsamkeit* programmatisch ist. Die Etüde, die als musikalische Form aus der spieltechnischen (Finger-)Übungen hervorgeht, entwickelt sich insbesondere im 19. Jahrhundert zur *Konzertetüde*, als Präsentationsform von Virtuosität über die Variation eines Motivs bzw. einer Schwierigkeit (vgl. von Dommer 1865: 289f.). Dem steht die hier zur Schau gestellte *Langsamkeit* diametral gegenüber. Es geht vielmehr um die Schwierigkeit der Enthaltung von Virtuosität und progressiver Entwicklung, die hier in aller Breite durchdekliniert wird. Wenn auch musikalisch mit Dissonanzen gearbeitet wird, entstehen daraus keine *Spannungen*, die nach ihrer Auflösung trachten. Eher entspinnt sich ein Dahinfließen von Phasen, teils unterschiedlich instrumentierten Konstellationen, die ineinander übergehen und sich überlagern, ohne dass sich ein dramaturgischer Bogen aufspannt. Die Phasen, wie etwa das einleitend erwähnte Spiel der Weingläser mit Geigenbögen, werden dagegen zu verschiedenen Weisen des aufmerksamen Verharrens.

Wenn sich der Moderator zu Beginn für den Verweis auf *Entschleunigung* fast zu entschuldigen scheint, lässt sich diese Vorsicht nicht allein auf die inflationäre Referenz auf dieses Konzept zurückführen. Ist die schiere Dauer bereits Wertkriterium, erhöht dadurch, dass wenig passiert? Wie Matthias Rebstock in Bezug auf Konzertformate beschreibt, können die »Entschleunigungsoasen« (Rosa 2018: 48), die der Soziologe Hartmut Rosa, ein zentraler Impulsgeber der Entschleunigungsdebatte, als Refugien vor der modernen Hektik beschreibt, zur »Entschleunigungszwangsjacke« (Rebstock 2018: 144) werden. Wie auch Christoph Menke in seinen Foucault-Studien darlegt, ist jedes Üben *zweideutig*, insofern es neben einer Selbstermächtigung stets auch Aspekte einer Disziplinierung aufweist (vgl. Menke 2003: 299). Schließlich können die hier angedeuteten Übungspraktiken der

---

4 Siehe für eine weiterführende Auseinandersetzung mit der Medialität des Performativen den Beitrag von Maren Butte in diesem Band.

Meditation oder des Yoga ebenso als freiwillige Selbstunterwerfung zugunsten eines *entschleunigten Lebensentwurfs* verstanden werden, welcher, wie Rosa selbst eingesteht, wiederum marktfähig gemacht werden kann (vgl. Rosa 2018: 48). Ordentlich entschleunigt, am besten durch konzerninterne Maßnahmen, werden nun gesündere, stressfreiere und damit arbeitsfähigere Subjekte hervorgebracht (vgl. Maak 2017). Während eine solche Argumentation jedoch Gefahr läuft, kein Außen der Disziplinierung zuzulassen, betont Menke auch die andere Hälfte jener Zweideutigkeit. Das Üben, so erläutert er, *kann* in seiner Haltung darauf ausgerichtet sein, einem vorgefertigten Plan zu entsprechen bzw. ein Ziel zu erreichen (vgl. Menke 2003: 296), *oder aber* sich »experimentell« (ebd.: 295; Foucault 1990: 49) zu vollziehen. In jener *experimentellen* Haltung, in der »Überschreitung jedes vorweg gesetzten Ziels« (Menke 2003: 298), werden also sowohl die Prinzipien des Übens, wie auch das übende Selbst einer unabsehbaren Transformation ausgesetzt. Dies entspricht gewissermaßen des mit Stengers eingeführten *giving the situation the power to make us think*: Der jeweils spezifischen, unübersichtlichen Situation wird das Vermögen zugesprochen, neue Fragen und Aufmerksamkeiten aufzuwerfen, die nicht aus der zugrundeliegenden Konstellation ableitbar sind. Es handelt sich also um eine Selbst-Konfrontation mit einer Situation, deren Ausgang und Folgen nicht absehbar sind. Auch Rebstock, der die Latenz jener *Entschleunigungszwangsjacke* skizziert, liegt es fern, die Verlangsamung, die etwa ein Konzert impliziert, grundsätzlich zu diskreditieren. Dagegen wirft er die Frage auf, auf welche Weise Formen des insbesondere auch körperlichen Einlassens auf eine sinnliche Erfahrung zu einer Ereignishaftigkeit führen können – also zu Momenten der Suspension reflexiver Zugänge zugunsten einer (Selbst-)Transformation. Interessanterweise, im Hinblick auf die vorliegende Untersuchung, verbindet er dies als Herausforderung der Inszenierung mit Hans Ulrich Gumbrechts Stichwort der »Produktion von Präsenz« (Rebstock 2018: 145; Gumbrecht 2004), was an späterer Stelle weiterverfolgt wird.

Die Spannung von zugrundeliegenden Prinzipien und deren Überschreitung im Vollzug betrifft Improvisations-Formate wie der *Etüde der Langsamkeit* in besonderem Maße, da der Improvisation die Implikation ebenjener Ereignishaftigkeit innewohnt: Was hier und jetzt geschieht, passiert zum ersten und zum letzten Mal. Nichtsdestotrotz ist auch hier dem romantisierten Blick der freien Kreativität und Entfaltung entgegenzuwirken. Auch Improvisation wird geübt, baut auf inkorporierten Spieltechniken, Prinzipien des Wechselspiels und der Dramaturgie auf und kann, im ungünstigeren Fall, zu einer (Selbst-)Wiederholung auf Basis des Gelernten werden. Außerdem gibt es auch hier vorläufige Strukturierungen, die bei der *Etüde der Langsamkeit* insbesondere durch die im Raum und auf Tischen verteilten Klangerzeuger deutlich wird, welche die Gesamtdauer als Phasen unterschiedlicher Instrumentierung und Räumlichkeit gliedert. Wie *spontan* damit tatsächlich umgegangen wird und was alles geplant ist, ist für das Publikum nicht einsehbar. Was allerdings spürbar wird, ist das gegenseitige Zuhören der Musikerinnen von Partita Radicale, deren Einsätze sich dem virtuosen Gestus der Selbstdarstellung entziehen und eher wie ein immer wieder anderes Sich-In-Bezug-Setzen wirken, ein fortlaufendes Überrascht-Werden und spürendes Antworten.

Die für mich am intensivsten erinnerte Geste besteht dabei gerade in dem Moment, als die Violinistin vorsichtig und in höchster Körperspannung den Geigenbogen ansetzt, um dann doch innezuhalten, in ihrer Spannung kurz nachzulassen, sich mit ihrem Blick im Nichts zu verlieren, um sich einen lang gehaltenen Atemzug später in das Klangmuster einzuweben. Die *hörenden Haltungen*, die sich gegenseitig anstoßen, ergänzen und auch irritieren, wirken der Vorausschau entgegen. Gerade in Anbetracht des erweiterten Instrumentariums grenzt dieses Entgegenwirken der Antizipation an einen bewussten Kontrollverlust. Wenn etwa vier Spieluhren mit unterschiedlichen Melodien gleichzeitig bedient, oder löffelgroße, motorisierte Schlagstöcke (um-)arrangiert werden, die im automatisierten Schlagen gegen Haushaltsgegenstände ihre eigene Position und damit ihre Rhythmik verändern, lässt sich die Folge der eigenen Aktionen im musikalischen Geflecht kaum vorausahnen. So wird stets ein erneutes Hören und Spüren notwendig, um nicht in Beliebigkeit zu verfallen. Eine *experimentelle Haltung* scheint hier also musikalisch auf unterschiedlichen Ebenen kultiviert zu sein, als eine Haltung, die sich stets, spürend und antwortend, *umorientieren* und sich *im Vollzug*, *durch* den gemeinsamen Vollzug herausfordern lässt.

Hörsituation und Hybridität

Demgegenüber geht das hybride Format auf eine eher unfreiwillige Improvisation zurück. So stellt sich die Frage der Übertragung einer potentiellen Ereignishaftigkeit des musikalischen Spiels auf eine Ereignishaftigkeit des Hörens auf eine umso dramatischere Weise. Schließlich ist ausgerechnet die *Präsenz*, die Rebstock mit Gumbrecht als zentrales Moment des sinnlichen Eintauchens in Konzerterlebnisse beschreibt, zumindest nicht als räumliche Ko-Präsenz mit den Musizierenden vorhanden.[5] Dieser Frage lässt sich über den Umweg eines jüngeren Texts Rebstocks begegnen, der zwar nicht die räumliche Trennung von Produktion und Rezeption thematisiert, aber unter dem Begriff der »Hörsituation« (Rebstock 2020: 137) jene Einbettung des Hörens in einen räumliche, multisensuellen Kontext adressiert. Sein Anknüpfungspunkt bildet dabei die von ihm diagnostizierte Tendenz zeitgenössischer Musik bzw. Klangkunst, häufig einen unklaren Status zwischen Aufführung und (Klang-)Installation aufzuweisen. So beschreibt er, dass »die Räumlichkeit insgesamt eine besondere Rolle spielt; oder

---

5 Siehe hierzu auch den Beitrag von André Eiermann in diesem Band.

[...] dass die musikalische Zeit nicht gerichtet, sondern eher statisch komponiert ist« (ebd.: 138). Wie er ausgehend von John Cages *untitled event* (1952) nachzeichnet, ist hier weniger der Mitvollzug eines dramaturgischen Bogens angelegt als ein eigenständiges Orientieren in einem vielschichtigen Geflecht von Sinneseindrücken, die über das Hören hinausgehen.

Eine solche räumliche und dramaturgische Dezentrierung lässt sich auch bei der *Etüde der Langsamkeit* beschreiben. Die *statische Zeitlichkeit* scheint nirgendwo hinzuführen. Es entsteht der Eindruck, dass hier gemeinsam Klanglandschaften erzeugt werden, die sich wie eine Skulptur, ein klangliches Environment erstrecken, in dem hörend unterschiedliche Aspekte fokussiert werden können, unterschiedlichen Perspektiven auf eine Installation ähnlich.[6] Diese statische Spannung zwischen Zeit- und Raumkunst mutet allerdings umso paradoxer an, insofern das räumliche Arrangement lediglich medial vermittelt wahrgenommen wird. Es ist mitunter schwer nachzuvollziehen, wie die abgefilmten Szenerien, die durch Schnitte und Überblendungen visuell verbunden werden, räumlich zueinander stehen. In der Umwandlung zu einer Stereospur mit naher Mikrofonierung der Klänge ist kaum noch der Raum als Hall, geschweige denn eine Richtung der Schallquelle auszumachen. Doch trotz dieser Abgeschnittenheit von der Aufführung ist auch diese Rezeption nicht ortlos und isoliert, sondern auf ganz eigene Weise eingebettet: Undeutliche Stimmen aus der Nachbarwohnung untermalen Wolkenformationen, wenn der Blick sich mal vom Bildschirm löst und aus dem Fenster schweift, wo er schließlich auf die Pflanze trifft, die unbedingt umgetopft werden sollte. Um dieses hybride Format, diese spezielle Hörsituation zu berücksichtigen, müsste der Situationsbegriff also so weit ausgelegt werden, dass er sich partiell dem künstlerischen Zugriff entzieht und sie, anders als es etwa Tino Sehgals *constructed situations* (vgl. Ferreti 2021) implizieren, als etwas verstehen, dass stets auch über die Inszenierung hinausgeht. Ein solches Potential zeichnet sich bei Andreas Hetzels philosophischer Auseinandersetzung mit der Situation ab, die er durch ihre konstitutive Unbestimmtheit charakterisiert. Indem er u.a. die »Abwesenheit eines Wissens um ihre Grenzen« (Hetzel 2013: 488) oder die »Abwesenheit einer gemeinsamen Perspektive« (ebd.: 489) attestiert, wird die Situation zur Chiffre der Unübersichtlichkeit und Unkontrollierbarkeit, die so für alle Beteiligten stets zur Herausforderung, gar zur Krise werden kann.

So wird eine Perspektive denkbar, die sich davon löst, die künstlerische Arbeit *an sich* zu beschreiben, sondern auf eine Situation antwortet, die zwar *durch* eine künstlerische Arbeit angestoßen und geprägt wird, aber immer auch den Bereich des Inszenierbaren übersteigt. Eine solche Perspektive ermöglicht erst den Blick auf all die

---

6 Wie Helga de la Motte-Haber ausführt, ist dieser Zwischenstatus zwischen Raumkunst und Zeitkunst ein charakteristisches Merkmal von Klangkunst im Allgemeinen, die damit die Tendenz aufweist, sich jenseits etablierter Kunstgattungen zu bewegen (vgl. Motte-Haber 2008).

zufälligen Konstellationen, die sich innerhalb der Improvisations-Performance, wie auch *zwischen* den Räumen der Aufführung und der Rezeption entfalten: Der vorbeifahrende Krankenwagen (in den Kopfhörern oder bei mir Zuhause?), eintretende Vogelstimmen in leisen Momenten, der Krampf in meiner Fußsohle, das Klopfen an meiner Tür samt skeptischem Blick auf mein Rezeptionsarrangement. In der Totale wird häufig das Kamerateam selbst, in vorsichtiger, professioneller Fokussiertheit sichtbar und bildet zusammen mit dem ebenfalls in der Totale sichtbaren, oft konzentriert lauschendem Teemeister ein seltsames, eingeweihtes Publikum dieser Darbietung, die in der Einsamkeit der verlassenen Fabrikhalle plötzlich umso intimer wirkt.[7]

Gerade im Modus dieser *Langzeitstudie*, die im Vergleich zu Joseph Beuys' oder Tomas Schmits *24-Stunden-Happening*[8] noch eine moderate Zumutung für alle Beteiligten darstellt, scheinen die Lücken des Inszenierbaren auf – »das Leben dringt in die Performance ein«.[9] Ich muss kurz kichern, als eine Musikerin sich zwischendurch zum Teemeister setzt und ihr eine Tasse serviert wird, als ob sie sich selbst kurz eine mitinszenierte Pause von der kräftezehrenden Performance gönnt, während nun das blubbernde heiße Wasser in die Klangcollage einfließt.

Auflösungserscheinungen

Diese Dauer des dreistündigen Starrens auf den Laptop nach einem anstrengenden Arbeitstag setzt auch mir zu. Die anfangs noch pflichtbewusste Aufmerksamkeit kann nicht mehr aufrechterhalten werden. Irgendwann scheint sich auch die Videoregie im Verharren eingefunden zu haben und zeigt lange nur ein Bild des leeren Aufführungsraumes bei Nacht, bei dem sich nun tatsächlich nichts mehr bewegt. Die Klänge fließen weiterhin unermüdlich ineinander, auf ruhige Weise bewegt, aber wie in Endlosschleife ohne Entkommen, indifferent gegenüber den Akkorden, die sie bilden. Ich schließe die angestrengten Augen und verliere mich in den dahinrollenden Bewegungen des Anschmiegens, der Reibung oder Verdichtung ohne Richtung: Ein Wallen der Intensitäten, ebenso unabhängig und ineinanderwirkend wie mein Herzschlag, der mit ins Hörfeld (oder Spürfeld?) tritt, die langsamen Atemzüge, das Ziehen und Stechen in meinen Beinen und Füßen, das punktuell aus der weichen Taubheit hinaustritt, der herbe Ge-

---

7 Erst gegen Ende der Performance werden Köpfe eines Publikums sichtbar, anscheinend Mitarbeitende des Festivals, wodurch sich die Frage des *ursprünglich* intendierten Rezeptionsmodus wiederum auf andere Weise stellen.
8 Siehe hierzu auch den Beitrag von Barbara Gronau in diesem Band.
9 Diese noch unveröffentlichte Formulierung geht aus einer Äußerung von Julia Reich hervor, die jene Langzeitperformances in ihrem Dissertationsprojekt »Arrangements des Abwesenden in der Performance-Kunst seit den 1960er Jahren« (Arbeitstitel) beforscht.

schmack des Tees, der sich noch ab und zu auf der Zunge zeigt. Ein syntaxfreier Ort für einen Moment hierarchiefreier Sinneseindrücke, ineinanderfließend in einem Zustand des schwebenden Umgeben-Seins.

Meine Ergriffenheit wie auch mein Versuch des Aufrecht-Erhaltens scheinen wie auf einem schmalen Grat zu balancieren – bis ich wieder herausfalle: Meine Gedanken beginnen schon, Formulierungen zurecht zu legen, die diesen seltsamen Moment selbst wieder nutzbar zu machen – Deleuzes und Guattaris Verweis auf die spinozistische Wirkweise der Minimal Music, wo stand das noch genau?

Im Nachhall dieses Eindrucks, im anhaltend rätselnden Staunen, wird für mich spürbar, dass irgendetwas an dieser Hörsituation *funktioniert* hat: Eine Art dezentrierte Verdichtung, eine Auflösung der Sinneshierarchien, der Grenzen zwischen Produktion und Rezeption, zwischen der Fabrikhalle und meinem Wohnraum. Trotz der unfreiwilligen Hybridität des Formats stellt sich, mit Rebstock bzw. Gumbrecht gesprochen, eine besondere *Intensität der Präsenz* ein, weniger als *Ko-Präsenz* der Aufführung denn als jener nicht-hermeneutische Zustand, den Gumbrecht anvisiert, in dem das sinnhafte Verstehen außer Kraft gesetzt ist. Diese Präsenz sehe ich dabei weniger als eine Verfügbarkeit eines *tatsächlichen* Hier und Jetzt, als die Wiederherstellung eines *Eigentlichen* gegenüber der Abstraktion, sondern, angelehnt an Hetzels Verständnis der Situation, als ein Spüren der Abwesenheit oder Suspension von Bestimmtheit und Tatsächlichkeit.

Rezeption als Experiment

Doch was hat hier, für kurze Zeit, *funktioniert*? Die im Programmtext angekündigte »Oase der Zeitlosigkeit« als Abwendung von Progression und *sinnhaften Verstehens*? Mein Versuch, dieses Versprechen hörend einzulösen, in der aufgreifenden Heim-Inszenierung? Oder der verausgabte Schwebezustand, der aus dieser verausgabenden Langsamkeitsübung hervorgeht? Ergibt diese Mitwirkung meinerseits die antizipierende Hoffnung, über etwas *Interessantes* schreiben zu können, nicht eine selbsterfüllende Prophezeiung, ein Nullsummenspiel, in dem schon vorher klar war, was am Ende resultiert? Wie unterscheidet sich diese Haltung von der impliziten Hoffnung jeglicher Rezeption künstlerischer Arbeiten, auf etwas *Interessantes* zu stoßen, auf ungewohnte Weise affiziert zu werden? Wie wirkt der Wunsch ergriffen zu werden in die Rezeption hinein, auch wenn nie klar ist, ob es *funktioniert* oder auf welche Weise?

Tatsächlich würde ich der Geste der Einladung zum Verfassen dieses Beitrags durch die Herausgeberinnen als eine Einladung zum Experiment eine *Mitwirksamkeit* zusprechen. Die Annahme dieser Einladung wird zu einer Wette darauf, dass etwas Interessantes passieren könnte, wie auch zu einer Übernahme von Mitverantwortung, entsprechend der Erwartung, dass meine Rezeption und mein Schreiben etwas *hinzufügt*: Es liegt an dir, was du damit anfängst. (Anders als bei einer Rezension, die sich auch zurücklehnen kann, um sich auf einen leidenschaftlichen Verriss zu freuen). Durch diese Geste wird hier dramatisiert wie Erfahren und Experimentieren zusammenlaufen, dass hier kein neutrales, distanziertes Erfassen von etwas Gegebenen beschrieben werden kann, sondern ein Mitvollzug, der immer bereits auf eigene Weise involviert und *interessiert* ist.

Gewissermaßen provoziert die Einladung zum Experiment, dieses spezifische Interesse als mitwirkendes Engagement und Verantwortung anzuerkennen. Sie stellt die Frage: Unter welchen Umständen könnte das hier interessant werden? Wie kannst du dafür sorgen, dass hier etwas Interessantes resultiert? Das Antworten auf diese Verantwortung führt also von der *eigentlichen* künstlerischen Arbeit als für sich stehende, isolierte Einheit weg und bettet sie in Kontexte ein, mit denen sie zusammenwirkt. Deleuzes und Guattaris auf das Buch bezogene Forderung der Umorientierung vom repräsentativen zum relationalen Denken lässt sich auch auf jene musikalische Situation übertragen: »[M]an soll in einem Buch nicht etwas verstehen, sondern sich vielmehr fragen, womit es funktioniert, in Verbindung mit was es Intensitäten eindringen läßt oder nicht, in welche Mannigfaltigkeiten es seine eigene einführt und verwandelt [...].« (Deleuze/Guattari 1992: 13)

Welche Verbindungen könnten also eingegangen werden? Diese sehr spezielle Rezeptions-Situation, in der einerseits der private Raum die Frage der rezipierenden Mitgestaltung der Hörsituation stellt und andererseits Interesse und Mitverantwortung der Rezeption bereits durch die Anfrage eines Artikels *provoziert* wurden, befähigt auf ganz eigene Weise zur Charakterisierung von Rezeption *als* Experiment, die über diese besondere Konstellation hinausragen könnte. Die Perspektive der *situierten* Mitwirkung am Geschehen, die auf jede Situation der Künste eingenommen werden *kann*, deutet eine Hinwendung zur Potentialität an: An diese Stelle von ›Was liegt hier vor?‹ tritt ›Was ist hier möglich?‹.

In den Künsten nicht nur die Produktion, sondern auch die Rezeption als Experiment zu verstehen, schließt ebenso jene Geste der Übertragung von Mitverantwortung durch die Inszenierung wie auch Übernahme von Mitverantwortung in der Rezeption ein. Ein Experiment mit derartigen Gesten der Übergabe und Übernahme lässt sich in der entsprechenden Perspektive sowohl in Praktiken der Rezeption, Kuration, bis hin zur Aufsichtskräften und selbstverständlich auch als Teil künstlerischer Arbeit ausmachen. Wenn etwa im bereits angeführten *untitled event* von John Cage unkommentiert eine leere Tasse auf jedem Sitzplatz platziert wird, steht jene so subtile wie unumgängliche Aufforderung im Raum: Es liegt bei euch, was ihr damit anfangt!

Quellenverzeichnis

De la Motte-Haber, Helga (2008): »Klangkunst: Jenseits der Kunstgattungen: Weiterentwicklungen und Neubestimmungen ästhetischer Ideen«, in: Ulrich Tadday (Hg.): Musik Konzepte-Klangkunst, München: edition text + kritik, S. 5-23.

Deleuze, Gilles/Guattari, Félix (1992): Tausend Plateaus, Berlin: Merve.

Dommer, Arrey von (1865): Musikalisches Lexicon. Auf Grundlage des Lexicon's von H. Ch. Koch, Heidelberg: J.C.B. Mohr.

Ferreti, Iliaria (2021): »Tino Sehgal. Constructed Situations«, in: Juliet Contemporary Art Magazine, https://www.juliet-artmagazine.com/en/tino-sehgal-constructed-situations/ (letzter Zugriff: 03.03.2023).

Foucault, Michel (1990): »Was ist Aufklärung?« in: Eva Erdmann/Rainer Forst/Axel Honneth (Hg.): Ethos der Moderne. Foucaults Kritik der Aufklärung, Frankfurt a.M./New York: Campus, S. 35-54.

Gumbrecht, Hans-Ulrich (2004): Diesseits der Hermeneutik. Produktion von Präsenz, Frankfurt a.M.: Suhrkamp.

Haraway, Donna (1988): »Situated Knowledges: The Science Question in Feminism and the Privilege of Partial Perspective«, in: Feminist Studies 14/3, S. 575-599.

Hetzel, Andreas (2013): »Situationen. Philosophische und künstlerische Annäherungen«, in: Nadja Elia-Bore/Constanze Schellow/Nina Schimmel/Bettina Wodianka. (Hg.): Heterotopien. Perspektiven der intermedialen Ästhetik (= MedienAnalysen, Band 15), Bielefeld: transcript, S. 487-500.

Maak, Niklas (2017): Steuerbare Körper. Wie das Silicon Valley den neuen Menschen erfindet, München: Carl Hanser.

Menke, Christoph (2003): »Zweierlei Übung. Zum Verhältnis von sozialer Disziplin und ästhetischer Existenz«, in: Axel Honneth/Martin Saar (Hg.): Michel Foucault: Zwischenbilanz einer Rezeption (= suhrkamp taschenbuch wissenschaft 1617), Frankfurt a.M.: Suhrkamp, S. 283-299.

Rebstock, Matthias (2018): »Strategien zur Produktion von Präsenz, II«, in: Martin Tröndle (Hg.): Das Konzert, Beiträge zum Forschungsfeld der Concert Studies, Bielefeld: transcript, S. 149-162.

Rebstock, Matthias (2020): «Keep your distance« – Hörsituationen im gegenwärtigen Musiktheater und der Klangkunst«, in: Petra Maria Meyer (Hg.): Situationen, Theorien der Situation und künstlerische Praxis, Paderborn: Brill, Fink, S. 137-150.

Rosa, Hartmut (2018): Beschleunigung und Entfremdung. Entwurf einer Kritischen Theorie spätmoderner Zeitlichkeit, Berlin: Suhrkamp.

Stengers, Isabelle (2008): Spekulativer Konstruktivismus, Berlin: Merve.

Stengers, Isabelle (2005): »Introductory Notes on an Ecology of Practices«, in: Cultural Studies Review 11/1, S. 183-196.

I like Erika and Erika likes me – gestern, heute und morgen

deufert&plischke im Gespräch mit Katharina Weisheit

Kattrin Deufert und Thomas Plischke arbeiten inzwischen seit über 20 Jahren als Künstlerzwilling[1] deufert&plischke zusammen. Ihre Arbeiten reichen weit über den klassischen Rahmen von Tanz und Theater hinaus. Ihre Performances und interdisziplinären Werke entstanden von Beginn an im Dialog und beschäftigen sich mit individueller Teilhabe und dem sozialen Alltag im künstlerischen Geschehen. Seit Herbst 2021 ist der Arbeitsschwerpunkt von deufert&plischke, die zuvor als ProfessorInnen am Hochschulübergreifenden Zentrum Tanz in Berlin tätig waren, in Schwelm, unweit von Wuppertal. In den Räumen der Spinnerei Schwelm *haben sie einen Ort für experimentelle Kunst etabliert.*

Joseph Beuys sind deufert&plischke schon lange auf der Spur. Mit dem Film I like Erika and Erika likes me *(2021) setzte sich das KünstlerInnenduo für das Wuppertaler Beuys-Performancefestival nach 2002 erneut mit der Aktion* I like America and America likes me *(1974) von Beuys auseinander. Während* I like Erika and Erika likes me *im Jahr 2002 als eine long durational performance in der Kunstgalerie 1822-Forum in Frankfurt a. M. zu sehen war, wurde die (eigentlich ebenfalls als long durational performance geplante) Neubearbeitung pandemiebedingt ins Filmformat übersetzt. Die aktuelle Weiterentwicklung basiert zudem auf einer Beschäftigung mit frühen Zeichnungen von Joseph Beuys. Hier sind es v. a. seine Darstellungen von spinnenhaft anmutenden Frauen ohne Kopf und Gliedmaßen, die deufert&plischke faszinieren.*

Im Gespräch mit Katharina Weisheit haben deufert&plischke über das Gestern, Heute und Morgen von I like Erika and Erika likes me *und ihrer künstlerischen Arbeit gesprochen.[2]*

(Katharina Weisheit)

---

1 Diese künstlerische Selbstbezeichnung wird von deufert&plischke bewusst im Singluar verwendet und nicht gegendert.
2 Das Gespräch fand am 20.06.2022 in Düsseldorf statt.

Katharina Weisheit: Eure 2002 entwickelte Performance *I like Erika and Erika likes me*[3] sowie deren Transformation für das Beuys-Performancefestival im Jahr 2021 zeichnet sich v.a. durch eine Relationalität von verschiedenen Zeitebenen aus. Aber auch eure Arbeit als Künstlerzwilling scheint mir ein andauerndes Changieren zwischen verschiedenen Zeitebenen zu sein, das v.a. durch eine große Offenheit und Prozesshaftigkeit gekennzeichnet ist. Das zeigt sich für mich besonders deutlich in eurer Arbeit *anarchivTANZ*, in der ihr »lebendigen Vergangenheiten eine Zukunft«[4] gebt und über die wir später noch sprechen werden. Doch starten wir zunächst mit einem Blick auf das Gestern und auf *I like Erika*. Charakteristisch für diese Arbeit sind die sehr komplexen Beziehungen verschiedener Zeitebenen und Materialien: Sie ist (1) die Fortsetzung einer Performance aus dem Jahr 2002, sie bezieht sich (2) sowohl auf die Arbeit von Joseph Beuys, als auch (3) auf die Theaterwissenschaftlerin Erika Fischer-Lichte und (4) setzt sich als Film[5], den ihr für das Festival in Wuppertal produziert habt, mit Zeichnungen von Joseph Beuys auseinander. Beginnen wir damit, diese Relationen nachzuzeichnen und mit der Frage, wie es Erika Fischer-Lichte in den Titel eurer Arbeit geschafft hat.

deufert&plischke: 2002, als *I like Erika* entstand, haben wir gerade ein Jahr als deufert&plischke zusammengearbeitet und haben sehr viel über Institutionen und das Thema Performativität nachgedacht. V.a. die Performativitätsdebatte war für uns insofern spannend, weil in dem Zusammenhang seit den 1990er Jahren u.a. diskutiert wurde, dass Kunst die Bezugssysteme, in denen sie gelesen wird, selbst mitproduziert. Erika Fischer-Lichte hat hierzu einen unglaublich interessanten Aufschlag gemacht, indem sie gesagt hat, dass kulturelle und künstlerische Prozesse Wirklichkeiten schaffen. Erika im Titel unserer Arbeit war daher natürlich ein augenzwinkernder Verweis auf diesen Diskurs.

Weisheit: Woher kam euer Interesse für Joseph Beuys und seine Aktion *I like America and America likes me?*

d&p: Wir haben uns mit den Situationen beschäftigt, die Beuys in seiner Arbeit geschaffen hat. Unser Interesse war es, eine andere Lesbarkeit zu schaffen und zu gucken, was das Interessante an dieser Situation ist, jenseits dieses Setups der großen Gesten wie z.B. der Krankenwagen. Was für uns blieb, war die Frage nach der Alltäglichkeit. Nach dem alltäglichen Leben zwischen Tier und Mensch mit seinen alltäglichen Problemen, z.B. der Frage, wo hingepinkelt wird. Wir fanden es spannend, wie sich die Beziehung der Beiden dahin entwickelt hat, dass Beuys den Kojoten

---

3 Im Folgenden abgekürzt durch: *I like Erika*.
4 Siehe hierzu: https://www.spinnereischwelm.net/deufert-plischke (letzter Zugriff: 22.12.2022).
5 Der Film ist abrufbar unter: https://vimeo.com/557119724 (letzter Zugriff: 22.12.2022).

zum Schluss umarmt hat. Uns hat also nicht die große Geste, der Skandal oder das gut platzierte Framing interessiert. Uns hat der Alltag interessiert. Und wir haben zugleich versucht, im Sinne Fischer-Lichtes, durch diese Arbeit für uns als Künstlerzwilling eine neue Wirklichkeit im Sinne einer neuen Identität und Biografie zu schaffen. Deswegen haben wir in diesem Raum nicht Beuys, sondern unser Leben nachgestellt. Stricken, Essen, Schlafen, Sex – wir haben einfach alles in diesem Raum getan, was wir auch in unserem Alltag tun würden. Von außen war das allerdings nicht leicht zu sehen. Die großen Schaufenster der Galerie waren mit Folie zugeklebt. Oben war ein kleiner Schlitz frei gelassen, durch den man nur schauen konnte, wenn man auf einen darunter gestellten Schemel stieg. Auf dem Schemel stand: »Wenn Sie hier drauftreten, werden Sie Teil des Bildes«.

Weisheit: Anders als bei der Aktion von Beuys, musste man bei euch als BesucherIn also aktiv werden, um überhaupt etwas sehen zu können.

d&p: Ja, genau. Zusätzlich zu dem Schlitz in der Folie gab es noch eine Tür zur Galerie, durch die man gehen konnte, allerdings konnte man von diesem Raum, den man dann betreten hat, nicht in unseren Raum gucken, sondern dort gab es Sachen zu kaufen. Z.B. Unterhosen oder kleine Dinge, die wir während der Performance produziert haben – wir haben ja damals schon viel mit Kleidung und der Idee des Strickens gearbeitet. Es war also eine Art Merchandise-Laden. Zusätzlich gab es noch Projektionen von Fotografien, die sich sehr stark mit der Gender-Thematik auseinandersetzen und die wir auch für den Film *I like Erika* von 2021 aufgegriffen haben.

Weisheit: In eurer Performance von 2002 gibt es also das Element des Voyeuristischen, was auch bei der Aktion von Beuys eine Rolle gespielt hat. Und wie bei Beuys dauerte auch eure Performance 96 Stunden, die ihr gemeinsam an einem Ort verbracht habt. Darüber hinaus gibt es den Bezug auf das Alltägliche und die Projektionen. Was ist mit diesen Elementen mit Blick auf die Transformation der Arbeit für das Wuppertaler Performancefestival passiert? Wie wurden sie weiterentwickelt?

d&p: Ich glaube tatsächlich, da ist gar nicht so viel passiert. Es ist ein Schritt nach draußen passiert, der aber in der Arbeit schon angelegt war. Wir haben draußen gefilmt und damit den Galerieraum bewusst verlassen, um ihn mit der Natur, der ›realen Umwelt‹ zu konfrontieren. Die für 2021 geplante Performance sollte eigentlich auch in einem Innenraum stattfinden, ähnlich wie 2002. Aufgrund der Corona-Pandemie mussten wir dann eine Entscheidung treffen, weil sich die Performance aufgrund der Pandemie nicht in dem ursprünglichen Setup wiederholen ließ.

Weisheit: Es war also eigentlich eine ähnliche Performance wie in 2002 geplant?

d&p: Nicht ganz. Es wäre aber tatsächlich wieder eine long durational performance gewesen, wieder 96 Stunden, die wahrscheinlich erneut in einem Ladenlokal stattgefunden hätte. Es hätte wahrscheinlich wieder eine Möglichkeit zum Durchgucken gegeben und wir hätten auch wieder zwei Leute zusammengesetzt. Und zwar eine sehr alte Frau und Freundin von uns, eine Künstlerin, 84 Jahre, und jeweils eines unserer Kinder. Unsere beiden Kinder hätten sich abgewechselt, damit die Performance auch über Nacht hätte stattfinden können. Und dabei hätten sie die ganze Zeit Strumpfhosen angehabt, in die sie u.a. auch gepinkelt hätten. Die Strumpfhosen wollten wir nach der Performance wiederum filmen und durch einen Zeitraffer aufzeigen, wie sie sich verändern und anfangen zu schimmeln. Das ist ein großes Thema, mit dem wird uns auch in Zukunft weiterbeschäftigen werden. Also die Frage nach Körperflüssigkeiten und die damit zusammenhängenden Tabus, z.B. zum Thema Körperhygiene. Das ist sehr stark in dem *I Like Erika*-Film angelegt. Was im Film neu war, waren die Zeichnungen von Beuys. Die Idee dazu kam in einem Gespräch mit Bettina Paust. Wir haben über die Arachne gesprochen, weil das für uns ein wichtiger Mythos ist, mit dem wir arbeiten. Arachne ist für uns die erste politische Künstlerin. Sie hat ja Athene zu einem Wettstreit im Bereich der Webkunst aufgefordert und damit, ein bisschen im Sinne Foucaults, die herrschenden Machtstrukturen offengelegt, in ihrem Fall den Machtmissbrauch durch die Götter. Dadurch hat sie dann letztlich ihren Kopf verloren und wurde zur Spinne. Sie wird ganz Bauch, wie das bei Ovid heißt. Dieses Kopflose, das steckt auch im Spinnen, z.B. der Aussage, dass KünstlerInnen spinnen. Im 16. Jahrhundert gibt es ganz viele Darstellungen von Frauen mit Spindel und ohne Kopf. Als wir dann die Zeichnungen von Beuys gesehen haben, hat uns das wieder an die kopflose Frau erinnert. Natürlich kann man das als eine sexistische Zeichnung lesen, wir haben aber versucht, eine andere Lesart vorzuschlagen. Diese Lesart ist die verletzte Frau, die aber auch eine gewisse Kraft hat, indem sie sich uns komplett entzieht. Das ist für uns eine Art Keimzelle, eine Art Kraftpaket für den Film geworden. So ist dieser Film entstanden. Letztendlich ganz ähnlich, wie wir die Arbeit 2002 angegangen sind. Damals haben wir dann v.a. mit dem Raum gearbeitet. Da wir diese Möglichkeit diesmal nicht hatten, haben wir entschieden, einen Film zu machen und mit den Zeichnungen von Beuys zu arbeiten.

Weisheit: Das heißt, die Zeichnungen von Beuys sind erst im Kontext des Films dazugekommen und waren nicht von Anfang an Bestandteil eurer Weiterentwicklung von *I like Erika* für das Performancefestival?

d&p: Die Zeichnungen waren auch schon vorher Bestandteil unserer Weiterentwicklung, aber die Auseinandersetzung mit den Bildern war nur für ein Workshop-Format angedacht. Wir wollten die TeilnehmerInnen unsere Bildbeschreibung und Auseinandersetzung mit den Bildern von Beuys hören lassen und sie sollten dann wiederum die Bilder malen, von denen sie hören. Sie sollten also Beuys' Bilder ausgehend von einer Hörerfahren malen.

Weisheit: Und eure Bildbeschreibung der Zeichnungen von Beuys sollten eigentlich während der 96-Stunden Performance entstehen?

d&p: Genau. Es hätte dann wieder einen zweiten Raum gegeben, einen Beobachtungsraum, in dem der Workshop stattgefunden hätte. Und in diesem Workshop-Raum wollten wir mit den Bildbeschreibungen arbeiten und uns den zeichnerischen Arbeiten von Beuys annähern. Diese Herangehensweise, dieses System haben wir versucht auf den Film zu übertragen.

Weisheit: Bei der Weiterentwicklung von *I like Erika* gab es ja dann trotzdem noch Workshops, die durch das digitale Format des Festivals jedoch eine andere Form und einen anderen Stellenwert bekommen haben. Welche Rolle spielen Workshops grundsätzlich für euch in eurer Arbeit?

d&p: Der Vermittlungsaspekt ist für uns ganz wichtig. Die Workshops haben für uns sehr viel mit dem Kinderspiel zu tun. Kinder erschließen sich über das Spielen die Welt, machen sie sich begreifbar und teilen sie miteinander. Das ist ein sehr faszinierender Prozess, der für uns wiederum sehr stark mit Kunstprozessen verwand ist. Wenn wir Kunstprozesse, Workshops, Happenings oder Filmarbeiten als Spiele begreifen, wissen wir oft nicht, was dabei rauskommt. D.h., dass wir ein stückweit gemeinsam mit den Teilnehmenden in einen Prozess eintauchen, um auch für uns etwas zu lernen. Ein Workshop ist also für uns ein gemeinsames Lernen. Deswegen haben wir irgendwann den Hebammenbegriff zur Beschreibung unserer Arbeit genutzt, der genau das beschreibt: Wir versuchen Situationen herzustellen, aus denen heraus etwas in die Welt kommt. Früher brauchten wir dazu noch ein großes Instrumentarium, das wir inzwischen mehr und mehr reduziert haben, so dass wir manchmal z.B. nur mit zwei Begriffen ankommen.

Weisheit: Mit Instrumentarium meinst du das, was ihr mit in den Workshop gebracht habt?

d&p: Ja, genau. Bücher und Filme z.B. Das machen wir jetzt nicht mehr. In den Workshop beim Beuys-Performancefestival haben wir z.B. unsere Bildbeschreibung der Zeichnungen von Beuys mitgenommen und damit gearbeitet. Das war unglaublich. Die Bildbeschreibung war so ein Art Interface, um die Leute zum Sprechen zu bringen. Die Leute haben aber nicht nur über das Malen gesprochen – sie sollten ja Bilder ausgehend von der Bildbeschreibung malen –, sondern v.a. darüber, was das mit ihnen gemacht hat und welche Erinnerungen, Erfahrungen dabei hochgekommen sind. Beim Beuys-Performancefestival haben wir pandemiebedingt erstmals einen digitalen Workshop gemacht, woraus sich für uns letztlich ein Forschungsprojekt zum Thema »Nähe und Empathie im digitalen Raum« entwickelt hat. Wir haben uns gefragt: Wie lässt sich solch eine Situation, bei der oft sehr emotionale Reaktionen hervorgerufen werden, im digitalen Raum gestalten? Wie lässt sich die Unmittelbarkeit von Performance und Happening in digitale Formate übersetzen? Daran arbeiten wir gerade.

Weisheit: Daran anknüpfend stellt sich für mich die Frage nach der Körperlichkeit. Wie wichtig ist für euch der Aspekt der gemeinsamen körperlichen Präsenz?

d&p: Das schöne bei den Workshops im Rahmen des Beuys-Performancefestivals war, dass wir das gemeinsame Zeichnen hatten, also einen körperlichen Vorgang, den wir alle geteilt haben.

Weisheit: Das ist interessant, den Aspekt der Körperlichkeit über das gemeinsame körperliche Tun miteinzubeziehen. Alle sind Zuhause an ihren Bildschirmen, aber man hat diesen gemeinsamen Moment des Zeichnens – natürlich anders als bei einem Workshop in Präsenz, aber deswegen nicht automatisch schlechter.

d&p: Das Interessante ist, wenn man solch einen Workshop digital macht, dann verschwindet die Wichtigkeit des Ergebnisses. Was bleibt, ist der Bericht der Erfahrung. Die Leute sprechen viel mehr darüber, während wir bei Workshops in Präsenz sehr stark an den entstandenen Bildern arbeiten.

Weisheit: D.h. es gibt nicht nur verschiedene Zeitebenen und die verschiedenen Arbeiten, die sich aufeinander beziehen, sondern auch die verschiedenen Materialien, Dokumente und Formate – zu denen im Prozess immer wieder Neue hinzukommen – stehen in wechselseitigen Verbindungen zueinander. Bedingt durch die Corona-Pandemie ist dann noch das Format Film hinzugekommen. Wie kam es letztendlich zu der Entscheidung einen Film zu machen? Warum genau dieses Präsentationsformat? Im Vergleich zu eurer ursprünglich geplanten 96-Stunden Performance scheint der ca. 17 Minuten lange Film auf den ersten Blick etwas völlig anders zu sein.

d&p: Der Film hat natürlich einen ganz anderen Modus. Die Herangehensweise von Film ist, aus dramaturgischer Sicht, natürlich ein Narrativ. Dieses Narrativ kann zwar auch assoziativ sein, aber es ist auf alle Fälle ganz anders aufgebaut als ein Happening. Oder ein Live-Art-Event. Die Entscheidung für einen Film ist zunächst einmal aus der Sorge heraus entstanden, dass die Arbeit komplett gecancelt werden muss. Da haben wir uns gesagt, bevor nichts stattfindet, lass' uns wenigstens unsere Gedanken, die wir uns bis jetzt gemacht haben, in einen Film bringen. Film ist als Präsentationsformat u.a. deswegen spannend für uns, weil wir die Zuschauenden so ein bisschen in eine Art Sog unseres Denkens mitnehmen können. Das ist etwas ganz anderes, als die eher logistische Arbeit und Vorbereitung für ein Happening, bei dem wir versuchen, Inhalte so bereitzustellen, dass die Leute sich daran bedienen. D.h. beim Happening stellen wir eine Situation her, das machen wir beim Film nicht. Der Film ist eher eine Partitur, nach der wir arbeiten und wo wir ganz klar wissen, welche Schritte und Szenen wir brauchen. Das versuchen wir jetzt allerdings auch aufzubrechen. Wir wollen in Zukunft nicht mehr mit einem Narrativ arbeiten, sondern z.B. 360-Grad Kameras nutzen, bei denen man sich ganz anders orientieren muss und was wieder mehr an eine Performance herankommt. Wir wollen auch ohne Schnitt arbeiten, so dass man wieder mehr in einer Situation ist, ähnlich wie im Theater oder wie in der Choreografie.

Weisheit: Es ist v.a. mit Blick auf den Produktionsprozess interessant, zu sehen, wie die Corona-Pandemie die künstlerische Arbeit verändert hat. Euer Film wurde zwar zunächst aus einer Notsituation heraus entwickelt, aber daraus entstanden sind neue Ideen und Formate für zukünftige Arbeiten, z.B. der Plan, auch zukünftig mit Film und z.B. den technischen Möglichkeiten von 360-Grad Kameras arbeiten zu wollen. D.h. die Krisensituation hat zu neuen Präsentationsweisen geführt, die ihr vielleicht sonst gar nicht gewählt hättet oder auf die Ideen ihr sonst vielleicht nicht gekommen wärt. D.h. die Corona-Pandemie ist auch ein produktiver Moment, aus dem heraus weiterführende Momente entstanden sind bzw. noch entstehen, die euer künstlerisches Arbeiten nachhaltig verändern.

d&p: Ich glaube, das entspricht grundsätzlich unserer Art zu arbeiten. Also sowohl das sehr intuitive Entscheidungen-treffen, sich z.B. auf neue Medien zu stürzen, die wir noch gar nicht beherrschen, als auch die situationsbedingte Wahl von Formaten, um damit auch neue Wirklichkeiten für uns als Künstlerzwilling zu schaffen. Wir machen gerade ein Werkverzeichnis und dabei ist uns selber noch einmal aufgefallen, wie viele unterschiedliche Formate wir gemacht haben. Und vieles ist dabei eben sehr intuitiv entstanden. Z.B. die Fotoserie *Family Studies*, an der wir seit 2002 arbeiten und zu der bald eine Ausstellung entstehen wird. Wir wollten u.a. dem männlichen Blick der Kamera entgehen und haben daher versucht, Methoden zu schaffen, bei denen wir fast nicht durch die Kamera blicken, während wir das Foto machen. Wir haben versucht, diese Perspektive zu brechen. Solch einen Moment gibt es für mich z.B. auch in unserem *I like Erika* Film. Und zwar gibt es diesen Moment, wo wir im Neuen Kunstverein in Wuppertal sind und man hört das Pinkeln auf dem Boden. Ich finde das unglaublich. Das ist als würde man dieses saubere Medium Film beschmutzen. Das ist ein Moment, finde ich, in dem die Kamera in gewisser Weise implodiert und man sich fragt, wie präkonditioniert wir eigentlich mit Material sind? Und damit sind wir dann auch wieder bei Beuys. Aber um noch einmal auf die Frage nach den verschiedenen Formaten und Medien zurückzukommen: Für uns ist das Medium etwas, mit dem wir arbeiten. Jedes Medium hat einen Möglichkeitsraum, aber auch das Werk selbst hat einen Möglichkeitsraum. Das ist der Möglichkeitsraum von Kunst. Ich denke, dass es deswegen für uns gar nicht so eine große Frage ist, ob wir das jetzt als Performance oder als Film, als Musikstück oder Audiotool machen. Wichtig ist für uns eigentlich nur, dass wir den Möglichkeitsraum der Arbeit, den wir im künstlerischen Prozess erkunden, auch anderen bereitstellen.

Weisheit: Ich habe trotzdem den Eindruck, dass die Corona-Pandemie plötzlich etwas aufgebrochen hat, was eigentlich schon seit Jahren vor sich hin geschwelt hat. Denn obwohl auch die (fördernden) Kulturinstitutionen wissen, dass KünstlerInnen nicht mehr nur in und für Kulturinstitutionen – ich spreche hier v.a. mit Blick auf die Darstellenden Künste – Aufführungen produzieren, so sind es trotzdem die Aufführungen, die im Zentrum stehen. Während der Corona-Pandemie waren dann plötzlich auch Kulturinstitutionen gezwungen umzudenken, weil Aufführungen in Präsenz und im gewohnten theatralen Setting schlicht und ergreifend nicht mehr möglich waren. Vielleicht hat es solch einen Moment gebraucht, um zu schauen: Okay, welche anderen Präsentationsmöglichkeiten haben wir denn eigentlich noch? Das ist eine Frage, die kulturpolitisch während der Corona-Pandemie sehr zentral war, aber eigentlich schon seit Jahrzehnten Teil z.B. eurer Arbeitspraxis ist.

d&p: Ja, das stimmt. Und dafür wurden wir richtig belächelt. Ich sehe gerade mit Genugtuung die *documenta fifteen*, bei der der Möglichkeitsraum von Kunst für ein Zusammensein, für eine Idee von Lebenswelt und Wirklichkeit steht, und nicht mehr für ein Produkt. Ich glaube auch, dass die Corona-Pandemie sich in den westlichen Ländern produktiv auf den künstlerischen Prozess ausgewirkt hat, weil KünstlerInnen z.B. plötzlich direkt vom Staat unterstützt wurden und nicht mehr abhängig von Förderinstitutionen waren. Das hat uns KünstlerInnen neue Freiheiten gegeben, Sachen ausprobieren zu können, die wir sonst nie hätten machen können, weil das nicht im Sinne der Förderrichtlinien der verschiedenen Institution gewesen wäre. Dadurch kommen die Institutionen jetzt natürlich in Bedrängnis, weil wir in zwei Jahren einen Schritt gemacht haben, der eigentlich zehn Jahre gebraucht hätte. Die Corona-Pandemie hat zu einer Beschleunigung von Prozessen geführt und große Fragen präsent gemacht. Wie groß müssen Kunst-Festivals z.B. tatsächlich sein? Wie nachhaltig sind solche Konzepte? Da gibt es ganz viele Fragen, die schon da waren, und zu denen schon viele KünstlerInnen gearbeitet haben, sie hatten aber kaum die Möglichkeit, ihre Arbeiten konkret in diese Richtung hin zu formulieren.

Weisheit: Weil die Strukturen das nicht hergaben?

d&p: Ja, genau. Es gab wirklich ein sehr starkes Abhängigkeitsverhältnis und ich hoffe, dass das Beispiel der *documenta fifteen*, aber auch von anderen Festivals und großen Ausstellungen, jetzt vielleicht Schule macht. Wir sind natürlich auch weiterhin voneinander abhängig, und das ist auch gut so, dass wir uns gegenseitig, wechselseitig und durcheinander zur Arbeit, zur Sprache, zur Form bringen, aber ich glaube, das war bis dato ein gekipptes Verhältnis von Seiten der produzierenden Institutionen.

Weisheit: Und in der Pandemie waren die Kulturinstitutionen dann plötzlich gezwungen, selber in diese kreative, produzierende Perspektive einzutauchen, wie man auch mit Blick auf das Wuppertaler Beuys-Performancefestivals sieht. Die Transformation sowohl der Arbeiten als auch des Festivals in den digitalen Raum hat ja genau so funktioniert und von Seiten der VeranstalterInnen sind viele kreative Formate entstanden, z.B. Insta-Live-Stories, digitale Führungen durch Installationen, Talkformate usw. Ich glaube, diese Entwicklungen können sehr wegweisend sein.

d&p: Ja, ich glaube, wenn man jetzt den Schritt weiter macht, lassen sich viele Formate hinterfragen. Ich fand in dem Zusammenhang die Eröffnung des Beuys-Performancefestivals toll. Das war fast wie so ein Art Kubrick-Film. Der Bürgermeister kommt aus dem Rathaus in Wuppertal-Barmen und geht auf den Johannes-Rau-Platz, wo eine Hochzeit stattfindet. Dann, etwas später, macht der Moderator des Festivals, David J. Becher, eine Anmoderation zwischen Leuten, die an der Wupper sitzen. Der Philosoph Markus Steinweg spricht in dem Zusammenhang von der Kopflosigkeit und ich finde es wichtig, dass man versucht, das noch nicht Vorstellbare vorstellbar zu machen. Vielleicht ist das die Aufgabe der Kunst und deswegen stellt sich die Frage nach dem Format dann letztendlich auch nicht mehr, weil Kunst alles sein kann. Das Wichtigste ist meiner Meinung nach, dass unsere Imaginationen durch die Kunst einen Raum bekommen. Und dann taucht plötzlich etwas auf, das bisher nicht vorstellbar war. Früher war das vielleicht Mark Rothko, dann Beuys oder Pina Bausch. Was bei Bausch plötzlich auf der Bühne passierte, war bis dahin nicht vorstellbar und trotzdem ist es plötzlich da, plötzlich kann man es sich vorstellen und das macht das Denken natürlich riesig auf.

Weisheit: Das scheint mir auch charakteristisch für eure Arbeit zu sein. Also, dass der Prozess im Fokus steht und weniger das Produkt bzw. das Format, was sich nicht zuletzt mit Blick auf *I Like Erika* zeigt: die Unabgeschlossenheit, die Offenheit, die Weiterentwicklung für das Beuys-Performancefestival rund 20 Jahre später. Ist das Projekt für euch mit dem Film beendet oder wird es noch ein Morgen geben?

d&p: Ja, es wird ein Morgen geben, und zwar 2024. Das Projekt heißt *Fountains* und wird ein Happening mit über 20 Leuten sein. *Fountains* wird sowohl live als auch in einem Virtual-Reality-Raum stattfinden. D.h. es wird sowohl Live Aktionen im Neuen Kunstverein in Wuppertal als auch VR-Situationen geben, die aber teilweise das gleiche Setting beinhalten. Und es wird einen 360-Grad-Film geben, der mit beidem verknüpft sein wird. Für das Happening, das wieder als long durational performance angelegt ist, wird man den Raum mit Gummistiefeln betreten, weil die Leute dort über mehrere Stunden gemeinsam trinken, tanzen und auch pinkeln. Tanzen, singen, trinken, pinkeln, die ganze Zeit. Deswegen *Fountains*. Es geht thematisch um Stoffwechsel, was uns auch wieder eng mit Beuys verbindet: Die Idee des Metabolismus, Performance als metabolistische Maschine, ein soziales Kunstwerk als ein Metabolismus – mit allem, was dazu gehört. Für den Part mit VR wird die Strumpfhose wieder zentral sein. Wir werden den Raum so gestalten, dass kein Publikum da ist, sondern man alleine mit den PerformerInnen ist. Aber es werden die eingepinkelten Kostüme in Plastik im Raum sein, in dem sie dann gewissermaßen weiterleben. Das verbindet *Fountains* wiederum mit der Idee, die wir für *I Like Erika* hatten, nämlich, durch die Fermentation eine Form der Präsenz von Körpern im (digitalen) Raum zu haben. Die Idee, mit Körperflüssigkeiten zu arbeiten, hat auch viel mit der Pandemie zu tun, mit den Hygienebestimmungen und mit dieser Angst vor dem potentiell gefährlichen und ansteckenden Körper.

Weisheit: D.h. *Fountains* hat sowohl Anknüpfungspunkte zu *I Like Erika*, steht aber inhaltlich auch in Verbindung zu anderen Arbeiten von euch?

d&p: Ja. Ich glaube, dass das bei uns ganz oft passiert. Unsere Arbeiten springen: Die *Konsequenzen* (2009) führen zu *Emergence Rooms* (2010), die wiederum zum *Entropischen Institut* (2012) und von dort zum *Durcheinander* (2015). Gleichzeitig gehen die *Konsequenzen* und unsere frühe Filmarbeit aber auch über in *I like Erika* von 2002.

Weisheit: Das ist ein schönes Stichwort. Denn durch die Bezüge der verschiedenen Arbeiten, die du gerade herausgestellt und betont hast, sind wir zum einen wieder bei den verschiedenen Zeitebenen von *I Like Erika*, also bei den Brücken zwischen dem Gestern, Heute und Morgen, aber auch bei den verschiedenen Materialien. Du hast erzählt, dass ihr euch bei der Weiterentwicklung von *I like Erika* für das Beuys- Performancefestival weniger an die Performance, sondern an euren damaligen Zugriff erinnern musstet. Dafür habt ihr mit dokumentarischen Materialien gearbeitet. Und 2002 habt ihr euch wiederum mit dokumentarischen Materialien in Bezug auf die Aktion *I like America* von Beuys auseinandergesetzt. Es gibt in eurer Arbeit also immer auch einen engen Bezug auf archivarische bzw. dokumentarische Materialien und Praktiken. In welchem Verhältnis seht ihr eure künstlerische Arbeit mit Blick auf dokumentarische Prozesse?

d&p: Als wir 2002 *I like Erika* in Frankfurt gemacht haben, gab es eine regelrechte Euphorie. Alle hatten plötzlich diese ganzen Kunstschnipsel und kleinen Filme online. Man konnte wirklich unglaubliche Sachen von Lygia Clark und auch von Beuys sehen. Das war damals wirklich was Neues. Aber eine Sache hat das Digitale nicht eingelöst: Es hat (zumindest damals) keine Möglichkeit des Zugriffs und des Eingriffs auf die Dokumente geschaffen. Man konnte zwar Kommentare (z.B. bei einem Video) eingeben, aber die sind immer irgendwo stecken geblieben und sind schnell uninteressant geworden. Für uns war es aber immer wichtig, direkt mit den Dokumenten zu arbeiten. Kattrin hat z.B. Anfang der 2000er Jahre eine Arbeit für die Jahresversammlung der Gesellschaft für Theaterwissenschaft gemacht, in der sie über das Nichts tun gesprochen hat. Der Vortrag war ca. 45 Minuten lang und Kattrin hat für diese Zeit vorne gestanden und nichts getan. Das heißt, sie war still. Damit hat sie nicht zuletzt die Frage gestellt: Was heißt es eigentlich, Dokumente zu produzieren? Denn vor ihr lag die ganze Zeit der ausgedruckte Vortrag, dem sie so eine Lebendigkeit gegeben hat, indem sie ihn nicht gehalten hat. Da war plötzlich ein riesiger Elefant im Raum; alle wollten natürlich wissen, was da steht. Damit stand zugleich die Frage im Raum, wie Dokumente lebendig gehalten werden können. Wenn man z.B. eine Affinität für Musik hat und Noten sieht, singt man sofort mit und will die Noten wieder zum Leben erwecken. Und da ist es dann natürlich deprimierend, wenn man erstmal Handschuhe anziehen, irgendwo ein Appointment machen muss, um mit den Dokumenten arbeiten zu können. Da sind wir jetzt natürlich in einer neuen Zeit. Es geht weniger um die Magie des Originals und es reicht völlig aus, Zugriff auf eine Kopie zu haben. Wir gehen in unserer Arbeit ja nicht wissenschaftlich mit Dokumenten um, d.h. wir können bestimmte Dinge einfach ignorieren. Aber wir haben auch selber ständig Archive gebaut. Z.B. das Fotoarchiv oder unser Archiv mit den Tanzbriefen. Wir haben auch sehr viele Spielregel-Archive, in denen wir lauter Spielregeln und Anweisungen für das Publikum generiert haben und die immer wieder neu- und umgeschrieben und für Performances re-aktualisiert werden. Und dann gibt es natürlich das *anarchivTanz* mit seiner ganz eigenen Praxis, die auf dem Satz beruht: »Gib' mir dein Material, gib' mir deinen Text, und ich sage dir, was du *nicht* damit machst.«

Weisheit: Dieser Satz beschreibt auch eure Zusammenarbeit als Künstlerzwilling.

d&p: Genau. Für das *Anarchiv#1* haben wir unserem damaligen Dramaturgen, Jeroen Peeters, all unsere Arbeiten und Arbeitsbücher gegeben. Er hat die Bücher durchforstet, um daraus mit uns eine neue Performance zu entwickeln, und hat gesagt: »Alles, was ihr nicht in eurer Arbeit seht, das zeige ich euch.« Und so haben wir dann weitergearbeitet. Wir haben KünstlerInnen eingeladen und ihnen unsere Arbeit gegeben. Bis hin zu *Niemandszeit*. Dafür haben wir zwei Arbeiten von uns genommen, die kurz nach unserem Studienabschluss entstanden sind. Wir waren damals Nicht-mehr-Studierende, aber Noch-nicht-KünstlerIn. Die Arbeiten, die in dieser ›Niemandszeit‹ entstanden sind, haben wir 2014 Studierenden gegeben, die selber gerade ihr Studium abgeschlossen haben, also in der gleichen Phase waren wie wir, als wir diese Arbeiten gemacht haben. Gemeinsam mit den Studierenden haben wir aus diesen Arbeiten und den Materialien heraus eine neue Arbeit entwickelt: die Aufführung *Niemandszeit*.

Weisheit: Hieran finde ich v.a. zwei Aspekte bemerkenswert: Einmal eure konkrete Arbeit und Auseinandersetzung mit den Archivmaterialien, wodurch diese aktualisiert und in gewisser Weise fortgeführt und mit dem Heute und Morgen verflochten werden. Und der zweite Punkt: Mit einem Archiv wird ja gemeinhin der Anspruch auf Vollständigkeit verbunden. Eure Arbeitspraxis bzw. Auseinandersetzung mit euren Archivmaterialien legt das Augenmerk aber ganz bewusst auf vermeintliche Leerstellen bzw. auf das, was nicht im Archiv sichtbar ist.

d&p: Wir sind großgeworden mit dem Diskurs um den vermeintlichen Tod des Autors/der Autorin. Pustekuchen. Ich habe das Gefühl, dass wir gerade durch den exponentiellen Anstieg des Kunstmarkts bei einer totalen Fixierung auf die Autorschaft gelandet sind und das finde ich sehr schade. Ich würde z.B. wahnsinnig gerne eine Partitur von Pina Bausch nehmen und daraus etwas entwickeln. Ich würde mich wirklich freuen, wenn man mehr Zugriff auf ihr Erbe hätte, statt es bei dem Versuch der Konservierung lebendig zu begraben. Das ist ja bei Beuys nichts anderes. Hätte man mehr Zugriff, würde das die Stasis des »Ich besitze es, ich bin die Referenz« auflösen hin zu einem »Mal gucken, was man damit noch machen kann.«

Weisheit: Als weiteres Beispiel für eure Archivarbeit hast du das *anarchivTanz* genannt. Wie ist es entstanden und warum *Anarchiv*?

d&p: Wir wurden 2015 gefragt, ob wir uns vorstellen könnten, etwas für den *Tanzfonds Erbe* einzureichen. Zunächst haben wir gedacht: *Tanzfonds Erbe*, das ist nichts für uns, weil das mit Sicherheit nur wieder die 100 besten Arbeiten weißer, westlicher KünstlerInnen abdecken wird. Doch aus dieser Skepsis heraus ist dann die Idee entstanden, einen Antrag für ein Projekt zu stellen, das versucht, die Tanzgeschichte *aller* zu schreiben. Und lustigerweise hatten wir damit Erfolg. Wir haben mit drei Städten gestartet – Berlin, Tel Aviv und New York. Das Format ist bis heute gleich: Wir machen Workshops vor Ort und arbeiten mit ganz unterschiedlichen Leuten, die z.B. Parkinson haben oder im Hospiz sind. Wir arbeiten mit Kindern und mit unterschiedlichen Communities. Wir arbeiten mit ihnen über Tanz und fragen sie, welches Verhältnis sie zum Tanz haben. Die Antworten reichen von »Ich habe gar kein Verhältnis zum Tanz«, über »Meine Tante denkt, sie könnte tanzen« bis hin zu ganz bewegenden Geschichten. Wir haben z.B. Briefe von Leuten bekommen, die über 90 Jahre alt sind, die nicht mehr richtig gehen können und von der Zeit erzählen, als sie noch tanzen konnten. In jeder Stadt haben wir zusätzlich zu den Geschichten noch Lieblingsbewegungen gesammelt, die wir von den Menschen haben zeichnen lassen. Am Ende des Projekts haben wir in jeder Stadt einen Ballroom veranstaltet, zu dem wir die Zeichnungen mitgebracht und verteilt haben, so dass jeder die Lieblingsbewegung der Stadt tanzen durfte. Der längste Ballroom, den wir je hatten, war in einem Altersheim in Berlin. Es waren drei Altersheime eingeladen und die Leute haben fünf Stunden durchgetanzt. Das war unglaublich. Nach ca. zehn Städten hatten wir dann so unglaublich viele Briefe und Lieblingsbewegungen, dass sich uns das ganze Material entzogen hat. Wir haben kein Ordnungssystem für die Materialien gefunden. Deswegen sind wir dann auf das Deutsche Tanzarchiv Köln zugegangen und der stellvertretende Leiter, Thomas Thorausch, hatte eine tolle Idee. Er schlug vor, den Briefen eine Stimme zu geben. Daraus ist die Idee des *Anarchivs* entstanden, wofür die Briefe jetzt verschlagwortet, eingelesen und digitalisiert werden. Auf *anarchivtanz.digital* kann jeder den Briefen seine Stimme geben. In der App können aber auch neue Briefe geschrieben (oder gesprochen) und hochgeladen werden. Alles kann sich durchmischen und ist nicht mehr an unser Ordnungssystem gebunden – Anarchie und Archiv zugleich.

Weisheit: Ihr lasst aber nicht nur Andere mit euren Materialien arbeiten, sondern auch eure eigene künstlerische Praxis ist ein gegenseitiges Fort- bzw. Weiterschreiben eurer Arbeitsmaterialien. Ihr habt diese Methode »Reformulieren« genannt. Wie funktioniert diese Praktik?

d&p: Die Methode des Reformulierens ist ganz zu Beginn unserer Zusammenarbeit als Künstlerzwilling entstanden. Wir waren Welten voneinander entfernt, sowohl vom Denken als auch von unserer jeweiligen Praxiserfahrung her. Kattrin kam aus dem Bereich des Musiktheaters, ich hatte v.a. Choreografie-Erfahrung. Kattrin war stark von der Arbeit von John Cage geprägt, ich von der Arbeit von Trisha Brown. Das war zu Beginn einfach nicht kompatibel. Die Ansätze, wie wir an Ideen rangegangen sind, waren einfach zu unterschiedlich. Bis wir dann durch das Schreiben unserer Biografie die Arbeitsweise des Reformulierens entdeckt haben: Jeder hat eine Anekdote über sein Leben aufgeschrieben, dann haben wir das Buch umgedreht und an der Anekdote des jeweils anderen weitergeschrieben. Durch diese zirkuläre Arbeitsweise ist eine Komplexität entstanden, die Teile von uns beiden beinhaltet und zwar ohne, dass wir uns abstimmen oder irgendeine Form von Konsens herbeiführen müssten. Jeder hat die gleiche Zeit, jeder hat die gleiche Möglichkeit der Artikulation. In manchen Arbeitsphasen ist ein Buch an die 200 Mal hin und her gewandert und dokumentiert damit natürlich auch unseren Arbeitsprozess und die Geschichte der Dinge, die später auf der Bühne zu sehen sind. Es ist total spannend, Bücher von früheren Arbeiten anzuschauen oder sie – das ist unser Wunsch für die Zukunft – jungen Choreografie-Studierenden oder auch erfahrenen KollegInnen in die Hand zu geben und zu sehen, was sie damit machen. In dem Zusammenhang haben wir u.a. im Frühjahr 2023 beim *PerformanceLAB* des Wuppertaler Kulturbüros mit unserem Projekt *Durch-Ein-Ander* und mit unserer Methodik des Reformulierens VertreterInnen der Freien Szene und der Stadtverwaltung gemeinsam Bücher zum Thema nachhaltige Stadtgestaltung entwickeln lassen.

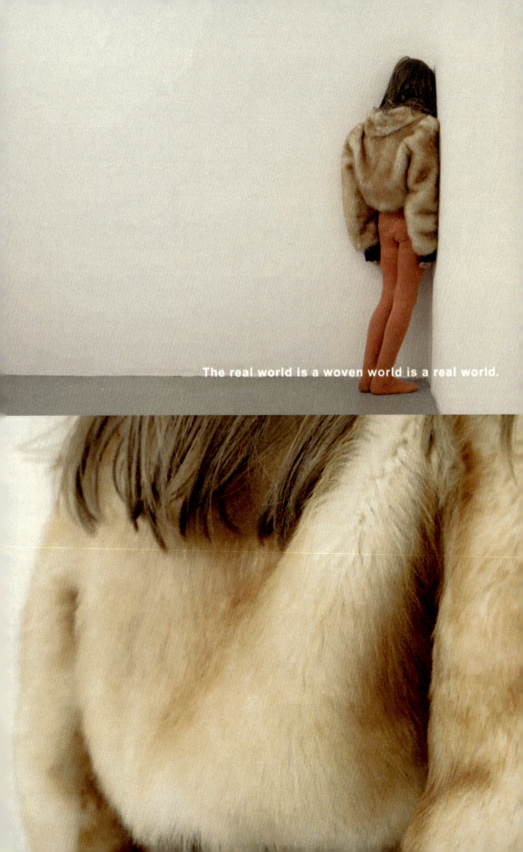

Der Hang zum Gesamtkunstwerk.
Ein künstlerisches Statement

Jackson Pollock Bar

Das Freiburger Performance-Unternehmen Jackson Pollock Bar ist mit seinen Playback-Projekten weltweit unterwegs. Dabei hat die Jackson Pollock Bar mit ihren Theorieinstallationen, bei denen z.B. in der Vergangenheit stattgefundene Diskussionen mit KünstlerInnen durch SchauspielerInnen als Playback wiederaufgeführt werden, auch Joseph Beuys in den Fokus genommen. Mit Der Hang zum Gesamtkunstwerk führten sie im Rahmen des Wuppertaler Performancefestivals das titelgebende Streitgespräch zwischen Harald Szeemann, Joseph Beuys, Bazon Brock, Frei Otto sowie Wolf Jobst Siedler, das in der WDR-Sendung Nachtschalter unterwegs ausgestrahlt wurde, wieder auf. Das Streitgespräch fand 1983 parallel zur gleichnamigen Ausstellung von Szeemann im Kunsthaus Zürich statt.

Inszeniert wurde diese Playback-Performance erneut im Rahmen des Wuppertaler Beuys-Performancefestivals vom Gründer der Jackson Pollock Bar, Christian Matthiessen. Die Teilnehmer der Gesprächsrunde waren Martin Horn als Bazon Brock, Gotthard Lange als Joseph Beuys, Manni Böll als Jobst Siedler, Hansjürg Müller als Harald Szeemann und Clemens Becker als Frei Otto. In dieser wurde – zuweilen sehr vehement – die Frage diskutiert, ob in der Idee des Gesamtkunstwerks bereits jener Totalitarismus veranlagt war, der sich dann in der faschistischen Ästhetisierung des Politischen niederschlug.

Mit Joseph Beuys und Bazon Brock waren seinerzeit zwei Künstler in der Runde vertreten, für die das Konzept des Gesamtkunstwerks, wie es von Richard Wagner entwickelt wurde, eine zentrale Rolle spielt – wenn auch mit sehr unterschiedlichen und zuweilen konträren Ausprägungen. Für Richard Wagner war die Enthierarchisierung der Künste die Grundlage für das ›Kunstwerk der Zukunft‹, das auf alle Sinne wirken sollte. Darauf aufbauend ist es – nach Wagner – die Gemeinschaft aller Einzelnen, also das ›Volk‹, das die Idee des Gesamtkunstwerks trägt und umsetzt. Joseph Beuys schließt hier mit seinem Konzept der Sozialen Plastik an, indem er jedem Menschen kreativ-gestaltende Fähigkeiten zur gesellschaftlichen Veränderung zuschreibt.[1] Dabei basieren Beuys'

---

1 Siehe hierzu auch den Beitrag von Karen van den Berg und den Beitrag Von Beuys' Sozialer Plastik zu Urban Performances von Bettina Paust in diesem Band.

Überlegungen auf der Dreigliederung des sozialen Organismus von Rudolf Steiner, in der sich gesamtgesellschaftliche Prozesse im Zusammenwirken von drei unabhängigen Bereichen – im Geistes-, Rechts- und Wirtschaftsleben – vollziehen. Mit dieser Erweiterung des Kunstbegriffs über das Ästhetische ins Kulturell-Soziale bzw. Politische zielte Beuys auf gesellschaftliche Transformation und fasste dies in seinem Aphorismus ›Jeder Mensch ist ein Künstler‹ zusammen. Bazon Brock wiederum hat erstmals im Katalog zu Harald Szeemans Ausstellung Der Hang zum Gesamtkunstwerk *zum Begriff Gesamtkunstwerk publiziert. Zahlreiche weitere Veröffentlichungen folgten. In seinen schriftlich dargelegten Überlegungen formuliert Bazon Brock einerseits den Begriff der Totalkunst, für die das realexperimentierende Subjekt der Träger des Anspruchs ist, und andererseits den Begriff des Totalitarismus. Dieser fasst – nach Brock – das Leben selbst (die Massen) als Träger des Ganzheitsanspruchs auf, da schließlich im Leben der ›Massen‹ die Utopien verwirklicht werden sollen. Dies wiederum bedeute eine radikale Unterwerfung der Wirklichkeit unter eine jeweilige Vorstellung, während Totalkunst die Beziehung zwischen Fiktion und Realität darstelle.*

Im Anschluss an die Aufführung Der Hang zum Gesamtkunstwerk *fand im Rahmen des Wuppertaler Beuys-Performancefestivals am 4. Juni 2021 ein wissenschaftliches Panel zu dem in der Moderne höchst aufgeladenen Begriff Gesamtkunstwerk statt. Diskutiert haben in dieser Runde, die von Barbara Gronau moderiert wurde, Timo Skrandies, Nikola Duric von Showcase Beat Le Mot und Martin Horn, der als Vertreter der Jackson Pollock Bar das nun folgende künstlerische Statement des Kollektivs zum Gesamtkunstwerk bei Joseph Beuys verlesen hat.*[2]

(Bettina Paust)

Künstlerisches Statement der Jackson Pollock Bar

1

Wir stehen Beuys kritisch gegenüber. Wir teilen die Haltung von Bazon Brock, wie sie in der Performance gerade deutlich wurde. Das Gesamtkunstwerk, die *Soziale Plastik*, von der Beuys hier spricht, ist – er sagt es selbst – Rudolf Steiner und

---

2 Zur Vertiefung der Thematik *Gesamtkunstwerk* und einem Vergleich der unterschiedlichen Perspektiven von Beuys und Brock siehe den Beitrag von Alexandra Vinzenz in diesem Band sowie ihre Dissertation *Vision Gesamtkunstwerk. Performative Interaktion als künstlerische Form*, die 2018 im transcript Verlag erschienen ist. Einen umfassenden Überblick über Leben, Werk und Wirken von Joseph Beuys gibt zudem das von Timo Skrandies und Bettina Paust herausgegebene *Joseph Beuys-Handbuch*, das 2021 im J.B. Metzler Verlag erschienen ist.

seine 1919 vertretende Idee der Dreigliederung des sozialen Organismus, und der Kunstbegriff, den Beuys ebenfalls von Steiner übernimmt, meint nichts weiter als die Ablehnung einer wissenschaftlich-technologischen Politik- und Gesellschaftsauffassung und ein Plädoyer für praktische Vernunft. Die Dreigliedrigkeit des sozialen Organismus war von Steiner damals gegen einen allmächtigen Staat gerichtet, und sie ist in gewisser Weise von Niklas Luhmanns Theorie der funktionalen Ausdifferenzierung der Gesellschaft ohne Zentrum und ohne Spitze bestätigt – aber auch überholt worden. Das ist eine historische Entwicklung, eine Tatsache – aber kein Gesamtkunstwerk!

Steiner fordert viele Künste: Erziehungskunst, Heilkunst usw. Er ist einfach ein Wissenschaftsskeptiker. Kunst immer als Abgrenzung also.

Beuys war sicherlich ein großer Freiheitskämpfer – aber er hatte Nebenwirkungen. Die Erweiterung des Kunstbegriffs, wie Beuys als Künstler ihn praktiziert und propagiert, hat eigentlich nur Verwirrung gestiftet und Unheil angerichtet. Seine Erweiterung meint nicht praktische Vernunft, sondern Ausweitung des ästhetischen Systems. Und diese Ausweitung – sein »Jeder Mensch ein Künstler«, zusammen genommen mit Andy Warhols Bemerkung über die »Fifteen Minutes of Fame« für Jedermann – haben zu einer Explosion des Kunstsystems geführt, zu einer neuartigen Dauerkommunikation in Form einer Massenproduktion von Kunstwerken, Inflation von Ausstellungen, Biennalen, Netzkunst usw. Beuys hat Unheil angerichtet, aber auch in Form einer Ästhetisierung des theoretischen Diskurses. Die Kunst ist diskursiv geworden, und der Diskurs ästhetisch. Das ist das Ergebnis. Das ist jetzt das fatale Gesamtkunstwerk.

Damit bin ich bei uns, bei der Jackson Pollock Bar.

Der Geschäftszweck der Jackson Pollock Bar ist die Installation von Kunsttheorie. Theorien unterscheiden sich von Werken nur auf der Beobachtungsebene erster Ordnung – durch unterschiedliche Qualitäten, Logiken und Erfahrungsmodi.

Wenn die Welt zur Ausstellung wird, nämlich zur Selbstausstellung von Beobachtungen, dann kann das Ausstellen kein Privileg der Kunst mehr sein. KünstlerInnen sind methodologische WeltbeobachterInnen. Sie setzen sich selbst als BeobachterInnen der Beobachtung aus: Sie können ab jetzt selbst als *artifiziell* beobachtet werden: Sie können gespielt werden. KünstlerInnen sind heute SchauspielerInnen! So stehen die Dinge der Beobachtungsverhältnisse zu Beginn des 21. Jahrhunderts und *emphatische* Kunst macht sie sich zum Formproblem. Es ist dies das komplette Gegenteil zur modischen Politisierung der Kunst, wie sie gegenwärtig boomt.

Warum Playback? Warum Installation? Kunsttheorien, die ein Bewusstsein für ihre Stellung im Kommunikationsprozess entwickeln, müssen auf die Art ihres Beobachtetwerdens achten, d.h. sie müssen artifiziell ›ausgestellt‹ werden. Dadurch entfalten sie ästhetisches Bewusstsein. Wichtig ist die Brechung der authentischen Unmittelbarkeit von Theorie. Dadurch wird die Wahrnehmung von Künstlichkeit, Konkretheit und Kontextualität, also ›Beobachtung zweiter Ordnung‹ ermöglicht. Dazu verwendet die Jackson Pollock Bar das Playback-Verfahren. Das Playback-Verfahren muss für dieses Anliegen über die übliche Simulationsabsicht hinausgetrieben werden zu einer bewussten sinnlichen Verdoppelung als Künstlichkeit in Bild und Ton.

Also Künstlichkeit der Beobachtungsverhältnisse zeigen – statt Kritik als politische Kommunikation!

Form – nicht Pädagogik! Kunst ist immer nur symbolische Form! Alles andere ist totalitär!

2

Wer mit dem Euphemismus, mit der Beschönigung Gesamtkunstwerk hantiert, kaschiert entweder seine Ahnungslosigkeit in der Sache, oder verbirgt dahinter die autoritäre Struktur des eigenen Projekts.

Der junge Wagner versuchte mit diesem Begriff sein romantisches, linkes Revoluzzertum von 1848 in Einklang zu bringen mit der abgehobenen Autorität des Entrepreneurs in Sachen Oper und stellte mit dem Gesamtkunstwerk alle Beteiligten ideell auf eine Stufe. Die Realität sah anders aus: Wagner-Festspiele in Bayreuth ...

Der nächste Gesamtkunstwerker nutzte den Begriff zur Mystifikation. Über das mittelalterliche Gesamtkunstwerk wusste Steiner zu berichten, die Steinmetze hätten Maß und Proportion ihrer Kreation erfahren über ihre Einbindung in den Rhythmus der steineklopfenden Handwerkerschar in den Dombauhütten, also Eurythmie *avant la lettre*. Dieses Phantasma wirkte noch bis in die Gründungsmythe des Gesamtkunstwerks BAUHAUS durch Walther Gropius. Dabei wusste jeder nüchterne Kenner der Materie, dass dem mittelalterlichen Dombau Pläne zugrunde lagen und dass die Baustelle durchsetzt war mit Aufrissen, Maßgaben und Schablonen, mit denen jedes Detail kontrolliert werden konnte.

Im *Hang zum Gesamtkunstwerk* brachte dann Szeemann den Künstler Kurt Schwitters, das Goetheanum, Anselm Kiefer und den Monte Verità unter den offensichtlich beliebig dehnbaren Begriff *Gesamtkunstwerk*. Und wie immer, wenn der Begriff so smart und sozial ausgewogen daherkommt, tarnt sich damit die Praxis, hier die des Kurators als neuer Zampano, der realisieren kann, dass der Ausstellungsort der Moderne der Produktionsort der Postmoderne ist.

3

Unserer Meinung nach hat Beuys das Projekt zu sehr auf sich als schamanische Künstlerfigur bezogen. Man muss diese Selbstinszenierung wegnehmen und stattdessen seine erweiterte Theorie und Aufmerksamkeit ins Zentrum stellen. Und doch muss man ihn *spielen*, denken wir, es muss Poesie bleiben, es darf nicht Politik werden – weder im Sinne des ausdifferenzierten Politikbetriebs, noch im Sinne reiner Diskursherrschaft. Und schon gar nicht als politische Kunst. Das ist die fragile Grenze: Die Kunst als Fetischsystem des Diskurses *nutzen* und das gleichzeitig *reflektieren*, also als Form zeigen. Es geht um beides: um Kommunikationsanalyse und um Substanz. Die pure Selbstreferenz der Kunst ist unerträglich geworden. Das *Außen* erscheint wie ein Menetekel an der Wand. Der *political turn* der Kunst aber ist Selbstmord: Keiner der KuratorInnen wird überleben und die AktivistInnen sitzen zwischen allen Stühlen. Wir jedenfalls hassen politische Kunst.

Sie sehen: Man muss Beuys als Erweiterung von Karl Marx nehmen. Marx hat als erster den Arbeitsprozess ins Zentrum seiner Theoriebildung gestellt. Er ist gewissermaßen der Urvater der Theorie des Anthropozäns. Sein Begriff der Arbeit, der Hegels *Phänomenologie des Geistes* vom Kopf auf die Füße des Stoffwechselprozesses stellt, ist die Zentralkategorie des Anthropozäns. *Arbeit* hat die Erdgeschichte ins Anthropozän katapultiert. Dabei hat Marx die Entfaltung der Produktivkräfte gekoppelt an die Analyse der Produktionsverhältnisse. Arbeit und vergegenständlichte Arbeit: Variables Kapital und fixes Kapital stehen sich im Kapitalismus gegenüber als Klassenkampf. Das *Kommunistische Manifest* ist im Prinzip eine moderne Fassung des Kampfs des Apostels Paulus gegen die antike Sklaverei! Ahnte Marx, wie sehr er einem christlichen Universalismus nachhing? Beuys wird dann sagen: »Kunst = Kapital« – er meinte: Sowohl die Maschinerie als auch die lebendige Arbeit seien Transsubstantiation. Die christliche Idee der Arbeit *ist* Transsubstantiation: Transsubstantiation des *Selbst* so gut wie der *Natur!* Wir haben es bei Beuys wie bei Marx mit einem religiös-spirituellen Arbeitsbegriff zu tun. Und jetzt belehrt uns das Anthropozän. Hat Marx das Verbrennen thematisiert? Natürlich wissen wir: Die real existierenden sozialistischen Systeme haben nicht ökologischer gewirtschaftet als die kapitalistischen. Im Gegenteil. Der Kapitalismus andererseits produziert einen wahnwitzigen technischen Fortschritt und eine irrwitzige Produktion um ihrer selbst willen. Jetzt münden sie ein in die Digitalisierung, in die Entstofflichung und Unsichtbarkeit von zwei Seiten her: Von den Produktivkräften und von den Produktionsverhältnissen her: Als doppelte Unsichtbarkeit. *Unsichtbarkeit!* Man kann weder die technischen noch die sozialen Verhältnisse und Entscheidungen mehr sehen. Das ist die faktische Übersinnlichkeit der Postmoderne. Die Beuys'sche Übersinnlichkeit dagegen lebt als eine Art ›Anbetung‹, sie ist – wie jede Anbetung – Organbildung: »Wir verneigen uns vor den Begriffen«,

Zwischen Provokation, Ganzheitsvorstellungen und Gesamtkunstwerk – Fluxus, Beuys und Co.

Alexandra Vinzenz

»Leben ist Kunst, Kunst ist Leben. Rohes Fleisch mit Stecknadeln gespickt. Auch Joseph Beuys war ein Fluxist der ersten Stunde. Fluxus heißt, fließen, in Bewegung sein. Fluxus heißt, dass Künstler live vor Publikum verstörende Dinge tun. Der Alltag, jede Handlung sollte zur Kunst erhoben werden und die Cellistin trug nur Cellophan.«

Der erste Satz wird von Wolf Vostell gesprochen, wobei das Komma eine längere Pause verschafft, die mit einem pulsierenden Klang, ähnlich einem Herzschlag, akustisch gefüllt wird (der auch weiterhin zu hören ist). Der anschließende Text erklingt durch ein Voiceover. Zu sehen ist erst Wolf Vostell aus einer Untersicht und bei der Ausführung der durch den Sprecher beschriebenen Tätigkeit, dann Joseph Beuys, wie er sich mit dem Kopf auf einen Fettkeil liegend in Position bringt. Es folgt Nam June Paik, der in Rückenansicht am Klavier spielt und (wie ein Kameraschwenk offenbart) Charlotte Moorman am Cello begleitet. Mit diesem halbminütigen Ausschnitt der insgesamt knapp zehnminütigen Reportage berichtet die ARD über das *24-Stunden-Happening* in Wuppertal am 5. Juni 1965. Die Aktion fand in der Galerie Parnass statt und vereinte, wie auch dem Plakat zu entnehmen ist (s. Abb. 1), Performance-KünstlerInnen wie Wolf Vostell, Joseph Beuys, Nam June Paik und Charlotte Moorman, oder auch Bazon Brock, Eckart Rahn und Tomas Schmit.

Wolf Vostell spickte nicht nur rohes Fleisch mit Stecknadeln während des Happenings, sondern schloss sich mit einer Gasmaske vor dem Gesicht in einen Glasschrank ein (s. Abb. 2 und 3). Joseph Beuys saß die meiste Zeit mit angespannten und entspannten Bauchmuskeln in meditativer Haltung auf einer Apfelsinenkiste oder benutzte den Fettkeil auf dem Stuhl als eine Art Kopfkissen (s. Abb. 4 und 5). Nam June Paik und Charlotte Moorman boten (jenseits des Konventionellen) etwas Musikalisches auf Klavier und Cello dar. Bazon Brock begann seine eigene Aktion mit einem Kopfstand und verbrachte dann die meiste Zeit liegend auf einem Tisch (s. Abb. 6 und 7). Tomas Schmit saß in der Mitte eines Kreises aus Eimern und unterbrach diese Tätigkeit sobald BesucherInnen den Raum betraten.

Abb. 1: Plakat, 24-Stunden-Happening, 05.06.1965, Galerie Parnass, Wuppertal; Stiftung Haus der Geschichte; EB-Nr. 1987/4/090.16

Abb. 2: Wolf Vostell spickt rohes Fleisch mit Stecknadel, 24-Stunden-Happening, 1965, Filmstill aus Hügler 2011, Quelle: Haus des Dokumentarfilms/Süddeutscher Rundfunk, heute Südwestrundfunk, DVD 2011, TC 03:03 © absolut MEDIEN GmbH

Abb. 3: *Wolf Vostell hat sich mit Gasmaske im Glasschrank eingesperrt*, 24-Stunden-Happening, 1965, Filmstill aus Hügler 2011, Quelle: Haus des Dokumentarfilms/Süddeutscher Rundfunk, heute Südwestrundfunk, DVD 2011, TC 07:16 © absolut MEDIEN GmbH

Abb. 4: *Joseph Beuys sitzt auf einer Apfelsinenkiste*, 24-Stunden-Happening, 1965, Filmstill aus Hügler 2011, Quelle: Haus des Dokumentarfilms/Süddeutscher Rundfunk, heute Südwestrundfunk, DVD 2011, TC 07:40 © absolut MEDIEN GmbH

Abb. 5: Joseph Beuys legt seinen Kopf auf einen Fettkeil, 24-Stunden-Happening, 1965, Filmstill aus Hügler 2011, Quelle: Haus des Dokumentarfilms/Süddeutscher Rundfunk, heute Südwestrundfunk, DVD 2011, TC 08:19 © absolut MEDIEN GmbH

Abb. 6: Bazon Brock beginnt seine Aktion mit einem Kopfstand, 24-Stunden-Happening, 1965, Filmstill aus Hügler 2011, Quelle: Haus des Dokumentarfilms/Süddeutscher Rundfunk, heute Südwestrundfunk, DVD 2011, TC 03:37 © absolut MEDIEN GmbH

Abb. 7: Bazon Brock liegt auf dem Tisch, 24-Stunden-Happening, 1965, Filmstill aus Hügler 2011, Quelle: Haus des Dokumentarfilms/ Süddeutscher Rundfunk, heute Südwestrundfunk, DVD 2011, TC 04:19 © absolut MEDIEN GmbH

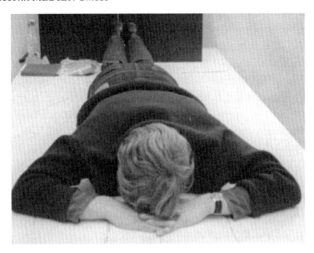

Die Bilder und teilweise auch die Tonspur des ARD-Reports (schon das ist ein Stück bundesrepublikanische Fernsehgeschichte) werden erneut in der rund 45-minütigen Dokumentation *Kunst und Ketchup. Ein Bericht über Pop-Art und Happening* von Elmar Hügler verwendet. Sie wurde am 14. Februar 1966 erstmals im Süddeutschen Rundfunk (SDR) ausgestrahlt und ist Teil der Reihe *Zeichen der Zeit*, die unter der Leitung des *Spiegel*-Journalisten Dieter Ertel kulturkritisch die Adenauer-Ära und Wirtschaftswunderzeit in den Blick nimmt. Zwischen 1957 und 1973 wurden in 56 Filmen verschiedene Themen beleuchtet, wovon sich eine Folge unter dem Titel *Kunst und Ketchup* v.a. der Aktionskunst zuwendet.[1] Diese Entscheidung dürfte sicherlich zu einem nicht unerheblichen Maß von der Intention der zu Wort kommenden Personen gefallen sein, denn das, was hier zu sehen ist, sei ein »Abklatsch unserer Konsumwelt« (Hügler 2011: TC 01:29) und wurde als Kritik am politischen System verstanden. Die Fernsehreihe trägt, teilweise kommentiert mit leicht ironischem Unterton, die Aussagen der KünstlerInnen ideologisch mit. Interessant ist die Auswahl der ProtagonistInnen, die maßgeblich aus dem Umfeld des *24 Stunden*

---

1 Neben der Aktionskunst kommt einzig die Pop-Art noch zur Sprache, mit den Vertretern Konrad Lueg, Sigmar Polke und Gerhard Richter (was aus heutiger Sicht ebenfalls hinsichtlich Kanonisierungen kritisch zu beleuchten wäre (vgl. Hügler 2011: TC 19:32-26:39). Diese Auswahl ist interessant, denn es hätte freilich noch zahlreiche weitere künstlerische Strömungen zu der Zeit gegeben, die einer Darstellung würdig gewesen wären. Dass nun ausgerechnet die Aktionskunst mit ihrem politischen Potential gewählt wurde, ist symptomatisch für die Fernsehreihe.

Happenings und damit aus dem Kreis der FluxistInnen stammen.[2] Offenbar galten bereits zu diesem Zeitpunkt die FluxistInnen als rebellisch und politisch engagierte KünstlerInnen. Dieses Bild verstanden sie selbst zu schreiben und manifestieren, so dass auch eine Produktion wie *Kunst und Ketchup* auf die Aufnahmen der ARD des *24-Stunden-Happenings* zurückgriff und damit als Zeitdokument (vgl. Hoffmann 2011: 3) die eingefangenen Bilder als ikonisch für Fluxus erklärt.

Die Faszination von Fluxus, wie sie sich bspw. in Form der Kanonisierung durch einen Bericht wie *Kunst und Ketchup* zeigt, begründet sich im Wesentlichen in der selbstbetriebenen Geschichtsschreibung, welche immer wieder eine umfassende Evolution der bestehenden gesellschaftlichen Verhältnisse durch Kunst fordert. Es zeigt sich damit ein Anliegen, das über die klassischen Grenzen der Kunst deutlich hinausgeht. Weniger aus der Motivation heraus ein »politisch engagiertes Schockspiel« (Hügler 2011: TC 35:25) zu geben, wie es für Vostell heißt, sondern in der langen Tradition des Konzepts Gesamtkunstwerk stehend, beschäftigt sich auch Beuys mit einer gesellschaftlichen Evolution durch Kunst und verfolgt damit ebenfalls einen ganzheitlichen Anspruch. Bazon Brock wiederum steht mit seiner, bisher nicht systematisch betrachteten theoretischen Beschäftigung mit dem Gesamtkunstwerk sowie seinen praktischen Aktionen à la Fluxus gewissermaßen zwischen diesen beiden Positionen. Auch wenn also die hier behandelten KünstlerInnen ganzheitliche Ansätze verfolgen, geschieht dies je auf differente Weise. Das Ziel des vorliegenden Beitrags ist es, die unterschiedlichen Positionen knapp darzulegen. Bisher mangelt es in der Forschung an einer solchen Engführung, da die ganzheitlichen Bestrebungen (wenn überhaupt) Thema in monografischen Untersuchungen, ohne Querbezüge sind.[3]

Fluxus

Der Begriff ›Fluxus‹ leitet sich vom lateinischen ›fluere‹, ›fließen‹, ab und wurde ursprünglich von George Maciunas im Zusammenhang mit der Idee einer gleichnamigen Zeitung in New York verwendet. Die erstmalige öffentliche Verwendung

---

2 Ähnliche Bestrebungen wie z.B. die verschiedenen Künstlerzusammenschlüssen im Osten Deutschlands (vgl. Kaiser 2009; 1999) oder auch im internationalen Kontext, wie bspw. in Japan mit der Künstlergruppe Gutai (Abadie 1999; Schimmel/Noever/Stiles 1998) werden nicht erwähnt. Diese zeichneten sich ebenfalls durch ein Cross-over der Gattungen, Stile und Programmatiken aus, die auf die Gleichsetzung von Kunst und Leben zielten. Zudem ist auch dies nur ein kleiner Ausschnitt der Performance-Kunst der Zeit, man denke nur etwa an die sich ebenfalls entwickelnde Body Art.

3 Eine umfangreiche Untersuchung des Konzepts Gesamtkunstwerk und Beuys' Position in der Rezeption dessen habe ich in meiner Dissertation vorgenommen, (vgl. Vinzenz 2018: 306ff.) und in zusammenfassender Form (vgl. Vinzenz 2021).

erfolgt in New York 1961 auf einer Einladung der *Gallery A/G*, deren Teilhaber Maciunas war. Die Galerie wurde zum Treffpunkt junger AvantgardistInnen, das Zeitungsprojekt fallen gelassen und das bereits gesammelte Material aufgehoben. Zusammen mit Jackson MacLow und LaMonte Young erschienen die Beiträge verschiedener Fluxus-KünstlerInnen 1963 in *Anthology* in New York. Die Mitwirkenden stammten v. a. aus dem amerikanischen Kreis um die Komponisten John Cage und Richard Maxfield. Den in New York recht umtriebigen und als ›Gründungsvater‹ von Fluxus bezeichneten Maciunas führte es mit seiner Tätigkeit in der US-Army 1961 nach Deutschland – genauer nach Wiesbaden. Hier nahm er Verbindung zu dem in Köln tätigen Wolf Vostell und dem Koreaner Nam June Paik auf.[4]

Immer wieder wird die Entwicklung von Fluxus in dieser Art skizziert, allerdings lässt dies außer Acht, dass zum einen die eigene Geschichtsschreibung von Fluxus einen wesentlichen Einfluss auf das Narrativ hat und zum anderen zeitgleich weltweit ähnliche Bestrebungen und Ausdrucksformen entstanden, die nicht auf Maciunas zurückgehen und schon gar nicht in einem festen Gründungsdatum gefasst werden können. Zahlreiche Publikationen zum Thema Fluxus stammen aus den Reihen der FluxistInnen selbst, bzw. speisen sich als Quellensammlungen aus ihren Texten (vgl. Friedmann 1999; Hodges 1993; Schilling 1978: 85ff.) oder geben das Geschehen in Form von Fotografien wieder.[5] Auch die wissenschaftliche Literatur orientiert sich an einer dementsprechenden historisch-biografischen Darstellungsform (vgl. Kellein 1995; Dreher 1991; Merkert 1989) oder verortet Fluxus im allgemeineren Kontext der Performance Art (vgl. Dreher 2001; Schilling 1978).

Nicht nur die Geschichtsschreibung, sondern auch die erklärten Ziele der FluxistInnen werden in den Publikationen vorangetrieben: Das Ziel von Fluxus war, wie Maciunas in einem Brief an Tomas Schmit im Januar 1964 formulierte, die »stufenweise Eliminierung der schönen Künste« durch Destruktion, »die Fluxus-Ziele sind soziale (nicht ästhetische). Sie stehen (ideologisch) in Verbindung mit denen der LEF-Gruppe-1929 in der Sowjetunion« (Maciunas, zit. n. Adriani/Konnertz/Thomas 1994: 51f.). Diese sehr weit gefasste Idee wurde auch in der Folge nicht näher definiert oder schriftlich fixiert, denn es war nicht im Sinne der KünstlerInnen, ihre undefinierbare ›Antikunst‹ (vgl. Krahl 1998) näher zu erläutern oder einzuordnen. Z.B. resümiert Vostell zum *24-Stunden-Happening*, dass es um »24 Stunden – Folgen des Notstands« (Vostell, zit. n. Hügler 2011: TC 11:40) ge-

---

4 Die Verbreitung der Fluxus-Idee erfolgte über ein weltweites Residentennetz – hier nur exemplarisch: in den Niederlanden war Fluxus durch Willem de Ridder, in Dänemark durch Adi Køepcke, in Deutschland durch Wolf Vostell, Tomas Schmit und Jean-Pierre Wilhelm, in Frankreich durch Ben Vautier und Robert Filliou und in Japan durch Kuniharu Akiyama vertreten (vgl. Schilling 1978: 81; Evers 1999).

5 Dies ist besonders bei Ausstellungskatalogen der Fall (wie z.B. Olivia 1990; de LaMotte 1992; Kellein 1994; Block 1994; Oellers/Spiegel 1995; Block 2002).

gangen sei. Die Anspielung in der Formulierung auf die damals diskutierten und entworfenen ›Notstandsgesetze‹ liegt auf der Hand, Vostell sympathisierte also mit den Kritikern der Außerparlamentarischen Opposition (APO) und nahm demnach in seiner Aktion auch eine politische Handlung oder zumindest Haltung ein. Die von ihm beschworene Einheit von Kunst und Leben setzte eine aktive Beteiligung voraus: Am Eingangsbeispiel, der Aktion während des *24-Stunden-Happenings* zeigt sich dies, indem zur Verwunderung der anderen ZuschauerInnen ein New Yorker Besucher ein Stück des von Vostell verwendeten Fleischs kaute und damit vom passiven zum aktiven Teilnehmer wurde (vgl. Hügler 2011: TC 06:51). Diese Beteiligungsform kann jedoch nicht als typisch für Fluxus-Aktionen verstanden werden. Die Bandbreite der Aktionsformen ist ebenso wie die Interaktion mit dem Publikum riesig: Verstören und Schockieren des Publikums bspw. durch Provokation und Destruktion sind wesentliche Strategien der FluxistInnen (vgl. Felderer 2008: 19), wie sie sich u.a. in der Collage oder Montage zeigen. Die Adressierung des Publikums reicht dementsprechend von einer Konfrontation der ZuschauerInnen mit der aktionalen Handlung (ohne Einbezug), bis hin zur Handlungsanweisung an die ZuschauerInnen (ohne deren Beteiligung oder Durchführung keine aktionale Handlung zustande kommt). Das Spektrum reicht also von der Aktion bis zum Happening und verhandelt mal mehr mal weniger explizit politische Fragen. Den verwendeten Materialien kommt teils eine symbolische Funktion zu, wobei häufig Alltagsgegenstände eingesetzt werden: Durch die ›neue‹ Verwendung im Kunstkontext erhalten diese Objekte der Realitätssphäre die Dignität des Künstlerischen.

Beuys

In dem eingangs zitierten ARD-Kurzbericht heißt es: »Auch Joseph Beuys war ein Fluxist der ersten Stunde.« Die Aussage ist durchaus zu hinterfragen: Wenn auch heute noch KünsterInnen, wie z.B. die Jackson Pollock Bar in ihrer hier im Band vorliegenden künstlerischen Äußerung[6], Joseph Beuys einer künstlerischen Haltung wie Fluxus gegenüberstellen und zugleich unmittelbar mit dem Begriff des Gesamtkunstwerks verknüpfen, so drängt sich die Frage nach Gemeinsamkeiten und Unterschieden auf. Vostell betont bspw. die Diskrepanzen, wenn er alle »Dalinesken pseudo-religiösen Personenkult-Darstellungen[,] wo ein Künstler im Mittelpunkt steht« kritisiert (Vostell 1970: 5), da dies keine Aktionen seien. Zugleich betont er das Ineinanderfallen von Kunst und Leben. Es geht also nicht um eine künstlerische Gestaltung der Wirklichkeit, sondern die Aneignung und Integration der Wirklichkeit durch Änderung der Kunst (vgl. Wedewer 1992). Das Kon-

---

6 Siehe hierzu auch den Beitrag der Jackson Pollock Bar in diesem Band.

zept Gesamtkunstwerk hingegen beansprucht für sich, die Wirklichkeit zu einem homogenen Kunstgebilde umzuformen, wobei der Ausgangspunkt die Symbiose der künstlerischen Medien unter Rückbezug auf ästhetische, philosophische oder metaphysische Ganzheitsentwürfe ist (vgl. Fornhoff 2004: 482f.).

Das Gesamtkunstwerk als Konzept geht auf Richard Wagner zurück. Als eine von zwei Ebenen beinhaltet dieses bereits die Enthierarchisierung der Künste: Wagner fordert eine Gleichstellung der künstlerischen Disziplinen, so dass daraus idealiter das ›Kunstwerk der Zukunft‹ entstünde (vgl. Wagner 1850: 139). Er setzt also eine Aufhebung der Autonomie aller Kunstarten voraus. Auf dieser ästhetischen Ebene zeigt sich eine künstlerische Einstellung, die sich in den synästhetischen Bestrebungen zu Beginn des 20. Jahrhunderts fortsetzt (wie z.B. bei Alexander Skrjabin oder Wassily Kandinsky) und zu Beuys' Zeit durch die Intermedialität der Künste größtenteils obsolet war (vgl. Vinzenz 2018 69ff.). Das Wagnersche ›Kunstwerk der Zukunft‹ sollte temporär auf alle Sinne wirken und damit eine kultisch-ästhetische Erfahrung auslösen, die schließlich zur Katharsis führen sollte. Der kollektive kathartische Zustand führe dann langfristig zu einem gesellschaftlichen Umdenken. Diese Idee einer gesellschaftlichen Transformation durch Kunst stellt damit die zweite Ebene des Konzepts Gesamtkunstwerk dar, ein politischer oder sozio-kultureller Anspruch. Zur Erreichung des Ziels sollten die BesucherInnen des Festspiels durch ästhetische Stimulation zu Kontemplation und Entrückung eingeladen werden – sie werden damit zu Co-ProduzentInnen. Die visionäre Idee geht jedoch über den Zeitraum des Festspiels hinaus: Die Antwort, wer der/die KünstlerIn der Zukunft sei, gab Wagner mit den Worten »sagen wir es kurz: *das Volk*« (Wagner 1850: 220). Die Gemeinschaft »aller der Einzelnen« ist demnach der Träger seiner Idee des Gesamtkunstwerks (ebd: 10f.). Das Individuum wiederum zeichne sich durch den Dualismus zwischen freier Individualität und (einer mit Rechten und Pflichten verbundenen) Staatsbürgerschaft aus (vgl. Bermbach 1994: 146ff., 189f.).

Beuys schließt an diese Überlegungen an: Mit seiner zur Formel mutierten Aussage »Jeder Mensch ist ein Künstler« (Beuys 1991: 20f.) bringt er in aller Kürze zum Ausdruck, dass seiner Meinung nach jeder Mensch ein Gesellschaftsreformer sein könne (Beuys 1977: 127). In der Weiterentwicklung von Wagners in einer staats- und herrschaftsfreien Weltgesellschaft aufgehendem mündigen Individuum, denkt Beuys an eine radikale Subjektivierung und zugleich Entgrenzung des traditionellen Kunstverständnisses (vgl. Beuys 1995), was auf eine Neustrukturierung der Gesellschaft genauso wie auf die gänzliche Auflösung jeglicher Grenzen zwischen Kunst-Leben/Alltag-Politik zielt. Seine freie Gesellschaft basiert ideell auf drei Grundaspekten – Kultur, Recht und Wirtschaft – sowie den ihnen zugeordneten Prinzipien – Freiheit/Selbstbestimmung, Gleichheit/Demokratie, Brüderlichkeit/Sozialismus –, die den sog. ›Freien demokratischen

Sozialismus‹ bilden würden.⁷ Diese Überlegungen führt Beuys im Begriff der *Sozialen Plastik* zusammen.⁸ Hierin zeigt sich seine Entgrenzung des Kunstbegriffs auf anschauliche Weise, denn künstlerische Arbeiten und politisches Engagement sind zunehmend nicht voneinander zu trennen. Dabei geht es Beuys weniger um eine revolutionäre als vielmehr um eine evolutionäre Veränderung der Gesellschaft ausgehend vom Individuum. Hinsichtlich seiner Vorstellung vom Menschen, aber auch seiner umfassenden Überlegungen zu Ökologie und Kapital, zeigen sich Parallelen zu Rudolf Steiners Anthroposophie (vgl. Zumdick 1995; Vinzenz 2018: 331): Dem im Zuge der Moderne durch soziale Differenzierung verlorengegangenen anthropologischen Grundvermögen (Leibes-, Gefühls- und Verstandesmensch) soll mit Schritten zur Läuterung einer gereinigten Natur begegnet werden. Sowohl Steiner als auch Beuys exemplifizierten ihre gesamtheitlichen Ansätze immer wieder auf Schiefertafeln einer breiten Öffentlichkeit. Und auch weit darüber hinaus erklärte Beuys seine Thesen immer wieder in Diskussionsrunden, Vorträgen, Interviews, Publikationen, Informationsbroschüren etc., wobei ihm häufig mangelnde Präzision vorgeworfen wurde. Wie auch bei Wagner gehörten Kunstproduktion und kommentierende Reflexion untrennbar zusammen – Widersprüche und Zweckbehauptungen sind hierbei offensichtlich (vgl. Bermbach 1994: 10).

Die Rückbezüglichkeit auf Wagner ist bei Beuys nicht nur mit Blick auf das Konzept Gesamtkunstwerk zu sehen, sondern ebenso in der Selbstdarstellung: Er zählt in seinem ersten *Lebenslauf Werklauf* von 1964 Wagner zu einem ›Wendepunkt‹, auch wenn er sich in späteren Lebensläufen wieder davon distanzierte (vgl. von Graevenitz 1984: 17).⁹ Es sind v.a. die Symbole rund um die Figur des Parsifal, die er immer wieder aufgriff, wenn er sich z.B. als eine Art Parsifal während der Aktion *Vitex agnus castus* 1972 in der Galerie Lucio Amelios in Neapel inszenierte (vgl. von Graevenitz 2011; dies. 1984: 16ff.). Der *Ring* mit seiner enthaltenen Kapitalismuskritik und dem Abgesang auf eine aristokratische Gesellschaft (vgl. Seithe 2014: 99), die sich im tatsächlichen Festspielbetrieb nicht niederschlug (vgl. Scheller 2014: 37ff.), muss fast schon paradigmatisch für Beuys gewesen sein, denn sowohl Wagner als auch Beuys agierten in Zeiten politischer Umbrüche und inszenierten sich daher als revolutionäre Künstlerpersönlichkeiten (vgl. Lange 1999: 11ff.; Quermann 2006 19ff.).

---

7 Diese Dreigliederung des sozialen Organismus baut auf Überlegungen Rudolf Steiners auf; siehe hierzu weiter unten und unter Verweis auf die einschlägige Literatur (Vinzenz 2018: 331, Anm. 1084).

8 Siehe hierzu auch den Beitrag von Karen van den Berg in diesem Band.

9 Darauf baut auch die erste Biografie zu Beuys von Götz Adriani, Winfried Konnertz und Karin Thomas (1973) auf.

Die Zentriertheit auf sowie die Mythenbildung um die Künstlerpersönlichkeiten (vgl. Groblewski/Bätschmann 1993; Krieger 2007) unterscheidet die an dem Konzept Gesamtkunstwerk arbeitenden von politisch engagierten KünstlerInnen, welche sich maßgeblich darauf konzentrieren, Kunstwerke mit starker politischer Aussagekraft zu produzieren (Krieger 2020: 69ff.), nicht jedoch, sich selbst in den Mittelpunkt ihres Schaffens zu stellen. Auch wenn Beuys in diesem Punkt also von den FluxistInnen abweicht, so zeigen sich auch einige Gemeinsamkeiten: Die frühen Aktionen von Beuys weisen eine Verbindung zu Fluxus auf, sei dies über den Titel – wie bei DER CHEF/THE CHIEF. Fluxus-Gesang – oder über Aktionen zu einem gemeinsamen Anlass – wie beim 24-Stunden-Happening. Über derartige explizite Verweise hinaus sind es Aspekte wie Raum, Zeit und Materialien, die sowohl für die FluxistInnen als auch für Beuys zentral sind, doch zugleich auch wieder unterschiedlich aufgefasst werden (vgl. Hügler 2011: TC 02:55). Die Frage nach Raum und Zeit führt gerade ein Happening wie 24 Stunden in aller Deutlichkeit vor Augen: Der Galerieraum ist zwar ein klar definierter, doch die Mikroräume darin durchdringen sich immer wieder und die Zeit wird entgrenzt. Im Umgang mit den eingesetzten Materialien zeigen sich große Unterschiede: Anders als die FluxistInnen, welche differente Gegenstände einsetzen und damit destruktive Kraft, politische Haltung usw. zum Ausdruck bringen, verwendet Beuys immer wieder die gleichen Materialien und lädt diese symbolisch auf. Im 24-Stunden-Happening verwendet er z.B. Fett, das seinen physikalischen Zustand verändern kann und damit die beiden Pole (Hitze und Kälte) visualisiert und metaphorisch eine Form der Transformation, die eher passiv erfolgt (durch eine externe Quelle erhitzt), darstellt; die mit einem weißen Wachstuch überzogene Apfelsinenkiste sollte für einen Schiffbrüchigen auf einer winzigen Insel stehen (Schneede 1994: 84ff.). Die Repetition in Handlungen und Materialien suggeriert eine systematische Arbeitsweise und damit einen Gegensatz zu der der FluxistInnen. Der theoretische Rückgriff auf das Konzept Gesamtkunstwerk unterstützt diesen Eindruck, zeigt aber v.a., dass hinsichtlich der ganzheitlichen Bestrebungen ein anderer Weg eingeschlagen wird.

Brock

Greifen wir noch einmal auf das künstlerische Statement der Jackson Pollock Bar in diesem Band zurück, so heißt es dort eingangs konkret: »Wir stehen Beuys kritisch gegenüber. Wir teilen die Haltung von Bazon Brock«. Bazon Brock war ebenfalls am 24-Stunden-Happening beteiligt, er sagte über die Aktion: »Es war das Thema gestellt, einen Zeitabschnitt von 24 Stunden durch Geschehnisse zu gestalten. Im Gegensatz zu den anderen Künstlern des Tages war ich bemüht durch ein Minimum an Bewegung ein Maximum an Ausdrücklichkeit zu erreichen.« (Brock, zit. n. Hügler 2011: TC 09:51-10:08). Er begann mit einem Kopfstand in Anlehnung an Hegels These, dass Philosophie die Welt auf dem Kopf sei und schenkte im weiteren Verlauf (meist liegend auf einem Tisch) verschiedenen zuvor gesammelten Alltagsgegenständen Aufmerksamkeit (vgl. Hügler 2011: TC 03:46), um sie durch die Entkontextualisierung neuen Assoziationen zur Verfügung zu stellen (vgl. Stratmann 1995: 38f.). Es ist also im wahrsten Sinne des Wortes eine verkopfte Aktion mit geringem Bewegungsaufwand. Die Überlegungen, welche auf diese Weise zum Ausdruck kommen sollten, werden in der Weiterentwicklung in Brocks sog. ›action teaching‹ und der ›Besucherschule‹ anschaulicher: Die BetrachterInnen von Kunst, die er als Individuen ernst nimmt, stehen im Mittelpunkt. Das Publikum soll sich aktiv beteiligen, wobei Brock selbst eine Mittlerposition zwischen KünstlerIn als ProduzentIn und Publikum als RezipientIn einnähme. Der zugrundeliegende Kunstbegriff wird nicht eingehend definiert (vgl. Brock 1977: 286). Es geht dabei jedoch nicht um die Vermittlung von objektiv Feststehendem, sondern die Befreiung von Vorgegebenem, wie es sich beispielhaft in den ›Besucherschulen‹ zu den *documenta*-Ausstellungen zwischen 1968 und 1982 zeigt (vgl. Brock 1968). Wenn der Begriff der ›Vermittlung‹ wie bei Brock im Zusammenhang seiner Sehnsucht nach einer Ganzheitswahrnehmung der Kultur betrachtet wird, so erklärt sich der Einbezug des ›Publikums‹ von selbst und der Anspruch einer gesellschaftlichen Veränderung durch Kunst wird deutlich. Die Mobilisierung des Publikums sieht er bereits bei Wagner gegeben und von Friedrich Nietzsche mit Blick auf Bayreuth bestätigt: »Wie Nietzsche schon sagte: das Bedeutendste an Bayreuth sind die Teilnehmer der Festspiele, *sie* sind die Hauptakteure. Wagner schafft damit etwas völlig Neues, und er richtet sich nicht etwa nur an einige wenige [...], sondern er zielt auf den sozialen Körper im Ganzen, auf *die* Menschheit, auf *die* Gesellschaft.« (Brock 1997: 257) Damit knüpft er an die von Wagner postulierte Co-ProduzentInnenhaltung des Publikums, aber zugleich auch an Beuys' *Soziale Plastik* an.

Mit dem Konzept Gesamtkunstwerk setzt sich Bazon Brock eingehend theoretisch auseinander, wobei sich bei ihm die Bestrebung einer Ganzheitswahrnehmung der Kultur abzeichnet, der er in seiner Form der Vermittlung begegnen will. So heißt schon der erste von insgesamt vier großen Sammelbänden seiner Schriften *Ästhetik als Vermittlung* (Brock/Fohrbeck 1977), der zweite, in dem er sich u.a. intensiv mit der sog. ›Gottsucherbande‹ – die Gruppe KünstlerInnen, die sich ganzheitlichen Konzepten zuwenden – auseinandersetzt, trägt den Titel *Ästhetik gegen erzwungene Unmittelbarkeit* (Brock/Velsen 1986), der dritte *Re-Dekade* (Brock 1990) und der vierte *Der Barbar als Kulturheld* (Zirka 2002). Brock dokumentiert in Ästhetik als Vermittlung die ›Entwicklungsgeschichte‹ seines Ästhetik-Konzepts in Form einer Arbeitsbiografie (vgl. Brock 1977). Von dieser Etablierung des Künstlers in der Öffentlichkeit unterscheidet sich der zweite, üppige Band *Ästhetik gegen erzwungene Unmittelbarkeit*, in dem die erarbeiteten ästhetischen Positionen weiterentwickelt und im Zusammenhang vorgestellt werden. In dieser Publikation findet sich auch der wohl bedeutendste Text Brocks zum Gesamtkunstwerk, *Der Hang zum Gesamtkunstwerk. Pathosformel und Energiesymbole zur Einheit von Denken, Wollen und Können*, der in gekürzter Fassung bereits 1983 im Ausstellungskatalog *Der Hang zum Gesamtkunstwerk* erschien (vgl. Szeemann 1983).

Brock differenziert und weitet die Begrifflichkeit des Gesamtkunstwerks in seinem Aufsatz *Pathosformeln und Energiesymbole* in *Der Hang zum Gesamtkunstwerk*. Dies darf durchaus als zeittypisch verstanden werden und zeigt sich ebenfalls in der zeitgleichen Beschäftigung der Kunstgeschichte mit dem Begriff. So kritisiert auch Brock die willkürliche Anwendung auf so ziemlich alles, was totalitäre künstlerische Züge trägt (vgl. Brock 1977: 367ff.). In dem von Harald Szeemann herausgegebenen Ausstellungskatalog *Der Hang zum Gesamtkunstwerk* (vgl. Szeemann 1983), der als eine Arte Initialzündung für die Beschäftigung mit dem Begriff verstanden werden muss, findet sich neben der Position Brocks, welcher das Gesamtkunstwerk als ein »gedankliches Konstrukt übergeordneter Zusammenhänge« (Brock 1983: 23) versteht, die Odo Marquards. Dieser geht von einer »Tendenz zur Tilgung der Grenze zwischen ästhetischem Gebilde und Realität« (Marquard 1983: 40) aus, wobei er sich nicht nur auf die künstlerischen Disziplinen beschränkt. Der bereits hier monierten beliebigen Verwendung des Begriffs begegnet die umfassende Studie von Roger Fornoff *Die Sehnsucht nach dem Gesamtkunstwerk* von 2004, die das Gesamtkunstwerk als Konzept (bis Anfang des 20. Jahrhunderts) reflektiert, jedoch nur bedingt der Frage der praktischen Umsetzung der Idee nachgeht. Er sieht die dialektische Konzeption des Verhältnisses zwischen Kunst und Leben als eine entscheidende Veränderung gegenüber dem romantischen ›Universalkunstwerk‹ (vgl. Fornoff 2004: 25ff.; 162ff.) und rückt damit Wagner in den Fokus der Untersuchung des Gesamtkunstwerks. Aufbauend auf dieser Überlegung untersucht Alexandra Vinzenz 2018 in *Vision ›Gesamtkunstwerk‹* die Rezeptionslinie von Mitte des 19. Jahrhunderts bis in die Gegenwart im deutschsprachigen Raum. Wagners Definition des Konzepts und dessen Rezeption und Modifikation derart zum Ausgangspunkt der Analysen zu nehmen, unterscheidet die Untersuchung von den übrigen Publikationen aus dem Umfeld: Guido Hiß resümiert in *Synthetische Visionen* (2005) größtenteils die Ergebnisse hinsichtlich einer Synthese der Künste im Bereich des Theaters, Matthew Wilson Smith betont 2007 in *The total work of art* die Zweipoligkeit des Konzepts und schlägt den Bogen bis in die Popkultur, zeitlich früher setzt David Roberts mit der Französischen Revolution die Geburtsstunde des Gesamtkunstwerks in *The Total Work of Art in European Modernism* 2011 an, etwas enger greift Juliet Koss den Begriff in ihrem Buch *Modernism after Wagner* von 2010, ohne dabei jedoch zeitlich über das Bauhaus hinaus zu kommen. Schon der Blick in diese jüngste Forschung zum Konzept Gesamtkunstwerk zeigt, wie heterogen das Feld aufgefasst wird, bspw. was den Untersuchungszeitraum anbelangt ebenso die Frage nach Theorie und Praxis. Die Beliebigkeit in der Verwendung des Begriffs bleibt dennoch und so sind die Bedeutungen, die der Begriff in kunstliterarischen und -wissenschaftlichen Schriften annimmt, vielfältig: Das Spektrum erstreckt sich über das ›barocke‹ und ›sakrale Gesamtkunstwerk‹ (vgl. Hofmann 1966: 22, 104) ebenso wie das »Gesamtkunstwerk als Problemstellung« (Hofstätter 1963: 13) oder den »Tod des Gesamtkunstwerks« (Sedlmayr 1948: 88).

Brocks Beschäftigung mit dem Gesamtkunstwerk steht also zwischen verschiedenen Positionen: Die Allgemeinheit des Begriffs verneint er, Wagner spielt bei ihm eine entscheidende Rolle und gleichzeitig ist die Frage nach Theorie und Praxis wichtig. So versteht er Wagners Gesamtkunstwerk als Vorstufe zur ›Totalkunst‹, welche »die Beziehung zwischen Fiktion und Realität« radikalisiere (Brock 1983: 63). Gesamtkunstwerke können demnach als ›Totalkunst‹ oder ›Totalitarismus‹ auftreten: »Für das Gesamtkunstwerk ist die fixierte Vision, Utopie oder Systemkonstruktion – also das gestaltete Werk – der Träger des Anspruchs auf Darstellung eines Ganzen. Für die Totalkunst ist das realexperimentierende Subjekt der Träger des Anspruchs. Der Totalitarismus fasst in betonter Weise das Leben selbst (die Massen) als Träger des Ganzheitsanspruchs auf, weil ja im Leben der Massen die Utopien verwirklicht werden sollen.« (ebd.: 64) ›Totalitarismus‹ meint demnach laut Brock eine radikale Unterwerfung der Wirklichkeit unter eine jeweilige Vorstellung, ›Totalkunst‹ hingegen ist die Beziehung zwischen Fiktion und Realität (vgl. ebd.: 63). TotalkünstlerInnen zielen somit zwar auch auf Ganzheitsvorstellungen, wollen diese jedoch nicht rücksichtslos in die Wirklichkeit überführen. Sie wollen Verbindlichkeit ermöglichen, ohne diese durch totalitäre Gewalt zu erzwingen (vgl. ebd.: 60) – wie dies bspw. im Nationalsozialismus verfolgt worden sei. Damit sei Totalkunst nicht, wie der ›Totalitarismus‹, eine radikale Verwirklichung von Gesamtheitsvorstellungen als Resultat einer identitätsgläubigen Fehlorientierung. Dass die Verwendung des Begriffs der ›Wirklichkeit‹ hier hochproblematisch ist, muss wohl kaum betont werden. Brock setzt diesen teilweise mit ›Wirklichkeit‹ gleich, gemeint ist jedoch vermutlich die teilweise Überführung der Gedanken in die Realität.[10] Mit Hilfe der Vermittlung von Kunst, wobei dem wieder ein entgrenzter Ästhetikbegriff zugrunde liegt, will Brock v.a. die Wahrnehmung und Kommunikation schulen und verändern (vgl. Brock 1996: 452). Seine Beschäftigung mit dem Gesamtkunstwerk ist also eher theoretischer Natur, die eigenen Aktionen

---

10 Es würde hier den Rahmen sprengen im Detail die verschiedenen philosophischen Grundlagen auszubreiten, auf die Brock sich bei seiner theoretischen Auseinandersetzung mit dem Gesamtkunstwerk stützt, es sei hier nur auszughaft auf Kant (›Moment des Willens‹), Wagner (›Ernstfallästhetik‹), Nietzsche (›Welterlösungswahn‹; vgl. Brock 1988: 62), das Bauhaus (›Produkt-‹, ›Sozio-‹, ›Kommunikationsdesign‹; vgl. Brock 1985: 113ff.) und Hitler (›Totalitarismus‹) verwiesen.

sind nicht reine Visualisierungen dessen, sondern zielen besonders auf Brocks formulierte Ideen der Vermittlung.

Fazit

Wenn sich also die Jackson Pollock Bar im Rahmen des Wuppertaler Beuys-Performancefestivals nicht nur in ihrem Reenactment *Der Hang zum Gesamtkunstwerk*, sondern gleichfalls mit ihrem dafür verfassten und im gleichnamigen Panel vorgetragenen künstlerischen Statement zum Gesamtkunstwerk explizit für Bazon Brock und gegen Joseph Beuys ausspricht, so folgen sie einer Richtung: Sie sprechen Beuys (mit seiner Fundierung auf Steiners Überlegungen) eine Zukunftsorientierung ab und sehen in seiner Entgrenzung des Kunstbegriffs eine Verwirrung, die maßgeblich durch die »Ästhetisierung des theoretischen Diskurses«[11] erzeugt würde. Der Schlüssel für eine ganzheitliche Veränderung liegt ihrer Meinung nach nicht in realpolitischen Aktivitäten oder provozierenden Handlungen, sondern vielmehr in der Kraft der Kunsttheorie. Ein zentrales Mittel ist ihnen dabei die Kommunikation. Hierin zeigt sich dann auch am deutlichsten die Nähe zu Brock, der mit seiner Idee der Vermittlung einen ähnlichen Weg seit den 1960er Jahren vorschlägt. Dass die Bezeichnung ›Gesamtkunstwerk‹ für Bestrebungen gesamtgesellschaftlicher Veränderungen durch Kunst nicht alles greift, konnte im vorliegenden Beitrag gezeigt werden. Ebenso wurde auch deutlich, dass Brock aus seiner eigenen politischen Haltung heraus das Bedürfnis hatte, den Begriff des ›Gesamtkunstwerks‹ weiter auszudifferenzieren.

Allen hier behandelten KünstlerInnen gemeinsam ist das große Bedürfnis nach Theoretisierung ihrer Überlegungen und gleichzeitig Historisierung des eigenen Handelns. Als Gemeinsamkeit zeigt sich außerdem die Entgrenzung und Verschmelzung von Kunst und Leben. Die damit einhergehende Transformation der Gesellschaft durch Kunst erfolgt auf differente Weise: Die FluxistInnen beziehen bspw. Alltagsgegenstände ein, die ihrer ursprünglichen Herkunft enthoben im Kontext des erweiterten Kunstverständnisses Einsatz finden. Das Gesamtkunstwerk hingegen fordert eine Symbiose der künstlerischen Medien, denen ein transformierendes Potential zugeschrieben wird. Die künstlerische Ausdrucksform der FluxistInnen baut oftmals auf Collage, Montage und Destruktion als wichtige Grundlagen der aktionalen Handlungen und vermag damit zu irritieren, appellieren und schockieren. So zeigte das Beispiel Wolf Vostell bei seiner Aktion *Die Folgen der Notstandsgesetze* während des *24-Stunden-Happenings* eine überwiegend provokante und politisch motivierte Handlungsweise. Bazon Brock, der mit seinen praktischen Intentionen durchaus den Prinzipien der Flu-

---

11 Siehe hierzu den Beitrag der Jackson Pollock Bar in diesem Band.

xistInnen folgt, schlägt hingegen eher einen didaktisch appellierenden Weg ein. Joseph Beuys wiederum setzt stärker auf eine Mythisierung seiner Handlungen, seiner eigenen Person und der verwendeten Materialien, was sich bereits bei seiner Beteiligung beim *24-Stunden-Happening* in seiner ritualhaften Darbietung *und in uns ... unter uns ... landunter* zeigt.

Eine theoretische Beschäftigung mit dem Konzept Gesamtkunstwerk findet sich sowohl bei Beuys als auch bei Brock unter Reflexion der Rezeptionslinie seit Wagner. Beuys setzt die Entwicklungslinie des Konzepts Gesamtkunstwerk fort: Er greift es mit den selbstdarstellerischen, mythologisierenden Implikationen auf, setzt die künstlerische Einheit als gegeben voraus (durch die weit vorangeschrittene Entgrenzung der Künste) und entwickelt es weiter, indem in der Folge immer häufiger an die Stelle des Gesamtkunstwerks begrifflich den der *Sozialen Plastik* treten lässt. Brock reagiert mit seiner Ausdifferenzierung des Gesamtkunstwerks stärker auf die zeithistorischen Gegebenheiten (und zeigt damit Nähe zu den FluxistInnen, denen er sich selbst als verbunden zuschreibt) (vgl. Brock 1972): Für ihn war es offenbar in den 1960er Jahren nicht möglich, nahtlos an vorherige Rezeptionen des Gesamtkunstwerks anzuknüpfen (allen voran den Nationalsozialismus) und trifft daher die Differenzierung von ›Totalkunst‹ und ›Totalitarismus‹. Unterschiede bestehen auch im Bestreben der Umsetzung: Während Beuys an einer tatsächlichen Umsetzung seiner Ideen arbeitete,[12] behauptet Brock, dass Gesamtkunstwerke »nur als fiktive Größe« existieren, und weiter: »Insofern sie Wahrheitsanspruch erheben – und das müssen sie ja, wenn sie ein ›Ganzes‹ zu erfassen behaupten – bleiben ihre Aussagen nicht an ihren historischen Urheber gebunden, sie werden gerade durch ihren umfassenden Anspruch anonym wie ›die Wahrheit‹ selber. Sie werden urheberlose Erzählungen, also Mythos, zumindest mythosähnlich.« (Brock 1983: 59) Und so schließt sich der Kreis doch wieder zur Mythenbildung und der Frage, ob eine Realisierung des Konzepts Gesamtkunstwerk oder allgemeiner gesamtheitlicher Ideen nicht eine Utopie bleiben muss, es jedoch immer wieder Ambitionen der Realisierung gibt.

---

12 Dies tat er in ganz unterschiedlichen Formaten: So gründete er z.B. 1972 die *Free International University for Creativity and Interdisciplinary Research* (*FIU*), der zahlreiche Verbünde und Bestrebungen vorausgingen und war 1979 Gründungsmitglied der politischen Partei DIE GRÜNEN (vgl. Stüttgen 1993: 28; Rappmann 1993: 193).

Quellenverzeichnis

Abadie, Daniel (Hg.:) (1999): Gutai, Ausst.-Kat., Paris: Galerie Nationale du Jeu de Paume.
Adriani, Götz/Konnertz, Winfried/Thomas, Karin (1973): Joseph Beuys, Köln: DuMont.
Adriani, Götz/Konnertz, Winfried/Thomas, Karin (1994): Joseph Beuys, Köln: DuMont.
Bermbach, Udo (1994): Der Wahn des Gesamtkunstwerks. Richard Wagners politisch-ästhetische Utopie, Frankfurt a.M.: Fischer Taschenbuch.
Beuys, Joseph (1991): »Interview mit Joseph Beuys, 9. Dezember 1984, 14.00-19.00 Uhr in Beuys' Atelier Drakeplatz 4, Düsseldorf«, in: Mario Kramer (Hg.): Joseph Beuys ›Das Kapital Raum 1970-1977‹, Heidelberg: Steidl, S. 9-41.
Beuys, Joseph (1995): Sprechen über Deutschland. Rede vom 20. November 1985 in den Münchner Kammerspielen, Wangen: FIU-Verlag.
Beuys, Joseph (1977): Eintritt in ein Lebewesen. Vortrag gehalten am 06.08.1977 im Rahmen der Free-International University, documenta 6 in Kassel, in: Volker Harlan/Rainer Rappmann/Peter Schata (Hg.): Soziale Plastik. Materialien zu Joseph Beuys, Achberg: Achberger Verlag, S. 123-128.
Block, René (Hg.) (2002): 40 Jahre. Fluxus und die Folgen, Ausst.-Kat., Wiesbaden: Kulturamt der Landeshauptstadt.
Block, René (Hg.) (1994): Fluxus. Eine lange Geschichte mit vielen Knoten. Fluxus in Deutschland 1962-1994, Ausst.-Kat., Stuttgart: Institut für Auslandsbeziehungen.
Brock, Bazon (1968): »Vom Action-teaching zur Rezeptionsästhetik – Hinweise zu einer Arbeitsbiographie (Auszug aus der Autobiographie ›Bazon Brock, was machen Sie jetzt so?‹, Darmstadt 1968)«, in: Bazon Brock/Karla Fohrbeck (Hg.): Ästhetik als Vermittlung. Arbeitsbiographie eines Generalisten, Köln: DuMont, S. 561-565.
Brock, Bazon (1972): »Wiederholte Anmerkungen zu Körperplastik und Körperbemalung«, in: Friedrich Wilhelm Heubach (Hg.): Interfunktionen 8, Köln: Klaus Heubach, S. 49-55.
Brock, Bazon/Fohrbeck, Karla (Hg.) (1977): Ästhetik als Vermittlung. Arbeitsbiographie eines Generalisten, Köln: DuMont.
Brock, Bazon (1983): »Der Hang zum Gesamtkunstwerk. Pathosformel und Energiesymbole zur Einheit von Denken, Wollen und Können«, in: Harald Szeeman (Hg.): Der Hang zum Gesamtkunstwerk. Europäische Utopien seit 1800, Ausst.-Kat., Frankfurt a.M.: Sauerlaender, S. 22-39.
Brock, Bazon (1985): »Vom Bauhauskonzept zum ›Kommunikationsdesign‹«, in: Rainer Wick (Hg.): Ist die Bauhaus-Pädagogik aktuell?, Köln: König, S. 111-116.
Brock, Bazon/Velsen, Nikola (1986): Ästhetik gegen erzwungene Unmittelbarkeit. Die Gottsucherbande. Schriften 1978-1986, Köln: DuMont.

Brock, Bazon (1988): »Selbstentfesselungskünstler zwischen Gottsucherbande und Unterhaltungsidioten. Für eine Kultur diesseits des Ernstfalls und jenseits der Macht, Geld und Unsterblichkeit«, in: Hans-Georg Soeffner (Hg.): Kultur und Alltag, Göttingen: Schwartz, S. 61-69.

Brock, Bazon (1990): Die Re-Dekade. Kunst und Kultur der 80er Jahre. Mit Zeichnungen aus »Tagebücher der 80er Jahre« von Simon Wassermann, München: Klinkhardt und Biermann.

Brock, Bazon (2002): »Mit der Natur rechnen, Interview mit Stephan Sattler« [urspr. in: Focus 26 (1996)], in: Anna Zirka (Hg.): Der Barbar als Kulturheld. Ästhetik des Unterlassens. Kritik der Wahrheit – wie man wird, der man nicht ist (= Bazon Brock III, Gesammelte Schriften 1991-2002), Köln: DuMont, S. 451-454.

Brock, Bazon (1997): »Der Künstler als gnadenloser Konkurrent Gottes. Wie Kunst wirksam wird (und doch nicht angebetet werden muß)«, Transkription eines Vortrages auf dem Symposion ›Inszenierung und Vergegenwärtigung. Ästhetische und religiöse Erfahrung heute‹ vom 25.07.1997, ed. in: Bazon Brock/Anna Zirka (Hg.): Der Barbar als Kulturheld. Ästhetik des Unterlassens. Kritik der Wahrheit – wie man wird, der man nicht ist. (= Gesammelte Schriften 1991-2002), hg. v. Anna Zika, Köln: DuMont, S. 249-265.

de LaMotte, Manfred (Hg.) (1992): Fluxus-Virus. 1962-1992, Ausst.-Kat., Köln: Schuffelen.

Dreher, Thomas (1991): »›Après John Cage‹. Zeit in der Kunst der sechziger Jahre – von Fluxus-Events zu interaktiven Multi-Monitor-Installationen«, in: Ulrich Bischoff (Hg.): Kunst als Grenzbeschreitung. John Cage und die Moderne, Ausst.-Kat., München: Richter, S. 57-74.

Dreher, Thomas (2001): Performance Art nach 1945. Aktionstheater und Intermedia (= Das Problempotential der Nachkriegsavantgarden. Grenzgänge in Literatur, Kunst und Medien, 3), München: Fink.

Evers, Bernd (1999): »Happening – Fluxus. Eine Neuerwerbung«, in: Museums Journal. Berichte aus den Museen, Schlössern und Sammlungen in Berlin und Potsdam 3/1999, S. 30-31.

Felderer, Brigitte (2008): »Keine Musik? Les Grands Spectacles III«, in: Toni Stooss/Eleonora Louis/Brigitte Felderer (Hg.): Sound of Art. Musik in der bildenden Kunst. Les Grands Spectacles III., Ausst.-Kat., Weitra: Bibliothek der Provinz, S. 12-19.

Fornoff, Roger (2004): Die Sehnsucht nach dem Gesamtkunstwerk. Studien zu einer ästhetischen Konzeption der Moderne (= Echo. Literaturwissenschaft im interdisziplinären Dialog, 6), Hildesheim/Zürich/New York: Olms.

Friedman, Ken (Hg.) (1999): The fluxus reader, Chichester: Academy Editions.

Graevenitz, Antje von (1984): »Erlösungskunst oder Befreiungspolitik. Wagner und Beuys«, in: Gabriele Förg (Hg.): Unsere Wagner. Joseph Beuys, Heiner

Müller, Karlheinz Stockhausen, Hans Jürgen Syberberg (= Fischer Taschenbücher, 3604), Frankfurt a.M.: Fischer Taschenbuch, S. 11-49.

Graevenitz, Antje von: »*Parsifal* – Christoph Schlingensief's Figure of Redemption, as Prefigured by Richard Wagner and Joseph Beuys«, in: Christa-Maria Lerm Hayes/Victoria Walters (Hg.): Beuysian Legacies in Ireland and Beyond. Art, Culture and Politics (= European Studies in Culture and Policy, 6), Berlin: LIT, S. 160-176.

Groblewski, Michael/Bätschmann, Oskar (Hg.) (1993): Kultfigur und Mythenbildung. Das Bild vom Künstler und sein Werk in der zeitgenössischen Kunst, Berlin: Akademie-Verlag.

Hiß, Guido: Synthetische Visionen. Theater als Gesamtkunstwerk von 1800 bis 2000 (= Aesthetica theatralia, 1), München: epodium.

Hodges, Nicola (Hg.) (1993): Fluxus today and yesterday (= Art & Design. Profile, 28), London: Academy Editions.

Hoffmann, Kay (2011): »Zeichen der Zeit – Die Stuttgarter Schule 1956-1973. Beobachtungen aus der Bundesrepublik«, in: ders. (Hg.): Zeichen der Zeit, Beobachtungen aus der Bundesrepublik (1956-1973). Die Filme der Stuttgarter Schule [Booklet zur DVD], Berlin: absolut MEDIEN, S. 3-11.

Hofmann, Werner (1966): Grundlagen der modernen Kunst. Eine Einführung in ihre symbolischen Formen (= Kröners Taschenausgabe, 355), Stuttgart: Kröner.

Hofstätter, Hans H. (1963): Geschichte der europäischen Jugendstilmalerei. Ein Entwurf (= DuMont-Dokumente, 3: Kultur und Geschichte), Köln: DuMont.

Hügler, Elmar (2011): »Kunst und Ketchup. Ein Bericht über Pop-Art und Happening [1966]«, in: Kay Hoffmann (Hg.): Zeichen der Zeit, Beobachtungen aus der Bundesrepublik (1956-1973). Die Filme der Stuttgarter Schule [5 DVDs], Berlin: absolut MEDIEN.

Kaiser, Paul (1999): »Spuren des Eigensinns«, in: Rolf Bothe/Thomas Föhl (Hg.): Aufstieg und Fall der Moderne, Ausst.-Kat., Ostfildern-Ruit: Hatje Cantz, S. 474-481.

Kaiser, Paul (2009): »Symbolrevolte im ›Arbeiter- und Bauernstaat‹. Gegenkulturelle Kunstprogramme in der DDR und die Rückkehr der Moderne«, in: Stephanie Barron (Hg.): Kunst und Kalter Krieg. Deutsche Positionen 1945-89, Ausst.-Kat., Köln: DuMont, S. 170-185.

Kellein, Thomas (Hg.) (1994): Fluxus, Ausst.-Kat., Stuttgart: Ed. Meyer.

Kellein, Thomas (1995): Fluxus, London: Thames and Hudson.

Koss, Juliet (2010): Modernism after Wagner, Minnesota: University of Minnesota Press.

Krahl, Christoph (1998): Anti-Kunst. Performative Tendenzen von der historischen Avantgarde zu den Aktionen Christoph Schlingensiefs, Magisterarbeit Siegen.

Krieger, Verena (2007): Was ist ein Künstler? Genie – Heilsbringer – Antikünstler. Eine Ideen- und Kunstgeschichte des Schöpferischen, Köln: Deubner.

Krieger, Verena (2020): »Ambiguität & Engagement. Zur Problematik politischer Kunst in der Moderne«, in: Vanessa Höving/Katja Holweck/Thomas Wortmann (Hg.): Christoph Schlingensief. Resonanzen, München: edition text + kritik, S. 69-99.

Lange, Barbara (1999): Joseph Beuys – Richtkräfte einer neuen Gesellschaft. Der Mythos vom Künstler als Gesellschaftsreformer, Habil. Universität Kiel (1995), Berlin: Reimer.

Marquard, Odo (1983): »Gesamtkunstwerk und Identitätssystem. Überlegungen im Anschluß an Hegels Schellingkritik«, in: Harald Szeeman (Hg.): Der Hang zum Gesamtkunstwerk. Europäische Utopien seit 1800, Ausst.-Kat., Frankfurt a.M.: Sauerlaender, S. 40-49.

Merkert, Jörn (1989): »Fluxus und Happening – oder: gesellschaftliche Aufklärung durch künstlerische Anarchie«, in: Karl Ruhrberg (Hg.): Zeitzeichen. Stationen Bildender Kunst in Nordrhein-Westfalen, Ausst.-Kat., Köln: DuMont, S. 252-267.

Oellers, Adam C./Spiegel, Sibille (Hg.) (1995): »Wollt ihr das totale Leben?«. Fluxus und Agit-Pop der 60er Jahre in Aachen, Ausst.-Kat., Aachen: Neuer Aachener Kunstverein.

Olivia, Achille Bonito (Hg.) (1990): Ubi Fluxus ibi motus 1990-1962, Ausst.-Kat., Mailand: Mazzotta.

Quermann, Andreas (2006): »Demokratie ist lustig«. Der politische Künstler Joseph Beuys, Berlin: Reimer.

Rappmann, Rainer (1993): »Das organische Kreislaufsystem«, in: Veit Loers/Pia Witzmann (Hg.): Joseph Beuys. Documenta-Arbeit, Ausst.-Kat., Ostfildern: Hatje Cantz, S. 193-196.

Roberts, David (2011): The Total Work of Art in European Modernism, New York: Cornell University Press.

Scheller, Jörg (2014): »Gesamtkunstwerk und Gesamtkonsum. Warum Richard Wagners antikapitalistische und antikonsumistische Anliegen in Kapitalismus uns Konsumismus bestens ›aufgehoben‹ sind – im doppelten Wortsinn«, in: Joseph Imorde/Andreas Zeising (Hg.): Wahn und Wirkung. Perspektiven auf Richard Wagner, (= Reihe Bild- und Kunstwissenschaft, 7), Siegen: universi, S. 37-61.

Schilling, Jürgen (1978): Aktionskunst. Identität von Kunst und Leben? Eine Dokumentation, (= Bucher-Report, 2), Luzern: Bucher.

Schimmel, Paul/Noever, Peter/Stiles, Kristine (Hg.) (1998): Out of Actions. Between Performance and the Object. 1949-1979, Ausst.-Kat., Ostfildern: Hatje Cantz.

Schneede, Uwe M. (1994): Joseph Beuys, die Aktionen. Kommentiertes Werkverzeichnis mit fotografischen Dokumentationen, Ostfildern-Ruit: Hatje Cantz.

Sedlmayr, Hans (1948): Verlust der Mitte. Die bildende Kunst des 19. und 20. Jahrhunderts als Symptom und Symbol der Zeit, Salzburg: Otto Müller.

Seithe, Jan (2014): »›Brüder im Fleisch‹. Rezeption als produktive Einverleibung. Christoph Schlingensief und Richard Wagner«, in: Joseph Imorde/Andreas Zeising (Hg.): Wahn und Wirkung. Perspektiven auf Richard Wagner, (= Reihe Bild- und Kunstwissenschaft, 7), Siegen: universi, S. 89-119.

Smith, Matthew Wilson (2007): The Total Work of Art. From Bayreuth to Cyberspace, New York: Cornell University Press.

Stratmann, Nicole (1995): Bazon Brock. Der Selbstentfesselungskünstler. Einführung in eine Ästhetik des Unterlassens, Weimar: VDG.

Stüttgen, Johannes (1993): Die documenta-Beiträge von Joseph Beuys als plastisch-logische Einheit (von innen betrachtet), in: Veit Loers/Pia Witzmann (Hg.): Joseph Beuys. Documenta-Arbeit, Ausst.-Kat., Ostfildern: Hatje Cantz, S. 8-32.

Szeemann, Harald (Hg.) (1983): Der Hang zum Gesamtkunstwerk. Europäische Utopien seit 1800, Ausst.-Kat., Frankfurt a.M.: Sauerlaender.

Vinzenz, Alexandra (2018): Vision ›Gesamtkunstwerk‹. Performative Interaktion als künstlerische Form, Bielefeld: transcript.

Vinzenz, Alexandra (2021): »Gesamtkunstwerk und Richard Wagner«, in: Timo Skrandies/Bettina Paust (Hg.): Joseph Beuys-Handbuch. Leben – Werk – Wirkung, Stuttgart: J.B. Metzler, S. 375-380.

Vostell, Wolf (Hg.) (1970): Aktionen. Happenings und Demonstrationen seit 1965. Eine Dokumentation, Reinbek bei Hamburg: Rowohlt.

Wagner, Richard (1850): Das Kunstwerk der Zukunft, Leipzig: Otto Wigand.

Wedewer, Rolf (1992): »Hinweise auf Wolf Vostell«, in: Rolf Wedewer (Hg.): Vostell, Ausst.-Kat., Heidelberg: Braus, S. 9-18.

Zirka, Anna (Hg.) (2002): Der Barbar als Kulturheld. Ästhetik des Unterlassens. Kritik der Wahrheit – wie man wird, der man nicht ist (= Bazon Brock III, Gesammelte Schriften 1991-2002), Köln: DuMont.

Zumdick, Wolfgang (1995): Über das Denken bei Joseph Beuys und Rudolf Steiner, Basel: Wiese.

Sozio-Kulturelles Transformieren

Auswege aus der Kunst. *Soziale Plastik*, Aktivismus und Post Art

Karen van den Berg

Schwieriges Erbe

Anfang der 1970er Jahre entwickelte Joseph Beuys das Konzept der *Sozialen Plastik*, um für eine Kunst zu werben, die sich direkt und unmittelbar für die Veränderungen der Lebenswelt einsetzt. Seine Rede von *Sozialer Plastik* ging damals Hand in Hand mit der Idee, dass prinzipiell alle Lebenstätigkeiten künstlerisch aufgefasst und betrieben werden können. Die sozialen Muster und Bewertungsmaßstäbe des Ausstellungsbetriebs wollte er überwinden und Museen zu Universitäten machen (vgl. Beuys/Haks 1993: 18). So richtete Beuys auf der *documenta 5* 1972 in Kassel sein *Büro für direkte Demokratie durch Volksabstimmung* ein, gründete 1973 die *Free international University (FIU)* und unternahm verschiedene Ausflüge in die Politik – u.a. 1967 als Gründer der *Deutschen Studentenpartei (DSP)* und 1979 als Gründungmitglied der Partei DIE GRÜNEN (vgl. Berg 2019: 1ff.). Dabei warb er dafür, Kunst als eine Art anthropologisches Werkzeug zu verstehen, das erst dann, wenn es sich von einem institutionalisierten Kunstverständnis löst, seine Wirksamkeit entfaltet. Vor diesem Hintergrund sprach Beuys von einem *Erweiterten Kunstbegriff* und davon, dass »[j]eder Mensch ein Künstler« sei (Bodenmann-Ritter 1988).

Fragt man, was dieses Selbstverständnis für die heutige künstlerische Praxis bedeutet, so scheint Beuys keinesfalls ein einfaches Erbe hinterlassen zu haben. Dies nicht nur, weil eine Reihe von KunsthistorikerInnen zunächst argumentiert hat, dass die politische Tätigkeit von seiner künstlerischen zu trennen sei, während andere genau in dieser Verbindung von Kunst und politischem Aktivismus das eigentliche Vermächtnis des Künstlers erkannten (vgl. Mesch 2007; Michaud 1988; Vischer 1991). Seine Hinterlassenschaft einzuordnen erweist sich auch deshalb als schwierige Aufgabe, weil Beuys zu Lebzeiten eine Art Gefolgschaft von WegbegleiterInnen und SchülerInnen um sich scharte, die sich durch die persönliche Nähe zum Künstler und die gemeinsame Arbeit an Projekten und Initiativen gerade in den ersten Dekaden nach seinem Tod als die einzig legitimen InterpretInnen begriffen (vgl. Ursprung 2021: 22). Auch stand einer Bewertung die

Verehrung von Beuys als Person lange im Wege (vgl. Buchloh 1980; Funcke 2008; Quermann 2006). Und als in den letzten Jahren ein kritisch analytischer Diskurs zu dominieren begann, flammte die polemische Debatte zu Beuys' Biografie und seinem Verhältnis zum Nationalsozialismus wieder auf (vgl. Blume 2021; Blume 2018; Manheim 2021, Riegel 2013; Wyss 2008).

Schon zu Lebzeiten schlugen dem Künstler Wellen der Kritik entgegen – und zwar nicht nur von rechtskonservativen Bewahrern eines tradierten Kunstbegriffs (ein Beispiel hierfür wäre der Philosoph Arnold Gehlen[1]) –, sondern auch von Seiten linker KunstkritikerInnen, die für die amerikanische Konzeptkunst und Minimal Art einstanden (vgl. Buchloh 1980). 1979 begann eine breitere internationale Rezeption des Künstlers in den USA, als Beuys seine erste große Retrospektive im Salomon R. Guggenheim Museum in New York erhielt, gleich mit einer heftigen Kontroverse über seine politische und künstlerische Haltung (vgl. Jordan 2019). Beuys' Auftreten entsprach nicht dem aufgeklärten Geist der amerikanischen Kunstwelt, die von der Minimal Art beherrscht war. Seine Kunst wirkte zu aufklärungskritisch und wie der Versuch einer schmutzigen, weidwunden Wiederverzauberung der Welt. Namhafte KunstkritikerInnen erkannten in ihm daher einen Vormodernen, einen aus der Zeit gefallenen Künstler, der außerhalb der Kunstgeschichte stünde und daher für die Situation der internationalen Kunst weitgehend irrelevant sei (vgl. Buchloh/Krauss/Michelson 1980).

Arthur Danto, ein anderer amerikanischer Kritiker, hielt Beuys dagegen für einen der drei wichtigsten Künstler für die Entwicklung der Kunst im 21. Jahrhundert, weil er, zusammen mit Marcel Duchamp und Andy Warhol, einer jener Künstler sei, an die man sich wenden müsse, um die gegenwärtige Form der Kunst zu verstehen (vgl. Danto 2007). Auch der neo-marxistische Politikwissenschaftler Antonio Negri führte Beuys 2013 als eine jener historischen Figuren an, die uns dazu ermutigen, uns in ein ›neues Element eintauchen‹ zu lassen. Negri ist einer der Apologeten der Multitude, also einer Kreativität der Vielen, einer neuen Form von Gemeinschaftlichkeit, die nicht Masse ist, sondern stets vielstimmig bleibt. Beuys' Kunst materialisiere ein starkes, neues, imaginiertes Reales und mache es in einer Weise erfahrbar, die man gleichsam berühren könne (vgl. Gielen/Lavaert 2013: 167).

Gerade Beuys' Selbstmythologisierungen und die Fiktionalisierung seiner biografischen Erlebnisse führten jedoch dazu, dass er immer wieder als Scharlatan oder gar als Lügner betrachtet wurde und Biografen sich jüngst bemüßigt sahen, historische Fotografien, Protokolle und nachweisliche freundschaftliche Beziehungen zu Kriegskameraden so zu deuten, als würde sich hinter Beuys' En-

---

1 Vgl. die Podiumsdiskussion, die mit Joseph Beuys, Arnold Gehlen, Max Bense und Wiland Schmied unter dem Titel *Kunst und Antikunst* am 27. Januar 1970 in der Reihe *Ende Offen* ausgestrahlt wurde (Knacken 2010).

gagement für direkte Demokratie, Umwelt- und Bildungsfragen und hinter seinem Eintreten für einen *Erweiterten Kunstbegriff* ein verkapptes Nazitum verbergen (vgl. Riegel 2013; Manheim 2021).

Was ist vor diesem Hintergrund geblieben von seinem Erbe? Was bedeuten seine Begriffe wie *Soziale Plastik* und *Erweiterter Kunstbegriff* oder sein Slogan ›Jeder Mensch ist ein Künstler‹ heute, in Zeiten, in denen Kunstformen enorm an Bedeutung gewonnen haben, die unter Begriffen wie *Socially Engaged Art* oder *Künstlerischer Aktivismus* verhandelt werden (vgl. Berg 2019)?

Zunächst fällt auf, dass sich KünstlerInnen und AktivistInnen, die sich durch Performances, Aktionen oder kunstbezogene Projekte für ökologische oder soziale Belange einsetzen, nur selten auf Joseph Beuys beziehen. Auch wenn es inzwischen eine gewisse Selbstverständlichkeit geworden ist, dass etwa Bildungsprojekte wie das britische Kollektiv Project Art Works für den Turner Preis nominiert oder auf der *documenta fifteen* ausgestellt werden, so wird dabei kaum einmal eine Traditionslinie zu Joseph Beuys und seinem Begriff der *Sozialen Plastik* gezogen. Die zahlreichen künstlerisch-ökologischen Bildungsinitiativen, die neue Formen von Gemeinschaften kreieren, wie etwa die *Floating University* in Berlin (vgl. Floating e.V. 2021), werden kaum in Verbindung gebracht mit Beuys' Arrangements aus Podien, öffentlichen Büros und Aktionen mit Tafelzeichnungen, mit denen er das Sujet des performativ arrangierten Diskursformats ins Museum holte.

Gerade anlässlich des Wuppertaler Beuys-Performancefestivals ist daher zu fragen, ob der Begriff *Soziale Plastik* ein nur Joseph Beuys zugehöriges Konzept ist, das allein aus dem Zusammenhang seines Œuvres überhaupt verständlich ist und keinen größeren kunsthistorischen Zusammenhang markiert oder ob die *Soziale Plastik*, ähnlich wie Duchamps Readymade, ein Konzept bezeichnet, das einen Wendepunkt in der Geschichte der Kunst darstellt und in künstlerischen Kollektivformaten, wie in den von KünstlerInnen betriebenen Geflüchteten-Initiativen *Trampoline House* oder *Neue Nachbarschaft/Moabit*, eine Fortsetzung findet. Ist der Begriff *Soziale Plastik* allein ein idiosynkratrisches Denkwerkzeug, das jenseits von Joseph Beuys' Werk keine Relevanz besitzt? Und welche Bedeutung hat Beuys für den »social turn« (Bishop 2006) in den Künsten?[2]

Warum die Kunst erweitern?

Es ist zunächst bemerkenswert, dass Beuys keineswegs der alleinige Urheber einer Neuausrichtung des Kunstverständnisses war. Auch hat er den Begriff der *Sozialen Plastik* nie systematisch definiert. Vielmehr entwickelte er ihn gesprächs-

---

2 Siehe hierzu auch den Beitrag *Von Beuys' Sozialer Plastik zu Urban Performances* von Bettina Paust in diesem Band.

weise und griff dabei zurück auf Entwicklungen, die bereits Ende der 1950er Jahre mit den Situationisten und der Fluxus-Bewegung ihren Ausgang nehmen. Der Begriff der *Sozialen Plastik* verdankt sich mithin einer weitgreifenden epistemischen Neuausrichtung der Kunst, die eine Demokratisierung von Autorschaft, eine neue gesellschaftliche Situierung künstlerischer Tätigkeiten auch jenseits der Institutionen und eine neue Durchlässigkeit zwischen Kunstschaffenden und Publikum zum Ziel hatte.

Der junge französische Denker, Aktivist und Revolutionär Guy Debord etwa hatte 1957 im *Manifest der Situationistischen Internationale* gefordert, dass alle Menschen zu AutorInnen werden müssten (vgl. Debord 1980). Die radikale Demokratisierung von Autorschaft ging bei ihm allerdings mit einem hohen Maß an Kollektivität und der Idee einer Performativität des Sozialen einher. Insofern haben wir hier eine andere Färbung als bei Beuys, wo es heißt »Jeder Mensch ein Künstler« und sich der Blick eher auf die Kraft des Einzelnen richtet. Der Gründungsgedanke der *Free International University (FIU)* ist »›Nicht-Künstler‹ zur Entdeckung oder Erforschung ihrer Kreativität zu ermutigen« (Beuys/Staeck 1979), während die Situationisten an die Kreativität und das Wissen der Vielen glaubten und diese situativ und ereignishaft dachten.

Beuys war auch v.a. von der Fluxus-Bewegung inspiriert, die Anfang der 1960er Jahre in Deutschland auf eine gewisse Resonanz stieß. In dem 1963 veröffentlichten *Fluxus-Manifest* hatte der Gründer George Maciunas eine Kunst gefordert, die sich als »Anti-Kunst« verstand (Berg 2019: 35). Den Begriff »Anti-Kunst« benutzte Beuys noch 1970 auf einer legendären Podiumsveranstaltung mit Max Bense, Max Bill und Arnold Gehlen (vgl. Knacken 2017; Grönert 2021). Diese ganz andere Semantik ist bemerkenswert, wendet sich doch die Anti-Kunst v.a. gegen einen bürgerlichen Kunstbegriff, während der *Erweiterte Kunstbegriff* wie von innen aus der Kunst heraus gedacht scheint und der Begriff der *Sozialen Plastik* auf ein Miteinander verweist.

Die Suche nach einer neuen gesellschaftlichen Rolle der Kunst lag in den Nachkriegsdekaden in der Luft. Im Vorfeld und parallel zu den Protesten der 1968er Bewegung ging es einer ganzen Reihe von Bewegungen und Gruppierungen um eine Re-Demokratisierung der Kunst und darum, sie aus der eingehegten bürgerlichen Sphäre herauszuholen. In den USA etwa fanden sich ehemalige BauhauslehrerInnen wie Hans und Anni Albers, Walter Gropius, John Cage und der visionäre Architekt Buckminster Fuller im neu gegründeten *Black Mountain College* zusammen. Für sie war der Bildungsphilosoph John Dewey eine wichtige Figur, weil er Kunst als bildungstheoretisch ganz entscheidende Erfahrungsform beschrieb und für eine Demokratisierung des Bildungswesens warb (vgl. Dewey 1993: 301ff.).

Das Hadern *mit* und das Reflektieren *von* Kunstinstitutionen und ihren Präsentations- und Rezeptionsarrangements gehörte seit den 1950er Jahren zum

Denken einer künstlerischen Avantgarde. In diesem Zeitgeist ist auch Beuys zu verstehen und vor diesem Hintergrund entstand sein Konzept der *Sozialen Plastik*.

Soziale Plastik

Anders allerdings als die vorabgenannten KünstlerInnen und Initiativen ist Beuys' Kunst zutiefst durchdrungen von kosmologisch-mystischen Vorstellungen stofflicher Umwandlungsprozesse. Er warb dafür, das gesellschaftliche ebenso wie das kulturelle Leben im ökologisch-geistigen Horizont eines kosmischen Lebens zu betrachten. Im gesamten Œuvre reflektiert Beuys durch seine spezifische Verwendung von mit Bedeutungshorizonten aufgeladenen Materialien wie Bienenwachs, Gold, Kupfer und Filz sowie mit toten und lebenden Tieren die Idee eines ökologisch-geistigen Universums (vgl. Berg 2019: 25f.).

Den Begriff der *Sozialen Plastik* machte Beuys 1972 auf der *documenta 5* bekannt, wo er gemeinsam mit seinem Studenten Johannes Stüttgen und seinem Sekretär und Medienreferent Karl Fastabend das besagte *Büro für direkte Demokratie durch Volksabstimmung* eingerichtet hatte. Im gleichen Jahr wurde Beuys vom damaligen nordrhein-westfälischen Wissenschaftsminister Johannes Rau vom Dienst in der staatlichen Kunstakademie Düsseldorf suspendiert, weil er sich gegen eine Zulassungsbeschränkung der Studierenden gewehrt und das Sekretariat der Akademie besetzt hatte. Ohne die Akademie im Rücken wurde er immer häufiger zum Mitveranstalter und Beitragenden auf Summer Schools, Symposien und Vortragsreihen (vgl. Rappmann 2019).

Erst mit der Arbeit *7000 Eichen. Stadtverwaldung statt Stadtverwaltung* aber, die 1982 für die *documenta 7* entstand, wird wirklich beispielhaft deutlich, was Beuys mit dem Begriff *Soziale Plastik* meinte. Die Idee dieser Arbeit bestand darin, 7000 Alleebäume wie Eichen, Linden, Eschen und Rosskastanien bis zur nächsten *documenta* im Kasseler Stadtgebiet zu pflanzen und neben jedem Baum einen Basaltstein aufzustellen. Hierfür hatte Beuys vor dem Friedericianum, dem Hauptausstellungsraum der *documenta*, einen großen Keil von 7000 Basaltsteinen aufgetürmt. Zum Preis von 500 DM konnte ein Stein und ein Alleebaum erworben werden, der in Kassel und Umgebung (und später auch weit darüber hinaus) professionell gepflanzt wurde (vgl. Groener/Kandler 1987). Die insgesamt umgerechnet 2,2 Millionen Euro (4,3 Millionen DM) teure Crowdfunding-Aktion *avant la lettre* veränderte das Stadtbild nachhaltig und verwies durch die Symbolhaftigkeit zugleich auf ein Mehr an Bedeutung. Mit dem Begriff *Soziale Plastik* wird dabei zugleich unterstrichen, dass für Beuys ein gewisser Werkcharakter wichtig blieb. Die Aktion geht eben gerade nicht vollkommen in einem sozialen Prozess auf, sondern enthält einerseits skulpturale Elemente und – mit der Choreografie der Pflanzaktion und dem Zertifikat – Aspekte eines öffentlichen Rituals. Am

Beispiel dieser Arbeit lässt sich daher der Begriff der *Sozialen Plastik* gut verständlich machen.

Fünf Aspekte scheinen dabei entscheidend: Erstens ist *Soziale Plastik* eine – in welcher Form auch immer – in die soziale Welt direkt eingreifende Kunst. Sie richtet sich nicht an ein Kunstpublikum. Weil *7000 Eichen* ein produktiver Beitrag zur Stadtbegrünung ist, unterscheidet diese Arbeit sich von der Protestkunst, die sich in erster Linie *gegen* etwas wendet. *Soziale Plastik* ist kein politischer Aktivismus, weil sie sich – zweitens – dadurch auszeichnet, dass sie auf konstruktive Veränderungen einer konkreten sozialen Situation zielt. Sie will eher heilen und ist darin der sozialen Arbeit ähnlich. Sie schafft, wie Philip Ursprung schreibt, Transformationsobjekte, um »zu heilen, zu versöhnen, zu verbinden« (Ursprung 2021: 55). Damit unterscheidet sie sich zugleich von der traditionell ästhetisch orientierten Kunst, die sich mit Rezeptionsweisen der Welt befasst. *Soziale Plastik* operiert jedoch nicht rein rezeptiv. Sie arbeitet stets auch im Modus der Poetik – also der Erzeugung. Ihr geht es nicht um die Wahrnehmung, sondern um die Transformation der Welt. Drittens bedarf sie der tatsächlichen Mitwirkung anderer. Sie macht aus dem Publikum Mitwirkende und KomplizInnen. Im Falle von Beuys werden diese so Teil eines künstlerischen Prozesses, aber nicht selbst zu AutorInnen. Anders jedoch als die Sozialarbeit verfügt die *Soziale Plastik* – und das ist der vierte Aspekt – über eine imaginäre bzw. spirituelle Dimension, die über den eigenen unmittelbaren Handlungshorizont hinausweist; so wie der monumentale eindrückliche Keil aus Basaltsteinen, der wie ein modernes Stonehenge gewissermaßen auf einen größeren utopischen Denkhorizont verweist. Ein fünfter Aspekt besteht schließlich darin, dass die *Soziale Plastik* nicht nur auf einen imaginären Denkhorizont verweist, sondern diesen auch materialisiert und ihm etwas sinnlich Reales verleiht – wie dies auch Negri hervorgehoben hat (vgl. Gielen/Lavaert 2013: 167). Was die *Soziale Plastik* zur Kunst macht, ist die Erzeugung eines imaginären Horizonts, ein riskantes spekulatives Momentum, das auf ein anderes, größeres mögliches Leben hindeutet und dies auch plastisch erlebbar macht.

Post Art und die Überfrachtung der Kunst

Unter aktuelleren Projekten, die heute unter dem Begriff *Sozial Engagierte Kunst* verhandelt werden, berufen sich nur verschwindend wenige explizit auf Beuys.[3] Dennoch nutzen viele Kollektive, die kunstbezogen im Bereich des Sozialen

---

3 Zu nennen wäre hier das *Grandhotel Cosmopolis* in Augsburg oder das Berliner Wohn- und Arbeitsprojekt *EXRotaprint* oder die Künstlerin Shelley Sacks, die sich ganz eng an der Begrifflichkeit von Beuys orientiert (vgl. Sacks/Zumdick 2009).

operieren, ähnliche Prinzipien. Eine ganze Reihe der Projekte, die auf der *documenta fifteen* versammelt waren, weisen durchaus ähnliche Formate auf, wie das 50 Jahre zuvor auf der *documenta 5* eingerichtete *Büro für direkte Demokratie durch Volksabstimmung* oder das Programm der *Free International University* auf der *documenta 6*. Gemeint sind etwa Jimmy Bells *Tent Embassy* mitsamt dem Vortragsprogramm oder der Auftritt der gudskul. Das hat auch damit zu tun, dass inzwischen ein gewisser Konsens darüber herrscht, dass die gegenwärtige Kunstproduktion nicht an Techniken, Fertigkeiten, Materialien, Werkzeuge und Professionen gebunden ist, sondern sich als eine Art zu denken, zu imaginieren und zu handeln erweist, als ein schöpferischer Weltzugang, ein risikobehaftetes Erfinden und Ausloten des Möglichen mit allen denkbaren Mitteln und in allen erdenklichen Disziplinen. Peter Osborne nannte dies die »Postconceptual Condition« (Osborne 2018).

Während es vielen KünstlerInnen der 1960er Jahre bei solchen diskursiven Formaten allerdings darum ging, Kunst als ein streitbares historisches Konzept mit zugehörigen Institutionen, Akademien, ästhetischen Betrachtungsweisen, sozialen Machtgefügen und Exklusionsmustern zu enttarnen (vgl. Steyerl 2006), um diese Institutionen zu verändern – aber meist eben nicht, um sie zu verlassen –, schaffen sich sozial engagierte Kunstinitiativen wie *Chto Delat* in St. Petersburg, die *Experimental Station* in Chicago oder *Wajukuu Art Project* in Lunga Lunga heute oft ihre eigenen Institutionen und Infrastrukturen. Hinter diesen Projekten steckt ein anderer Kunstbegriff als jener, den die institutionskritische Kunst entwickelte. Während die institutionskritische, politische Kunst ihre Kraft aus einer scharfen, oft beißend ironischen Kritik der Institutionalisierungsrituale, der verdeckten Ökonomien und Machtverhältnisse bezieht, arbeiten die genannten sozial engagierten Kunstprojekte eher mit einem anthropologischen Kunstbegriff, wie auch Beuys ihn vertrat. Und dieses anthropologische Kunstverständnis versteht Kunst als gestalterische Tätigkeit, die zugleich Arbeit an den eigenen Denk- und Handlungshorizonten und an einer Umgestaltung der Wirklichkeit ist. Dieses Verständnis entfaltet seine Wucht gerade dort, wo die Kunst sich aus ihrem historisch erzeugten gesellschaftlichen Nischendasein befreit und die bürgerlichen Institutionen sprengt. Diesen Ansatz verfolgte Beuys jedoch, indem er die Kunstinstitutionen radikal öffnete, statt sie zu verlassen. Nicht von ungefähr hat er seinen Posten an der Kunstakademie in Düsseldorf in einem jahrelangen Rechtsstreit versucht, wieder einzuklagen. KünstlerInnen und TheoretikerInnen der gegenwärtigen sozial engagierten Kunst gehen hier oft anders vor – auch weil sie keine starken Institutionen vorfinden, die eine Erweiterung lohnenswert erscheinen lassen. Sie sprechen daher von »infrastructural agency« (Makhubu/Garrido Castellano 2021), ein Begriff, der auf eine andere Haltung verweist und das Schaffen von Institutionen, Plattformen und Netzwerken ganz selbstverständlich als Teil der künstlerischen Arbeit begreift. Das europäische Konzept künstlerischer Autonomie tritt dabei als Bezugspunkt in den Hintergrund. Während Beuys alles zur Kunst machen wollte, geht es den sozial engagierten KünstlerInnen heute stärker darum, sich mit nicht-künstlerischen AktivistInnen zu verbünden und sich mit Theorien und Praktiken aus anderen Feldern zu wappnen. Die Rede ist – mit Jerry Saltz gesprochen – eher von *post art*, von Praktiken also, die sich nicht mehr klar vom Leben trennen lassen, aber dennoch machtvolle kreative Formen und Praktiken hervorbringen, die Bedeutungen und überkommene Ordnung zu verändern in der Lage sind (vgl. Saltz 2012). Solche Ansätze hatte auch die *documenta fifteen* ins Zentrum gestellt. Während jedoch bei Beuys das, was er verschiedentlich *permanente Konferenz* nannte, Mittel zum Zweck war, um in neue Sphären des Denkens vorzudringen, ist so etwas wie Konvivialität und Geselligkeit bei vielen neueren Projekten selbst schon ein Ziel. Aus dieser Haltung heraus stellte die *documenta fifteen* Prinzipien wie radikale Solidität, das Teilen von Ressourcen (lumbung), das Motto ›Make friends not art‹, das gemeinsame Abhängen (Nongkrong) und die daraus folgenden Projekte und Formate wie offene Küchen, Workshopräume, Communitygärten in den Mittelpunkt.[4] Damit wurde die nordhessische Stadt dann auch atmosphärisch tatsächlich in ein neues Licht getaucht. Eine solche Transformation der Stadt hatte auch Beuys im Auge. Er wollte es dabei jedoch keineswegs bewenden belassen, sondern am liebsten auch die »ganze Welt« begrünen (Groener/Kandler 1987: 17). Und ein weiterer wesentlicher Unterschied bestand auch darin, dass Beuys mit seiner Arbeit stets der individuellen Autorschaft verpflichtet blieb und sie nicht als Werk eines Kollektivs oder als kuratorisches Projekt verhandelt wurde – wenngleich Beuys etwa für die *documenta*-Programme keineswegs allein verantwortlich war (vgl. Harlan/Rappmann/Schata 1984; Rappmann 2014; Schulze 2021). Und eine zweite wesentliche Differenz ist darin zu sehen, dass Beuys allein der Kunst die Kraft zutraute, einen grundlegenden gesellschaftlichen Wandel zu bewirken. Damit mutete er ihr viel, vielleicht auch zu viel zu. Sowohl das Unbehagen, das sein Erbe umgibt, wie auch das Faszinosum, das von ihm ausgeht, haben viel mit dieser Überfrachtung der Kunst zu tun.

---

4 Vgl. hierzu: https://documenta-fifteen.de/lumbung, und: https://documenta-fifteen.de/lumbung-member-kuenstlerinnen/gudskul/ (letzter Zugriff: 09.01.2023).

Quellenverzeichnis

Berg, Karen van den (2019): »Socially Engaged Art and the Fall of the Spectator since Joseph Beuys and the Situationists«, in: dies./Cara Jordan/Philipp Kleinmichel (Hg.): The Art of Direct Action. Social Sculpture and Beyond, Berlin: Sternberg Press, S. 1-40.

Beuys, Joseph/Staeck, Klaus (1979): Manifest zur Gründung einer ›Freien Internationalen Hochschule für Kreativität und Interdisziplinäre Forschung‹, https://www.tate.org.uk/art/artworks/beuys-manifest-ar00850 (letzter Zugriff: 09.01.2023).

Beuys, Joseph/Haks, Frans (1993): Das Museum. Ein Gespräch über seine Aufgaben, Möglichkeiten, Dimensionen, Wangen: FIU-Verlag.

Bishop, Claire (2006): »The Social Turn: Collaboration and its Discontents«, in: Artforum 44, S. 179-185.

Blume, Eugen (2018): »Mysterien im Hauptbahnhof«, in: Süddeutsche Zeitung vom 15. Mai 2018, https://www.sueddeutsche.de/kultur/beuys-debatte-mysterien-im-hauptbahnhof-1.3980342 (letzter Zugriff: 09.01.2023).

Blume, Eugen (2021): »Biografischer Fokus bis 1946: Jugend im Nationalsozialismus und Zweiten Weltkrieg«, in: Timo Skrandies/Bettina Paust (Hg.): Joseph Beuys-Handbuch. Leben – Werk – Wirkung, Stuttgart: J.B. Metzler, S. 8-13.

Bodenmann-Ritter, Clara (Hg.) (1988): Jeder Mensch ein Künstler. Gespräche auf der documenta 5/1972, Frankfurt a.M.: Ullstein.

Buchloh, Benjamin H. D./Krauss, Rosalind/Michelson, Annette (1980): »Joseph Beuys at the Guggenheim«, in: October 12, S. 3-21.

Buchloh, Benjamin H.D. (1980): »Beuys: The Twilight of the Idol, Preliminary Notes for a Critique«, in: Artforum 18, S. 35-43.

Danto, Arthur C. (2007): »Foreword. Style and Salvation in the Art of Beuys«, in: Claudia Mesch/Viola Michely (Hg.): Joseph Beuys. The Reader. London/New York: I.B. Tauris & Co LtD, S. XIII–XVIII.

Debord, Guy (1980): Rapport zur Konstruktion von Situationen und die Organisations- und Aktionsbedingungen der Internationalen Situationistischen Tendenz und andere Schriften, Hamburg: Nautilus.

Dewey, John (1993): Demokratie und Erziehung. Eine Einleitung in die philosophische Pädagogik (engl. 1916), Weinheim/Basel: Beltz.

Floating e.V. (2021): Floating University Berlin. A Natureculture learning site. https://floating-berlin.org/ (letzter Zugriff: 01.12.2022).

Funcke, Bettina (2008): »Joseph Beuys: Charlatanism«, in: Public. Art, Culture, Ideas 37, S. 86-96.

Gielen, Pacal/Lavaert, Sonja (2013): »Art and Common. A Conversation with Antonio Negri«, in: Pascal Gielen (Hg.): Community Art. The Politics of Trespassing, Amsterdam: Valiz, S. 165-192.

Groener, Fernendo/Kandler, Rose-Maria (Hg.) (1987): 7000 Eichen Joseph Beuys, Köln: Walther König.

Grönert, Alexander (2021): »Antikunst«, in: Timo Skrandies/Bettina Paust (Hg.): Joseph Beuys-Handbuch. Leben – Werk – Wirkung, Stuttgart: J.B. Metzler, S. 345-349.

Harlan, Volker/Rappmann, Rainer/Schata, Peter (1984): Soziale Plastik. Materialien zu Joseph Beuys. Achberg: Achberger Verlag.

Jordan, Cara (2019): »Joseph Beuys and Feminism in the United States. Social Sculpture Meets Consciousness-Raising«, in: Karen van den Berg/Cara Jordan/Philipp Kleinmichel (Hg.): The Art of Direct Action. Social Sculpture and Beyond, Berlin: Sternberg Press, S. 135-178.

Knacken, Lars (2010): Podiumsdiskussion Joseph Beyus Arnold Gehlen Anti-Kunst, in: https://archive.org/details/PodiumsdiskussionJosephBeyusArnoldGehlenAntiKunst (letzter Zugriff: 03.02.2023).

Makhubu, Nomusa/Garrido Castellano, Carlos (2021): »Creative Uprisings: Art, Social Movements and Mobilisation in Africa«, in: Field 17, https://field-journal.com/editorial/creative-uprisings-art-social-movements-and-mobilisation-in-africa (letzter Zugriff: 09.01.2023).

Manheim, Ron (2021): Beim Wort genommen. Joseph Beuys und der Nationalsozialismus, Berlin: Neofelis.

Mesch, Claudia (2007): »Institutionalizing Social Sculpture. Beuys' Office for Direct Democracy through Referendum Installation (1972)«, in: Viola Michely/Claudia Mesch (Hg.): Joseph Beuys. The Reader, London/New York: I.B. Tauris & Co LtD., S 198-217.

Michaud, Eric (1988): »The Ends of Art According to Beuys«, in: October 45 Summer, S. 36-46.

Osborne, Peter (2018): The Postconceptual Condition. Critical Essays, London/New York: Verso.

Quermann, Andreas (2006): »Demokratie ist lustig«. Der politische Künstler Joseph Beuys, Berlin: Reimer.

Rappmann, Rainer (2019): »Beuys, Achberg, and the Woodstockization of the Discours. Rainer Rappmann interviewt von Karen van den Berg«, in: Karen van den Berg/Cara Jordan/Philipp Kleinmichel (Hg.): The Art of Direct Action. Social Sculpture and Beyond, Berlin: Sternberg Press, S. 99-110.

Rappmann, Rainer (Hg.) (2014): Joseph, was ist eine freie Akademie? Achberg: FIU-Verlag.

Riegel, Hans Peter (2013): Beuys. Die Biographie, Berlin: Aufbau.

Sacks, Shelley/Zumdick, Wolfgang (2009): ATLAS zur Sozialen Plastik: Ort des Treffens Stuttgart: J. M. Mayer.

Saltz, Jerry (2012): »A Glimpse of Art's Future at Documenta«, in: What's next? 134, http://whtsnxt.net/134 (letzter Zugriff: 09.01.2023).

Schulze, Nina (2021): »Beuys als Gesellschaftsreformer«, in: Timo Skrandies/Bettina Paust (Hg.): Joseph Beuys-Handbuch. Leben – Werk – Wirkung, Berlin: J.B. Metzler, 40-47.

Steyerl, Hito (2006): »Die Institution der Kritik«, in: Transversal multilingual webjournal 1, http://eipcp.net/transversal/0106/steyerl/de (letzter Zugriff: 09.01.2023).

Ursprung, Philip (2021): Joseph Beuys, Kunst, Kapital, Revolution, München/Frankfurt a.M.: C.H. Beck.

Vischer, Theodora (1991): Joseph Beuys. Die Einheit des Werkes. Zeichnungen, Aktionen, Plastische Arbeiten, Soziale Skulptur, Köln: Walter König.

Wyss, Beat (2008): »Der ewige Hitlerjunge«, in: Monopol 10, S. 81-82.

was

MEGAPHONICA – Die Stimme der Stadt on Tour.
Ein Erfahrungsbericht

Annika Schneider

Die Stimme als Werkzeug der Sprache bringt etwas Einmaliges, etwas nicht Wiederholbares hervor, denn hat das Wort einmal die Lippen verlassen, ist es nie wieder auf dieselbe Art und Weise reproduzier- oder speicherbar. Die Stadt Wuppertal hat aktuell 355.100 EinwohnerInnen, also 355.100 verschiedene Stimmen mit unzähligen Geschichten, Meinungen, Erfahrungen, Begeisterung für die Stadt, wie auch Kritik an ihr. Jede einzelne Stimme ist auf ihre eigene Art und Weise individuell. Ob klein oder groß, jung oder alt, arm oder reich – jede Stimme hat etwas zu erzählen. Langsam entwickeln sich aus vielen verschiedenen Stimmen von BürgerInnen ein Chor von vielgestaltigen Stimmen. Ein Strom an Erzählungen breitet sich aus. Sprechen von alten Geschichten aus früheren Zeiten, von Begegnungen zwischen Wupper und Bergen, von persönlichen Werdegängen, Erfolgen und Missgeschicken. Jeder kann zu Wort kommen und jeder wird gehört.

In Erinnerung an Joseph Beuys

Das Kollektiv mythen der moderne arbeitet bereits seit einigen Jahren an verschiedenen Projekten, seit 2018 an der *Stimme der Stadt*-Serie, die bis dato in vier Städten in Nordrhein-Westfalen stattgefunden hat. Grundsätzlich beschäftigt sich das Kollektiv, darunter die Initiatorinnen Pia Janssen und Bettina Erasmy, mit verschiedenen interdiziplinären Formaten, die einen kollektiven Austausch, kulturelle Vielfalt und Partizipation der Menschen anregen sollen. In ihrem Projekt *Die Stimme der Stadt* geht es darum, Geschichten von BürgerInnen zu sammeln, zu transkribieren und zu archivieren, um sie dann in Form einer improvisierten Theater-Performance im Rathaus der Stadt zu Wort kommen zu lassen und in die Stadt zurückzugeben.

Dieses Performance-Projekt bot sich somit in seiner demokratischen Ausrichtung bestens für das Beuys-Performancefestival 2021 in Wuppertal an. Denn mit seinem *Erweiterten Kunstbegriff* definierte Joseph Beuys nicht nur das Verständnis künstlerischen Tuns radikal neu, in dem er jedem Menschen kreative Fähigkeiten zuschreibt, sondern er nimmt gleichzeitig im Sinne seiner *Sozialen Plastik* auch jeden Menschen über seine Kreativität in die Verantwortung zu gemeinwohlorientiertem Handeln. So versuchte Beuys etwa mit der von ihm 1971 gegründeten *Organisation für direkte Demokratie durch Volksabstimmung* für die Selbstbestimmung jedes Einzelnen zum Allgemeinwohl der Gesellschaft zu sensibilisieren. Voraussetzung dafür ist zunächst, dass jedes Mitglied einer Gesellschaft – und somit auch einer Stadtgesellschaft wie Wuppertal – die Gelegenheit hat, sich zu Wort zu melden, sich zu virulenten Themen der Stadt einzubringen. Dafür gibt es zwar politische Gremien und Strukturen in der Stadtverwaltung, die BürgerInnenbeteiligung ermöglichen, jedoch Beuys' Aktionen und Performances wandten sich jenseits politischer Strukturen vorranging an eine breite Öffentlichkeit und fanden nicht selten jenseits von Kultureinrichtungen im öffentlichen Raum statt. In Erinnerung an Joseph Beuys versteht das Kollektiv mythen der moderne ihre Kunst als sowohl ästhetische wie auch soziale Praxis und überträgt diesen Gedanken in seine Pop-Up-Performance.

Die Entstehung des Projekts und seine coronabedingten Modifikationen

Über einen Zeitraum von drei Wochen sind die Künstlerinnen Pia Janssen und Lydia Glup auf die Straße bzw. auf Marktplätze gegangen, um dort in verschiedenen Wuppertaler Stadtteilen mit den Menschen zu sprechen und ihre Geschichten einzusammeln und festzuhalten. Mit ihrer StoryBox in Form eines Marktstandes platzierten sie sich täglich auf den Wochenmärkten, darunter u.a. auf dem Laurentiusplatz in Elberfeld oder dem Markt auf dem Lienhardplatz in Vohwinkel. Befragt wurden die BürgerInnen nach ihrem Leben in der Stadt Wuppertal. Marktplätze sind Orte des täglichen Lebens, an denen Besorgungen getätigt und soziale Kontakte gepflegt oder geknüpft werden. Sie sind somit besondere Orte des Zusammentreffens und der Kommunikation durch alle Bevölkerungsschichten hindurch. Damit ermöglichte die Wahl dieser Orte in nahezu allen Wuppertaler Stadtteilen einen besonders großen Querschnitt von Stimmen aus der Wuppertaler Bevölkerung zu bekommen. Nach und nach wuchs das Kontingent an Erzählungen, Wünschen, Begeisterungen, Sorgen und Kritik der BürgerInnen. Immer mehr Menschen trauten sich, ihrer Stimme einen Raum zu geben, etwas von sich preiszugeben.

Doch auch dieses Projekt stand angesichts der Corona-Schutzmaßnahmen in seiner Durchführung vor immer größeren Hürden. Es wurde schnell klar, dass das geplante Konzept des Projekts so nicht weiterverfolgt werden konnte. Sich im direkten Dialog – also nicht digital, sondern im unmittelbaren Gespräch – auszutauschen, wurde mit zunehmender Inzidenz unmöglich, und so war das Team um Pia Janssen und Lydia Glup gezwungen, neue Wege der Partizipation und Teilhabe von BürgerInnen zu finden.

Ursprünglich war der performative Part des Projekts mit der Wiedergabe der gesammelten Geschichten im Ratssaal des Wuppertaler Rathauses in Barmen geplant. Aufgrund der Corona-Schutzverordnung war dies jedoch in dieser Weise nicht mehr umsetzbar, so dass dringend neue, an die Situation angepasste Formate zur Durchführung des Projekts geschaffen werden mussten. Zunächst war geplant, *Die Stimme der Stadt*, wie ursprünglich vorgesehen, im Ratssaal stattfinden zu lassen, dabei jedoch auf das Publikum zu verzichten. Schnell war jedoch klar, dass die Umsetzung des Projekts in dieser Form weder dessen Grundintention gerecht werden würde, noch sich letztendlich realisieren ließe. Die Situation erforderte ein Umdenken: *Die Stimme der Stadt* musste nach draußen. Dort, wo sich auch in diesen Zeiten noch Menschen weitgehend uneingeschränkt aufhalten, sich begegnen und ein Prozess der Kommunikation und Teilhabe stattfinden konnte. Und so begann der weitere Prozess des Umplanens und Neuschaffens. Wie konnte Kultur den Menschen auch in diesen schwierigen Zeiten zugänglich gemacht werden?

Die eingesammelten Geschichten sollten nun direkt den BürgerInnen auf den Straßen Wuppertals zurückzugeben werden. In dem Corona-gerechten Konzept von mythen der moderne sollte nun ein Tourbus all diejenigen Plätze anfahren, an denen die Geschichten wenige Wochen zuvor eingesammelt worden waren. Drei SchauspielerInnen des Kollektivs würden einen gelben Teppich ausrollen und die Erzählungen den zufällig vorbeikommenden PassantInnen vortragen. Damit würde der öffentliche städtische Raum zum Schauplatz des performativen Aktes werden. Das ursprüngliche Musik- und Theaterstück entwickele sich so zu einem nomadisierten Pop-Up-Theater, das jede/n BürgerIn erreichen konnte. Doch auch diese Vorstellung von *Die Stimme der Stadt* war nach langem Hin und Her und vielen Gesprächen mit dem städtischen Ordnungsamt aufgrund der immer noch herrschenden, strengen Corona-Schutzmaßnahmen nicht umsetzbar. Eine letzte noch mögliche Option musste gefunden werden und so wurde, alles getan, um eine coronakonforme Variante zu schaffen, die nach wie vor den Kern des Projekts beibehielt. In einer Zeit, in der den Menschen geraten wurde, drinnen zu bleiben und körperliche Kontakte zu meiden, wuchs zusehends die Angst, der Unmut und die Skepsis der BürgerInnen. Gleichzeitig stieg das Verlangen nach gemeinsamem Erleben, nach Kommunikation und realem Kontakt. Mit *Die Stimme der Stadt* entstand ein Möglichkeitsraum gegenseitiger Verständigung und der urbane Raum wurde durch die Performance zu einem gemeinsamen Meinungs- und Erinnerungsraum.

MEGAPHONICA – Erfahrungen vor Ort

Nach all den Schritten des Umstrukturierens, des Grübelns und Ideensammeln war nun schließlich ein Konzept entwickelt worden, das den Ansprüchen des Kollektivs und den Zielen der Performance gerecht wurde. Das Projekt hieß nun nicht mehr *Die Stimme der Stadt*, sondern *MEGAPHONICA – Die Stimme der Stadt on Tour!*. Das Megafon steht hier als Verstärker, der die Stimme wieder zurück zu den Menschen in die Stadt spiegelt. Als Initiatorinnen und künstlerische Leiterinnen des Projekts fuhren Pia Janssen und Lydia Glup mit einem alten, dunkelroten VW-Bus mit der Aufschrift *MEGAPHONICA* durch Wuppertal. Auf dessen Dach waren große Lautsprecherboxen installiert. Dabei ähnelte das Gefährt jenen Wagen, die bunt verziert mit Lautsprechern auf dem Dach durch die Städte und Dörfer fuhren, um lautstark für den Besuch ihres Zirkus zu werben. Je bunter und lauter, desto besser.

Vom *MEGAPHONICA*-Bus, der während des Wuppertaler Performancefestivals am 5. Juni 2021 seinen Weg durch die Stadt nahm, erklang die Soundcollage aus den vorher gesammelten Geschichten, Meinungen und anderen Narrativen. Ein bunter Mix aus verschiedenen Stimmlagen, Klängen und Sprachen, wie Deutsch, Englisch, Arabisch, Französisch, Griechisch, Italienisch oder Türkisch. Aus Passagen der transkribierten Interviews Wuppertaler BürgerInnen entstanden durch Bettina Erasmy künstlerisch transformierte Texte, die für die Übertragung im Dublab Studio, Köln, von den SchauspielerInnen Joscha Creutzfeldt, Sina Ebell, Jenny Faßbender, Ralf Harster, Aischa-Lina Löbbert und Willi Rütten eingesprochen wurden. Die Klangkomposition der Soundcollage realisierte der Komponist Hannes Strobl.

Wir, Urs Kaufmann und ich, Annika Schneider, trafen Pia Janssen und Lydia Glup inmitten ihrer fünfstündigen Tour am 5. Juni 2021 durch Wuppertal am Schauspielhaus, um gemeinsam eine Runde mit dem *MEGAPHONICA*-Bus zu drehen. Um die Erfahrung mit vielen anderen teilen zu können, streamten wir das Geschehen live auf dem Instagram-Kanal des Performancefestivals. Gestartet wurde die Tour morgens in einem der grünsten Stadtteile Wuppertals, in Beyenburg. Dort hatten sich die beiden Künstlerinnen mit einer Frau verabredet, die bereits in einem Interview ihre Stimme abgegeben hatte. Unbedingt wollte die ehemalige Tänzerin die Soundcollage hören und war begeistert, als der rote Bus einen kurzen Halt machte. Bereits diese Begegnung sei ein toller Start in die Performance gewesen, so Pia Janssen und Lydia Glup. Im weiteren Verlauf ihrer Tour besuchten sie den Berliner Platz in Oberbarmen, einem Stadtteil, in dem Menschen aus 162 Nationen leben. Die weitere Route verlief entlang der Wupper, durch verschiedenste Straßen und Gassen. Je kleiner und enger die Straßen wurden, desto intensiver und lauter war der Widerhall der Soundcollage zwischen den Häuserfluchten, sodass die *Stimme der Stadt* wortwörtlich zu den Menschen zurückkehrte. Die gesammelten Stimmen Wuppertaler BürgerInnen drangen durch die Übertragung und die Verstärkung der Wiedergabe durch das Megafon so auch durch die Hauswände und erreichten auch diejenigen Menschen, die nicht mehr draußen aktiv sein konnten oder es derzeit nicht durften. Lydia Glup sprach Menschen durch ein Megafon an und schaffte somit eine direkte Verbindung der Menschen auf der Straße zur Soundcollage: »Hey du! Ja, genau du!«, schallte es durch die Stadt. Und dies mit immenser Wirkung. Die Menschen schauten auf, tauschten Blicke aus, lachten, winkten, freuten sich, einfach gehört oder gesehen zu werden. Besonders Menschen, die weit oben auf ihren Balkonen saßen und das Spektakel eher per Zufall erlebten, freuten sich über diese spontane Ablenkung. Mit überwiegend positiver Resonanz empfingen die Menschen Wuppertals das Projekt, das vielen von ihnen das Gefühl vermittelte, dass auch sie gesehen und gehört werden.

Wie es in Wuppertal und Umgebung nicht anders sein konnte, stand der Bus im Laufe seiner Fahrt hier und dort im Stau – Wuppertal eben. Doch auch dies kam der rollenden Performance eher entgegen, denn auch dort befanden sich Menschen am Straßenrand, die gespannt den *Stimmen der Stadt* durch die Boxen und das Megafon lauschten. Laut erklang es: »Wo ist deine Stimme? Wo seid ihr? Bist du okay? Hey du! Ich stehe hier und warte. Ich habe eine Verabredung. Ich bin die Stadt, die spricht.« Auch hier zeigte sich die Wirkung der Performance in der Reaktion der PassantInnen.

Zurück am Schauspielhaus endet unsere Fahrt durch die Stadt im Tal der Wupper mit seinen Treppen und Bergen. Mit einem Lächeln im Gesicht stiegen Urs und ich aus und waren froh, diese Performance durch Wuppertal selbst miterlebt zu haben und durch unser Filmen und das Streaming auch die Menschen an den Bildschirmen teilhaben lassen zu können.

Stimmen aus der Stadt Wuppertal
MEGAPHONICA – Die Stimme der Stadt on Tour!

Ich bin heute eine Stimme. Ich bin die Stadt, die spricht.

Ich schweife umher, das Licht beschäftigt mich, die Häuser, die Menschen. Ich bin auf der Suche nach der Lektüre der Straße. Nach der Erzählung der Häuser.

Ja, da hat man auch immer den Mond gesehen, weil keine Autos gefahren sind. Ja, man hat dann den ganzen Mond gesehen und jetzt fahren wieder so viele Autos, da sieht man den Mond nicht mehr. Aber manchmal sieht man nur die Hälfte.

Für mich ist fast alles schön hier. Ja. Und es ist sehr schön hier, muss ich sagen.

Schön. Meine Zukunftsstadt.
Autos würde ich nicht in die Stadt lassen und Häuser wie 'ne Achterbahn, das wär' auch schön.

Oder einfach durch die Stadt flandern. Flanieren, nee! Flandern ist eine Provinz in Belgien, genau durch die Straßen flanieren!

Ist hier nicht der Platz, an dem du vorbeikommen möchtest?

Ich habe Hochachtung vor der Natur. Weil die sich irgendwie immer reinfindet. Sogar, wenn wir hier gucken, hier ist gepflastert. Das Gras nimmt sich als erstes ein bisschen Platz. Wenn man es nicht wegmacht, werden die Wurzeln dicker und dann kommt die Birke und irgendwann ist hier wieder Wald. Da müssen wir gar nichts dran tun.

Zieh einen Kreis um einen Baum. Steh unterm Lichtschirm der Straßenlampe.

Für die Umwelt tun wir nichts mehr. Überall Plastik!

Leute wie wir sind immer Sklaven. Einmal Firma da. Einmal nicht mehr da. Einmal Konkurs. Geld, was ich habe – ich bekomme eine bescheidene Rente. Das ist nicht nett. Und was denn noch?

Wo seid ihr? Weiß ich, was mit dir gerade los ist? Bist du okay?

Die Leute wissen nicht, was morgen kommt. Konsum ist da. Markt ist voll. Aber keine Arbeit. Jeder will Auto haben.

Früher hatte jeder Arbeit, jeder hat seine Schuhe geschont. Gucken Sie heute in den Container. Gute Schuhe sind hier. Hier ist Umweltverschmutzung. Wir müssen so viel produzieren, wie man verbrauchen kann. Plastik vor allem. Das ist unglaublich.

Ich lebe hier, ich arbeite hier und so schlimm, glaub ich, kann es kein Kommunalpolitiker treiben, dass ich hier wegziehe, weil er ist nur begrenzt im Amt. Und ich werde halt meine Stimme bei der Wahl abgeben.

Lass uns zusammen an Boden gewinnen. Stell deine Füße auf den Asphalt. Balanciere auf dem Bordstein.

Ja! Es war ja die Hölle los hier. Die Leute haben ja Fleisch gekauft, als würde es in der nächsten Woche nichts mehr zu essen geben. Äh, ich sag jetzt mal so: das war, wie damals bei Aldi mit dem Toilettenpapier.

Wir wohnen nicht zusammen, jeder hat 'ne eigene Wohnung. Ja, ist schöner… Wenn sie bei mir übernachtet, schlaf ich mit ihr. Wenn sie nicht bei mir übernachtet, träum ich von ihr.

Ja, aber die Demenz gehört doch auch zum Hirn oder nicht? Aber ich weiß ja nicht, manche haben's auch eher an den Füßen.

Und dann lässt man's als Städtebauer vielleicht auch irgendwann und sagt »ihr könnt mich, ihr könnt mir mal 'n Buckel runterrutschen! Dann macht doch grad so, wie ihr denkt«.

Die Stadt ist eine einzige Wohnung. In welchem Raum bin ich gerade?

Wenn man dann viel erlebt hat, viel Negatives und vor allem in jungen Jahren. Dann fragt man sich: Hey, das kann doch nicht sein. Wieso immer ich?

Lass uns Geschichten weitererzählen. Lass uns die Erzählungen fortschreiben.

Deutschland – ich habe immer an unser Gesetz geglaubt, aber da war der Vorfall mit dem Schlachtbetrieb. Die wussten das doch schon lang! Nicht erst jetzt seit Corona. Und die haben nichts getan.

Kind? Ich kann es immer noch nicht verstehen, dass da so viele aus den Kinderheimen sexuell missbraucht worden sind durch die Kirche.

Wir haben ja einen Garten. Mein Mann, der ist sehr botanisch angehaucht. Und wir haben Palmen, wir haben Kakteen, die blühen alle. Und ich kann Gesichter erkennen, wenn ich Berge sehe.

Such dir für ein paar Minuten einen Quadratmeter. Ich komme dazu.

Demokratie kultivieren. Die Performance *Under(de)construction:* »*Wer im Glashaus sitzt ...*« des Kollektiv ImpACT

Julia Wessel

Sprechen ist Handeln. Sprache bestimmt das Denken, formt und artikuliert Werte, definiert menschliches Miteinander, erschafft und dekonstruiert Gesellschaft. Im Sprechen schlägt sich auch ungesagt die eigene Weltanschauung als Basis einer jeden Äußerung nieder, wie in Sprichwörtern, in denen sich der Zeitgeist ihrer Entstehung manifestiert. Im wissenschaftlichen Kontext ist der Diskurs um die Handlungsmacht von Sprache bereits seit den 1960er Jahren präsent: Die Erkenntnis John L. Austins, »daß sprachliche Äußerungen nicht nur dem Zweck dienen, einen Sachverhalt zu beschreiben oder eine Tatsache zu behaupten, sondern daß mit ihnen auch Handlungen vollzogen werden« (Fischer-Lichte 2004: 31) begründete seinen Begriff des Performativen als Sprechakt. Es folgten zahlreiche weitere wissenschaftliche Auseinandersetzungen mit dieser Thematik, deren »neue Sensibilisiertheit auf Sprache v.a. in den Geistes- und Sozialwissenschaften [...] zu einer intensiven Diskussion über das grundlegende Verhältnis von Sprache und Kultur« (Linke 2008: 24) führte. In den 1990er Jahren weitete v.a. Judith Butler die Definition des Performativen von rein sprachlichen auf körperliche Handlungen und die Konstitution von Identität durch soziale Konzepte wie *gender* aus (vgl. Fischer-Lichte 2004: 36f.). In den vergangenen Jahren hat die Diskussion über die Rolle von Sprache als Motor gesellschaftlicher Transformation ebenfalls Eingang in die soziale und mediale Öffentlichkeit gefunden. Ein Hauptaugenmerk gilt in dieser durchaus kontrovers geführten Debatte aktuell dem Verwerfen von Fremdbezeichnungen, die diskriminierenden Strukturen oder rassistischen Ideologien entspringen und damit einem zeitgemäßen Anspruch etwa an ein postkoloniales Bewusstsein und Gleichstellung (nicht nur) der Geschlechter nicht genügen. Zentral sind außerdem immer wieder Fragen danach, welche Stimmen nach wie vor innerhalb der Gesellschaft unterrepräsentiert sind und welche Personen stellvertretend für vermeintliche Gruppen sprechen dürfen. Durch den Wandel von Sprache und SprecherInnenpositionen können gesellschaftliche Veränderungen nicht nur abgebildet, sondern auch vorangetrieben werden.

Auch für das erweiterte Kunstverständnis von Joseph Beuys spielt das transformative Potential von Sprache eine zentrale Rolle.[1] In seinem Vortrag *Reden über das eigene Land: Deutschland*, den Beuys im November 1985, zwei Monate vor seinem Tod, an den Münchner Kammerspielen hielt, beschreibt er mit Blick auf das kollektive Trauma des Zweiten Weltkriegs den Heilungsprozess, die »Auferstehung aus einer Zerstörtheit« (Beuys, zit. n. BeuysTV 2014: TC 00:53), durch das Sprechen miteinander. Im bewussten Sprechen sei der Mensch imstande, »Begriffe zu bilden, die sein Fühlen und sein Wollen in eine plastische Form hineinbringen können und hineinbringen werden« (Beuys, zit. n. ebd.: TC 05:14). Auch das schöpferische, politische Handeln des Menschen, das Beuys mit seiner Idee der *Sozialen Plastik*[2] beschreibt, beruht auf Sprache: Die »Umgestaltung des Sozialleibes« (Beuys, zit. n. ebd.: TC 08:36), könne nur gelingen, wenn Ideen verbalisiert werden und jede einzelne Person sich in den Prozess einbringt: »Wenn nur eine Stimme fehlt und sich nicht beteiligt, wird das sehr lange dauern und es wird unter Umständen gar nicht möglich sein.« (Beuys, zit. n. ebd.: TC 09:00)

Ein Gewächshaus der Wörter und ein Zelt des Empowerments

Diese Wirkkraft des menschlichen Sprechens für gesellschaftliche Zusammenhänge thematisierten im Rahmen des Performancefestivals *Die Unendlichkeit des Augenblicks. Aufführungskünste nach Beuys* auch die Wuppertaler Künstlerinnen und Theatermacherinnen Beate Rüter und Doris Dopf, die sich für ihren Festival-Beitrag zum Kollektiv ImpACT zusammengeschlossen hatten. Die Soundperformance *Under(de)construction: »Wer im Glashaus sitzt ...«* sollte Stimmen erklingen lassen, die durch abwehrende Äußerungen Diskriminierung verharmlosen oder selbst artikulieren. Mit Scheinargumenten wie »Haben wir nicht wirklich wichtigere Probleme?« und Floskeln wie »Das war doch keine Absicht« oder »Nun beruhig dich mal« wurden Formulierungen gewählt, die geäußerte Bedürfnisse, Angst, Kummer oder Bedenken eines unsichtbaren Gegenübers relativieren. Laut Rüter und Dopf basieren derlei Abwehrhaltungen, welche die zeitgenössische Debattenkultur sowohl im öffentlichen als auch im privaten Kontext prägen, auf diskriminierenden Denkmustern, die unter der Oberfläche wuchern und wachsen und in der Gesellschaft eine Eigendynamik entwickeln können. Diesen Prozess verbildlichte das Duo durch das Aufstellen eines Gewächshauses, in dem eine Collage

---

[1] Das Sprechen (und auch das Schweigen) ist auch im Hinblick auf das Gesamtwerk Beuys' ein zentrales Element. Nina Schulze verweist jedoch auf die noch ausstehende wissenschaftliche »Aufarbeitung des sprachlichen Teils des Beuysschen Werkes« (Schulze 2021: 119) in seiner Gesamtheit.

[2] Siehe hierzu auch den Beitrag von Karen van den Berg in diesem Band.

aus den zuvor eingesprochenen Äußerungen über in den mit modriger Erde bedeckten Boden eingelassene Lautsprecher in Dauerschleife wiedergegeben wurden. Beuys' Klang-Sprachstück *Ja Ja Ja Ja Ja, Nee Nee Nee Nee Nee* aus dem Jahr 1968 diente hierbei als zentrale Inspiration. Durch das geöffnete Glashaus sollten die gesammelten Stimmen nach außen dringen und direkte Interaktionen der PassantInnen provozieren. In der Annahme, dass vermutlich jeder Mensch bereits Ablehnung durch relativierende Aussagen erfahren hat, zielte das Kollektiv ImpACT darauf ab, individuelle Assoziationen zum Gehörten zu wecken. Im Sinne der *Sozialen Plastik*, »der zufolge bereits Denken und Handeln Formbildungsprozesse, genuin kreative künstlerische Vorgänge« (Ströbele 2021: 102) sind, konnte jede/r PassantIn allein durch die individuelle Reaktion einen eigenen künstlerischen Beitrag zur Performance leisten. Die Bandbreite erstreckte sich dabei von Ignorieren und Weitergehen über Stehenbleiben und Zuhören bis hin zum Eintreten in das Glashaus und ursprünglich bis zur direkten Mitwirkung. Denn Teil des Konzepts war eigentlich die Möglichkeit des Einsprechens von eigenen Aussagen und von Geschichten persönlicher Verwundungen durch Abwertung in bereitstehende Mikrofone, sodass sich die Soundcollage über den Zeitraum ihrer Präsentation stetig hätte erweitern können. Dies war angesichts der zum Zeitpunkt des Festivals geltenden Corona-Schutzverordnung jedoch nicht umsetzbar.

Die Installation sollte nicht an einem museal abgeschlossenen Ort für sich stehen, sondern die Konfrontation des Publikums mit den Themen Abwertung und Diskriminierung sollte im urbanen Raum stattfinden und damit zum unmittelbaren Erleben und zur Interaktion einladen. So sollte das Glashaus in der ursprünglichen Projektkonzeption in der Bahnhofsmall des Wuppertaler Hauptbahnhofs aufgestellt werden, um eine breite Masse an Laufpublikum mit der Performance zu erreichen. Nachdem sich die Umsetzung im Hauptbahnhof und auch in einem alternativen Wuppertaler Bahnhofsgebäude angesichts bürokratischer Hürden und Vorgaben als unpraktikabel erwies, wurde schließlich ein neuer Ort gefunden, der als Bahnhof zwar seit 1991 stillgelegt ist, jedoch einen zentralen *Dritten Ort* in Wuppertal darstellt: *Utopiastadt* im ehemaligen Mirker Bahnhof. Gemäß der Selbstbezeichnung von *Utopiastadt* als »andauernder Gesellschaftskongress mit Ambitionen und Wirkung«[3] wird dort Quartiersarbeit geleistet und Demokratie gelebt. Die Lage an der Nordbahntrasse eröffnet zudem – wenn auch in Abhängigkeit von der Wetterlage – viel Publikumsverkehr und ein annähernd repräsentatives Abbild der Wuppertaler Gesellschaft: Die Trasse zieht sich in der Breite durch einen Großteil des Stadtgebiets, stellt dadurch für FußgängerInnen und FahrradfahrerInnen eine wichtige Verbindung zwischen verschiedenen Stadtteilen dar und ist zudem ein beliebter Spazierweg für BürgerInnen aller Generationen. Dadurch, dass *Utopiastadt* mit der *Registrierungsstelle für handhabbare*

---

3 Siehe hierzu: https://www.utopiastadt.eu/utopiastadt/ (letzter Zugriff: 04.03.2023).

Freiheit mit einem eigenen Beitrag im Festivalprogramm vertreten war[4], hatten die Zuständigen vor Ort von Beginn an ein offenes Ohr für die Anfrage des Kollektiv ImpACT. Darüber hinaus standen die Registrierungsstelle und das Glashaus einander mit nur wenigen Metern Entfernung gegenüber und bildeten somit ein Zentrum der live erlebbaren Beiträge zum Festival.

Die Anbindung von *Under(de)construction* an *Utopiastadt* eröffnete jedoch noch einen weiteren Mehrwert für das Projekt: Dem demokratischen Grundsatz von *Utopiastadt* entsprechend wurde die Projektidee im Umfeld der AkteurInnen diskutiert und stieß dort auf einen ergiebigen Nährboden. Angehörige des Wuppertaler Netzwerks Community & Solidarity[5] nahmen das Gesprächsangebot an und einige VertreterInnen gingen mit dem Kollektiv ImpACT in einen intensiven Dialog über die Projektkonzeption. Zum einen wiesen die Aktiven des Netzwerks auf die Gefahr des Triggerns von Traumata beim Hören der Soundinstallation im Glashaus hin, das keinen geschützten Raum für den Umgang mit dem Gehörten bot. Darüber hinaus waren das Reproduzieren von Stereotypen, v.a. aber der Fokus auf die Stimmen von »TäterInnen« und das Ausblenden der Betroffenenperspektive, die dadurch in eine reine Opferrolle mündete, Themen einer darauf folgenden gemeinschaftlichen Weiterentwicklung des Festivalbeitrags. Das Kollektiv ImpACT griff die vorgebrachte Kritik auf und als Ergebnis dieses konstruktiven Dialogs entstand eine künstlerische Antwort auf die Aktion: Neben dem Glashaus stellte das Netzwerk ein Zelt des Empowerments auf – ein vom Zirkus Casselly geliehenes Zelt, in dem künstlerische Positionen von Personen, die von Rassismus und (Mehrfach-)Diskriminierung betroffen sind, Ausdruck fanden: Die bildenden Künstlerinnen beARTrich (Rebecca Beatrice Duopou) und Safia Kunze stellten u.a. Porträts Schwarzer Personen aus, auf einem Fernseher wurden Sequenzen aus einem Film mit dem Tänzer Milton Camilo gezeigt, der von der Initiative POWER OF COLOR Wuppertal in Kooperation mit dem Pina Bausch Zentrum produziert wurde, und Ekila Lemvo-Bainski präsentierte African Fashion ihres Modelabels *Mosisa*. Während der Begehungszeiten des Glashauses war im Zelt gleichzeitig die Soundspur des Dokumentarfilms *Wer bist du? Lokale Künstler:innen erzählen über Kunst und Rassismus*[6] in Dauerschleife zu hören, um den Stimmen aus dem Glashaus individuelle Perspektiven und empowernde Stimmen von Diskriminierung betroffener Personen als Antworten entgegenzu-

---

4 Siehe hierzu auch den Beitrag von Wolfgang Zumdick in diesem Band.

5 Das Wuppertaler Netzwerk Community & Solidarity entstand im Spätherbst 2020 und setzt sich aus AkteurInnen mehrerer Initiativen und Gruppen zusammen: ADDE e.V., Decolonize Wuppertal, Initiative N-Wort stoppen, Kitma e.V., POWER OF COLOR Wuppertal, *Utopiastadt* und der Wuppertaler Initiative für Demokratie und Toleranz e.V.

6 Der Film, der ebenfalls auf Initiative des Netzwerks Community & Solidarity entstanden war und vom Wuppertaler Unternehmen WupperWerft produziert wurde, feierte am 19.06.2021 offiziell Premiere auf dem Streamingkanal *stew.one*.

setzen. Das Aufstellen des Zeltes wurde durch den Zuschuss aus dem Budget des Festivals an das Kollektiv ImpACT finanziert und das entstandene Rahmenprogramm in das offizielle Festivalprogramm aufgenommen.

Gerüche beschreiben: Umsetzung vor Ort und Übertragung in den digitalen Raum

Als im Mai 2021 die Entscheidung fiel, das Festival angesichts der pandemischen Lage so weit wie möglich digital umzusetzen, stellte auch das Kollektiv ImpACT Überlegungen dazu an, wie ein Erleben von *Under(de)construction* im digitalen Raum möglich sein könnte. Dies erschien zunächst schwierig, denn die Gleichzeitigkeit von akustischer, visueller und olfaktorischer Erfahrung sowie die direkte Interaktion mit PassantInnen als Grundprinzipien der Performance benötigten den direkten Kontakt im öffentlichen Raum. Auch war im Entstehungsprozess der Arbeit mit dem Netzwerk Community & Solidarity ein neuer, korrespondierender Aspekt hinzugekommen. Demnach stand im ersten Schritt fest, das Gewächshaus ebenso wie das Zirkuszelt wie geplant real aufzustellen und BesucherInnen unter den aktuell geltenden Corona-Vorschriften Zugang zu den beiden Installationen sowie Gespräche mit den jeweiligen InitiatorInnen zu ermöglichen. Somit war *Under(de)construction* einer der wenigen Festivalbeiträge, die ein breites Publikum live im urbanen Wuppertaler Raum erleben konnte. Das Glashaus wurde auf dem steinig-erdigen Boden neben der asphaltierten Fläche der Nordbahntrasse aufgestellt. Die Innenwände waren mit Torf beschmiert und durch heftige Regenfälle verwandelte sich auch die das Glashaus umgebende Erde innerhalb des Festivalzeitraums in eine matschige Substanz, sodass es schließlich nur noch über einen Holzsteg trockenen Fußes betreten werden konnte. Im Inneren erklangen die aufgenommenen Stimmen aus vier kabellosen Lautsprecherboxen, die in den vier Ecken des Glashauses in der Erde platziert worden waren. Die Aussagen wurden asynchron abgespielt, überlagerten einander und erzeugten eine durchgehende Flut an Worten. Die Lautstärke der Soundcollage war so eingestellt, dass das Gesprochene für die SpaziergängerInnen auf der Nordbahntrasse noch entfernt zu vernehmen war. Darüber hinaus machte eine Informationstafel an der Trasse auf das Glashaus aufmerksam, auf der in wenigen Sätzen das Anliegen der Installation nachzulesen war. Während der Beitrag des Netzwerks Community & Solidarity den Fokus auf rassistische Diskriminierung setzte, waren die in der Collage des Kollektiv ImpACT verarbeiteten Aussagen bewusst offen formuliert, um auch für andere Formen der Diskriminierung Anknüpfungspunkte zu bieten und individuelle Interpretationen und Reaktionen der PassantInnen zu ermöglichen. Die Spannweite der verharmlosenden Stimmen und der sich dadurch bietenden Projektionsfläche verdeutlichten Handzettel, die auf der Informationstafel sowie an der Außenwand des Glashauses in einer Halterung angebracht waren und auf denen unter der Überschrift »Bin ich privilegiert?« eine Sammlung von Fragen zu lesen waren, die verschiedene Aspekte von Diskriminierung ansprachen: neben Rassismus (»Hast du Probleme eine Wohnung zu mieten, wenn du deinen Namen nennst?«) etwa auch Repräsentation (»Gibt es Menschen wie dich in Schulbüchern?«), sexuelle Orientierung (»Hast du Bedenken, dem Menschen, den du liebst, in der Öffentlichkeit einen Kuss zu geben?«), soziale Stigmatisierung (»War dir in deiner Kindheit deine Kleidung oder dein Wohnumfeld peinlich?«), körperliche Einschränkungen (»Kommst du ohne fremde Hilfe in jedes Gebäude oder Fahrzeug?«) oder Altersdiskriminierung (»Sagt man dir schon mal, in deinem Alter lohne sich das nicht mehr?«).

Um das Projekt zusätzlich zum Live-Erlebnis einerseits einem überregionalen Publikum zugänglich zu machen, das entweder nicht in Wuppertal vor Ort sein konnte oder angesichts der Corona-Pandemie einen realen Besuch scheute, und um den Beitrag andererseits in den Gesamtkontext des digitalen Programms einzubetten, wurde die Performance auch online erfahrbar gemacht. Dazu wurden Besuche der Installation von Petra Koßmann und Julia Wessel, Mitarbeiterinnen des Festivalteams, an zwei Tagen gefilmt und die Aufnahmen live über den Instagram-Account des Performancefestivals und über Kanal 2 des Streamingportals *stew.one* ausgespielt. Die Herausforderung in der medialen Übertragung des Glashaus-Konzepts bestand v.a. darin, die Zuschauenden so weit wie möglich an den Sinneseindrücken vor Ort teilhaben zu lassen: zum einen also die Soundinstallation hörbar und das Glashaus von außen und innen sichtbar zu machen. Zum anderen aber ebenfalls die subjektiven Eindrücke zu beschreiben, die nicht über das Video der Live-Reportage erfahrbar waren. So war etwa die Erde, mit der der Boden bedeckt war, mit einer modrigen Masse durchmischt, die im feuchtwarmen Klima des Gewächshauses einen schweren, fauligen Geruch hervorbrachte und das negative Erleben des Gehörten sinnlich verstärkte, wozu auch die tropische Wärme während der Festivaltage beitrug. Auch die begrenzte Größe sowie der schmale Ein- und Ausgang des Glashauses vermittelten einen beengenden Eindruck für die jeweils einzeln eingetretene Person, da im Inneren kaum Bewegung möglich war und die Stimmen durch die rundum angeordneten Lautsprecher die Person unmittelbar und von allen Seiten gleichzeitig anzusprechen schienen. Das Zelt wiederum erweckte allein durch die Größe, die Öffnung nach mehreren Seiten und die farbenfrohe Gestaltung, natürlich aber v.a. durch die inhaltliche Ausrichtung eine vollends gegensätzliche Empfindung Em. Neben der Beschreibung ihrer persönlichen Wahrnehmung führten Petra Koßmann und Julia Wessel Gespräche mit den Initiatorinnen beider Bestandteile der Performance sowie mit BesucherInnen vor Ort, die ebenfalls ihre Eindrücke schilderten. Am Samstag, 5. Juni 2021, dem vierten Tag des Festivalzeitraums, wurde nach Abschluss der Live-Begehungen des Geländes das weitere Programm aus dem Zirkuszelt übertragen:

ein Livemusik-Act des Künstlers Oliv Era sowie die von Nina Bramkamp moderierte Podiumsdiskussion *Lebensrealitäten oder was aus dem Glashaus erwächst* mit Meieli Borowsky-Islam, Joshua Chima Ikpegbu und Bodo Berheide.

Soziale Plastik in der Gegenwart

Durch die kooperative Projektentwicklung gelang dem Kollektiv ImpACT und dem Netzwerk Community & Solidarity im Rahmen der Performance *Under(de)construction* eine Besonderheit, die im Festivalprogramm einmalig blieb: Bereits im Vorfeld des eigentlichen Präsentationszeitraums eine konstruktive Diskussion unter Beteiligung unterschiedlicher Stimmen mit dem Ergebnis weiterer künstlerischen Outputs zu führen, setzte die Idee der *Sozialen Plastik* nicht nur inhaltlich, sondern auch formal im Planungsprozess des Festivalbeitrags um. Dass es jedoch nicht immer einfach ist, aus diesem »Nebeneinander« verschiedener Perspektiven einen echten Dialog zu gestalten, wurde auch in der Umsetzung der beiden Bestandteile des Projekts deutlich: Zelt und Gewächshaus wurden einander inhaltlich sowie räumlich gegenübergestellt, vor Ort wurde jedoch keine Verbindung, etwa durch eine gegenständliche ›Brücke‹ oder durch ergänzendes Informationsmaterial oder ein gemeinsames Rahmenprogramm, hergestellt. Lediglich die Anwesenheit der Beteiligten ermöglichte ein tiefergehendes Verständnis der gemeinschaftlichen Projektentwicklung. Dies schilderten auch mehrere BesucherInnen, die zwar intuitiv abgestoßen von den negativ geprägten Eindrücken aus dem Glashaus waren und im Gegensatz dazu den positiven Tenor und die Diversität der Ausstellung im Zelt lobten, die sich den Zusammenhang beider Bestandteile jedoch nicht gänzlich erschließen konnten.

Demokratisches Sprechen

Kommen wir abschließend noch einmal zurück zu Beuys' Definition von gesellschaftlichem Wandel durch Sprache, mit der dieser Text eingestiegen ist: Zu der Vorstellung, dass jede Stimme sich einbringen muss, um demokratische Prozesse in Gang zu setzen, lassen sich verschiedene Anknüpfungspunkte finden, die auch in den Gesprächen zwischen dem Kollektiv ImpACT und dem Netzwerk Community & Solidarity Ausdruck fanden. Mit der Auseinandersetzung damit, welche Stimmen in einer demokratischen Gesellschaft überhaupt Raum für Mitsprache und Repräsentation erhalten, erweiterte der Dialog zwischen den beiden Gruppen die utopische Idee Beuys' von demokratischem Sprechen um eine zeitgemäße Fragestellung, die im öffentlichen Diskurs zu seiner Zeit noch nicht vergleichbar präsent war. Die AkteurInnen des Netzwerks Community & Solidarity formulierten den Bedarf nach dem Abbilden einer Stimmenvielheit, die einem zeitgenössischen demokratischen Anspruch gerecht wird. In der empowernden Darstellung von Betroffenenperspektiven findet sich eine moderne Ausgestaltung der Prinzipien der *Sozialen Plastik* wieder, die auch eine Möglichkeit der Selbstermächtigung zu politischem Handeln durch kreative Ausdrucksformen beinhalten. Die Bedenken, die hingegen seitens des Netzwerks bezüglich einer einseitigen Perspektive und der Reproduktion von Stereotypen angebracht wurden, spiegeln eine Kritik an Joseph Beuys, die sich im wissenschaftlichen, aber auch verstärkt im öffentlichen Diskurs niederschlägt. So wird in der aktuellen Forschung z.B. zunehmend hinterfragt und untersucht, wie sich Beuys einer kolonialistischen Ikonografie bediente, um »die Person Beuys weiter mythisch aufzuladen und in einen Diskurs der Identifikation mit Opfern einzuschreiben« (Wienand 2015: 87), etwa in seiner Aktion *I like America and America likes me* (1974). Aus Perspektive der Postcolonial Studies wird Beuys v.a. »für die Essentialisierung schamanischer Rituale und seine Verhandlung von kultureller Differenz etwa zu Native Americans« (Dreyer 2021: 282) kritisiert. Die Problematik der Reproduktion von Stereotypen und kultureller Aneignungen wie dieser muss in der heutigen Auseinandersetzung mit dem Werk von Joseph Beuys eine zentrale Rolle einnehmen. Eine stärkere Sensibilität für diskriminierende Strukturen und die Einbeziehung von Personen in künstlerische und gesellschaftliche Prozesse, die diese Expertise etwa durch eigene Betroffenheit mitbringen, regte auch das Netzwerk Community & Solidarity im Rahmen von *Under(de)construction* an. Gerade hinsichtlich der Handlungsmacht von Sprache ist ein Verständnis für diese Notwendigkeiten im zeitgenössischen Diskurs elementar – doch einige öffentliche oder mediale Diskussionen im Themenfeld Sprachwandel sind noch immer geprägt von der Reproduktion diskriminierender Begrifflichkeiten, ohne ihre Problematik oder ihre Auswirkungen auf die Lebensrealitäten von Betroffenen anzuerkennen. In diesen Fällen finden sich eben jene Abwehrfloskeln wieder, die das Kollektiv ImpACT in ihrer Collage verarbeitete: »Das wird man ja wohl noch sagen dürfen«, »Du nimmst das viel zu persönlich« oder »Das war so gar nicht gemeint«. Mit inhaltsleeren Scheinargumenten wie diesen disqualifizieren sich die SprecherInnen im tatsächlichen Dialog jedoch häufig selbst – wer im Glashaus sitzt, sollte bekanntlich nicht mit den sprichwörtlichen Steinen werfen.

Quellenverzeichnis

BeuysTV (2014): Joseph Beuys – Reden über das eigene Land: Deutschland (Ausschnitte), Youtube.com 17.01.2014, https://www.youtube.com/watch?v=gKdY397NcE8 (letzter Zugriff: 10.03.2023).

Dreyer, Nike (2021): »Alchemie, Schamanismus, Volksglaube«, in: Timo Skrandies/Bettina Paust (Hg.): Joseph Beuys-Handbuch. Leben – Werk – Wirkung, Stuttgart: J.B. Metzler, S. 280-284.

Fischer-Lichte, Erika (2004): Ästhetik des Performativen, Frankfurt a.M.: Suhrkamp.

Linke, Angelika (2008): »Kommunikation, Kultur und Vergesellschaftung. Überlegungen zu einer Kulturgeschichte der Kommunikation«, in: Heidrun Kämper/Ludwig M. Eichinger (Hg.): Sprache – Kognition – Kultur. Sprache zwischen mentaler Struktur und kultureller Prägung, Berlin: de Gruyter, S. 24-50.

Schulze, Nina (2021): »Kommunikation als Kunstform«, in: Timo Skrandies/Bettina Paust (Hg.): Joseph Beuys-Handbuch. Leben – Werk – Wirkung, Stuttgart: J.B. Metzler, S. 117-122.

Ströbele, Ursula (2021): »Plastisch-skulpturale Arbeiten«, in: Timo Skrandies/Bettina Paust (Hg.): Joseph Beuys-Handbuch. Leben – Werk – Wirkung, Stuttgart: J.B. Metzler, S. 100-105.

Wienand, Kea (2015): Nach dem Primitivismus? Künstlerische Verhandlungen kultureller Differenz in der Bundesrepublik Deutschland, 1960-1990. Eine postkoloniale Relektüre, Bielefeld: transcript.

Under(de)construction: »Wer im Glashaus sitzt …«
Kollektiv ImpACT

A   Ist doch alles Bestens. Ich weiß nicht, was du meinst.
B   Also mir ist da nichts Negatives aufgefallen. Du siehst viel zu viel da drin.
C   Ich denke, wir haben jetzt wirklich wichtigere Probleme.
A   Mir scheint, da ist alles im grünen Bereich. Ich weiß nicht, was du meinst. Ich seh da kein Problem.
D   Mich wundert es, dass du das so siehst. Also das erstaunt mich wirklich. Ich seh das überhaupt nicht.
C   Das war doch keine Absicht. Nun beruhig dich mal.
B   Bekomm' dich selbst erst mal in den Griff.
D   Das überrascht mich jetzt wirklich. Dieser Gedanke ist mir noch nie gekommen. Ich weiß wirklich nicht, was das soll.
A   Man sollte nicht alles auf die Goldwaage legen.
C   Wir sind so groß geworden und es hat niemandem geschadet.
B   Ist das nicht ein bisschen weit hergeholt?
D   Wir haben offensichtlich wirklich sehr unterschiedliche Sichtweisen auf dieses Problem.
A   Mir scheint, du siehst da mehr, als da wirklich ist. Da ist doch nichts.
D   Sei doch nicht gleich so emotional. Du bauschst das jetzt wirklich auf.
A   Vielleicht werden wir einfach mal etwas lockerer. Es ist doch alles gut.
C   Was willst du? Was ist das Problem?
B   Du bist paranoid. Einfach übersensibel. Du siehst viel zu viel da drin.
C   Haben wir nicht wirklich wichtigere Probleme jetzt?
D   Hör auf, voreilige Schlüsse zu ziehen. Der Gedanke ist mir gar nicht gekommen.
B   Du überinterpretierst das jetzt wirklich. Ich denke nicht, dass das damit zu tun hat.
A   Es war einfach ein Fehler. Das bedeutet gar nichts.
C   Nimm das doch nicht so ernst.
A   Das ist doch wirklich keine große Sache.
D   Jetzt überreagierst du aber. Es ist nichts passiert.
B   Ich versteh das Problem nicht. Was ist los?
D   Ich seh nicht, was daran falsch sein soll. Jeder macht das. Also bitte.
A   Einfach ein Missverständnis, mehr nicht.
C   Viel Lärm um nichts.
B   Ich versteh nicht, was das alles soll.
D   Deine Reaktion überrascht mich wirklich. Es war nur ein Ausrutscher. Völlig harmlos.
A   Ich seh da ein ganz normales Verhalten.
C   Also ich denke, wir haben zur Zeit wirklich wichtigere Probleme.

A   Man sollte eben nicht alles auf die Goldwaage legen.
B   Ich glaube, nur du hast da gerade ein Problem. Ich seh da jedenfalls keins.
A   Ich glaube nicht, dass das irgendwas damit zu tun hat. Wirklich nicht.
C   Was meinst du damit? Das ist reine Spekulation.
D   Ich muss mir das nicht anhören. Wie willst du das wissen? Das ist verrückt.
A   Das bildest du dir ein. Das ist deine Meinung.
C   Das hat nichts damit zu tun.
A   Das bedeutet nichts. Gar nichts.
D   Das ist eine ganz natürliche Reaktion. Mehr nicht.
B   Du siehst alles nur aus deiner Problemperspektive. Warum soll das anstößig sein?
C   Du kochst Probleme hoch, wo es keine gibt.
D   Also ich finde das langsam ermüdend.
B   Bei mir kommt der Punkt, wo ich am liebsten nur noch brüllen möchte: »Ey Leute, jetzt hört einfach auf.«
A   Das denkst du dir doch aus.
D   Ich sage ja nicht, dass du lügst. Ich sage nur, dass deine Wahrnehmung verzerrt ist. Man muss die Dinge nicht notwendig so sehen.
B   Du bist ja viel zu aufgewühlt, um noch klar zu denken.
C   Mensch Leute, es gibt wirklich Wichtigeres.
A   Wir besprechen das später.
B   Nein, nicht jetzt, ich hab gerade zu viel zu tun.
D   Hör auf, Unruhe zu stiften.
C   Du siehst Dinge, die es gar nicht gibt. Das ist lächerlich.
A   Ich will nicht darüber sprechen. Also … wie geht es dir sonst so?
C   Ich weigere mich, darüber zu sprechen.
D   Ich höre dir jetzt nicht weiter zu.
C   Du nimmst alles viel zu persönlich.
B   Das musst du falsch verstanden haben. Ich bin sicher, du täuschst dich.
C   Das ist nie im Leben so passiert, wie du das jetzt beschreibst.
B   Das ist so unnötig. Kein Mensch will das hören.
C   Vergiss es einfach. Du machst es nicht besser, wenn du immer darüber redest.
D   Im Gegenteil.
B   Ich denk doch nur an dich. Du wirst es mir noch danken.
D   Wenn du so weiter machst …
A   Du schadest dir mehr, als es dir gut tut.
C   Wenn du dir jeden Schuh anziehst und immer direkt beleidigt bist ….

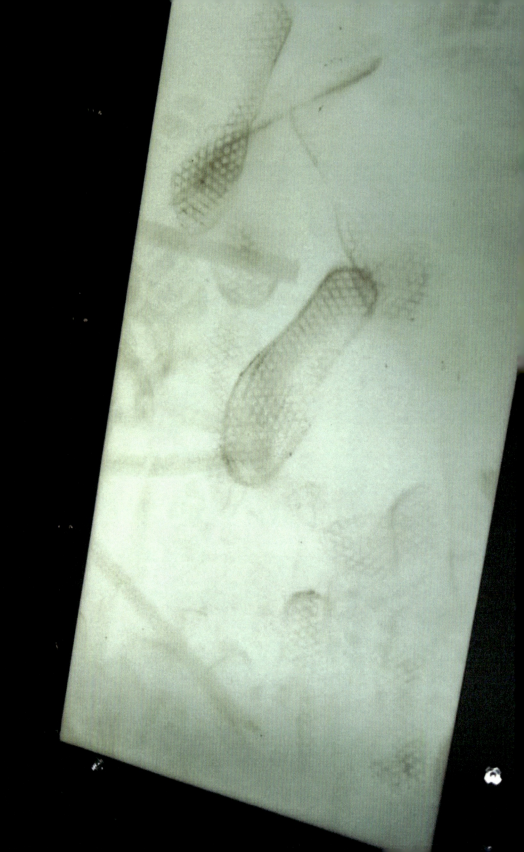

»Guck dich zwei Wochen um und es kommt zu dir.« Praktiken künstlerischer Wissensproduktion und Stadtgestaltung

Heike Lüken

Städte sind komplexe, sehr vielfältige und stark unterschiedliche Erscheinungsformen des Zusammenlebens. Derart verschiedene Stadtformen wie die europäischen Städte mit mittelalterlichem Stadtkern, ineinander verschmelzende Städte in den Metropolregionen wie dem Ruhrgebiet oder asiatische oder südamerikanische Megacities haben in der Stadtforschung dazu geführt, nicht von *der* Stadt zu sprechen, sondern von Städten im Plural. Zugleich wird Städten eine »Eigenlogik« (Berking/Löw 2008) zugeschrieben: Hamburg ist nicht wie Berlin, Hildesheim anders als Duisburg und Kopenhagen unterscheidet sich von London. Wenn Städte so unterschiedlich sind und nach lokal spezifischen Logiken funktionieren, welches Wissen braucht es dann, sie zu gestalten? Für den Bau und den Erhalt von Städten sind unterschiedliche Disziplinen gefragt. Allen voran Architektur, Stadtplanung, die unterschiedlichen Ingenieurskünste ebenso wie Politik, Verwaltung oder Governance. In den letzten zwei Jahrzehnten haben sich zunehmend KünstlerInnen in Stadtplanungs- und -entwicklungsprozessen eingebracht oder wurden – nicht immer von vornherein – in Stadtentwicklungsprojekte einbezogen. Ihr ›anderer‹ Blick auf Städte wird dann als relevant und wertvoll geschätzt und daher ihre Expertise eingeholt.

Dieses ›andere‹ Wissen von KünstlerInnen war auch Thema der Diskussionen um künstlerische Forschung in den letzten rund 30 Jahren. Hier wurde postuliert, dass KünstlerInnen ein anderes – als das wissenschaftliche – Wissen produzieren, diese beiden Wissenskulturen sich entweder produktiv ergänzen oder korrigieren und auf je spezifische wie auch gleiche Erkenntnisprozesse rekurrieren. Diese programmatischen Diskussionen sollen hier weder dargestellt noch aufgegriffen werden, sondern vielmehr auf die Praktiken künstlerischer Wissensproduktion in urbanen Kontexten geblickt werden. Das Anliegen des Beitrags ist, exemplarisch zu zeigen, wie dieses Wissen[1] produziert wird und welche Schnitt-

---

1 In der erkenntnistheoretischen Tradition wird Wissen – einem rationalistischen Paradigma folgend – v.a. als kognitiv, sprachlich verfasst bzw. explizierbar verstanden. Der vorliegende Beitrag

stellen oder Befruchtungen sich für andere Bereiche, wie z.B. den der Architektur, ergeben können.

Praktiken der künstlerischen Recherche

Das im Titel dieses Beitrags geführte Zitat stammt von Boris Sieverts. Der in Köln lebende Künstler gründete dort 1997 das *Büro für Städtereisen*, das »Exkursionen in die unerforschten inneren und äußeren Randgebiete unserer Metropolen und Ballungsräume« (Sieverts 2022) anbietet. In seinen Touren geht es Sieverts um eine körperliche Erfahrung der Stadt mit dem Ziel, durch die Bewegung in der Stadt Beziehungen zwischen Orten zu etablieren, deren Wahrnehmung oft außen vor gelassen wird. Sieverts wird über seine Stadtführungen hinaus zunehmend für stadtplanerische Projekte und städtebauliche Maßnahmen angefragt. In einem Interview gibt er zur Methode seiner Recherchen Auskunft:

> »Ich suche in meiner Recherche nach der Eigenlogik des Weges in diesem Raum und komme dabei auch der Eigenlogik der Gegend auf die Schliche. Wenn ich mich mit PlanerInnen oder ArchitektInnen nach meiner Recherche unterhalte, merke ich, dass ich die Gegend verstanden habe, im Zweifelsfall sogar besser als sie, selbst wenn sie schon seit 10 Jahren dran planen. Auf der Suche nach etwas, das sich in dieser Gegend logisch anfühlt – in meinem Fall ist es ein Weg – muss man die Logik der Gegend selbst verstehen. Wenn ich als Architekt ein Haus baue und wirklich site specific arbeite, ist man in demselben Prozess. ArchitektInnen nehmen sich ja aber meist nur einen Tag, um sich in der Umgebung umzuschauen. Ich meine, man muss sich zwei Wochen umschauen, und dann braucht man aber auch nur noch einen halben Tag für den Entwurf. Guck dich zwei Wochen um und du wirst noch nicht einmal entwerfen müssen, sondern es kommt zu dir.«[2]

---

bezieht sich auf ein praxistheoretisches Begriffsvermögen. Hier wird Wissen als inkorporiert und im Umgang mit anderen und mit Dingen performativ hervorgebracht verstanden. Wissen zeigt sich in Praktiken und ist als Körperbewegung und im ›Doing‹, also im Vollzug der Praktiken, beobachtbar. In dieser Perspektive kann zwar zwischen verschiedenen Wissensformen unterschieden werden, nicht aber zwischen implizitem, explizitem, mentalem oder kognitivem Wissen. Diese Unterscheidung ist der Logik der Praxis folgend und in Anerkennung der Unterschiedlichkeit von Wissensformen nicht relevant. Sinnliche Wahrnehmung stellt eine Grundlage von Erkenntnissen dar und wird immer in ihrer sozio-kulturellen Prägung verortet.

2 Interview der Autorin mit Boris Sieverts am 28.02.2012. Sieverts und Martin Nachbar habe ich bei ihren Recherchen im Rahmen meiner Forschungsarbeit zu Praktiken künstlerischer Wissensproduktion ethnografisch begleitet. Die Erhebung empirischen Materials fand in drei verschiedenen Phasen in den Jahren 2012, 2014 und 2015 statt. Sieverts und Nachbar bestätigten in Interviews in den Jahren 2020 und 2021 die Aktualität der beschriebenen Recherchepraxis.

Was Sieverts hier als »sich umschauen« (ebd.) beschreibt, umfasst in seiner Recherche verschiedene Praktiken, die er im Laufe seiner Arbeit als Stadtreisender entwickelt hat. Seine Recherche lässt sich als Entdecken und Erschließen von Räumen und Orten beschreiben.³ Es sind Praktiken der Raumwahrnehmung und des Wahrnehmens von Orten beobachtbar sowie Praktiken, die im de Certauschen Sinne ›aus Orten Räume machen‹ (vgl. de Certeau 1988: 218), indem sie diese als Wahrnehmungsräume etablieren und ausleuchten. Auffallend ist, dass Sieverts Praktiken der Raumwahrnehmung körperlich wie zeitlich extensiv sind: Er ›schaut sich nicht nur um‹ im Sinne eines Überblick-Verschaffens und oberflächlichen Wahrnehmens. Seine Recherche inkludiert ein mehrtägiges Vor-Ort-Sein, bei dem er sich zunächst von den Rändern zum Ort des eigentlichen Interesses vorarbeitet und so räumliche Bezüge herstellt. Er vollzieht die Nutzungen der AnwohnerInnen nach, indem er ihre täglichen Wege geht oder akribisch Trampelpfade verfolgt. Er nutzt jede Gelegenheit, mit AnwohnerInnen ins Gespräch zu kommen und geht Hinweisen auf Orte oder Nutzungen nach. Ebenso auffällig ist, dass er während der Recherche kaum Wege zweimal nutzt bzw. mehrfach aufzusuchende Orte aus unterschiedlichen Richtungen ansteuert und dabei keinerlei Rückwege produziert. Mit dieser Wegeführung sucht Sieverts, wie er selbst sagt, seine Wahrnehmung ›frisch zu halten‹ und Gewöhnungseffekte zu vermeiden. Darüber hinaus interessieren ihn Eigentümlichkeiten: Zum einen findet er Dinge vor, über die er sich wundert, die ihm merkwürdig erscheinen, zum anderen markiert er typische Gegebenheiten. Und er nimmt die Orte mit allen Sinnen wahr: Er begeht barfuß eine große Pfützenfläche, badet in einem See, betritt Räume, um ihren Geruch wahrzunehmen. Sieverts weitet seine Aufenthaltsdauer vor Ort aus, um vielfältige sinnliche Eindrücke zu ermöglichen. Statt einer zielgerichteten Suche nach etwas, betonen seine Praktiken eine Offenheit gegenüber vielfältigen Sinneseindrücken, die sich nur mit Zeit einstellen können. Sieverts Praktiken führen zu einer vertiefenden Auseinandersetzung mit Orten und ihren Nutzungen. Die Wissensproduktion findet dabei stets in Bewegung im Stadtraum statt und umfasst einen umfangreichen, sensuellen Kontakt mit der Stadt.

---

3 Der Fokus meiner Ethnographie künstlerischer Wissensproduktion liegt auf der Recherche: dem Suchen, Entdecken, Erschließen, Prüfen oder – im etymologischen Sinne des Wortes – dem Nachgehen. Ich konzentriere mich auf den Entstehungsprozess des Kunstwerks als Wissensproduktion und damit auf der dem künstlerischen Artefakt vorgelagerten Recherche. Sibylle Peters hat für den Bereich der Performance, des Tanzes oder der Darstellenden Kunst beschrieben, dass die Recherche mit der Aufführung nicht abgeschlossen ist (vgl. Peters 2013: 10). Diese Erkenntnis ist auf andere Kunstsparten ebenso wie auf die architektonische Praxis übertragbar. Da mich v.a. aber die Vor-Ort-Recherche als Differenzkriterium künstlerischer im Vergleich zur baukünstlerischen als einer Wissensproduktion des angewandten Bereichs interessiert hat, habe ich mich auf die Recherche *vor* der Artefakterstellung konzentriert.

Dieser ist auch in den Recherchen des Choreografen Martin Nachbar beobachtbar. Nachbar hat als Choreograf seit 2001 mehr als 20 Stücke erarbeitet; er war als Dozent an verschiedenen Hochschulen tätig und hat seit 2020 die Professur für Szenische Körperarbeit am Fachbereich Darstellende Kunst der Hochschule für Musik und Darstellende Kunst Frankfurt a.M. inne. 2005 entwickelte er gemeinsam mit dem Choreografen Jochen Roller das Stück *mnemonic nonstop*, für dessen Recherche sie vier Städte in Europa bereist, kartografiert und die entstandenen Aufzeichnungen als »kinetisches Logbuch« (Nachbar 2022) zur Grundlage ihres Bewegungsmaterials für ein Bühnenstück gemacht haben. Inspiriert durch diese Arbeit, beschäftigt sich Nachbar seitdem immer wieder mit dem Gehen, sowohl als Tanzbewegung in Bühnenstücken, als auch in partizipativen Formaten im Straßenraum.

Das Gehen im öffentlichen Raum hat Nachbar bereits mehrfach in seiner künstlerisch-wissenschaftlichen Arbeit untersucht und es stellt eine dominante Praktik seiner Recherche dar. So durchsucht Martin Nachbar bei seinen Recherchen den Stadtraum nach Aufführungssituationen: Zum einen sucht er Orte, die für die PerformerInnen seiner Stücke zum Bühnensetting werden, zum anderen nach Orten, an denen PassantInnen als ›zufällige ZuschauerInnen‹ den PerformerInnen und TeilnehmerInnen zusehen können. Genauso stellt er die Gruppe der PerformerInnen und TeilnehmerInnen still, um ihnen einen Blick auf die DarstellerInnen bzw. PassantInnen im Stadtgeschehen zu geben und so den Blick auf die Theatralität des Straßengeschehens zu ermöglichen. Dazu sucht Nachbar nach baulichen Situationen, die eine Umrandung haben, einen Ausschnitt bieten, einen ZuschauerInnenraum markieren. Die gebaute Ordnung der Stadt wird zu Bühnensettings arrangiert, in denen PassantInnen zu AkteurInnen werden. Zugleich werden in der Recherche somit Stadträume in ihrer Qualität als Bühne bewertet. Eine derartige Recherche, die den Stadtraum als Bühnensetting für die Darstellung von Verhalten etabliert und entsprechend die bauliche Struktur nach dem Potential derartiger Erfahrungsmomente beurteilt, sucht ein Reflexionspotential des Raums als Erfahrungs- und Erkenntnisumgebung. Nachbar sucht des weiteren nach Räumen, die unterschiedliche Qualitäten aufweisen und findet Tiefgaragen, Bürgersteige entlang großer Straßen, Hinterhöfe oder Tordurchgänge. Eine Qualität machen sowohl die baulichen, atmosphärischen als auch die rechtlichen Grundlagen aus. Nachbars Recherche pointiert Raumerfahrungen damit als Wechsel verschiedener Raumqualitäten. Das Auffinden dieser Raumqualitäten setzt eine Vor-Ort-Recherche voraus und profiliert sinnliche Wahrnehmung als ihr Erkenntnisinstrument. Nachbar intensiviert darüber hinaus seine Körperwahrnehmung durch das gezielte ›Ausschalten‹ bestimmter Sinne und macht das Wahrnehmungsangebot des urbanen Raums deutlich erfahrbar: So werden durch die geschlossenen Augen beim ›Blind Walk‹ das Hören und der Gleichgewichtssinn intensiviert oder das ›rückwärts Gehen an einer großen Straße‹ ermöglicht durch die Umkehrung der Gehrichtung eine Sensibilisierung für den Straßenverkehr. Auch Nachbars Recherche ist geprägt von einer multisensorischen Raumwahrnehmung und der Untersuchung und dem Gestalten von Bewegungen und dem ›sich Verhalten‹ im öffentlichen Raum der Stadt.

Die künstlerische Recherche zeigt sich in den beiden Fallstudien als eine Suche am Ort des Interesses, in Bewegungen und unter Einsatz sinnlicher Wahrnehmung. Die vorgestellten Recherchepraktiken der beiden Künstler lassen im Hinblick auf das Interesse ihrer Recherche – einen temporären Gestaltungsvorschlag für den Stadtraum zu finden – die Bedeutung der körperlichen Erfahrung des Stadtraums, des sich in Bezug-Setzens zum Raum des Interesses und des Vor-Ort-Seins sinnvoll erscheinen. Wie aber recherchieren andere Wissenskulturen, die ebenfalls Gestaltungsvorschläge für den öffentlichen Raum machen?

Praktiken der baukünstlerischen Recherche

Die Komplexität und Diversität von Städten spiegelt sich auch in ihren Bauaufgaben wider. Da es für ein Bauvorhaben unterschiedliche Lösungsmöglichkeiten gibt, sind architektonische Wettbewerbe zu einer Form des Ermittelns und Bewertens dieser verschiedenen Entwürfe geworden. In größeren Architekturbüros finden sich spezialisierte Abteilungen, die sich auf die Teilnahme an Wettbewerben konzentrieren und entsprechend mit Recherche und Entwurf befasst sind.

Um die künstlerische Recherchepraxis mit einer anderen Wissenskultur vergleichen zu können, habe ich ein Team der Wettbewerbsabteilung eines Hamburger Architekturbüros von den ersten Modellentwicklungen bis zur Werkstatt-Präsentation des Wettbewerbsbeitrags ethnografisch begleitet. Die Bauaufgabe – noch dazu wie in diesem Fall für einen städtebaulichen Entwurf, also die erste Planung für ein neues Quartier – stellt sich als sehr komplexes Vorhaben dar. Nichtsdestotrotz muss auch hier – neben dem Lesen der Auslobungsunterlagen und ggf. Nachschlagen baulicher Vorschriften – ein Entwurf entwickelt und dafür recherchiert werden. In der Abteilung beobachtbar sind Praktiken der Suche nach Referenzen, der Erstellung von Übersichten, des Bedenkens von Vorgaben oder der Imagination von Nutzungen. Um Ideen für den Entwurf bzw. bestimmte Gebäudeteile zu finden, nutzen die ArchitektInnen das Internet oder Fachpublikationen für die Suche nach Referenzen. Die verschiedenen Quellen werden abwechselnd, wiederholend und parallel konsultiert. Bestandteil der Praktik des Suchens nach Referenzen ist auch die Analogiebildung beim Bewerten von Referenzen. »Das sieht aus wie ...« und »das erinnert mich an« sind Beschreibungen, die die ArchitektInnen wiederholt beim Suchen und Kommentieren von Referenzen machen. Diese Suche nach Referenzen stellt eine dominante Praktik dar, die wiederholt zu beobachten ist und im Entwurfsprozess verschiedentlich zum Tragen kommt. Die

Suche und Begutachtung von ähnlichen Gebäuden oder Gebäudebestandteilen ermöglicht in Teilen einen Blick in die Zukunft, da imaginierte Gebäudebestandteile oder Anmutungen (vgl. Böhme 1998) in ihrer Realisierung betrachtbar werden. Das jeweils projektspezifische Sammeln von Daten, Bildern oder Materialien stellt für den Entwurfsprozess sowohl eine Akkumulation von Inspirationen als auch ein wesentliches Werkzeug der Wissensproduktion dar, bei der durch Rekombination des Gesammelten Neues entstehen kann.

Bestandteil der Praktiken des Entwerfens sind auch Überlegungen zu den späteren Nutzungen bzw. Imaginationen, welche BewohnerInnen die Gebäude wie nutzen könnten und welche Problematiken sich durch die Nutzung einer heterogenen Nutzerschaft und divergierenden Ansprüchen ergeben können. In den Gesprächen imaginiert das Entwurfsteam wiederholt Nutzungssituationen und verwirft daraufhin Gestaltungsideen bzw. bestätigt diese. Die Praxis des Entwurfsprozesses umfasst das Entscheidungen-Treffen und diese gegenüber AuftraggeberInnen, KollegInnen oder zukünftigen BewohnerInnen zu vertreten (vgl. Cuff 1992: 37ff.). Die Praktiken des Entwerfens sind darüber hinaus als zyklische Praktiken beobachtbar, die innerhalb einer Tagesstruktur oder einer mehrere Tage übergeordneten Aufgabe wiederholt, variiert und unterbrochen werden. Ebenfalls und auch zyklisch wiederholt werden Praktiken des – zunächst bürointernen – Visualisierens und Präsentierens, die den Rechercheprozess im Entwurfsteam ebenso unterbrechen wie begleiten. Aus den bürointernen Präsentationen ergeben sich neue Ansätze, Aufgaben, Problemstellungen, die dann in den Entwurf integriert werden. Auch hier zeigt sich, dass die Entwicklung des architektonischen bzw. städtebaulichen Konzepts nicht in einer einzigen Idee produziert wird, die stringent verfolgt wird, sondern der Entwurfsprozess v.a. ein Aushandlungsprozess ist, der von iterativen und rekursiven Prozessen bestimmt ist (vgl. Göbel 2016: 201). Stattdessen ist der Entwurfsprozess als hochkomplex, viele Stadien umfassend, zahlreiche Praktiken iterierend und variierend aufrufend zu beschreiben (vgl. Cuff 1992).

Dominante Praktiken im Entwurfsprozess sind das Sammeln von Materialien, Bildern oder, wie hier, Referenzen markieren ebenso wie das Nutzungen imaginieren und Präsentieren. Praktiken der Ortsrecherche oder des Vor-Ort-Seins sind dagegen als marginal zu beschreiben. Ebenso das Einholen sinnlicher Eindrücke vor Ort, insbesondere im Vergleich mit den zuvor beschriebenen extensiven Vor-Ort-Recherchen der Künstler. Die Ortsrecherche beschränkt sich in der beobachteten architektonischen Praxis auf kurze Besuche vor Ort sowie die Teilnahme an zwei geführten Rundgängen. Die Wissensproduktion für den Entwurf entsteht damit zu einem größeren Teil in der Organisation der Entwurfsabteilung bzw. im Studio. Die Sammlung visueller Daten erfolgt vornehmlich über Fachliteratur und Online-Recherchen und somit mit Blick auf globale Referenzen und Skalen. Die architektonische Wissensproduktion ist insgesamt zu einem erheblichen Teil auf visuelle Praktiken verwiesen. Die Wissensproduktion *über* erfolgt, so lässt sich summierend feststellen, kaum *in* dem Raum, um den es geht. Auf der Grundlage des Vergleichs dieser beiden Wissenskulturen soll die Spezifik künstlerischer Wissensproduktion abschließend als Konzept Choreografischer Stadtforschung vorgestellt werden.

Choreografische Stadtforschung

Städte stellen sich als dynamische, komplexe Betrachtungsgegenstände dar, die sich jeweils nur in Ausschnitten oder in bestimmter Perspektive fassen lassen. In wissenschaftlichen, künstlerischen wie anwendungsbezogenen Professionen geschieht dies auf eine bestimmte Weise: In spezifischen Praktiken wird spezifisches Wissen über den Stadtraum produziert. Diesen Praktiken liegt ein Raumverständnis zugrunde, das die Wissensproduktion über den Stadtraum maßgeblich beeinflusst.

Die Praxis der oben dargestellten künstlerischen Wissensproduktion markiert Bewegung als einen wesentlichen Aspekt der Recherche. Die Bewegung im Raum ist eng verknüpft mit dem Aspekt der Zeitlichkeit: Die Geschwindigkeit der Bewegung durch den Raum beeinflusst dessen Wahrnehmung. Am Bild des städtischen Flaneurs hat dies Eingang in die (literarische) Stadtforschung gefunden. Die verlangsamte Bewegung des Flanierens ermöglicht eine intensivierte Wahrnehmung. Die Mobilisierung, die dagegen z.B. beim Autofahren stattfindet, bietet einen Rausch der visuellen Wahrnehmung bei gleichzeitiger hoher emotionaler Beteiligung. Im Kontext der Stadtforschung wurden viele unterschiedliche Bewegungspraktiken und die Kopplung mit Wahrnehmungspraktiken wie »Flanieren, Autofahren, Reisen in öffentlichen Verkehrsmitteln« (Schroer/Wilde 2017: 323) fokussiert und damit immer auch unterschiedliche Raumkonzeptionierungen. Die Art und Weise der Raumwahrnehmung – schnell, verlangsamt, von oben, durch das Wenden des Kopfes, im Gehen oder Fahren – produziert unterschiedliche Räume. Oder, wie der Historiker Karl Schlögel pointiert: »Jeder Bewegungsform entspricht eine spezifische Erkenntnisform.« (Schlögel 2003: 260) Die Praktiken der Raumwahrnehmung beeinflussen also in essentieller Weise die Wissensproduktion über den Raum.

Wenn Michel de Certeau den Raum als »Ort, mit dem man etwas macht« (de Certeau 1988: 218) definiert, lenkt er den Fokus auf Wahrnehmung als eine synthetische Praxis. Räume als Orte, mit denen man etwas macht, erlauben eine Lesart des Raums, in der Bewegung eine exponierte Stellung zukommt, denn alle raumbildenden Maßnahmen haben mit der Bewegung durch den Raum zu tun. Verkürzt lässt sich formulieren: Erst durch die Bewegung werden Orte zu Räumen, oder die Bewegung durch den Raum stellt diesen her. Und nicht zuletzt bedarf es der Wahrnehmung dieser Wechsel, denn es sind erst »die durch Bewegung hervorgebrachten Veränderungen des Wahrgenommenen, die wir wahrnehmen« (Foerster 1991: 440).

Die Bewegung durch den Raum als raumkonstituierende Praxis markiert einen zentralen Aspekt dieses Beitrags. Einen anderen macht die sinnenbasierte Wissensproduktion aus: Nur weil wir den Raum um uns in Bewegung sinnlich wahrnehmen, können wir ihn herstellen. Doch weder ist der Raum einfach so, wie wir ihn – in Bewegung – wahrnehmen, noch wird er einfach so hergestellt. Die Gestaltung des Raums unterliegt vielfältigen physischen, materiellen und kulturellen Implikationen. Auch der Raum der Stadt ist eine Produktionsleistung, sowohl was die Wahrnehmung und Raumherstellung als auch deren Materialisierungen angeht. Stadt ist in diesem Sinne ein ›Making/Experiencing/Doing City‹.

Wie aber lässt sich dieser Prozess der Wahrnehmung und Raumherstellung konzeptionieren? Ein Exkurs in die tanzwissenschaftliche Diskussion kann hier weiterhelfen: Das Wort Choreografie stammt aus den griechischen Wörtern ›Chorós‹ (dt.: Reigenplatz, Tanzplatz) und ›graphein‹ (dt.: Schreiben) und fasst sowohl die Fixierung tänzerischer Bewegungen wie das Fixieren der Bewegungsfolgen, z.B. in Schrift, digitalen Medien oder auch als korporale Erinnerungspraxis (vgl. Brinkmann 2012). Seit dem 20. Jahrhundert hat, angetrieben durch diverse soziale, künstlerische wie technische Entwicklungen im tanzwissenschaftlichen Diskurs, eine Öffnung des Begriffs Choreografie stattgefunden, der diese nicht mehr an die Festlegung von tänzerischer Bewegung bindet, sondern ein Verständnis von Choreografie als regelgeleiteter Improvisation entwickelt (vgl. Klein 2015). Choreografie wird verstanden als die selbstorganisierte, situative »Organisation oder Strukturierung von Bewegung in Raum und Zeit« (Siegmund 2010: 121), wobei diese Bewegung nicht mehr nur als Körperbewegung von Menschen zu denken ist, sondern als Bewegung verschiedener Aktanten und Materialien. Choreografie repräsentiert entsprechend nicht mehr länger nur (fixierte) Ordnungen, sondern bringt diese situativ hervor und wird somit lesbar als eine »spezifische Wahrnehmungsweise des Sozialen, als Produktion sozialer Realität und zeitgenössischer Subjektivitäten, als eine Weise der Herstellung temporärer Ordnungen, als ästhetisches und räumliches Denken« (Klein 2015: 48). Ein derart erweiterter Choreografiebegriff kann genutzt werden, um die Organisation des Bewegungsverhaltens von Menschen durch Gebäude und Städte oder aber auch um Diskurse als choreografische Akte zu beschreiben. Der Begriff erhält hier neben seiner ästhetischen eine explizit soziale Dimension und wird in dieser Lesart zur Analyse choreografischer Ordnungen in Kunst und Alltag und zur Beschreibung der »Ästhetik des Sozialen als Ordnung von Raum, Körper und Bewegung« (Klein 2009: 29) genutzt. In dieser Perspektive werden die Nutzungspraktiken der materiellen Ordnungen im Stadtraum in ihrer Wechselwirkung lesbar: Choreografie untersucht die Organisation von Körpern, die sich in räumlichen Settings interaktiv aufeinander beziehen ebenso wie auf choreografierte Räume als Räume, in die Bewegungsvorschriften eingelassen sind. So werden Architekturen zu materialisierten Bewegungsvorschriften, die erst in den Bewegungen der SituationsteilnehmerInnen performativ hervorgebracht werden. Soziale Ordnung wiederum wird in dieser Perspektive immer auch zu einer Bewegungsordnung, die Hierarchisierungen offenlegt (vgl. Klein 2017), indem sie z.B. zeigt, welchen Vorrang Autos in der Raumplanung haben oder, dass eine Linie zwischen Ästhetik und Politik zu ziehen ist, da z.B. in der Stadtgestaltung FußgängerInnen sich einem repräsentativen Gebäude nur aus einer bestimmten Perspektive nähern können. Bewegung in der Stadt, so wird hier deutlich, ist stets organisiert und gestaltet, also choreografiert. Architektur wird so zum einen zu einer materialisierten Choreografie ebenso wie es die Bewegungsordnung erst in der Bewegung hervorbringt, indem es sie stört, ändert, unterwandert oder bestätigt. Choreografie zeigt sich so in der Infrastruktur, Architektur und Raumplanung einer Stadt ebenso wie in der Bewegungspraxis der StadtnutzerInnen und kann so als materialisierte, repräsentative, gesellschaftliche Ordnung auch in den ephemeren Bewegungspraktiken als Bewegungsordnung gelesen werden.

Die oben dargestellten Praktiken künstlerischer Wissensproduktion untersuchen die Beziehung zwischen dem Raum, seiner Gestaltung und Nutzung. Und mit Blick auf den Diskurs um einen erweiterten Choreografiebegriff lässt sich ergänzen: Sie produzieren in ihren Recherchen ein Wissen über den Zusammenhang von Ästhetischem und Sozialem: Sie verfolgen – wie in den oben gezeigten Beispielen – die täglichen Wege der AnwohnerInnen, suchen nach Eigentümlichkeiten von Orten und Gegenden, suchen unterschiedliche Raumqualitäten oder sehen Räume in der Stadt als Bühnensettings an. Sie erfahren über ihre Recherche, wie die AnwohnerInnen den Raum nutzen, wie sie ihn wahrnehmen und was er ihnen bedeutet bzw. wie sie den Raum umnutzen.

Die künstlerische Auseinandersetzung mit dem Raum findet, wie oben gezeigt, in Bewegung im Raum der Stadt statt. Dabei kommt der sinnlichen Wahrnehmung eine konstitutive Ebene für die Raumwahrnehmung zu, denn der Raum wird erst durch die körperliche Anwesenheit im Raum sowie die sinnliche Wahrnehmung seiner Konstitution erfahren. Und dies nur durch Bewegung: Denn erst die Bewegung im Raum stellt diesen her, ebenso wie erst die Bewegung die Raumwahrnehmung ermöglicht. Die Wahrnehmung und die Wahrnehmbarkeit von Räumen stellt eine Syntheseleistung des Körpers dar: Raumwahrnehmung ist ein multisensorisches Wahrnehmen, das die Perzeptionen aller Sinne und die Bewegung des Körpers im Raum inkludiert. Die künstlerischen Wissensproduktionen zeigen eine Recherche im Raum, die nach den Nutzungen und den Wahrnehmungsangeboten des Raums von Städten fragt. KünstlerInnen produzieren Wissen über den Stadtraum, indem sie Infrastruktur, Architektur und Raumplanung einer Stadt ebenso wie die Nutzungs- und Bewegungspraxis der StadtnutzerInnen untersuchen, ihr folgen, sie nachvollziehen, ausprobieren oder daran teilnehmen. In der Recherche schaffen sie damit einen Zusammenhang zwischen dem makrostrukturellen (Architektur, Infrastruktur, Planung) und mikrostrukturellen (Nutzungen, Bewegungen, Ästhetiken) Angeboten des Stadtraums und damit eine Verbindung von Sozialem und Ästhetischem. Sie produzieren Wissen über die Nutzungspraxis materieller Ordnung, über Interaktionen von Materialitäten und Körpern, von Strukturierungen und Ordnungen im Stadtraum. Die künstlerische Wissensproduktion im urbanen Raum kann daher als eine Choreografische Stadtforschung verstanden werden, die multisensorisch und multiperspektivisch, Nutzungen und Wahrnehmungen nachvollziehend, antizipierend und imaginierend im Stadtraum vollzogen wird. Dabei geht es aber nicht um eine kinästhetische Forschung im Sinne einer Bewegungsempfindung, sondern Bewegung wird als Modus der Wissensproduktion genutzt. Diese Wissensproduktion findet in Bewegung im Stadtraum statt und propagiert einen umfangreichen, sensuellen Kontakt mit der Stadt, wie er im Gegensatz dazu durch eine rein visuelle, panoptische Perspektive auf Stadtpläne, Stadtbilder oder Stadtmodelle nicht möglich wird. Choreografische Stadtforschung gibt Antworten auf die Frage, wie sich Stadt als Wahrnehmungs- und Erfahrungsraum bildet und welchen kulturellen und ästhetischen Kontexten dies unterliegt.

Ausblick

KünstlerInnen produzieren ihr Wissen über den Stadtraum anders als ArchitektInnen, so lässt sich das Dargestellte ebenso kurz wie erwartbar zusammenfassen. Kann dieses Wissen in Prozesse der Stadtplanung, Stadtentwicklung und Architektur gewinnbringend eingebracht werden?

Für die architektonische und raumplanerische Praxis wurde die Auseinandersetzung mit lokalen Gegebenheiten im Entwurfsprozess bereits vielfach gefordert (vgl. Eckardt 2014: 14f.). Die Beachtung der Eigenlogik des Ortes, der Spezifik von Stadtteilen steht der Ästhetik einer Architektur globalen Maßstabs und den Effizienzbestrebungen von Investoren vielfach diametral entgegen – und können doch Berücksichtigung finden. Dies zeigen Initaitiven wie die sog. *Planbude St. Pauli*, bei der ein interdisziplinäres Planungsteam gemeinsam mit KünstlerInnen und AnwohnerInnen den sog. St. Pauli Code entwickelt haben, der beim Neubau der ehemaligen Esso-Häuser auf Hamburg St. Pauli Umsetzung findet und deren Wunsch nach Kleinteiligkeit, Heterogenität, Originalität und Lebendigkeit Ausdruck gibt. Im Beteiligungsprozess hat das Planungsteam bewusst Praktiken wie »künstlerische Interventionen in den sozialen Raum, innovative Vermittlungs-

Formate, tragbares Planungsstudio, Begriffsbildung«[4] eingesetzt, um das lokale Wissen einfließen lassen zu können. Auch die vielen Projekte von *Raumlabor Berlin* oder dem *Studio umschichten* zeigen, wie mit Hilfe temporärer gebauter Interventionen und durch kreative Methoden der Zusammenarbeit mit unterschiedlichen Stakeholdern die Bedürfnisse und Ideen der AnwohnerInnen in langfristige und nachhaltige Bauprojekte umgesetzt werden können.[5]

Derartige Beteiligungen entsprechen der aktuell immer deutlicher werdenden Forderung nach einer größeren Partizipation von BürgerInnen in Stadtgestaltungs- und Stadtplanungsprozessen. Mit digitalen Tools wie *Sag's Wien* fordert die Stadt ihre BewohnerInnen auf, Störungen, Gefahrenstellen oder sonstige Anliegen an die Stadtverwaltung zu kommunizieren. Das Hamburger Digitale Partizipationstool *DIPAS* ermöglicht es, BürgerInnen mobil bei Partizipationsworkshops oder von zu Hause aus mit Hilfe von Karten, Plänen, Modellen und Geodaten eine lokalisierte Rückmeldung zu Planungsvorhaben zu geben.

Ebenso wurde die architektonische und raumplanerische Praxis darauf hingewiesen, dass Architektur keine visuelle Kunst ist, sondern das Ziel verfolgt, Räume zu erschaffen (vgl. Böhme 1995). Visuelle Praktiken sind, wie oben gezeigt wurde, ein wesentlicher Bestandteil des architektonischen Entwurfsprozesses; Artefakte wie Zeichnungen, Modellierungen oder Fotos sind vitaler Bestandteil der architektonischen Wissensproduktion. Wie aber würde der Aufenthalt vor Ort, das Erfahren des Orts, der geplant werden soll, die Planung ändern? Der epistemische Gewinn einer Choreografischen Stadtforschung besteht in der Herstellung des Raums in Bewegung und der Wahrnehmung seiner sozialen und ästhetischen Qualitäten und Kontextualisierungen. Das Wissen über den Raum wird hier zu einem Großteil in dem Raum erworben, um den es geht. Die künstlerische Wissensproduktion untersucht mit allen Sinnen und aus verschiedenen Perspektiven, Nutzungen und Wahrnehmungen nachvollziehend, antizipierend und imaginierend den Stadtraum selbst. Um im Bild des oben vorgestellten Konzepts zu bleiben: Sie untersucht, wie sich Stadt als Wahrnehmungs- und Erfahrungsraum bildet und welchen kulturellen und ästhetischen Kontexten dies unterliegt. Die künstlerischen Praktiken der Wissensproduktion finden im Stadtraum in Bewegung statt und können so die in die Stadträume eingeschriebenen Raum- und Bewegungsordnungen untersuchen und deren Wirkmächtigkeit offenlegen. Dieses Wissen kann andersherum auch genutzt werden, um Stadträume zu planen und diese gerade auch in Kontakt mit denjenigen herzustellen, die ihn später nutzen und bewohnen werden. Eine solche Planung nimmt Stadt als Lebens- und sensuellen Erfahrungsraum ernst und berücksichtigt, dass Städte

---

4 Siehe hierzu: https://planbude.de/planbude-konzept (letzter Zugriff: 27.09.2022).
5 Siehe hierzu auch den Beitrag *Von Beuys' Sozialer Plastik zu Urban Performances* von Bettina Paust in diesem Band.

als Bühnen verstanden werden können, deren Geschichte nicht nur in den historischen Daten, sondern auch im lokalen Wissen verankert ist, das gezeigt und erhalten werden kann. Die Einbindung von KünstlerInnen in Planungsprozesse als ExpertInnen für den Konnex sozialer, aisthetischer oder performativer Aspekte des gebauten Raums verspricht dem oben vorgestellten Konzept Choreografischer Stadtforschung folgend eine bedeutsame Stimme für die Gestaltung von lebenswerten und unverwechselbaren Städten zu verleihen.

Wenn es erst die Bewegung im Raum ist, die diesen herstellt, und erst die Bewegung die Raumwahrnehmung ermöglicht, zeigt sich deutlich: Wer etwas vom Raum wissen will, muss sich in ihm bewegen. Choreografische Stadtforschung gibt Antworten auf die Frage, wie sich Stadt als Wahrnehmungs- und Erfahrungsraum bildet und welchen kulturellen und ästhetischen Kontexten dies unterliegt. Oder anders herum: Wenn man Stadt mehr an und für den Ort entwirft, der Stadt wird – anstatt mit Blick auf globale Architekturen oder Details bzw. vor dem Rechner und im Büro –, ist anzunehmen, dass dann andere, lebenswertere Räume entstehen.

Wenn die Spezifik von Städten und ihre Eigenlogiken sowohl erhalten als auch gefördert werden sollen, sind diese unterschiedlichen Wissenskulturen einzubeziehen. Sie müssen dafür in Austausch gebracht und gehalten werden und können sich im Gelingensfall gegenseitig befruchten. Städte sind und bleiben dann komplexe, vielstimmige und sehr unterschiedliche Erscheinungsformen des Zusammenlebens.

Quellenverzeichnis

Berking, Helmuth/Löw, Martina (Hg.) (2008): Die Eigenlogik der Städte. Neue Wege für die Stadtforschung, Frankfurt a.M.: Campus.
Böhme, Gernot (1995): Atmosphäre. Essays zur neuen Ästhetik, Frankfurt a.M.: Suhrkamp.
Böhme, Gernot (1998): Anmutungen. Über das Atmosphärische, Ostfildern: Edition Tertium.
Brinkmann, Stephan (2012): Bewegung erinnern. Gedächtnisformen im Tanz, Bielefeld: transcript.
Certeau, Michel de (1988): Kunst des Handelns, Berlin: Merve.
Cuff, Dana (1992): Architecture. The Story of Practice, Cambridge: MIT Press.
Eckardt, Frank (2014): Stadtforschung, Gegenstand und Methoden, Wiesbaden: Springer VS.
Foerster, Heinz von (1991): »Wahrnehmen wahrnehmen«, in: Karlheinz Barck (Hg.): Aisthesis: Wahrnehmung heute oder Perspektiven einer anderen Ästhetik, Leipzig: Reclam. S. 434-444.

Göbel, Hanna Katharina (2016): »Die atmosphärische Vermittlung der Moderne. Architektur und Gebäude in praxeologischer Perspektive«, in: Hilmar Schäfer (Hg.): Praxistheorie. Ein Forschungsprogramm, Bielefeld: transcript, S. 199-220.

Klein, Gabriele (2009): »Das Soziale Choreographieren. Tanz im öffentlichen Raum«, in: Ästhetik und Kommunikation 146 (40), S. 25-30.

Klein, Gabriele (Hg.) (2015): Choreografischer Baukasten. Das Buch, Bielefeld: transcript.

Klein, Gabriele (2017): »Bewegung«, in: dies./Robert Gugutzer/Michael Meuser (Hg.): Handbuch Körpersoziologie, Band 1: Grundbegriffe und theoretische Perspektiven, Wiesbaden: Springer VS, S. 9-15.

Nachbar, Martin (2022): »mnemonic nonstop«, www.martinnachbar.de/produktionen-auf-anfrage/mnemonic-nonstop (letzter Zugriff: 27.09.2022).

Peters, Sibylle (2013): »Das Forschen aller – ein Vorwort«, in: dies. (Hg.): Das Forschen aller. Artistic Research als Wissensproduktion zwischen Kunst, Wissenschaft und Gesellschaft, Bielefeld: transcript. S. 7-21.

Schlögel, Karl (2003): Im Raume lesen wir die Zeit. Über Zivilisationsgeschichte und Geopolitik, München: Carl Hanser.

Schroer, Markus/Wilde, Jessica (2017): »Stadt«, in: Robert Gugutzer/Gabriele Klein/Michael Meuser (Hg.): Handbuch Körpersoziologie. Band 2: Forschungsfelder und Methodische Zugänge, Wiesbaden: Springer Fachmedien, S. 319-334.

Siegmund, Gerald (2010): »Choreographie und Gesetz. Zur Notwendigkeit des Widerstands«, in: Nicole Haitzinger/Karin Fenböck (Hg.): Denkfiguren. Performatives zwischen Bewegen, Schreiben und Erfinden, München: epodium, S. 118-129.

Sieverts, Boris (2022): »Info«, www.neueraeume.de/about/ (letzter Zugriff: 27.09.2022).

Atemlos in Wuppertal

Paula Hildebrandt

1

Du machst Party, wir das Outfit. Guter Geschmack muss nicht teuer sein! Der Kobold Bodenstaubsauger VT300 kehrt alles. Auch unter den Teppich. Bitte Seiteneingang benutzen. Sag »Hi« zum neuen SUPER WLAN. Beweg dich schlau! Beim Aufheben schwerer Gegenstände: In die Knie gehen, gerader Rücken. Mach mit! Stromsparen für's Klima. Zieh dich warm an. LOLLITESTS FÜR KINDER. Letzte Teststation vor dem Hauptbahnhof. Nervenkitzel gefällig? Willkommen in Wuppertal!

2

Barmen, Elberfeld, Wichlinghausen und *Vohwinkel* sind vier Stadtteile von Wuppertal. Die Stadt hat ein starkes Armuts- und Reichtumsgefälle. Es fällt von West nach Ost: Vom *Briller Viertel* über die *Steinbecker Meile* auf *Oberbarmen* und *Heckinghausen*.

Einen Akzenta-Supermarkt – lecker, günstig, nett – gibt es in *Barmen, Vohwinkel*, zwei in *Elberfeld*, einen davon im Untergeschoss der CITY-Arkaden. Die Brunnenanlage wurde der Umwelt und dem Klima zuliebe abgeschaltet. Im *Game Center* wird geprügelt: Keine komplizierte Choreografie oder allzu ausladende Bewegungen, konzentrierte Kraft, minimaler Musikeinsatz, von vereinzelten Applausgeräuschen begleitet. Ein Jab zur Distanz-Gewinnung (schneller, gerader Schlag). Ein Cross Punch (volle Power, leicht nach oben gerichtet). Die Deckung nicht vergessen, auch wenn der COMBO BOXER DOUBLE COMBAT selten zurückschlägt. Verhandlungen von Raum und Berührung zwischen Boxer (Performer) und Birne (Objekt). Ein Gamer, wie ein Boxer, verwandelt Schmerz in Kraft – oder zumindest in ein Vorhaben, eine Absicht, Intention, Ambition, Beharrlichkeit und eine Form von Gemeinschaft. Es sind nette Jungs, die sich gegenseitig anfeuern, sich auspowern und hier das Vergnügen finden, wozu sie als Entschädigung Anspruch haben (und immer noch besser, als die Eltern oder Geschwister zu schlagen, dealen oder Amoklaufen).

3

Die Straße spricht. Sprich mir nach: *KoKoBe. Koordinierungs-, Kontakt- und Beratungsangebote für Menschen mit geistiger Behinderung. KoKoBe. Koordinierungs-, Kontakt- und Beratungsangebote für Menschen mit geistiger Behinderung. KoKoBe.* VORSICHT! Dieser Text kann Spuren von WILLKÜR enthalten.

4

Schwindel in der Schwebebahn. Schau in die Ferne. Fixiere einen festen Punkt. Das Mädchen mir gegenüber hat heute verschlafen, und will sich morgen früh den Wecker stellen. Jeden Tag zum Bäcker ist teuer. Deswegen. Genau, sagt ihre Freundin, und: Ciao. Eine Frage noch: Schreibt man Oxford mit d oder t? Pause. Ihre Schulkameradin überlegt. Dann: Mit d. Türen schließen. Als Werthers Brücke verschwindet, kommt mir unausweichlich der Gedanke, dass es gute Gründe gäbe, Oxford mit t zu schreiben: Fort Ox.

5

Akademie der Straße: Eine informelle und nicht-institutionalisierte Form von Gesellschaft für Forschung und Lehre, die der Selbstorganisation unterliegt. Das Programm richtet sich an alle, die sich gerne treiben lassen, an den Grenzen der Logik aufhalten, zuhören, eine Perspektive des Schweigens, Uneindeutigkeiten aushalten. Angeboten werden kostenlose Kurse für Schriftbildmalerei (Graffiti), Theater, Strategien der Selbstbehauptung und Selbstverteidigung, Junk-Art-Assemblage: Benutzen, was niemand mehr haben will oder was bislang unbemerkt geblieben ist. Im Zentrum steht die Beschreibung dessen, was geschieht, weil es beobachtet wird, unterschiedliche Wahrnehmungsmuster, Theorie und Geschichte in der Praxis verschmolzen, Collagetechniken und Medien der Aufzeichnung (Bleistift, Körper, Fotografie).

6

»Gehen hier bald alle Lichter aus?« titelt die Frankfurter Allgemeine Zeitung. Die hohe Inflation und gestiegene Energiepreise motivieren die Angst vor einem Blackout. Jede Kilowattstunde zählt, jedes Lämpchen. Die Deutsche Umwelthilfe ruft Städte und Privatpersonen auf, dieses Jahr auf die Weihnachtsbeleuchtung zu verzichten. Stattdessen: Ein beleuchteter Baum pro Gemeinde. Es soll ein Zeichen der Solidarität sein. Was hat man von der Solidarität, wenn man sie nicht sieht?

Wie kommen wir durch den Winter? Ein britischer Erfinder hat Laternen entwickelt, die mittels Biogases aus Hundekot betrieben werden. Zehn Beutel reichen für zwei Stunden Licht. Ein niederländischer Extremsportler behauptet, dass man durch eine spezielle Atemtechnik beim Eisbaden nicht friert. Einem zuvor fast nackten Supermodel wurde auf einer Modenschau beim Pariser Prêt-à-Porter ihr Kleid einfach auf den Körper gesprüht. Aus Spray wird Stoffliches, das sich eng an ihren Körper schmiegt. Ist das eine gute Idee? Um sich warm zu halten, können wir Strickjacken, lange Unterhosen und Moonboots anziehen oder eine Rettungsdecke umlegen (Kälteschutz: Silberseite zum Körper, stabile Seitenlage, Gesicht muss freibleiben). Wir können uns bekleiden, kostümieren, nackt rumlaufen und nicht-geile Tattoos lieben lernen, oder wie Whitney Houston in dem Videoclip »How Will I Know« aus dem Jahr 1985 in einem silbern schillernden Outfit, mit Ellenbogenwärmern und XXL Haarschleife tanzen, die Kontrolle verlieren, nicht weiter wissen (upbeat music). Wer es sich leisten kann, baut sich eine Pelletheizung oder Wärmepumpe ein. Man kann auch mit Teelichtern heizen (O-Ton Deutschlandfunk Nova, verbunden mit dem Hinweis, für den Notfall einen Eimer Wasser bereitzustellen). Vom Heizen der Wohnung mit einem Holzkohlegrill ist abzuraten. In Oberbayern wurden mehrere Menschen mit Kohlenmonoxid-Vergiftung ins Krankenhaus eingeliefert. Weil die Stromrechnung so hoch sei, hatte ein 50-jähriger Mann den Grill benutzt, dann erst seine Frau ins Krankenhaus gefahren, die über Kopfschmerzen und Schwindelgefühle geklagt habe. Anschließend wählte er den Notruf, weil auch sein Neffe bewusstlos am Boden lag ... Wir können Wärmeverluste umverteilen, den Inflationsschmerz für private Haushalte mit geringem Einkommen abfedern und gleichzeitig Sparanreize für VerbraucherInnen behalten. Wir können an nicht-nostalgischen Entwürfen von Gemeinschaftlichkeit arbeiten, in denen Freiheit und Sorge keinen Widerspruch darstellen, sondern nur zusammen wirklich werden. Wer ist »wir« und WTF liest heutzutage überhaupt noch Zeitung?

7

Unaufhörlich fällt feiner Nieselregen. Am *Mäuerchen* und in der Fußgängerzone *Herzogstraße/Kasinostraße* am Denkmal für Else-Lasker-Schüler – zwei große und breite Granitstelen, in die ein Porträt der Dichterin aus 41.000 Glasmosaiksteinen eingelassen ist – sprechen freiwillige SpendensammlerInnen in blauen UNO-Regencapes letzte Worte des Weltfluchtdramas: Hallo! Haben Sie einen Augenblick? Reisende soll man bekanntlich aufhalten ... Doch die Menge der ZuschauerInnen, die mit Kopfhörern oder Headsets und hohen Schultern jede Ablenkung, Abfall und versuchte Nähe meidet, hört nur: Geschrei von Regen.

8

Euphorie, Energie und Harmonie – ist ein Milchbad Eskapismus oder schon der neue Luxus? Und wie ist das mit Seifenmacarons in acht verschieden Duftsorten und in praktischer Handgröße: Caramel Delight mit süßem Karamell-Vanilleduft, Honey Melon mit fruchtigem Melonenduft, Island Breeze mit belebendem Meeresduft, Just Peachy mit frischem Aprikosen-Pfirsichduft, Lemon Limbo mit belebendem Zitrusduft, Summer Dream mit floralem Blütenduft, Sweet Rose mit sinnlichem Rosenduft und Velvet Grape mit exotischem Beeren-Traubenduft? Und wann hat das eigentlich angefangen, dass immer weniger Menschen auf die Demo gegen kapitalistische Ausbeutung und imperiale Aggression zum 1. Mai gehen, stattdessen den ganzen Tag Red Bull trinken, verschiedene Sorten, 28 Dosen Black Energy, Booster Energy oder Monster Energy, Shisha rauchen oder E-Zigaretten mit VIPER PEARLS Aroma-Kapseln (CARIBEAN COCONUT, TROPICAL PINEAPPLE, DOUBLE CHERRY, BANANA MILK), ihre Armeen für den Höhepunkt des Jahres startklar machen: das WARHAMMER WUPPERCUP TURNIER im Oktober?

9

Für die nächste Etappe: Schwarze Sonnenblumenkerne, geröstet und tuzlu (dt.: salzig). Auf der *Gathe* steht eine Moschee. Dort wird die Freitagspredigt seit 1978 auf Türkisch und Deutsch gehalten, und seit 2021 mit Biontech geimpft – chaotisch, aber liebevoll, laut Özgür Ugurlu (Local Guide, 35 Rezensionen, 13 Fotos). Nun. Der Ditib-Kulturverein will ein modernes neues Stadtviertel bauen. Es geht um ein etwa 6.000 m² großes Areal mit mehreren öffentlichen Plätzen, auf dem neben einem islamischen Gotteshaus für 700 Personen, ein Gemeindezentrum, Lebensmittelläden, ein Kindergarten, betreutes Wohnen, Büros und eine Tiefgarage entstehen sollen. Weichen müssten, abgesehen von einem Schrottplatz und einer Tankstelle, auch das seit über 30 Jahren bestehende *Autonome Zentrum*. Auf deren Brandmauer steht: FEMINISM IS A CALL TO ARMS! Yeah. Angela Davis, Maria Galindo, Mahsa Jina Amini. I'm in, but how?

10

Stellt eine Gruppe von bis zu zwölf Personen zusammen. Schaut euch ganz genau um. Überall können Hinweise versteckt sein. Innerhalb dieses Raums müsst ihr als Team agieren. Designlotsen, graue Panther, Johanniter, WirtschaftsjurorInnen und WupperadvokatInnen – nur gemeinsam seid ihr ablaufstrukturiert, dreidimensional, füreinander, fugenlos, mittendrin, rechtschaffen, stolz, wandlungsfähig, zupackend. Jede Stadt, jedes Spiel, jeder *Escape Room* hat seine eigene Mission. Die Zeit läuft. Ihr habt noch 59 Minuten Zeit, um das Rätsel lösen. Der dunkle Wald ist eröffnet. Doch: Vorsicht ist geboten – in dunklen Wäldern ist man selten allein! Das Unrecht am *Neumarkt* hat viele Gesichter: Groß, klein, blass, schmutzig, alt, jung, edel, launisch, sauber, zart und brutal. Sie spiegeln sich in der Schaufensterscheibe vom *PW STORE*. Nicht alle Augen, BenutzerInnen, Bienen, Frauen, InvestorenInnen, KundInnen und RaucherInnen sind freundlich. Eine schöne Vorstellung, eine schöne Täuschung. Also, wählt eure Waffen mit Bedacht! Eine Baretta, ein Clipper Feuerzeug, Presslufthammer oder Springmesser, eine taktische Taschenlampe mit Stroboskopfunktion, ein Diana Oktoberfest Gewehr, Cal. 4.4 BB, 120-schüssig, Ganzkörperlaser mittels Diodenlaser, Knoblauch; eine Walther CCP, ein Colt Single Action, eine Smith & Wesson 629 classic, eine Ruger, eine GLOCK, Heckler & Koch, ein Elite Force Revenge. Ein/e GrenzschützerIn ist kein Rosenkavalier und keine Badefee. Wer glaubt ernsthaft, dass allein aus der wechselseitigen Anerkennung unserer Verletzlichkeit Solidarität entsteht? Die große Transformation trifft auch jene, die sich bisher sicher fühlten. You can't escape. You can't start a fire without a spark. This gun's for hire even if we're just dancin‹ in the dark ...

11

Axel Helsberg boxt nicht mehr. Sein Pokal steht jetzt bei *Rosiv*, einer zum An- und Verkauf von Gebrauchtmöbeln aller Art umfunktionierten Tiefgarage in der *Berliner Straße*. AXEL HELSBERG 75 Kampf des A.S.V. Box-Ring vom 23. September 1979. Seine Gedenkseite im Internet wurde bisher 91.750 Mal besucht, 290 Gedenkerzen angezündet. Er war ein ungewöhnlicher Boxer, der Tom immer an Carlos Monzon erinnert. »Hast Du Teppich, Onkel, fragt Frau, und nicht nur einen, sondern drei?« – »Für drei Stück musst du gehen nach Poco.« Am Ausgang bzw. über der Ausfahrt hängt ein gerahmtes Koran-Zitat: »Preis sei Dir, o Allah, und Lob sei Dir, und gesegnet ist Dein Name, und hoch erhaben ist Deine Herrschaft, und es gibt keinen Gott außer Dir.« Rechts daneben hat Onkel Rosiv, die Miete und Nebenkosten im Nacken, sein Stoßgebet geschrieben, das auf Deutsch so viel bedeutet wie: »Dank sei Dir, lieber Kunde, und verzeih! Erst eine Minute, dann zwei, drei; und dann noch einen Kaffee! Aber ich muss arbeiten, Habibi, keine Zeit für bla bla.«

12

Gegenüber geht ein halbes Hähnchen zum Imbiss *Hähnchen Helmig* und bestellt sich seine bessere Hälfte. Sagt die Verkäuferin: »Wir haben auch Pommes und diverse Salate (Tomate, Nudel, Kraut, Bohne, Gurke).« Sagt das Hähnchen: »Nein, Danke. Wir teilen alles.«

Dann kommt ein leckeres Hähnchen rein und fragt: »Was ist der Unterschied zwischen einem Jägerschnitzel Balkan-Art oder Puszta-Schnitzel?« Antwortet die Verkäuferin: »Keiner. Beide mit Pommes 6,40 Euro.« Sagt das Hähnchen: »Macht nichts. Bin mit Fahrrad.«

Bei Thomas Müller, deutscher Fussballspieler und derzeit beim FC Bayern unter Vertrag, hat das Nachdenken dazu geführt, dass er in ein veganes Start-up investiert, das u.a. auch eine vegane Weißwurst anbietet. Begründung: Früher gab's ja fast nix anderes als Fleisch. Der Körper braucht nun mal Proteine. Wenn vor 10.000 Jahren, als sie die Mammuts gejagt haben, auch die veganen Cevapcicis zum Aufreißen herumgelegen wären, gäbe es Mammuts vielleicht heute noch.

13

Im Café der *Färberei*, Zentrum für Integration und Inklusion am *Peter-Hansen-Platz 1* treffen sich jeden Mittwoch von 14 bis 16 Uhr Menschen ab 50 Jahren und alle, die Lust auf Gesellschaft haben und gerne Mensch-Ärgere-Dich-Nicht spielen. Bad-Hair-Days kennen wir alle: Wenn kraftloses Haar jedes Styling unmöglich macht und zum Alltag wird, ist schlechte Laune vorprogrammiert. Frage: Welcher Peter Hansen ist gemeint – der Schauspieler, Glockengießer, Superintendent, Politiker, Maler oder der SS-Brigadeführer und Generalmajor der Waffen-SS?

14

Der *Berliner Platz* ist ein gefährlicher Ort. Aufgrund sich dort vermehrt aufhaltender Personen mit subjektiv unerwünschtem Verhalten, stärker frequentierten Kriminalitätsdelikten in den Bereichen Betäubungsmittel, Gewalt- und Eigentumsdelikte, sowie vermehrter Ordnungswidrigkeiten, wird der *Berliner Platz* als »deutlich angstbesetzt« eingestuft. PolizeibeamtInnen können hier ohne Anlass Ausweiskontrollen durchführen. Auch eine Fackel wurde hier vergraben. Unter einem Pflasterstein zwischen dem Trafo-Häuschen und dem *Café Barocco*, genannt *Raumschiff Barocco*. 20 Menschen trugen sie bei einem Fackelzug im Juni 2021 vom menschenleeren Stadion am Zoo über zehn Kilometer durch die Talachse hierher. Ist das Feuer erloschen? Wer mag jetzt die Flamme schützen, oder war Magnesium im Docht, dass die Flamme wie bei Zauberkerzen auf einer Geburtstagstorte, trotz Auspusten, immer wieder angeht, angefacht von der Aufregung, der Besonderheit des Augenblicks?

Das Weiterreichen der Flamme sei auch heute noch notwendig, sagte Joseph Beuys in seiner berühmten Lehmbruck-Rede: Kunst als *Soziale Plastik*, als plastisches Prinzip, wo wir alle gemeint sind. Das Hörende, das Sinnende, das Wollende. Wärme als Erweiterung von Raum, die vierte Dimension, nur intuitiv zu erfassen … Das war im Jahr 1986. Eigentlich ist alles gesagt. Die Aufgabe ist bekannt. Die Punkte auf der AGENDA 2022 benannt: In die schnieke Altstadt ein fieses Spielkasino reinknallen. Umverteilung, Neuverteilung. Streetworker, SozialpädagogInnen, KindergärtnerInnen besser bezahlen. Damit deren Arbeit wertgeschätzt wird. Gehandicapt ist normal. Das gehört zu uns. Ein körperentsprechender Arbeitsstuhl für jede/n, sonst bekommt man Verspannungen, und das geht auf die Psyche, und dann: Burnout. Ein Juwelier, der noch Ohrlöcher sticht.

15

Über dem Seitenausgang vom *Hotel* ist ein Buntglasfenster, das früher zum benachbarten *Restaurant Wagner* gehörte. Ein rotes Wagenrad auf einem blauen Zylinderhut auf einem umgedrehten spitzen Dreieck. Darunter steht: »1934 EX FLAMMIS RENASCOR 1949. Furchtlos und Treu.« ICH BIN AUS DEN FLAMMEN WIEDER GEBOREN. Ich rette eine emsa-Thermoskanne aus dem Warenkorb mit Sonderangeboten.

16

Der Austausch lebt davon, mit anderen Leuten zu sprechen. Die Fragen so lange stellen, bis wir die Antwort vergessen haben. Beispiel:

Fünf Beraterinnen, ein Team, frühstücken. Hast du schon gefrühstückt? Ich bin schon seit acht Uhr da, da kommst du auf neue Ideen. Die Ulrike hat eine neue Strategie ausgetüftelt – zwei, drei Sätze, zwei Spalten, wo man am Ende des Tages gar nicht mehr so viel Platz im Kopf hat bei so einem klassischen Chaosprojekt, Grundlagenforschung, auch wenn wir alles richtig gemacht haben, sogar einen Kontrollmechanismus eingeführt haben. Vielleicht sollten wir nochmal von vorne anfangen, nochmal gucken, was wir damit wirklich wollen, was war am Anfang die Frage, sich solche Gedanken machen und nicht bloß Folien zweimal kopieren? Wie gestern die, wie heißt die jetzt nochmal, Anna oder Nicole? Egal. Jedenfalls. Bei einer Beratung im Fichtelgebirge und einmal in Hamburg war die Heizung kaputt, nur der Flur war beheizt und die Gäste sollten mit offener Tür schlafen. Seitdem reist er immer mit einer mobilen Heizung, die bleibt gleich im Auto. Wie groß ist die ersparte Aufwendung für den/die KundIn? Möchte noch wer ein Rührei? Wieso schäumt die 1,5er Milch besser als die 3,5er, d.h. die Schaumfähigkeit hat nichts mit dem Fettgehalt zu tun? Wie nennt man diese Mikro-/Makromethode, eine Art Ablagesystem, Fragen und Ideen nacheinander vom Posteingang zur Bearbeitung in Bearbeitet, thematische Ordner zur Diskussion, verschiedene Problemzusammenhänge zu sortieren, Richtung Ablage bzw. Ausgang? Was ist die Idee dahinter: Dass der Chef der Boss bleibt, aber den Untergeordneten auch mal zuhört (wenn auch sonst einiges schief geht)?

17

Für PKWs ist der Weg zum *Skulpturenpark* frei bis *Gemsenweg*. Im Park vor der Bezahlschranke steht der Renner des Bildhauers Tony Cragg. Er vermittelt das Gefühl, das jede/r kennt, wenn man denkt, man weiß, wo es langgeht, aber eigentlich ahnt, gerade in die falsche Richtung zu laufen.

18

Nochmal: Wie kommen wir durch den Winter? Leonardo DiCaprio, US-Amerikanischer Schauspieler, hat immer wieder eine neue Flamme, mit der letzten wurde er neulich in Venedig gesichtet. In der WICKÜHLER CITY, einem aus drei Gebäuden bestehenden Komplex mit Einkaufs- und Büroflächen, das *Café Venezia* hat geschlossen, aber die Sitzbänke sind geblieben. Hier gibt es sogar Kissen, während in der Innenstadt Obdachlose mit Metallnoppen, sog. ›Sleep Stops‹, vom Liegen auf Sitzbänken abgehalten werden sollen. Ausreichend Platz für 30 Schlafende und ihre Gegenstände des persönlichen Gebrauchs.

Anzahl der MitarbeiterInnen aller Leistungseinheiten, die im *Ukraine-Service-Center* auf EBENE 2 für die Bereitstellung von Wohnraum verantwortlich sind: 40.

19

Der Anflug auf den *Willy-Brandt-Platz* ist ein faszinierendes Erlebnis. Als erstes tauchen Kupferberge vor einem auf, die über den Wolken driften. Ein Uhrenturm samt gedecktem Turmhelm und dann zwei mit einem Dachreiter bekrönte Treppentürme mit geschweiften Giebeln, die das Gebirge im Westen abschließen. Diese schiere Menge an Basaltlava mit Sandsteingliederungen ist unglaublich beeindruckend. ACHTUNG bei der Landung auf dem Rücken des Bergischen Löwen oder dem *Döppersberger Brunnen*, eine glibschige Granitkugel, die sich auf einem Wasserfilm dreht. Der Löwe ist das Wappentier des ehemaligen Herzogtums Berg, mutig und stark, impulsiv und selten erkältet. Ob Objekt, Skulptur (Eisenguss), Kunst, Klettergerüst oder monumentales Werk ist ihm egal. An der Leeseite vom *Elberfelder Rathaus* treten oftmals Fallwinde auf: Abwärts gerichtete, starke, teils böige Luftströmungen, die durch die *Klotzbahn* wehen. Wie ein süßer Spatz sich an Krümeln labt, wippen andere Vögel hoch am höchsten Ast der Gold-Ulmen, Kanadischen Pappel oder einer Rotbuche. Im Gegensatz zu Bäumen hat Permanenz für Winde keine Priorität. Und wieder will das Kind seine Pommes nicht essen: Holländische Pommes, keine Würfelpommes, Fritten in Würfelform, next level fries mit Wiedererkennungswert aus Bio-Kartoffeln und ausgeklügelten Toppings, die nur im Ladenlokal *Cube-Fries* im *Luisenviertel* angeboten werden. Die ideale Form: eine Illusion ... Mutti, Mutti, guck mal die Feder! Ja, schön, aber lass das und komm jetzt. Der Vater sagt, du musst wissen, was du tust. Ich hatte einen Euro, und der ist jetzt weg. Das Kind klettert aus dem Polizeiauto. Die Eltern überlegen. Wir könnten dem Kind die restlichen Fritten morgen mit in die Lunchbox geben, oder Tauben vergiften.

In der *Pasticceria Centrale Oscar* sitzt eine Dame vor einer Cola. Da kommt ein Humboldt-Pinguin herein, klettert, springt auf die Theke und bestellt sich einen Espresso. Darauf sagt die Dame zum Ober: Das ist ja seltsam. Sagt der Ober: Ja, sehr merkwürdig. Sonst hat er sich immer Cappuccino bestellt.

20

»ALLES, WAS DIE MENSCHEN IN BEWEGUNG SETZT, MUSS DURCH IHREN KOPF HINDURCH: ABER WELCHE GESTALT ES IN DIESEM KOPF ANNIMMT, HÄNGT SEHR VON DEN UMSTÄNDEN AB.« Ein Wandbild an einer Brandwand, ein Zitat von Friedrich Engels. Was war zuerst da – Briefe, Zeichnungen, Gedichte. Das Flötenspiel, der Tanz, das Theater. Partituren, kühne raumgreifende Kompositionen, Kinderarmut, das Rauchen, die Revolution, Gott, das Grenzenlose, Herbstzeitlose, das Wirrwarr, die Verzweiflung, der Antisemitismus, die Verausgabung?

21

»Du wolltest mir ja nicht glauben, und dabei hättest du dir das doch denken können, schließlich habe ich 20 Jahre mehr Lebenserfahrung«, sagt eine Mutter zu ihrem Sohn. Und: »Was hast du davon, wenn du zu spät kommst?« Sie laufen ca. fünf Meter hinter mir, von der Bushaltestelle die *Mirker Strasse* entlang zum Judo, auf den Spielplatz am Ölberg oder in den Kulturkindergarten, wer weiß das schon. Fest steht: »Wenn alle so eine Thermosflasche haben, okay. Aber wenn die dir in der Schule geklaut wird, bekommst du die 40 Euro vom Taschengeld abgezogen.«

Mit dem Kulturkindergarten der *Alten Feuerwache* wird die Lücke in der Präventionskette geschlossen. Angefangen von der pränatalen Absicherung durch Hebammen bis zu Qualifizierungsmaßnahmen für Jugendliche gibt es eine biografische Begleitung in kleinen Gruppen für Kinder, unabhängig von sozialer Herkunft und finanziellem Hintergrund der Eltern.

Spendenkonto: Alte Feuerwache, IBAN: DE17 3305 0000 0000 1573 05, BIC: WUPSDE33XXX. Gut zu wissen: Spenden bis 200 Euro (ab Steuerjahr 2021 bis 300 Euro) kannst du besonders unkompliziert von der Steuer absetzen (bis zu 20 Prozent des Gesamtbetrags).

22

Ein Freitag; immerhin ist es Freitag, eine gelöste Stimmung rechtfertigt sich. Das Wochenende naht. »Wuppertal ist eine Alltagsstadt, keine Sonntagsstadt«, sagt Pina Bausch; und das mag sie an der Stadt. Das Fundbüro am Hauptbahnhof wirbt mit dem Slogan: ES IST NOCH NICHT ALLES VERLOREN. Eine Ermunterung zum Abschied, es sei dies ein Anfang. Die Dinge sind in Bewegung, sie zirkulieren.

23

Wärme als physikalische Größe: Kein Zustand, sondern beschreibt Prozesse, bei denen sich der Zustand eines Systems ändert. Sie ist die einzige Form der Energie, die zwischen zwei Systemen allein aufgrund ihrer unterschiedlichen Temperaturen übertragen wird. Dabei fließt Wärme stets von hoch zu tief.

Stadt als Körperschaft: Ein auf Dauer angelegter Zusammenschluss von Personen, der einen überindividuellen Zweck verfolgt und dessen Bestand vom Wechsel der Mitglieder unabhängig ist. Körper und Städte sind keine geschlossen Systeme. Der Energieerhaltungssatz gilt hier nicht. Überall Löcher, Poren, Wunden, Schnitte, offene Stellen, Bruchstellen, Risse. Überall Radio Wuppertal 107,4.

Die spielen die Hits: Baby, are we mutual? What if god was one of us? Just a stranger on a bus trying to make his way home …
Du übst Geduld und Gelassenheit. Du kannst weghören, oder dich fragen:

- Wer bezahlt meinen Flug nach Kalifornien?
- Wie bekomme ich eines der 15 Lastenräder, die die Fahrradstadt Wuppertal gemeinsam mit *Utopiastadt* und Talradler betreibt, oder eine Förderung vom Land NRW zur Anschaffung eines Lastenrads mit Elektromotor für Privatpersonen (mit 30 Prozent der Anschaffungskosten bis max. 1.000 Euro)?
- Wieso hat Bounty, die gegenüber vom Secondhandladen als Friseurin gearbeitet hat, ihre Chaya-Rollschuhe nicht abgeholt?
- Wo ist Clint Eastwood, wenn wir ihn brauchen?

Weiterführende Literatur

Federici, Silvia (2022): Jenseits unserer Haut. Körper als umkämpfter Ort im Kapitalismus, Münster: Unrast.
Jaeggi, Rahel (2022): »Solidarität als zärtliche Bürgerlichkeit. Verstreute Überlegungen mit und zur Gemeinschaft der Ungewählten«, in: Hannah Fitsch/Inka Greusing/Ina Kerner/Hanna Meißner/Aline Oloff (Hg.): Der Welt eine neue Wirklichkeit geben, Feministische und queertheoretische Interventionen, Bielefeld: transcript, S. 97-108.
Klinenberg, Eric (2018): Palaces for the People: How Social Infrastructure Can Help Fight Inequality, Polarization, and the Decline of Civic Life, New York: Crown.
Ngai, Sianne (2015): Our Aesthetic Categories: Zany, cute, interesting, Cambridge, Massachusetts, and London: Harvard University Press.

Super-Mario in Wuppertal. Joseph Beuys, die Initiative *Utopiastadt* und ihre Bedeutung für die aktuelle Nachhaltigkeitsdiskussion

Wolfgang Zumdick

Der Name klingt vielversprechend: *Utopiastadt*! Sind es nicht Utopien, die unsere Städte brauchen? Jetzt im erneuten Hitzesommer 2022, in dem unsere Städte bei bis zu 40° Lufttemperatur aufgeheizt zu extremen Wärmespeichern werden, bei Nacht kaum abkühlen und in denen es oft nur noch mit Klimaanlage erträglich ist?

Doch *Utopiastadt* klingt nach mehr als nur nach Auswegen aus der Klimakrise. Es klingt nicht nach Reaktion, auch nicht nach Restauration, sondern nach Konstruktion. Es klingt nach Ideenwettbewerb. *Utopiastadt* klingt nach einer Idee, die gerade aufgrund ihrer mangelnden Konkretheit Raum für neue Wege eröffnen kann. Einer Idee, an der das Denken und die Fantasie sich beweisen können. *Utopiastadt* klingt nach einem Gesamtpaket: Wie wollen wir leben, um das 2-Grad Ziel zu erreichen? Wie soll die ökologische Stadt der Zukunft aussehen? Wie wollen wir in Zukunft sozial menschengerechter leben? Aber auch: Wie sollen unsere Städte gestaltet sein, so dass auch ihre ästhetischen Qualitäten in Bezug auf Wohnkultur, Baukunst und die Integration von Natur und Architektur Berücksichtigung finden?

Utopiastadt klingt weder nach einem Reparaturbetrieb noch nach einem technokratischen Sanierungskonzept. Schon eher assoziiert es die lebendige soziale, ökologische und kulturell-dynamische Stadt voller Leben. Eine Stadt, in der Leben und Arbeit nicht getrennt sind, in der die soziale Diversifizierung nicht an den Stadtteilen abzulesen ist und die Verwischung sozialer Unterschiede durch Bildung, sozialen Ausgleich und Fürsorge auf die lange Strecke hin gesehen immer weiter in den Hintergrund treten werden. *Utopiastadt* klingt auch nach mehr als nur nach Schwammstadt, von der aktuell so viel die Rede ist. Es klingt nach mehr als nur nach ›Rückbau‹ und ›Begrünung‹. Nach mehr als Urban Gardening oder Transition Town. Oder vielleicht auch nach einer Summe all dessen? Ist *Utopiastadt* vielleicht der Versuch, all die Ideen, Anstrengungen und Initiativen, die sich darum bemühen unsere Städte liebenswerter, bewohnbarer und zukunftsfähiger zu machen, unter einem Dach und einem gemeinsamen Namen zu integrieren? Ist es ein Kommunikations- und Integrationskonzept, das nicht mehr nach Wettbewerb, sondern nach Kooperation klingt? Wir werden sehen.

Handhabbare Freiheit

Um Joseph Beuys zu würdigen, zu dessen 100. Geburtstag das Wuppertaler Performance-Festival initiiert wurde, hatte *Utopiastadt* im Bahnhof Mirke eine *Registrierungsstelle für handhabbare Freiheit* eingerichtet. In einem Teil des Bahnhofs war eigens dafür eine ›Registrierungsmaschine‹ installiert, in der die BesucherInnen des Bahnhofs ihre Ideen über ›handhabbare Freiheiten‹ freien Lauf lassen konnten. Die Statements wurden auf einem Blatt Papier in die Maschine eingespeist, die sie als Papierschiffchen oder -flieger wieder ausschied. Eingeladen wurde unter folgendem Facebook-Post: »Die ›Registrierungsstelle für handhabbare Freiheit‹ am Mirker Bahnhof/Trasse ist heute den ganzen Tag geöffnet und nimmt eure Anträge auf individuelle Freiheiten oder Entwürfe einer Utopie entgegen. Alle eingegangenen Anträge werden anonymisiert und gesammelt. Um kurz nach 16 Uhr gibt's auf *stew.one* eine Live-Reportage dazu.« (Wuppertaler Performancefestival 2021) Dadurch war die *Registrierungsgsstelle für handhabbare Freiheit* nicht nur real in *Utopiastadt* im Mirker Bahnof während des Festivals zu erreichen, sondern gleichzeitig durch die Übertragung der Live-Reportage in das digitale Performancefestival eingebunden und dadurch auch für die BesucherInnen vor den Bildschirm erlebbar.

Es ging also um Ideen zur Freiheit. Daran war auch Joseph Beuys interessiert. Der Begriff der Freiheit bildete geradezu das Epizentrum von Beuys' *Erweitertem Kunstbegriff*. Kunst war für ihn ein Synonym für Freiheit und Freiheit ein Synonym für die Kunst (vgl. Zumdick 1996). Freiheit und Kunst ergänzten sich für den Bildhauer gegenseitig. In der künstlerischen Gestaltung, so Beuys, ist der Mensch frei.[1] Hier kann er nach Wegen suchen, die neu sind und unkonventionell. Hier kann er Sachverhalte neu denken. Hier sind die Gestaltungsspielräume zu finden, die eine festgefahrene Gesellschaft zu ihrer Erneuerung dringend benötigt.

Vermutlich hatte auch gerade deshalb *Utopiastadt* bewusst Wert auf die Unterscheidung ›handhabbare‹ Freiheit gelegt. Wie schnell werden Ideen geboren, die einfach nur ›Gerede‹ sind oder sich kurzerhand als realitätsuntauglich erweisen. Hier aber sollte es um ›handhabbare‹ Freiheiten gehen. Vermutlich war es auch ein kleiner Seitenhieb auf Beuys, vielleicht auch eine Frage an seinen Kunstbegriff. Hatte Beuys mit seiner großen Idee praktisch nur wenig erreicht? Und ist nicht *Utopiastadt* viel eher geeignet, Beuys' große Ziele kleinschrittig und mit

---

[1] Siehe hierzu auch den Beitrag von Katja Schneider in diesem Band.

ganz konkreten Maßnahmen zu erreichen? Die Freiheit sollte schon für Beuys nicht im Reich der Ideen bleiben, sondern ganz konkret im Hier und Jetzt wirksam sein und praktiziert werden. Deswegen hatte er ausdrücklich seinen *Erweiterten Kunstbegriff* als eine »Realutopie« (Zumdick 2015) gekennzeichnet, Unternehmungen in den Bereichen Kultur, Bildung und Politik gestartet und wollte so ausdrücklich Realität und Utopie miteinander verbinden. Dennoch war Beuys gemessen an den selbstgesteckten Zielen eher Inspirator und Impulsgeber geblieben. Im Vergleich dazu ist es nun hochinteressant zu untersuchen, wie viel konkreter, mit welchen Mitteln und in welchem Maße es den Utopisten gelingt, fast ein halbes Jahrhundert nach Beuys diese Impulse in Städteplanung und -gestaltung tatsächlich auch ins Werk zu setzen.

Utopiastadt entsteht

Der Impuls zur Initiative *Utopiastadt* reicht in das Jahr 2006 zurück und entstand aus einem Zeitschriftenprojekt. Das Statement-Magazin clownfisch, herausgeben von den KommunikationsdesignerInnen Beate Blaschczok und Christian Hampe, erschien 2007 zum ersten Mal zum Thema *Amerika*. Es folgen fünf weitere Ausgaben. Die Themen sind *Zerstörung*, *Schöpfung*, *Utopia* und schließlich *Utopiastadt*.[2] Eingeladen werden KünstlerInnen, WissenschaftlerInnen und VertreterInnen anderer Berufszweige und Positionen. Immer wieder tauchen dabei auch Beiträge auf, die sich nicht ›drucken‹ lassen und andere Formate als das der Zeitschrift verlangen.

Aufgrund dessen werden sog. Release-Veranstaltungen geplant wie bspw. 2008 zur zweiten Ausgabe des Magazins mit dem Titel *Zerstörung* in der Kunsthalle Barmen. Noch im gleichen Jahr folgte als Auftakt zur dritten Ausgabe mit dem Thema *Schöpfung im Garten Eden* mit über 100 AutorInnen eine weitere Veranstaltung zum NRW-Tag. Ein virtuelles Kunst-, Kultur-, Design- und Architektur-Symposium und eine Ausstellung bei den *Wuppertaler offenen Galerien und Ateliers* schlossen sich an.

Parallel zur dritten Ausgabe *Schöpfung* entwickelte sich in den damals leerstehenden Wuppertaler ELBA-Hallen über ein Jahr hinweg ein Programm mit Ausstellungen, Symposien, Theater und Diskursen. Noch im gleichen Jahr 2009 kam es zu einem Austausch mit der Wirtschaftsförderung der Stadt Wuppertal und der Bergischen Entwicklungsagentur zur Ausarbeitung eines Businessplans für die ersten Schritte von *Utopiastadt*. Als geeigneter Ort für das nun auch *physisch*

---

2 Die gedruckten Ausgaben des clownfisch Magazins werden zudem als Ausstellung verstanden und liegen in Kunst-, Kultur- und Designstandorten aus (vgl. clownfisch 2023). Für weitere Informationen siehe auch: https://cf.codeschaffer.de/magazin/ (letzter Zugriff: 14.01.2023).

konkreter werdende Projekt kam der verwahrloste, an der stillgelegten Wuppertaler Nordbahntrasse gelegene Bahnhof Mirke, benannt nach dem gleichnamigen Wuppertaler Ortsteil, in Frage, der sich im Besitz der Stadtsparkasse Wuppertal befand. Zwei Jahre später wurde der Pachtvertrag unterzeichnet und 2016 schließlich übergab die Stadtsparkasse Wuppertal den Bahnhof als Spende an *Utopiastadt*. Seitdem wird das Gebäude größtenteils in Eigenarbeit saniert.

Zahlreiche Unternehmungen wie das *Café Hutmacher*, das *Elektroreparatur Café*, das *Reparaturcafé der Mirker Schrauba*, die *Utopiawerkstatt* als offene Werkstatt mit Holz- und Metallbearbeitung, *Grenzland*, eine Vernetzung musikalischer Nachwuchsförderung in der Bergischen Region oder die *IG Fahrradstadt Wuppertal* (FSWPT) siedelten sich über die kommenden Jahre im Mirker Bahnhof an. Wuppertals erstes Coworking-Space, Atelier- und Projekträume wurden eingerichtet, weitere Initiativen wie *OpenDaTal*, *Freifunk*, *Wuppertals Urbane Gärten* oder *Foodsharing*-Verteiler agieren von *Utopiastadt* aus im Quartier und der ganzen Stadt.

Auch die Restaurierung des Bahnhof Mirke schreitet sukzessive voran und allmählich kann man etwas von der alten Schönheit ahnen, als Bahnhöfe noch Orte des Aufbruchs in ein neues Zeitalter und neben den Industriebauten zu den Kathedralen des Fortschritts wurden. *Utopiastadt* entwickelt in dieser Zeit eine ganz eigene Strahlkraft, die viele der in der Stadt existierenden Nachhaltigkeitsinitiativen bündelt und vernetzt. *Utopiastadt* bietet einen Möglichkeitsraum, in dem neue Ideen ersonnen, konzipiert und auf ihre Praxistauglichkeit geprüft werden können. Ideen, Initiativen und Tatkraft werden von Anfang an als Investition betrachtet, eine Investition in die Zukunft, die der Künstler Joseph Beuys als das eigentliche Kapital einer Gesellschaft bezeichnete.

Jede/r ist Willkommen: Städteplanung in neuem Gewand

Das Ergebnis gibt den Utopisten Recht. *Utopiastadt* bietet einen Möglichkeitsraum, in dem sich Ideen und Unternehmungen bilden, entwickeln und vernetzen können, gleichsam einen Netzwerkknoten, der nicht nur verbindet und ermöglicht, sondern auch bekannt macht, den Horizont erweitert und so ein Bild von der Vielfalt und Vielschichtigkeit der aktiven Transformations- und Nachhaltigkeitsinitiativen bietet.

Neue Gruppierungen kommen hinzu, andere fallen weg, auch dies ist Teil des Entwicklungsprozesses. *Utopiastadt* ist eine Art Kraftzentrum, das zeitgenössische Impulse und gesellschaftliche Fragestellungen aufnimmt.

Neben der Entwicklung und Vernetzung von Nachhaltigkeitsinitiativen ist *Utopiastadt* besonders im Bereich der Stadt- bzw. Stadtteilentwicklung seit 2013 mit dem *Forum:Mirke* aktiv. Das Forum ist ein offener Gesprächskreis, der sich mit konkreten Fragestellungen und Problemen des Stadtteils Mirke beschäftigt und zu dem regelmäßig Fachleute unterschiedlicher Disziplinen eingeladen werden. Schon nach kurzer Zeit entwickelte das Forum eine derartige Dynamik, dass sich bereits nach den ersten Zusammenkünften das Ressort Stadtentwicklung der Stadt Wuppertal für das Forum interessierte und bis heute die dort gewonnenen Erkenntnisse in Teilen als integriertes Handlungskonzept für den Stadtteil fortschreibt.[3] Auch das Wuppertal Institut für Klima, Umwelt, Energie, eine gemeinnützige Forschungseinrichtung und Denkfabrik für anwendungsorientierte Nachhaltigkeitsforschung, interessiert sich bereits seit Längerem für *Utopiastadt*. Im Jahr 2014 kam es zu einer Kooperation im Rahmen von Reallaboren und einem Masterkurs des Zentrums für Transformationsforschung und Nachhaltigkeit (trans:zent), einem Institut der Bergischen Universität Wuppertal. Im Wintersemester 2014/15 wurde dort ein Masterkurs *Sustainability Management* eingerichtet. *Utopiastadt* erhielt zahlreiche Preise und Ehrungen: 2017 Sieger beim Ideenwettbewerb *EnEff.Gebäude.2050*, ein Jahr später wurde der *gGmbH Utopiastadt* der *CREATIVE.Spaces*-Preis von *CREATIVE.NRW* als einer von fünf ausgezeichneten Initiativen in NRW verliehen. 2020 schließlich begann das gemeinsam mit dem Wuppertal Institut und dem Zentrum für Transformationsforschung und Nachhaltigkeit durchgeführte Förderprojekt *Neue Urbane Produktion*.

Utopiastadt und Wissenschaft unter einem Dach

Inzwischen werden auch immer mehr wissenschaftliche Arbeiten und Analysen über *Utopiastadt* angefragt. Das veranlasst die Utopisten, in einem monatlichen Austausch diese Einzelforschungen zusammenzuführen, Forschungsstände zu diskutieren und Forschungsergebnisse vorzustellen und zu teilen. Dies explizit auch in der Absicht, die so gewonnenen Einsichten und Erkenntnisse wiederum als BürgerInnenwissen in die Entwicklung der *Utopiastadt*-Konzepte zurückfließen zu lassen.[4] Gleichzeitig ist die Fläche von *Utopiastadt* innerhalb der letzten acht Jahre von ursprünglich 200 m² auf 36.000 m² Stadtentwicklungsfläche gewachsen. Das bringt enorme städteplanerische und gestalterische Aufgaben mit sich. Um ihnen gerecht zu werden schreibt *Utopiastadt* 2021 z.B. das Projekt *Blaupausen: Neue Urbane Produktion*, einen Ideenwettbewerb zur Entwicklung der zum Gelände gehörenden 4000 m² großen Speditionshalle aus. Dabei geht es im Wettbewerb zur Flächenentwicklung keineswegs immer nur freundlich zu. Als jeweilige Teileigner der zu entwickelnden Flächen rund um den Bahnhof stehen sich

---

3 Siehe hierzu auch den Beitrag von Heike Lüken und den Beitrag *Von Beuys' Sozialer Plastik zu Urban Performances* von Bettina Paust in diesem Band.
4 Vgl. dazu auch: https://quartier-mirke.de/thema/coforschung (letzter Zugriff: 25.11.2022).

teilweise auch unterschiedliche Interessen im Weg. Neben *Utopiastadt* sind auch andere InvestorInnen an der Fläche rund um den Bahnhof, der sich im Besitz von Aurelis, einem national aufgestellten Immobilienentwickler befindet, an der Flächenentwicklung am Bahnhof Mirke interessiert. Nach anfänglichen Schwierigkeiten zwischen Aurelis und *Utopiastadt* über die Nutzung der Flächen kam es schließlich zu einer Moderation durch die Stadt Wuppertal, der an einer friedlichen Kooperation der unterschiedlichen AkteurInnen gelegen ist. Es wurde der sog. Utopia-Campus-Flächenentwicklungs-Beirat (UCF)[5] eingerichtet, an dem Aurelis, die Wuppertaler Wirtschaftsförderung, das Dezernat Stadtentwicklung und *Utopiastadt* beteiligt sind. In diesem Beirat wird ein zweieinhalbjähriges Moratorium vereinbart, währenddessen im Einvernehmen ein Papier über die inhaltliche Entwicklung der Fläche erarbeitet werden soll, das anschließend dem Stadtentwicklungsausschuss Wuppertal zur Abstimmung vorgelegt wird.

Grenzen der Diskussion?

Auch wenn das Konsensprinzip zu einer der wichtigsten konstitutionellen Grundzüge von *Utopiastadt* gehört und die Initiative sich selbst als ein Organ betrachtet, das grundsätzlich keine ›Gegenpositionen‹ einnimmt, dabei aber streng darauf achtet, dass die eigenen Standpunkte klar und deutlich artikuliert werden, kann die Initiative nicht immer ähnliche Erfolge aufweisen wie in diesem Fall. Dies trifft besonders in all jenen Fällen zu, in denen KooperationspartnerInnen nicht an dem Konsensprinzip interessiert sind und eigene Positionen durchsetzen möchten. Hinzu kommt die Verfasstheit der Initiative, die sich auf drei Säulen gründet und tendenziell auf dem Konsensprinzip aller Beteiligten ruht. So gibt es als eine tragende Säule den Förderverein mit stimmberechtigten und nicht stimmberechtigten Mitgliedern, der als Gesellschafter wiederum die gemeinnützige GmbH (gGmbH) quasi als demokratische Instanz kontrolliert. Als drittes, bewusst nicht konstituiertes Verfassungsorgan schließlich fungiert der Utopiastadtrat, der das Recht gewährt, gehört zu werden.[6] Die Schwierigkeiten, die damit verbunden sind, lassen sich unschwer erahnen. Wie lässt sich ein solches Recht praktisch umsetzen? Irgendwo und irgendwie findet sich schließlich immer eine Person, die sich

---

5 Das im UCF erarbeitete Rahmenkonzept ist zu finden im Ratsinformationssystem der Stadt Wuppertal unter: https://ris.wuppertal.de/to0050.php?__ktonr=84152 (letzter Zugriff: 25.11.2022).

6 In einem frühen Exposé zu *Utopiastadt* steht: »›Utopiastadt‹ ist eine offene Stadt. Alle, die sich in ›Utopiastadt‹ engagieren und ein Interesse an gemeinsamer Gestaltung, Vernetzung und Austausch haben, haben das Recht, gehört zu werden und damit die Möglichkeit, an der Entwicklung der ›Utopiastadt‹ nachhaltig mitzuwirken. Dieses Recht wird definiert als ›Utopiastadtrat‹ und ist neben dem Förderverein ›Utopiastadt e.V.‹, der ›Utopiastadt GmbH‹ und ihrer Geschäftsführung eine der Säulen in der Gesamtunternehmung Utopiastadt.« (Utopiastadt 2019: 1)

nicht wahrgenommen fühlt. Der Anspruch ist aber dennoch »an keiner Stelle das Gespräch und den Diskurs abzubrechen«, wie David J. Becher, einer der Vorstandsvorsitzenden des Fördervereins Utopiastadt e.V., erklärt, mit dem ich am 20. Juli 2022 ein längeres Gespräch über *Utopiastadt* führte. Das hört sich nach oft langen und teilweise auch quälenden Prozessen an. »Aber«, so ist sich Becher gewiss, »an dieser Stelle können wir bei allen Schwierigkeiten, die damit verbunden sind, auch unsere Legitimität beweisen.« So gesehen gibt es immer wieder auch Problemzonen und Rückschläge und, wie David J. Becher es in unserem Gespräch bezeichnet, auch »Fehltritte. Man stehe vor Wänden, die sich plötzlich hochziehen. Das hat schon was von Super-Mario: du musst immer irgendwo drüber springen und drunter springen und rumlaufen – Super-Mario in Wuppertal – ja, das passt!«

Utopiastadt – eine Soziale Skulptur?

Im Jahr 2019 erhielt *Utopiastadt* den *Social Sculpture Award*, eine Auszeichnung, die sich explizit auf den *Erweiterten Kunstbegriff* von Joseph Beuys bezieht und Einzelpersonen und Initiativen ehrt, die für die Entwicklung von Ideen und Praktiken im Sinne des auf gesellschaftliche Transformation zielenden Kunstbegriffs von Beuys relevant geworden sind. Wo gibt es solche Schnittpunkte und Übereinstimmungen, wo Weiterentwicklungen und Konkretisierungen, wo liegen aber auch die Grenzen zum *Erweiterten Kunstbegriff* von Joseph Beuys?

Unter *Sozialer Skulptur* verstand Beuys das Gesamtkunstwerk, das Menschen in ihren Gedanken- und Arbeitswelten schaffen.[7] Auch die Institutionen, die Menschen im Laufe der Geschichte hervorbringen, sind demnach Produkte von Gestaltungsprozessen, wobei dies allerdings nur selten wahrgenommen oder reflektiert wird. Beuys möchte nun ein Sensorium für diese Strukturen schaffen und die unterschiedlichen gesellschaftlichen Welten überall dort, wo sie unbefriedigend sind, nach neuen, gemeinwohlorientierten Kriterien organisieren. Voraussetzung dazu ist für Beuys eine künstlerisch-ästhetische Bildung, die den Sinn für die Wahrnehmung von Formen wirtschaftlicher, sozialer, politisch-demokratischer und kultureller Gestaltung schärft.

Obwohl es bei den Gründungsmitgliedern und auch bei den derzeitig Aktiven von *Utopiastadt* keine direkten Beuys-Bezüge gab oder gibt, sind Bezüge zu den Ideen von Beuys auszumachen. Dazu gehören:

- Entscheidungen werden im Kollektiv getroffen.
- Die Initiativen entstehen meistens von außen, *Utopiastadt* bietet den Raum und den Rahmen, in denen sie verwirklicht werden können.

---

7 Siehe hierzu auch den Beitrag von Alexandra Vinzenz in diesem Band.

- Die Entwicklung der Projekte ist weitestgehend offen und verändert sich fortlaufend im Entwicklungsprozess. Zu Beginn der Initiative war den InitiatorInnen nicht klar, in welche Richtung sich ihr Projekt entwickeln würde. So wurde aus dem ursprünglichen Magazin-Projekt eine Stadtentwicklungsinitiative. So transformierte sich die Idee im Laufe der Zeit in ein lebendiges Wesen, das sich organisch weiterentwickelt – eine Idee und Praxis ganz im Sinne von Beuys.
- Die Kreativität, die Umsetzungsfähigkeit von Ideen und schließlich deren Umsetzung werden ganz im Sinne von Beuys als das Kapital der Gemeinschaft begriffen. *Utopiastadt* ist nicht exklusiv, sondern strebt im Gegenteil an, eine Anlaufstelle für neue Ideen zu sein und ihnen Raum für die Umsetzung zur Verfügung zu stellen.

Auch ist die Trias von Kultur, Politik und Wirtschaft in der Idee von *Utopiastadt* angelegt. So erwirtschaften die finanzkräftigen Teilinitiativen von *Utopiastadt* teilweise auch die Ressourcen für diejenigen Zweige des Netzwerks, die das aufgrund ihrer Nichtrentabilität nicht können. Überschusskapital wird in jene Bereiche gesteckt, die derzeit nicht – oder noch nicht – von ihrem eigenen erwirtschafteten Kapital leben können. Das entspricht im Kern auch den Ideen, mit denen Beuys die Kapital- und Wirtschaftskreisläufe neu denken wollte. Für Beuys war die Idee der *Sozialen Skulptur* allerdings auch eine Perspektive, die über Alternativen zur reinen Marktwirtschaft nachdenkt. So wurde bspw. die von ihm geprägte Formel *Kunst = Kapital*[8] (Beuys 1987: 16) zugleich auch mit einer neuen Funktion des Geldes zusammengedacht: Wie lassen sich Wirtschaftskreisläufe so steuern, dass sie demokratisch besser reguliert und kontrolliert werden können? Wie können Auswege aus dem Kreislauf von Kapitalakkumulation und Kapitalverwertung, der im Kapitalismus immer wieder auch neue soziale und auch ökologische Ungleichgewichte schafft, gefunden werden? Wie kann Kapital eine sozial- und ökologisch verantwortliche Rolle erfüllen, dabei gleichzeitig aber auch nicht überreguliert werden? Gerade in der Bodenfrage ist *Utopiastadt* auch bei diesem Thema präsent. Ebenso werden Fragen wie monetäre oder strukturelle Quartiersrendite diskutiert. Konkret äußert sich das u.a. darin, dass *Utopiastadt* Gründungsmitglied des Netzwerks Immovielien ist.[9]

Auch auf dem Feld der Demokratieentwicklung experimentiert *Utopiastadt* im Sinne von Beuys. Der Utopiastadtrat ist – trotz aller Schwierigkeiten, Problemlösungen einvernehmlich zu finden – der Versuch, neue Mitbestimmungsmöglichkeiten dem Praxistest zu unterwerfen. Es geht bei allen strukturellen

---

8 Siehe hierzu auch: https://www.thebroad.org/art/joseph-beuys/kunst-kapital (letzter Zugriff: 24.01.2023).

9 Vgl. hierzu: https://www.netzwerk-immovielien.de (letzter Zugriff: 25.11.2022).

und psychologischen Schwierigkeiten darum, Problemzonen zu fokussieren und in einem offenen Diskursangebot Lösungen zu finden, die nicht nur strukturell geeignet sind, sondern denen sich tendenziell auch alle Beteiligten anschließen können. Hier gibt es eindeutige Bezüge sowohl zu Beuys' Idee der »permanenten Konferenz« (Beuys 1987: 12) als auch zu Habermas' Theorie des kommunikativen Handelns (Habermas 1981). Und schließlich bietet *Utopiastadt* gerade der freien Kultur einen Ort, an dem sie sich entfalten kann. Es ist eben ein Zentrum für ›handhabbare‹ Freiheit. Sicherlich hängt auch der/die ein oder andere im Rahmen von *Utopiastadt* engagierte/r KünstlerIn einem eher traditionell geprägten Kunst- und Kulturverständnis nach, das Kunst weniger im Sinne von Beuys als ein Gestaltungsprinzip begreift, das spartenübergreifend in allen menschlichen Tätigkeitsfeldern wirksam ist, doch sind die Initiativen, die *Utopiastadt* ergreift, durch und durch Gestaltungsmaßnahmen im Sinne des *Erweiterten Kunstbegriffs* von Beuys. Stadtplanung als solche ist dann eine künstlerische Gestaltungsaufgabe, zu der ein ganzes Feld von Einzelpersonen, Initiativen, die Stadtverwaltung und auch Unternehmen wie Aurelis beitragen. Kunst und Kultur im traditionellen Sinne haben dann hier – ebenso wie die Philosophie oder die Sozialwissenschaften – eher die Funktion Impulsgeber und Anregung zu sein, die auf die allgemeinen natürlichen und sozialen Gestaltungsfelder zurückwirkt und hier neue Diskurse anstoßen und aktivieren kann.

Als Gesamtpaket hätte Beuys die Unternehmungen von *Utopiastadt* sicherlich befürwortet und unterstützt. Schließlich war ja auch er ein Super Mario, der immer wieder neu die Schranken eines festgefahrenen Denkens übersprungen, weggeschoben oder anderswie überwunden hat – so wie die Utopisten in Wuppertal.

Quellenverzeichnis

Beuys, Joseph (1987): Ein kurzes erstes Bild von dem konkreten Wirkungsfelde der Sozialen Kunst. Einführungsrede beim öffentlichen Podiumsgespräch zwischen Joseph Beuys und Michael Ende im Festsaal der Wangener Waldorfschule am 10. Februar 1985, Wangen: Freie Volkshochschule Argental.
clownfisch (2023): Startseite, Facebook.com, https://www.facebook.com/clownfisch-136207496457860/?ref=page_internal (letzter Zugriff: 24.01.2023).
Habermas, Jürgen (1981): Theorie des kommunikativen Handelns, (Band 1: Handlungsrationalität und gesellschaftliche Rationalisierung, Band 2: Zur Kritik der funktionalistischen Vernunft), Frankfurt a.M.: Suhrkamp.
Utopiastadt (2019): »Satzung Utopiastadt gemeinnützige GmbH« vom 07.11.2019, https://www.utopiastadt.eu/wp-content/uploads/2021/02/Satzung-Utopiastadt-gGmbH.pdf (letzter Zugriff: 24.01.2023).

Wuppertaler Performancefestival 2021 (2021): »Die ›Registrierungsstelle für handhabbare Freiheit‹ am Mirker Bahnhof/Trasse ist heute ...«, Facebook.com 05.06.2021, https://www.facebook.com/watch/?v=1123304554844387 (letzter Zugriff: 26.08.2022).

Zumdick, Wolfgang (1996): »Vom Ursprung der Freiheit als dem Grund der Kunst«, in: Förderverein Museum Schloss Moyland (Hg.): Joseph Beuys Symposium Kranenburg 1995. Basel: Wiese, S. 132-137.

Zumdick, Wolfgang (2015): U-topos – Beuys's Social Sculpture as a Real Utopia and its Relation to Social Practice Today, in: Mary Jane Jacob/Kate Zeller (Hg.): A lived Practice. Chicago Social Practice History Series, Chicago: The University of Chicago Press, S. 133-157.

Auf die Einlegung von Rechtsbehelfen wird verzichtet (bitte ankreuzen): Ja (Nein)

Diesen Teil des Formulars bekommen sie im RHF vor der Archivierung zurück.
Ich bin damit einverstanden, dass alles über der Strichellinie auf der Internetseite des RHF veröffentlicht wird.

Freiheit

Rechtsverbindliche Unterschrift bzw. Unterschriften
des Antragstellers bzw. der Antragsteller

Skandal im Beuys Gebiet

Mobile OASE & Die Wüste lebt! *Schütze die Flamme – Akademie der Straße*

Daniela Raimund und Roland Brus im Gespräch mit Bettina Paust

Den Grundstein für die Arbeit der Mobilen OASE legte Roland Brus 2013 gemeinsam mit Andy Dino Iussa in einem leerstehenden Ladenlokal im Wuppertaler Stadtteil Wichlinghausen, der ein Ort des Crossovers menschlicher Begegnungen und künstlerischer Ausdrucksformen wurde. Nachdem die Mobile OASE ca. zwei Jahre später auf Einladung der Färberei – ein soziokulturelles Zentrum im Osten Wuppertals – auf den unmittelbar vor der Färberei gelegenen Peter-Hansen-Platz gezogen war, ergänzte Daniela Raimund die interdisziplinäre KünstlerInnengruppe. Gemeinsam mit Uwe Schorn, Olaf Reitz, Gisela Kettner, Goran Milovanovic und Hans Neubauer und in Kooperation mit Die Wüste lebt! entwickeln Raimund und Brus seitdem genreübergreifend partizipative künstlerische Strategien im öffentlichen Raum. Sie erproben insbesondere mit den Mitteln der Performance, mit Video, Fotografie, Projektionen und Oral History gemeinsam mit BewohnerInnen des Stadtteils Oberbarmen künstlerische Formen der Begegnung und des Miteinanders.

Das KünstlerInnenduo Daniela Raimund und Roland Brus hat sich, gemeinsam mit der KünstlerInnengruppe Mobile OASE, mit dem Projekt Akademie der Straße erfolgreich für das Wuppertaler Beuys-Performancefestival 2021 beworben. Geplant waren eine Performance und Installation auf dem Berliner Platz im Osten der Stadt. Pandemiebedingt mussten sie jedoch ihr Konzept modifizieren. In Kooperation mit Die Wüste lebt! und der Färberei entwickelten sie in Erweiterung der Akademie der Straße einen Fackellauf mit dem Zusatz Schütze die Flamme durch die gesamte Stadt.

Damit griffen Brus und Raimund einen zentralen Satz aus der letzten Rede von Joseph Beuys auf, die er am 12. Januar 1986 kurz vor seinem Tod anlässlich der Verleihung des Wilhelm-Lehmbruck-Preises in Duisburg gehalten hat. Darin beschrieb Beuys, wie er beim Anblick einer Abbildung einer Skulptur von Wilhelm Lehmbruck erkannte, dass sich skulpturales Gestalten weit über das reine Artefakt hinaus in ein soziales Gestalten erweitert: »Und in dem Bild sah ich eine Fackel und ich hörte ›Schütze die Flamme!‹.« (Beuys, zit. n. Schirmer 2006: 13) In Rückgriff auf die Überlegungen des Anthroposophen Rudolf Steiner zur grundlegenden Veränderung sozialer Verhältnisse (Dreigliederung des sozialen Organismus) entwickelte Joseph Beuys sein Konzept der Sozialen Plastik, in dem er jedem Menschen die Fähigkeit kreativer Schöpferkraft für gesellschaftliche

Transformation zuschreibt.[1] *So fuhr Beuys mit Blick auf Rudolf Steiners Aufruf zur Erneuerung des sozialen Organismus von 1919 in seiner Lehmbruck-Rede fort:* »Und ich fand, dort war etwas Deckungsgleiches, dort fand ich, nicht wahr, das Weiterreichen der Flamme in eine Bewegung hinein, die auch heute noch notwendig ist und die auch heute viele Menschen wahrnehmen sollten als eine Grundidee zur Erneuerung des Sozialen Ganzen, der zur ›Sozialen Skulptur‹ führt.« *(Beuys, zit. n. ebd.: 25)*

Die Mobile OASE nahm Joseph Beuys »[...] beim Wort, den toten Jubilar. Und [wir; BP] setzten, im Olympiajahr und unter pandemischen Bedingungen, unseren besonderen Fackellauf von Wuppertal in Gang. [...] Zwanzig Läuferinnen und Läufer schützten und trugen die Flamme zehn Kilometer weit durch die Talachse [Wuppertals; BP] bis zum Berliner Platz – Geflüchtete, Einheimische, Migranten, Junge und Alte aus Oberbarmen, Menschen mit und ohne Behinderung, mit und ohne Prominenz; die einen liefen schnell, die anderen spazierten langsam, jeder, wie er konnte, jede, wie sie wollte« *(Neubauer 2022: 22).*

(Bettina Paust)

Bettina Paust: Was war letztendlich der Auslöser, euch mit der Mobilen OASE und dem Projekt *Akademie der Straße* beim Open Call des Beuys-Performancefestivals zu bewerben?

Roland Brus: Was wir mit der Mobilen OASE schon seit vielen Jahren praktizieren, hat sehr viel mit Beuys und insbesondere mit seiner Idee der *Sozialen Plastik* zu tun. Dabei ist der von uns gewählte Begriff der *Akademie der Straße* ein Versuch, Beuys aus seinem ›Heiligtum‹, also auch aus seiner Musealisierung herauszuholen, ihn überprüfbar und erlebbar zu machen in der ganzen Stadt (Wuppertal) – ausgehend von unserem Arbeitsfeld im Brennpunkt-Quartier Oberbarmen. Seit Jahren sind wir damit beschäftigt, von hier aus den Stoffwechselkreislauf der Stadt wieder anzuregen, der meiner Meinung nach ziemlich zum Erliegen gekommen ist. Wir entwickeln daher künstlerische Strategien von diesem abgehängten Ort im Osten Wuppertals aus, gehen damit auf die Straße und kreuzen die Beuyssche Idee der *Sozialen Plastik* mit anderen Verfahrensweisen. Ich empfinde in diesem Sinne Beuys als wichtige Figur für unsere Arbeit, jedoch nicht im Sinne eines ›Übervaters‹, sondern vielmehr als einen Kollegen und Weggefährten.

Daniela Raimund: Im Grunde praktizieren wir das im realen Leben, was Joseph Beuys mit seinem Satz »Jeder Mensch ist ein Künstler« (Beuys 1991: 20f.) zum Ausdruck brachte; nämlich, dass in jedem Menschen kreative Potentiale stecken, die

---

1 Siehe hierzu auch den Beitrag von Karen van den Berg und den Beitrag *Von Beuys' Sozialer Plastik zu Urban Performances* von Bettina Paust in diesem Band.

es zu entdecken und für ein gelingendes Zusammenleben einzusetzen gelte. Wir arbeiten mit AlltagsexpertInnen und mit ÜberlebenskünstlerInnen – so nennen wir die Menschen, mit denen wir auf der Straße reden, spielen, Kunst machen. Also, jeder Mensch hat was zu geben, jeder Mensch ist in seinem Bereich schließlich auf seine Weise ExpertIn oder eben KünstlerIn.

Paust: Der Aktionsradius der Mobilen OASE liegt vorwiegend in Wuppertal-Oberbarmen, einem Viertel, das weit im Osten der Stadt liegt. Wuppertal hat insgesamt zehn Stadtbezirke. Warum habt ihr euren Arbeitsmittelpunkt gerade in Oberbarmen angesiedelt?

Brus: Oberbarmen ist schon ein ganz besonderes Viertel, da kann man sehr viel machen. Dieser Kiez ist hinsichtlich kultureller Angebote im Vergleich zu anderen Stadtteilen eher unterversorgt. Dafür hat Oberbarmen ganz andere Qualitäten. Diese mit Mitteln künstlerischer Produktion zu entdecken hat eine große Dringlichkeit. Denn es gibt hier viel Armut, starke soziale Kontraste und ein großes Konfliktpotential. Über die Kunst kannst du das Viertel noch mal ganz anders erkunden und erlebbar machen und einen anderen Blick auf die Verhältnisse werfen. Für mich ist es viel interessanter, hier künstlerisch zu arbeiten als z.B. im schönen Luisenviertel im Westen Wuppertals.

Raimund: Ich war das erste Mal 2016 auf dem Peter-Hansen-Platz vor der Färberei, wo die Mobile OASE ja ihren Arbeitsmittelpunkt hat – das ist nur einige hundert Meter vom Berliner Platz entfernt in der Talachse. Schon damals hatte ich das Gefühl, ich bin gar nicht mehr in Wuppertal, sondern ich bin im Urlaub. Es war und ist für mich jedes Mal eine Reise in eine andere Welt, denn es ist dort sehr international: Die Menschen, die dort leben, sind aus allen Ländern zusammengewürfelt, sie sind mit ganz unterschiedlichen Schicksalen dort hängengeblieben, sind dort bewusst geblieben oder sie sind aufgrund der geringeren Mieten gezwungen, dort zu leben. Und wenn man dann ein bisschen weiter den Berg hochgeht, dann verändert sich ja alles, da gibt es dörfliche Strukturen mit Fachwerkhäusern oder verkehrsberuhigte Straßen mit eher bildungsbürgerlichem Umfeld. Diese sozialen Kontraste sind schon sehr stark. Aber genau dort setzt unsere künstlerische Arbeit an. Wir wollen die Menschen erreichen, völlig unabhängig von ihrer Herkunft, ihrem sozialen oder kulturellen Hintergrund. Wir möchten erreichen, dass die Menschen über ihre Bubbles, über ihre Communities hinaus ins Gespräch kommen. Wir möchten Freiräume schaffen über die Wege der Kunst: Also die Leute zum Stehenbleiben, zum Überlegen, zum Spielen, zum Austausch, zum Miteinander animieren.

Brus: Oberbarmen ist ein Weltort. Dort treffen sich über hundert Nationen. Man sieht eigentlich aus Oberbarmen die ganze Welt wie unter einem Mikroskop. Was wir da machen, ist künstlerische Forschung. Wir haben diese weißen Kittel an und verstehen unsere Arbeit als ein Labor zur Erkundung der Welt auf lokaler Ebene. Wir forschen jedoch nicht über die Menschen, sondern auf Augenhöhe mit ihnen. Dieser Stadtteil hat soziale Brisanz, daher ist es einfach wichtig, auch an solche Orte zu gehen und genau hinzugucken. Man kann hier mit den Mittel der Kunst einiges bewirken, Menschen erreichen, die man sonst nicht mehr erreicht. Und dafür verwickeln wir die Leute auf der Straße in merkwürdige Situationen. Da wird der Bürgersteig zum Büro mit Schreibtischen, an denen wir Geschichten einsammeln, da gibt es Pop-Up Foto- und Film-Studios, da taucht unser Straßenchor beim Friseur oder an der Bushaltestelle auf und singt plötzlich mit der dortigen Kundschaft und den Wartenden. Wir begegnen Menschen in der Aktion im öffentlichen Raum. All das ist für uns die *Akademie der Straße*, also ein Bild für unakademisches Lernen. Bei Beuys ist es die *Free International University*, da gibt es Berührungspunkte. Unsere *Akademie der Straße* ist Bühne, Theater und Versammlungsstätte zugleich. Bei den Interventionen ist viel Anarchie im Spiel. Es geht darum, die Routinen des Alltags zu unterbrechen und neue Erfahrungen zu produzieren.

Raimund: Jeder Mensch kann etwas geben. Wir machen jedoch die Erfahrung, dass sich viele Menschen nur noch als EmpfängerInnen empfinden, dass viele Menschen den Eindruck haben, nicht mehr gesehen zu werden, nicht wertgeschätzt zu werden – aus welchen Gründen auch immer. Es geht uns darum, die Menschen ernst zu nehmen und auch darum, dass sie einen anderen Blick auf sich und ihren Stadtteil bekommen. Und natürlich auch darum, dass der Rest der Stadt dieses Viertel anders wahrnimmt.

Brus: Ja, hier greift wieder das Bild der *Akademie der Straße*. Es geht für uns letztendlich um ein Zusammenwirken von allen Mitgliedern einer Gesellschaft, in unserem Fall der Stadtgesellschaft Wuppertals. Das war auch der Grundgedanke für unser Projekt zum Beuys-Performancefestival. Hierbei sind ja VertreterInnen aus Politik, Kultur, Wirtschaft, Wissenschaft – also aus verschiedenen, sonst häufig getrennten Wissenssphären der Gesellschaft – für einen Augenblick zusammengekommen. Sie alle haben den Anspruch, gemeinsam zum Wohle der Stadt zu arbeiten. Wir streben diese Einheit an und wollen im Kleinen die Aufspaltung der Gesellschaft in einzelne Bereiche überwinden. Deshalb ist für uns die *Akademie der Straße* ein ›Ort‹ des gemeinsamen Erlebens, Erfahrens, Erproben, des Voneinander-Lernens über künstlerische Strategien. Eine Einübung in andere Verhältnisse.

Paust: Man kann also schlussfolgern, dass euer Projekt *Schütze die Flamme – Akademie der Straße* die logische Fortführung eurer bereits seit vielen Jahren praktizierten Arbeit mit der Mobilen OASE und Die Wüste lebt! ist? Dass ihr dabei den Grundgedanken von Beuys' *Sozialer Plastik* aufgreift, ihn weiterentwickelt und ganz konkret in künstlerische Handlungen auf den Straßen in Oberbarmen umsetzt, wird sehr gut deutlich, aus dem, was ihr gerade über eure Arbeit erzählt habt.

Ihr hattet ursprünglich eine Projektidee für den Open Call eingereicht, die sich auf euer Kerngebiet, den Peter-Hansen-Platz und den Berliner Platz, konzentriert. Dann zeichnete sich jedoch immer stärker ab, dass – anders als wir gehofft hatten – Anfang Juni 2021 noch keine Kulturveranstaltungen im öffentlichen Raum ohne restriktive Corona-Vorschriften werden stattfinden können. Das bedeutete für euch eine deutliche Modifikation des ursprünglichen Vorhabens aufgrund der damaligen Corona-Vorschriften. Ich kann mich noch sehr gut erinnern, dass ihr gezwungen ward, fast täglich umzuplanen.

Brus: Ja, ich würde noch ergänzen, dass wir aufgrund der notwendigen Modifikation unser Projekt noch deutlich erweitert haben. Wir haben es letztendlich durch die ganze Stadt getragen. Dabei wählten wir für den Anfang und das Ende des Fackellaufs je einem emblematischen Ort: Im Westen der Stadt das Zoo-Stadion und im Osten den Berliner Platz, jenen zentralen Platz in Oberbarmen, der das östliche Tor zur Stadt ist. Er ist berühmt-berüchtigt als ›klassifizierter Angstraum‹ und immer wieder Stätte für unsere Aktionen. Dass wir die Fackel inmitten des Zoo-Stadions entzündet haben, greift einerseits den olympischen Gedanken des Miteinanders über alle zuordnenden Identitäten hinaus auf. Andererseits spielen wir mit dem olympischen Pathos des Wettkampfs – des Schneller – Höher – Stärker – und brachten die Fackel aus der Arena auf die Agora, unseren Versammlungsplatz in Oberbarmen, wo wir im Sinne der griechischen Agora gesellschaftliches Tun verhandeln. Die Flamme in Form der Fackel bezieht sich ja in erster Linie auf die Rede von Joseph Beuys anlässlich der Verleihung des Wilhelm-Lehmbruck-Preises kurz vor seinem Tod, in der er die Flamme in Rückbezug auf Rudolf Steiner als Synonym für gesellschaftliche Veränderung sieht und sie in direkten Bezug zu seiner *Sozialen Plastik* stellt. Was allerdings bei einem Fackellauf auch durchaus mitschwingen kann, das ist die dunkle Seite, die Instrumentalisierung der Fackel und des Feuers durch die Nationalsozialisten.

Paust: Ja, das stimmt, auch das schwingt mit und an dieser Stelle könnte man die seit einiger Zeit heftig tobende Debatte um Beuys vermeintliche Nähe zum Nationalsozialismus aufblättern. Dazu hat übrigens ebenfalls als Programmpunkt des NRW-weiten Beuys-Jubiläumsjahres am 15. und 16. Oktober 2021 ein Kolloquium mit dem Titel *Das Problem Beuys. Zur Mentalitäts- und Rezeptionsgeschichte von Jo-*

seph Beuys im Haus der Universität der Heinrich-Heine-Universität in Düsseldorf stattgefunden. Blickt man auf das Werk von Beuys, so ist jedoch zu resümieren, dass gerade die Welterschütterung durch den Zweiten Weltkrieg – Beuys hatte sich freiwillig zum Militärdienst gemeldet und war als Soldat, als Bordfunker, im Einsatz – dazu führte, einen Weg zu einem erweiterten Verständnis von Kunst als gesellschaftsverändernde Kraft zu finden. Denn Beuys' Aphorismus »Jeder Mensch ist ein Künstler« bedeutet nichts weniger und nichts mehr, als dass jeder Mensch in der Verantwortung für die Gegenwart und v.a. auch die Zukunft dieser Welt steht.

Raimund: Künstlerische Interventionen für ein besseres Miteinander – das ist unsere Arbeit. Wir sind keine SozialarbeiterInnen, das sage ich ganz klar, wir gehen mit künstlerischen Mitteln auf die Straße, um Veränderung in der Stadtgesellschaft zu bewirken. Wir wollten auf dem Berliner Platz unsere Aktion zum Beuys-Performancefestival machen. Das ging aber nicht, weil es zu dieser Zeit noch das coronabedingte Veranstaltungsverbot gab. Wir haben also jeden Tag umgeplant, bis zur letzten Minute. Das waren spannende Erfahrungen und neue Dimensionen. Wir haben uns entschieden unseren Fackellauf durch die Stadt bei der Polizei als politische Demonstration anzumelden und taten dies unter dem Motto *Schütze die Flamme – Für Freiheit, Frieden und die Umgestaltung des sozialen Ganzen.* Darin ist alles enthalten, wofür wir mit unserer Arbeit, mit der Arbeit der Mobilen OASE stehen.

Brus: Beuys hätte sich auf jeden Fall gefreut. Am Anfang der Performance hörte man seine Stimme über die Lautsprecheranlage des Zoo-Stadions: Es war seine Rede anlässlich der Verleihung des Wilhelm-Lehmbruck-Preises. Dann wurde eine Bahre in das Stadion hereingetragen, darauf ein in Filz eingewickelter Mensch. Das ist ein Initiationsakt, eine Auferstehungssituation. Unser Beuys heißt Abdulrahman Alassad und entkam Aleppo. Es ist beeindruckend, wie er seine Flucht nach Deutschland als Wiedergeburt erlebte und beschreibt, wie er hier in dieser Welt – in Wuppertal – zu neuem Leben gekommen ist. Abdul erhielt als Erster die gerade entzündete Flamme und eröffnete als Fackelträger den Lauf durch die ganze Stadt. Und so ging es bei jedem der LäuferInnen um persönliche Erfahrungen, Wünsche und Forderungen, von denen sie bei der Übergabe der Fackel berichteten und die auf diese Weise in die Aktion einflossen.

Raimund: Insgesamt trugen abwechselnd 20 BürgerInnen der Stadt Wuppertal – überwiegend aus Oberbarmen und eben als RepräsentantInnen der vielfältigen Stadtgesellschaft – die Flamme über ca. zehn Kilometer durch die Talachse, darunter auch der Oberbürgermeister Uwe Schneidewind. Begleitet wurden die LäuferInnen von einem Korso aus Velotaxis, einigen FahrradfahrerInnen sowie einem Ü-Wagen. Auch zahlreichen PolizistInnen eskortierten unseren gesamten Zug, schließlich waren wir eine angemeldete Demonstration und bewegten uns über die Hauptverkehrsader Wuppertals, über die B7. Ich hatte permanent die Einsatzleitung der Polizei im Ohr, die mir sagte, was alles nicht korrekt läuft, was man ändern müsse, was man nicht darf: Also, wenn die Menschen wieder zu dicht beisammenstanden und nicht den Corona-konformen Abstand einhielten, oder wenn Roland Brus wieder einmal zu lange stehenblieb bei einer Fackelübergabe. Bei längerer Verweildauer an einem Ort hätten wir insgesamt zehn, 20 Versammlungen anmelden müssen. Der Autoverkehr musste angehalten werden, wenn unser Fackelzug sich näherte, oder gesteuert werden, wenn wir von den Autos überholt wurden. Wir sorgten an diesem Tag für ein Verkehrschaos in der Stadt: Es gab AutofahrerInnen, die hupten ärgerlich, andere wiederum hupten uns freudig zu. Es war ja eine wahnsinnige Situation. Oder wir mussten gemäß der Corona-Verordnung Kreuze auf dem Boden an den Orten machen, wo die Fackel übergeben wurde, wo also der Zug zum Stillstand kam, damit dessen TeilnehmerInnen und auch interessierte PassantInnen nicht zu dicht zusammenstanden. Der vorgegebene Abstand war damals eineinhalb Meter. Die gesamte Aktion wurde dabei live über den Streaming-Kanal *stew.one* übertragen sowie ebenfalls auf einen Bildschirm auf dem Berliner Platz – die Übertragung auf eine Großleinwand war aufgrund der aktuellen Corona-Situation verboten. Die Demonstration mündete schließlich dort in einer großen Installation, in der wiederum die Abschluss-Kundgebung der *Akademie der Straße* stattfand. Hier versammelten sich AlltagsexpertInnen und BürgerInnen aus Wuppertal und es wurden Videos von Interventionen und Aktionsrelikte gezeigt.

Paust: Wie waren die Motivationen bzw. Reaktionen der TeilnehmerInnen des Fackellaufs?

Brus: Es war schon sehr beeindruckend, was viele der Teilnehmenden bewegte, die Flamme als Symbol für Frieden und Freiheit durch die Stadt zu tragen und zu schützen und wie sie ihre Vorstellungen bei jeder Fackelübergabe formulierten. Die einen sagten, »ich möchte, dass es ein anderes Miteinander gibt«. Oder »ich wünsche mir eine gerechtere Gesellschaft«. Umverteilung war da ein Thema. Andere sagten, »ich wünsche mir, dass es nicht so viel Armut gibt«. Einige der Mitwirkenden sprachen über Gleichbehandlung und Chancengleichheit. Andere forderten, dass ihr Stadtteil Oberbarmen von den Verantwortlichen in der Stadt nicht vergessen wird. Und immer wieder war zu hören: »Ich möchte, dass wir aufhören, uns zu bekämpfen. Ich möchte Frieden.« Die Flamme weiterreichen heißt doch nichts anderes als gemeinsam die Gesellschaft friedlich und zum Wohle aller zu verändern.

Raimund: Unser Fackellauf durch die Stadt hat auch wieder etwas mit Sichtbarkeit zu tun, mit Gesehenwerden und damit, dass jede/r etwas in die Gesellschaft geben kann. Wir sprachen eingangs schon darüber, dass sich viele Menschen – gerade in Oberbarmen – oft nicht wahrgenommen fühlen. So war es schon sehr faszinierend zu beobachten, mit welcher Vorsicht und mit welcher Sorgfalt die unterschiedlichsten LäuferInnen die Fackel durch die Stadt trugen, immer darauf bedacht, dass sie nicht ausgeht.

Brus: Das war eine wunderbare Form von Achtsamkeit und hatte etwas sehr Würdevolles. Das sind für mich ganz großartige Momente, in denen Künstlerisches ganz konkret wird im Alltag und mit dem eigenen Erleben und der eigenen Biografie verschmilzt. Das ist für mich gelebte *Soziale Plastik*.

Raimund: Ja, das stimmt, und dabei war auch besonders deutlich die starke Solidarität und Gemeinschaft unter den LäuferInnen zu spüren, dieses Bewusstsein, wir sind auch Teil des Ganzen, der ganzen Stadt. Das war ein wahnsinniges Zeichen gerade in diesen pandemischen Zeiten, wo es kaum Gelegenheiten für Gemeinsamkeit gab und wo viele Menschen in die Vereinsamung abrutschten. Das war schon ein ganz großes Zeichen und bewirkte bei den AkteurInnen des Fackellaufes das Gefühl: Ja, die Stadt gehört auch uns.

Brus: Wir wollten mit unserem Projekt eine Veränderung in der Wahrnehmung schaffen. Viele haben uns das zurückgespiegelt und haben gesagt, ja, die Stadt gehört auch mir. Es ist ein ungeheures Ereignis, sich jetzt über die B7 zu Fuß, mit Rollator oder im Rollstuhl mit einer künstlerisch-politischen Botschaft zu bewegen, dort wo die Hauptverkehrsachse Wuppertals verläuft. Und dann wird diese Botschaft nicht nur per Mikrofon verstärkt, sondern unser Handeln wird per Livestream in die ganze Welt übertragen. Und wenn ich selbst nicht dabei sein kann, kann ich zumindest digital teilnehmen. Wir hatten unsere Fackel-Performance letztlich notgedrungen als Demonstration angemeldet, aber eigentlich ist es eine Manifestation geworden, eine Manifestation für eine andere Stadt, für ein anderes Miteinander.

Raimund: Ja, in der Tat, das ist das, was wir mit unserem künstlerischen Tun auf der Straße erreichen wollen. Die Menschen, mit denen wir in Oberbarmen in Kontakt sind, haben Vertrauen zu und in uns. Wir können zwar keine Probleme lösen, aber wir können zumindest zuhören. Und wir können die Menschen ernst nehmen und können mit ihnen Kunst machen, sie aus ihrem Alltag entführen und gemeinsam mit ihnen neue Denk- und Sichtweisen eröffnen.

Brus: Sicherlich können wir durch unsere künstlerische Arbeit keine strukturellen Probleme lösen. Wir können aber Möglichkeitsräume für Selbstwirksamkeit schaffen. Und in dem Moment macht sich vielleicht der eine oder andere auf den Weg, Dinge in seinem Umfeld anzugehen und auch zu lösen anhand der über die Kunst gewonnenen Erfahrungen und geschaffenen Freiräume. Wenn wir mit unserer Mobilen OASE, mit Die Wüste lebt! und der *Akademie der Straße* die Flamme wirklich schützen und weitertragen, dann haben wir alle viel erreicht.

Quellenverzeichnis

Beuys, Joseph (1991): »Interview mit Joseph Beuys, 9. Dezember 1984, 14.00-19.00 Uhr in Beuys' Atelier Drakeplatz 4, Düsseldorf«, in: Mario Kramer (Hg.): Joseph Beuys ›Das Kapital Raum 1970-1977‹, Heidelberg: Steidl, S. 9-41.

Neubauer, Hans (2022): »Schütze die Flamme. Ein Fackellauf durch Wuppertal«, in: DER SAND. Zeitung für Oberbarmen, Wichlinghausen und den Rest der Stadt 3, S. 22.

Schirmer, Lothar (Hg.) (2006): Joseph Beuys – Mein Dank an Lehmbruck. Eine Rede, München: Schirmer/Mosel.

Von Beuys' *Sozialer Plastik* zu Urban Performances. Performance als gemeinschaftlicher Akt gesellschaftlicher Transformation

Bettina Paust

Sich mit der Komplexität und den definitorischen Nuancen der Begriffe *Performance, performing arts, Performanz* oder *Performativität* auseinanderzusetzen, ist eine der Kernaufgaben der inter- und transdisziplinären Performance-Forschung. Darin inbegriffen sind auch jene Forschungsfelder, die Performance-Kunst als kollektive Praxis mit Auf- und Ausführungscharakter verstehen. Kollektivität (Eikels 2013), Kollaboration (Glauner 2016) und Komplizenschaft (Ziemer 2013) spielen dabei seit Aufkommen der *performing arts* als gemeinschaftliche (Aus-) Handlung in unterschiedlichsten Kontexten, mit mannigfaltigen Methodiken und Erscheinungsformen eine zentrale Rolle (vgl. Berger 2018). Damit kommen soziologische Themen ins Spiel, die sich mit vielfältigen Korrelationen zwischen Stadt sowie Individuum und Gesellschaft beschäftigen, wobei Partizipation im Sinne von Teilnahme, Teilhabe und Teil-Gebens als elementarer Bestandteil von Demokratie eine latente Konstante ist (vgl. Hildebrandt 2013: 8). Wenn also hier von Performance als gemeinschaftlicher Akt die Rede ist, geht es auch immer um das Verhältnis zwischen Kunst und Politik – um Strategien und Handlungen, die die Trennlinien zwischen Künstlerischem und Politischem überschreiten, verwischen, unterlaufen, durchlöchern oder auflösen.

Es ist ein weites Feld, das im Folgenden ausgehend von der *Sozialen Plastik* von Joseph Beuys und dessen – durchaus kontrovers diskutierter – impulsgebender Wirkung summarisch betrachtet werden soll. Der Fokus ist dabei auf jene gesellschaftlich wirksamen Performances von KünstlerInnen, Kollektiven oder KünstlerInnen-Organisationen der vergangenen Jahre gerichtet, die sich im urbanen Raum entfalten und als Motoren nachhaltiger Stadtgestaltung wirken.[1] Diese neuen Formen künstlerischen Handelns fußen auf Bewegungen der Avantgarden des 20. Jahrhunderts, entwickelten sich v.a. seit den 1950er Jahren kontinuierlich weiter und wandten sich zunehmend in den 1990er Jahren dem Sozialen zu,

---

1 Zur Geschichte von Urban Performances vgl. Schütz (2014: 46ff.) und zur Partizipationskritik vgl. Berger (2018: 46ff.).

worauf sich auch die Wissenschaften mit den Begriffen »performative turn« (u.a. Schütz 2013: 43) und »social turn« (Bischop 2006) beziehen. Diese Ausprägungen von Performances wollen nicht repräsentieren, sondern sie wollen gesellschaftlich intervenieren und transformieren. Dabei kehren sie dem etablierten Autonomiedogma des Kunstsystems den Rücken und entziehen sich tradierten Spartenzuweisungen. In und mit ihnen bilden sich verschiedenste Konstellationen von Gemeinschaft für eine gewisse Zeit aus, dies an bestimmten Orten und oft mit wechselnden Regeln oder Vereinbarungen.

Möchte man diese Formen performativer Kunst sprachlich greifen, so stößt man auf eine Reihe von sich überlagernden Begrifflichkeiten: wie z.B. »New Genre Public Art« (Lacy 1994), »Kunst im öffentlichen Interesse« (Kwon 1997), »sozial engagierte Kunst« (Berg 2019), »Kunst der Schnittstellen« (Hildebrandt 2012: 730), »post art« (Saltz 2012), »Urban Performance« (Schütz 2013), »funktionale Kunst« sowie »Prozesskunst« (Mohr 2016: 305f.), »Urbane Intervention« (Berger 2018: 39), »politisches Theater« (Malzacher 2020) oder partiell auch »Performing Citizenship« (Hildebrandt/Evert/Peters/Schaub/Wildner/Ziemer 2019; vgl. Berger 2018: 18ff.). Diese Definitionsvarianten spiegeln das Spektrum künstlerischer (Aus-)Handlungen im sozialen Gefüge mit globalem, nationalem oder urbanem Radius wider, die weit mehr sind als relationale Ästhetik oder Reflexion. Denn diese Performance-Kunst will meist jenseits etablierter Kunsträume – wie bspw. Theatern, Museen, Galerien, Konzert- oder Opernhäusern – potentielle gesellschaftliche Problemfelder aufdecken, Stellung beziehen oder zu Haltungen und Handlungen mobilisieren und aufrufen, um Veränderung zu bewirken.

Kunst als das Kapital gesellschaftlichen Wandels: ›Jeder Mensch ist ein/e KünstlerIn‹

Ausgangspunkt des Wuppertaler Performancefestivals 2021 war Joseph Beuys und seine *Erweiterung des Kunstbegriffs*, der eng mit dem Konzept der *Sozialen Plastik* verknüpft ist.[2] Dieses formulierte Beuys um 1970 und kombinierte darin das bildhauerische Prinzip als schöpferischen Akt, der per se Handlung impliziert, mit dem Menschen als souveränes, soziales Wesen, dem sowohl Akteur- wie auch Adressaten-Status zukommt. So schrieb Beuys im Kern mit seiner *Sozialen Plastik*, die sein immaterielles Hauptwerk darstellt, jedem Menschen schöpferische Fähigkeiten zu plastischem Gestalten als gesellschaftsverändernder Kraft jenseits tradierter künstlerischer Disziplinen zu:

---

2 Siehe hierzu auch den Beitrag *Das Beuys-Performancefestival in Wuppertal* der Verfasserin in diesem Band.

»Die Ideen für die Umgestaltung, für die Neugestaltung im Sozialen, im Lebensbereich, in der Natur oder in der Wirtschaft oder in der Rechtgestaltung oder in der Organisation des Geisteslebens, sprich Universitäten, oder Informationen überhaupt, sich ändern muss [sic!], ist letztlich eine Frage der Kunst, des erweiterten Kunstbegriffs. [...] Und zum Beispiel ›Jeder Mensch ist ein Künstler‹ ist ja nichts anderes als das Entstehen einer neuen Kunstdisziplin, die jeder Mensch potentiell kann: nämlich am sozialen Leben gestaltend mitzuwirken. Wenn ich sage ›Jeder Mensch ist ein Künstler‹ wird da ja nicht behauptet, jeder Mensch sei Maler, Bildhauer oder Musiker, also solche traditionellen, bereits existierenden Disziplinen mit ihren auch in der Zeit sich vollziehenden Innovationen, sondern hier ist auch ein ganz anderes Feld angesprochen, nämlich auf die Partizipation aller an der Gestaltung der Zukunft der Gesellschaft, der verschiedenen Bereiche, auch der verschiedenen Detailprobleme, die dort existieren.« (Beuys 1991: 20f.)

Beuys' radikale Erweiterung der Definition von Kunst entstand zu einer Zeit, in der bereits eine Reihe von KünstlerInnen auf unterschiedliche Weise soziale, kollektive und partizipative Aspekte der Kunstproduktion oder -rezeption überprüften, erprobten oder weiterentwickelten (vgl. Blom 2010: 165). Dennoch geht Beuys in seinem Verständnis von Kunst entscheidend über jene künstlerischen Arbeiten hinaus, die sich im sozialen Raum bewegen und auf spezifische gesellschaftliche Missstände reagieren oder dagegen opponieren. Denn Beuys' *Soziale Plastik* zielt mit dem Mittel der »sozialen Wärme« (Beuys, zit. n. Paust 2010: 263) auf eine gesamtgesellschaftliche Transformation mit europäischer und globaler Reichweite, wie er es in seinem *Aufruf zur Alternative* 1978 benennt (vgl. Beuys 1978). Darin stellte er die wesentlichen gesellschaftlichen Problemfelder als militärische, ökologische, ökonomische, politische Krise sowie Bildungskrise heraus und sieht alleine in der Umgestaltung des sozialen Organismus durch Kunst einen gangbaren Weg aus der weltweiten Krisensituation. Letztlich beschreibt Beuys im *Aufruf zur Alternative* eine Weltentwicklung, wie sie kurz zuvor im Jahr 1972 der Bericht *Die Grenzen des Wachstums* an den Club of Rome eindringlich vor Augen führte:

»Es droht die restlose Zerstörung der Naturgrundlage, auf der wir stehen. Wir sind auf dem besten Wege, diese Basis zu vernichten, indem wir ein Wirtschaftssystem praktizieren, das auf hemmungslose Ausplünderung dieser Naturgrundlage beruht. Ganz klar muss angesprochen werden, dass das privatkapitalistische Wirtschaftssystem des Westens von dem staatskapitalistischen des Ostens sich in diesem Punkt grundsätzlich nicht unterscheidet. Die Vernichtung wird weltweit betrieben. Zwischen Bergwerk und Müllkippe erstreckt sich die Einbahnstraße moderner Industriezivilisation, deren expansivem Wachstum immer mehr Lebenslinien und -kreisläufe des ökologischen Systems zum Opfer fallen.« (Beuys 1978)

Damit benennt Beuys diejenigen Befürchtungen, die dem Club of Rome von einem Netzwerk einflussreicher Wirtschafts-, Politik- und WissenschaftsvertreterInnen in deren Bericht, der die absehbaren Grenzen der industriellen Wachstumsgesellschaft durch die zunehmende Umweltverschmutzung, den rasanten Anstieg der Weltbevölkerung und die Endlichkeit vieler natürlicher Ressourcen aufgezeigt (vgl. Schneidewind 2018: 121ff.), vorgelegt wurde.

Auch wenn noch eingehender zu erforschen wäre, inwiefern das Beuyssche Kunstverständnis heute in der *socially engaged art*, der *ecological art*, der *post art* oder den vielfältigen Formen von *Urban Performances* impulsgebende Spuren hinterlassen hat (vgl. Paust 2021: 459)[3], wird eines deutlich: Beuys vertraute den kreativen Potentialen eines jeden Menschen und dessen Verantwortung für gemeinwohlorientiertes Handeln. Auf dieser Zuversicht baute er im Vertrauen auf die Existenz und Wirksamkeit »zwischenmenschlicher Wärme« seine Theorie der *Sozialen Plastik* als ein therapeutisches Lösungsmodell (vgl. Beuys 1976: 21). Mit dieser anthropologischen Neudefinition von Kunst erweiterte Beuys den tradierten Kunstbegriff um jede Handlung, die sozial-gestaltend zu einer Verbesserung des menschlichen Miteinanders sowie von Mensch und Natur/Umwelt und damit der globalen Lebensbedingungen führen soll. Konsequenterweise setzt er so den Menschen in die Verantwortung für die Gegenwart und Zukunft der Erde.

In der Diskussion des Panels zur *Sozialen Plastik* des Wuppertaler Beuys-Performancefestivals erläuterte Wolfgang Zumdick, dass Beuys von einer ursprünglichen Einheit von Mensch und Natur ausgeht, die es wieder herzustellen gelte. In Auseinandersetzung mit dem Deutschen Idealismus entwickelte Beuys einen Freiheitsbegriff, der den Menschen als autonom handelndes Individuum begreift. Dies bedeute, so Zumdick, in der Konsequenz, dass der Mensch die Möglichkeit habe, die Welt v.a. positiv zu verändern. Dass der Mensch dies in negativer Hinsicht für die Erdentwicklung bereits mit den weitreichenden Folgen des Klimawandels getan hat, verdeutlicht nicht zuletzt der Begriff des Anthropozäns, der zwar erst im Jahr 2000 durch die Wissenschaftler Paul J. Crutzen und Eugene F. Stoermer geprägt wurde, aber auf die Einschätzung des Club of Rome aus dem Jahr 1972 zurückgeht (vgl. Horn/Bergthaller 2019). Denn in dem Bericht *Die Grenzen des Wachstums* wird deutlich, dass die aktuelle Erdentwicklung eine menschengemachte ist. Doch hatte bereits Anfang der 1960er Jahre Rachel Carson in *Der stumme Frühling* den Umbruch des Anthropozäns konzis beschrieben: »Nur innerhalb des kurzen Augenblicks, den das jetzige Jahrhundert darstellt, hatte eine Spezies – der Mensch – erhebliche Macht erlangt, die Natur ihrer Welt zu verändern« (Carson, zit. n. Kersten 2014: 15f.).

Für Eugen Blume hat in diesem Zusammenhang der Aphorismus von Beuys »Jeder Mensch ist ein Künstler« (Beuys 1991: 20f.) eine ungeheure Dimension und

---

3 Siehe hierzu auch den Beitrag von Karen van den Berg in diesem Band.

Aktualität und könne durchaus als Präambel zu einem Menschheitsvertrag gelesen werden. Worauf Blume hier rekurriert, ist das 2011 veröffentlichte Hauptgutachten des Wissenschaftlichen Beirats der Bundesregierung Globale Umweltveränderungen (WBGU) mit dem Titel *Welt im Wandel. Gesellschaftsvertrag für eine große Transformation* (WBGU 2011). Darin wird die *Große Transformation* in Anlehnung an Polanys Definition der *Great Transformation* von 1944 als umfassender Wandel verstanden, der einen Umbau der nationalen Ökonomien sowie der Weltwirtschaft innerhalb der planetaren Leitplanken vorsieht, um irreversible Schädigungen des Erdsystems sowie von Ökosystemen und deren Auswirkungen auf den Menschen zu vermeiden (vgl. Schneidewind 2018: 36).

Beuys' künstlerisches Konzept ist also Ausdruck eines zutiefst humanen Denkens und der zukunftsorientierte Versuch, durch ein neues, demokratisiertes und ganzheitliches Verständnis von Kunst ein Bewusstsein zum notwendigen globalen Wandel zu schaffen und deshalb zum Handeln aufzurufen. Das Konzept der *Sozialen Plastik* nimmt dabei die Kunst in ihrer gesellschaftlichen Relevanz ernst und weist ihr eine aktive Rolle außerhalb der Grenzen des Kunstsystems zu. Denn Beuys baut auf die der Kunst eingeschriebene kreative Kraft, die Welt aus anderen Blickwinkeln und mit Perspektivwechseln zu betrachten, durch sie neue Wahrnehmungserlebnisse zu erfahren und daraus Wege, Methodiken und Modelle zu entwickeln, um notwendige Veränderungen – individuell wie kollektiv und im Kleinen oder Großen – zu bewirken. Dabei ist die Kunst, die Beuys mit der individuellen Fähigkeit zur Kreativität gleichsetzt, selbst das größte Kapital für die Gegenwart und Zukunft menschlicher Existenz, wie er dies z.B. in seiner Installation *Das Kapital Raum 1970-1977*, die er für den Deutschen Pavillon 1980 auf der Biennale in Venedig schuf, veranschaulicht (vgl. Blume 2021: 386ff.). Den KünstlerInnen weist Beuys jedoch in der Aufstellung seiner Gleichung *Kunst = Kapital* eine Sonderrolle zu. Denn sie sind es, die aufgrund ihrer besonderen kreativen Ausprägungen als Erste schöpferische Kräfte darzustellen und damit umzugehen wissen (vgl. Ullrich 2016: 27). Somit kommt den KünstlerInnen, die als Soloselbstständige – idealiter – jenseits von Institutionen und frei von strukturellen Abhängigkeiten, jedoch meist in prekären Verhältnissen, arbeiten, in diesem Prozess eine besondere Bedeutung zu. Gemeint ist damit jener Teil des Kulturbetriebs und kommunaler Kulturlandschaften, der als Freie Szene bezeichnet wird.

Um sein Konzept des *Erweiterten Kunstbegriffs* und der *Sozialen Plastik* nicht nur zu vermitteln, sondern in die Tat umzusetzen, entwickelte Joseph Beuys im Kontext der Fluxus-Bewegung der 1960er Jahre eine Form der künstlerischen Handlung, die er *Aktion* – wohlgemerkt nicht Performance oder Happening – nannte. Der Begriff Aktion beinhaltet dabei nicht nur dessen allgemeine Bedeutung als Handlung oder Tätigkeitsein, sondern gleichfalls eine gemeinschaftlich geplante oder durchgeführte Maßnahme. Während die Aktionen von Beuys bis in die 1970er Jahre hinein vorwiegend mit ihm meist als solo-agierenden Künstler

Aufführungscharakter hatten, wandelten sie sich parallel zu seinem zunehmenden politischen Engagement zu Handlungen, die nur mit und durch die Partizipation vieler Beteiligter bzw. bürgerschaftlichem Engagements gelingen konnten. Als Beispiele seien hier das *Büro für direkte Demokratie für Volksabstimmung* auf der *documenta 5* (1972) genannt oder die *Honigpumpe am Arbeitsplatz* auf der *documenta 6* (1977) unter Einbeziehung der von ihm gegründeten *Free International University (FIU)*. Damit schuf Beuys künstlerische Formen der Kollaboration, die heute als Vorläufer, wenn nicht als Vorbild für künstlerische Praktiken fungieren, die in der Gestalt politischer Aktionen demokratische Verhältnisse einfordern (vgl. Lange 2017: 232). Dies verdeutlicht einmal mehr die 1982 auf der *documenta 7* unter BürgerInnenbeteiligung und als zeitlich unbegrenzter Prozess begonnene Aktion *7000 Eichen. Stadtverwaldung statt Stadtverwaltung*.[4] Die Aktionen wurden schließlich zum eigentlichen Zentrum des Beuysschen Werks, denn in ihnen manifestiert sich sein erweitertes Kunstverständnis, das jede Handlung zu einem künstlerischen Akt erklärt: »Diese ganzen Aktionen«, so Beuys, »waren ja wichtig, um den alten Kunstbegriff zu erweitern. So weit, so groß wie möglich zu machen, daß er jede menschliche Tätigkeit umgreifen kann.« (Beuys, zit. n. Schneede 1994: 8)

Der Weg zur Ausweitung der Kunst auf alle Lebensbereiche und mit Blick auf einen grundlegenden gesellschaftlichen Wandel konnte für Beuys somit zwangsläufig nur über politisches Handeln erfolgen, um auch außerhalb der engen Schranken des Kunstbetriebs Wirkung zu entfalten. So engagierte sich Beuys für die Partei DIE GRÜNEN in ihrer Gründungsphase, weil sich darin viele der damaligen Themen mit seinen Vorstellungen deckten und weil er erkannte, dass diese politische Bewegung an die Eigenverantwortung der BürgerInnen appellierte und im Unterschied zu den bestehenden politischen Parteien der Kunst in gesellschaftlichem Kontext neue Freiheiten und Möglichkeiten bot. Mit der zunehmenden Konsolidierung der GRÜNEN im Parteigefüge der BRD war jedoch die Rolle der Kunst wieder in ihr Nischendasein zurückgekehrt, von dem sie Beuys zu lösen versuchte. Aus diesem ernüchternden Exkurs in die Realpolitik, der für Beuys bei der KandidatInnenaufstellung der Landesliste der GRÜNEN in Nordrhein-Westfalen für die Bundestagswahl 1983 mit einer schmerzlichen Niederlage endete, zieht Philip Ursprung das Fazit: »Es gehört zu den historischen Leistungen von Beuys, diesen Spielraum der Kunst, die Politik zu verändern, erkannt und genutzt zu haben.« (Ursprung 2021: 251)

---

4 Siehe hierzu auch den Beitrag *How to do things with performance* von Katharina Weisheit in diesem Band.

Zukunftskunst, Urbane Kunst, Urban Performance: Kunst als Motor für nachhaltige Stadtgestaltung

Das Scheitern von Beuys im realpolitischen Feld hatte vielfache Gründe (vgl. Lange 1999; Paust 2022; Quermann 2006; Schoene 2018), sollte aber nicht dessen Grundgedanken von der Innovationskraft der Kunst im Sinne individueller Kreativitätspotentiale für gesellschaftliche Prozesse überlagern. Das, was Beuys in der Formel *Kunst = Kapital* verdichtet, findet sich in dem von Uwe Schneidewind geprägten Begriff der *Zukunftskunst* wieder. Kreative Fähigkeiten erkennt Schneidewind als notwendige Erweiterung der für Transformationsprozesse erforderlichen Kompetenzen. In der Erkenntnis, dass alleine wissenschaftliche Methodiken bei der Mobilisierung für zwingende gesellschaftliche Veränderungen an ihre Grenzen stoßen, sieht er in einem erweiterten Kunstbegriff – der *Zukunftskunst* – den Weg, verstärkt durch kreative Prozesse die Zukunft zu gestalten:

> »Kunst als Ausdruck eines kreativen Handelns und Sich-In-der-Welt-Orientierens spielt gerade in der Auseinandersetzung mit Transformationsprozessen eine besondere Rolle. In komplexen Veränderungsprozessen ist es notwendig, verschiedene Formen des Wissens und unterschiedliche Perspektiven kreativ aufeinander zu beziehen (die vier Dimensionen – [technologisch, ökonomisch, institutionell, kulturell; BP] – der Zukunftskunst sind Ausdruck davon). Rein instrumentelle und analytische Vernunft stößt hier an Grenzen.« (Schneidewind 2018: 39)

Auch im Panel *Performing Citizenship* des Wuppertaler Beuys-Performancefestivals, in dem es um die Rolle künstlerischer Methodiken und Interventionen als Motor für gesellschaftliche Wandlungsprozesse ging, plädierte Schneidewind für das Zusammenwirken von Wirtschaft, Wissenschaft, Politik und Kunst als eine Chance, die Zukunftsgestaltung als kreative Prozesse zu verstehen. Nun stellt sich sowohl bei Beuys wie auch bei Schneidewind zwangsläufig die Frage nach der konkreten Umsetzbarkeit dieses künstlerisch konnotierten Transformationsgedankens. Beuys verwirklichte seine Idee der *Sozialen Plastik* u.a. in dem urbanen Projekt *7000 Eichen. Stadtverwaltung statt Stattverwaltung* in Kassel (1982-1987), während das auf den Spülfeldern Hamburgs geplante Vorhaben *Gesamtkunstwerk Freie und Hansestadt Hamburg* (1983-1984) Mitte der 1980er Jahre an der Kommunalpolitik mit folgender Begründung des damaligen Oberbürgermeisters Klaus von Dohnanyi gescheitert ist: »Das, was Beuys vorhatte, ist keine Kunst.« (Dohnanyi, zit. n. Brocchi: 466) Man möchte annehmen, dass sich heute mit der rasanten Weltentwicklung auch der Kunstbegriff analog zu neuen künstlerischen Ausdrucksformen und dem zunehmenden Auflösen der Trennlinien künstlerischer Sparten erweitert hat, so wie es Beuys mit seinem *Erweiterten*

Kunstbegriff auf menschliches Handeln im sozialen Gefügte bereits Anfang der 1970er Jahre formuliert hat. Während sich Kulturverwaltungen und Kulturpolitik – z.B. in ihrer Förderpolitik und der Einführung von Mindestgagen – hierbei jedoch immer noch schwertun, obwohl die Covid-19-Pandemie in vielen Bereichen ein Umdenken eingeleitet hat, vollzieht sich bereits seit den 1990er Jahren, wie eingangs beschrieben, in der Kunst ein Paradigmenwechsel. Nicht mehr repräsentatives, sondern partizipatives, künstlerisches Arbeiten rückt vermehrt in den Vordergrund, das sich an der Schnittstelle zu sozialen Projekten bewegt und vermehrt Einfluss auf gesellschaftliche Prozesse nimmt (vgl. Berger 2018: 14). Für diese Entwicklung prägte Claire Bishop 2006 den Begriff des »social turn« und zeigt auf, dass sich in sozial engagierter Kunst der Werkbegriff auf den Menschen als Medium und Material der Kunst gewandelt hat (vgl. Bishop 2006: 178ff.) – also ein Grundverständnis von Kunst wie es bereits in der *Sozialen Plastik* von Joseph Beuys zu finden ist. In den letzten zehn Jahren hat diese Entwicklung nochmals an Dynamik gewonnen, denn die Kunst als Seismograf gesellschaftlicher Veränderungen reagiert auf die rasanten globalen Umbrüche und Entwicklungen.

Für künstlerische (Aus-)Handlungen im urbanen Raum greift u.a. der Begriff *Urban Performances*, den Heinz Schütz als »künstlerische Ereignisse, wie Aktionen, Performances, Interventionen«, beschreibt, »die sich im Raum der Stadt abspielen und damit ein Teil sind des architektonisch gefassten, sozialen Feldes Stadt mit seinen politischen Hierarchien und Ökonomien, mit seinem Netz aus Verkehrs- und Kommunikationstechnologien« (Schütz 2013: 36f.). Damit sind als künstlerische Handlungsflächen im Gefüge einer Stadt im Wesentlichen jene gemeint, die einst als »öffentlicher Raum« und heute in seiner multifunktionalen Bedeutung treffender als »urbaner Raum« bezeichnet werden (Berger 2018: 27ff.). Denn diese öffentlichen Räume sind zwangsläufig nicht mehr an konkrete städtebauliche Orte gebunden, zu denen BürgerInnen freien Zugang haben (sollten), sondern sie sind vielfältig und beweglich und somit einer ständigen Veränderung unterworfen. Damit entsteht öffentlicher Raum jenseits eines rein architektonischen Verständnisses rational über die unterschiedlichsten Beziehungen von Menschen einer Stadtgesellschaft (ebd.: 30f.). Öffentliche, urbane Räume werden verstärkt zu künstlerischen Verhandlungsräumen, in denen sich z.B. aktivistische Performanceformate mit demonstrativem Charakter vollziehen. Diese lassen sich ebenfalls bereits im aktionistischen Werk von Joseph Beuys seit Anfang der 1970er Jahre finden, wie z.B. *Überwindet endlich die Parteiendiktatur* (Düsseldorf/Grafenberger Wald, 1971), *Ausfegen* (West-Berlin/Karl-Marx-Platz, 1972), *Friedensfeier* (Mönchengladbach/Platz vor dem Münster, 1972) oder *Blutaktion* (Bonn/vor der Türkischen Botschaft, 1982).

Als Beispiele für Performances in Form künstlerischer Demonstrationen seien hier *Putin hat sich selbst bepisst* (Moskau/Platz der Exekution auf dem Roten Platz,

2012) von Pussy Riot genannt sowie *Stehender Mann/Duran Adam* (Istanbul/Taksim Platz, 2013) von Erdem Gündüz, als schweigender Protest gegen die Räumung des Gezi-Parks. Seit 1994 organisiert das KünstlerInnen-Kollektiv Park Fiction in Hamburg-St. Pauli einen *Parallelen Planungsprozess*, um einen Park anstelle der dort vorgesehen Bebauung des Elbhangs mit und für die BürgerInnen vor Ort zu sichern. In Anlehnung an die Istanbuler Gezi Park-Räumung proklamierten sie 2013: »Park Fiktion is now Gezi Park«.[5]

Die Ausprägungen der unterschiedlichsten Formen von *Urban Performances* (Schütz 2013/ders. 2014) sind dabei so vielfältig wie das urbane Leben selbst. In ihrer Arbeit *Handlung statt Verhandlung. Kunst als gemeinsame Stadtgestaltung* veranschaulicht Hilke Marit Berger, wie und mit welcher Geschwindigkeit sich das Feld künstlerischer (Aus-)Handlungen seit den 1990er Jahren entwickelt hat (vgl. Berger 2018). Hier sollen nur schlaglichtartig einige Beispiele urbaner und performativer Kunst als soziale Interventionen aufgeführt werden. So hat sich bspw. bereits Anfang der 1990er Jahre das Kollektiv WochenKlausur sozialen Randgruppen der Stadtgesellschaft mit Projekten wie *Medizinische Versorgung Obdachloser* (Wien, 1993) oder *Schlafplätze für drogenabhängige Frauen* (Zürich, 1994) zugewandt. Christoph Schlingensief thematisierte mit der Aktion *Ausländer raus! Bitte liebt Österreich* (Wien, 2000) mit Mitteln einer Big Brother-Show die latente Ausländerfeindlichkeit. Wie seinerzeit Schlingensief (vgl. Paust 2021: 455f.) so ist auch die Augsburger KünstlerInnen-Initiative *Grandhotel Cosmopolis* ohne Auseinandersetzung mit Beuys' Idee der *Sozialen Plastik* nur schwer vorstellbar (vgl. Berger 2018: 124ff.). In der Altstadt von Augsburg wurde ein leerstehendes Altenheim zu einem Hotel, das Platz für 65 AsylbewerberInnen und 16 Hotelgäste bietet. *Granhotel Cosmopolis* ist eine Verhandlungszone für die Anerkennung der kosmopolitischen Wirklichkeit in einer sich permanent wandelnden Gesellschaft. Es lebt von der multifunktionalen Nutzung – neben (Hotel-)Zimmern, Küche und Café sind dort Werkstätten, Ateliers und Ausstellungsräume untergebracht – und der Offenheit, sich flexibel auf Veränderungen einzustellen.

Stadtentwicklungen und -gestaltungen bewegen sich immer häufiger an den Schnittstellen zwischen künstlerischer Praxis und städtebaulicher Planung. Ein Beispiel für das sich gegenseitig bereichernde, wenn auch nicht immer konfliktfreie Zusammenspiel von künstlerischen Methodiken und stadtplanerischen Strategien ist die Organisation *Urbane Künste Ruhr* in Nordrhein-Westfalen. Sie ist 2010 aus der Nachhaltigkeitsstrategie für die europäische Kulturhauptstadt Essen und das Ruhrgebiet hervorgegangen, um mit künstlerischen Interventionen den Strukturwandel des Ruhrgebiets zu bewältigen (vgl. Mohr 2018: 102). Gemeinsam mit BürgerInnen in den Städten des Ruhrgebiets wurden (und werden immer noch) neue künstlerische Formate entwickelt, »die gezielt in den

---

5 Nähere Informationen unter: https://www.park-fiction.net (letzter Zugriff: 07.02.2023).

städtischen Raum eingreifen und langfristig Entwicklungspotentiale anstoßen« (Urbane Künste Ruhr, zit. n. Mohr 2018: 102). Im Sinne eines »Wandels ohne Wachstums« als Gegensatz zu der endlosen Wachstumsspirale als ein wesentlicher Faktor für den Klimawandel, sollen Projekte – wie z.b. das *Ruhr Ding: Territorien* (2019) oder das *Ruhr Ding: Klima* (2021) – neue Ideen für den nachhaltigen Transformationsprozess des Ruhrgebiets ermöglichen. Kunstprojekte sollen zugleich den Kern des Urbanen erforschen und »ein neues Verständnis von Stadt mithilfe der Kunst« etablieren (Urbane Künste Ruhr, zit. n. ebd.: 103). Geplant waren zunächst auch Mobile Labore als Plattform für experimentelle künstlerische urbane Forschung, aus denen 2012 durch das beauftragte Künstlerkollektiv KUNSTrePUBLIK das Projekt *Archipel InVest* hervorgegangen ist. Es schuf im Vestischen Kreis (Umgebung von Recklinghausen) eine Reihe von Experimentalräumen als »künstlerische Inseln« (Archipel), um utopische Modelle von Stadtplanung und -entwicklung zu erproben, die bisher noch nicht genutzte Muster der Problemlösung ermöglichen. Denn, so das Künstlerkollektiv, »juristische, ökonomische und gesellschaftliche Rahmenbedingungen verhindern bislang häufig das Denken über und Ausprobieren von neuen Lebens- und Arbeitsformen« (KUNSTrePUBLIK, zit. n. ebd.: 105).

Jedoch eröffnen urbane Interventionen/Performances nur dann Möglichkeitsräume für offene Prozesse, die kollektiv entwickelt werden, wenn die Rolle der beteiligten KünstlerInnen nicht mit denen von DienstleisterInnen oder schlecht bezahlten Handlangern verwechselt werden und ihr Mitwirken nicht instrumentalisiert wird. Kritisch diskutiert Hilke Marit Berger künstlerische Interventionen an Schnittstellen zu anderen Arbeitsbereichen der Stadtgestaltung dort, wo sie in den vorherrschenden kommunalen Strukturen z.B. für Stadtmarketing-Zwecke benutzt werden oder wenn KünstlerInnen darin lediglich zuarbeitende Rollen übernehmen, »die durch ihre billige Arbeitskraft der Aushöhlung sozialstaatlicher Verantwortung Vorschub leisten [...]« (Berger 2018: 158). Das Berufsbild der KünstlerInnen, die im urbanen Raum arbeiten, ist heute ein multifunktionales geworden und häufig immer noch von einer Selbst-Prekarisierung geprägt. Deshalb stellt Berger hier die grundlegende Frage, »ob künstlerische Taktiken weniger als Motor für Veränderung denn als Substitut sozialstaatlicher Verantwortung zu begreifen sind« (ebd.: 157ff.).

Als ein gelungenes Beispiel kollaborativer Stadtgestaltung mit neuer Aufteilung von Verantwortlichkeiten, führt Berger das Hamburger Projekt *PlanBude* an, das 2014 zum Erhalt der Esso-Häuser im Stadtteil St. Pauli gegründet wurde.[6] Dabei setzt sich das transdisziplinäre Team von *PlanBude* aus VertreterInnen der Bereiche Kunst, Architektur, Urbanistik, sozialer Stadtteilarbeit, Musik und Kulturwissenschaft zusammen und entwickelt gemeinsam mit MieterInnen und

---

6 Siehe hierzu auch den Beitrag von Heike Lüken in diesem Band.

NachbarInnen der Esso-Häuser neue, durch Kunst geprägte Ansätze, wie Stadt anders geplant und gebaut werden kann.[7]

Die Stadt Hamburg scheint in vielerlei Hinsicht ein gutes Beispiel für Innovation durch Kunst zu sein. Während Klaus von Dohnanyi 1984 dem Projekt *Gesamtkunstwerk Freie und Hansestadt Hamburg* (1983-1984) von Joseph Beuys noch künstlerischen Status absprach, machen etwa die Aktivitäten von Park Fiction oder PlanBude in Hamburg deutlich, wie künstlerische (Aus-)Handlungen gemeinsam gelingen können. Auch hat die Stadt Hamburg seit 2014 ein neues Konzept als Aktualisierung des Programms *Kunst im öffentlichen Raum* unter dem Namen *Stadtkuratorin* implementiert, das nicht mehr an ein festes Haus gebunden ist und deren Leitung jeweils auf zwei Jahre berufen wird. Dabei werden materielle und performative Strategien zeitgenössischer Kunst unter Einbindung lokaler AkteurInnen im urbanen Raum befragt.[8]

Auf wissenschaftlicher Ebene forscht v.a. Gesa Ziemer in Hamburg an neuen Artikulations- und Beteiligungsformen einer emanzipierten, urbanen BürgerInnenschaft. Im Panel *Performing Citizenship* des Wuppertaler Beuys-Performancefestivals betonte Ziemer die Wichtigkeit der rechtzeitigen Einbindung sowohl von BürgerInnenbeteiligungsprozessen wie auch von KünstlerInnen als kreativer Part sowie von VertreterInnen verschiedener Ressorts der Stadtverwaltung, um ein Gelingen von Vorhaben der Stadtgestaltung auf breiter Basis zu gewährleisten. In diesem Zusammenhang wurde der Begriff *Performing Citizenship* geprägt, der innovative Ausprägungen von BürgerInnenschaft umfasst, die sich selbstbestimmt und oft in kreativ-künstlerischen Formen organisiert, um ihr Zusammenleben nicht nur auszuhandeln, sondern aktiv zu gestalten (vgl. Hildebrandt/Evert/Peters/Schaub/Wildner/Ziemer 2019). Als ein erfolgreiches Beispiel für *Performing Citizenship* führte Ziemer ein weiteres Projekt aus Hamburg an: das *Gängeviertel*. Das Viertel hat sich auf der Basis einer Selbstverwaltung gestaltet, kulturelle Angebote geschaffen, Öffentlichkeit eingebunden sowie gemeinschaftliche Nutzungsformen und nicht-kommerzielle Formen des Wirtschaftens umgesetzt. Diese Aktivitäten wirken nachhaltig auf die Stadtentwicklung und tragen zur urbanen Resilienz Hamburgs bei (vgl. Ziehl 2020).

---

7 Nähere Information unter: https://www.planbude.de (letzter Zugriff: 06.02.2013).
8 Nähere Information unter: https://www.stadtkuratorin-hamburg.de (letzter Zugriff: 06.02.2013).

Künstlerische (Aus-)Handlungen auf dem Weg Wuppertals in Richtung nachhaltige Stadtgestaltung

Auch in Wuppertal zeichnen sich vergleichbare Entwicklungen ab. Der amtierende Oberbürgermeister der Stadt Wuppertal, Uwe Scheidewind, der viele Jahre Präsident des Wuppertal Instituts für Klima, Umwelt, Energie war, weist in seiner Publikation die *Große Transformation. Eine Einführung in die Kunst gesellschaftlichen Wandels* mit Blick auf Wuppertal u.a. auf Beispiele aus der Freien Szene hin, wie *Utopiastadt*, die Mobile OASE oder die 3. Bergischen Klimagespräche des Wuppertal Instituts 2019 zum Thema *Bewegen – Zukunftskunst und nachhaltige Mobilität*[9] (vgl. Schneidewind 2018: 271ff.). *Utopiastadt* ist ein andauernder Gesellschaftskongress, so die Selbstbezeichnung, im ehemaligen Mirker Bahnhof an der Nordbahntrasse. Dort wird urbanes Leben gemeinschaftlich ausgehandelt, erprobt, praktiziert und erforscht. Gegründet und betrieben von AkteurInnen der Freien Szene begann alles als Utopie und inzwischen ist *Utopiastadt* zu einem wichtigen Motor für nachhaltige Stadt(teil-)entwicklung geworden – als ein kreativer, andauernder Prozess, der real gelebt und vorangetrieben wird. Selbstorganisiert und solidarisch behandelt *Utopiastadt* in vielfältigen Vernetzungen die zentralen Themen urbanen Lebens: von Mobilität, Digitalisierung, Urban Gardening bis hin zu gemeinwohlorientierter innerstädtischer Flächenentwicklung und Bodenpolitik.[10] Während *Utopiastadt* im Westen der sich durch das Tal der Wupper ziehenden Stadt auf den Nordhöhen liegt, hat die Mobile OASE ihren Standort in einem beweglichen Bauwagen im Osten der Stadt. Über künstlerische Strategien und Interventionen agiert diese KünstlerInnen-Gruppe im öffentlichen Raum mit BürgerInnen des Stadtteils Wuppertal-Oberbarmen, der als gesellschaftlicher Brennpunkt gilt. Dabei fußt ihre Arbeit auf interdisziplinären und partizipativen Formaten im öffentlichen Raum, die Routinen des Alltags unterbrechen und mit den Menschen auf der Straße durchspielen, wie das Leben noch aussehen könnte. Die Mobile OASE fragt nach den Expertisen der BürgerInnen, die sie als AlltagsexpertInnen versteht, legt Ressourcen und Potentiale frei und inszeniert Begegnungen.

Weitere Aktivitäten aus der Freien Szene Wuppertals sensibilisieren immer wieder für die Notwendigkeit des Zusammenspiels von Kunst, Politik und Stadtentwicklung für eine zukunftsfähige, nachhaltige Stadt. So entstand 2020 das *Zukunftslabor Kunst & Stadt* als Real-Labor im Feld von Kunst und Wissenschaft, zu dem sich das)) freie netz werk)) KULTUR mit dem Wuppertal Institut für Klima, Umwelt, Energie zusammengeschlossen hat, um »Wuppertal nach

---

9 Nähere Informationen unter: https://www.wupperinst.org/a/wi/a/s/ad/4861 (letzter Zugriff: 13.02.2013).

10 Nähere Informationen unter: https://www.utopiastadt.eu (letzter Zugriff: 04.02.2023).

innen und außen als Kunst-, Kultur- und Pilotstadt für praktische und kreative Transformation sichtbar zu machen«.[11] Entwickelt wurde eine Art Stadtplan mit Kulturorten, die mit ihrer Arbeit in die Stadtgesellschaft wirken und dadurch Transformationspotentiale offenbaren. Zuletzt tourte im Jahr 2022 das Projekt *und.jetzt! Kunst Kultur Klimanotstand*, das sich mit vielfältigen Themen einer nachhaltigen Stadtgesellschaft befasste, mit einer Reihe von Veranstaltungen durch die Stadt. Teil dieses Projekts waren vier Arbeitsstipendien für KünstlerInnen.

Die Auseinandersetzung mit kommunalpolitischen Entscheidungsprozessen in Wuppertal war auch Inhalt des Projekts *Wohnen in der Politik*, das 2020 im Schauspielhaus begann, dann aufgrund der Covid-19-Pandemie untergebrochen wurde und schließlich 2022 seine Fortsetzung fand. In Kooperation mit dem sozio-kulturellen Zentrum die börse zogen VertreterInnen des Studiengangs Interest Public Design der Bergischen Universität im ersten Teil des Projekts 2020 für drei Wochen in das leerstehende Schauspielhaus, in dem das zukünftige Pina Bausch Zentrum entstehen wird, und gründeten dort eine Wohngemeinschaft auf Zeit mit zehn Zimmern. Jedes dieser WG-Zimmer repräsentierte einen Stadtbezirk Wuppertals und war mit Bildern, Informationen und Möbeln aus den jeweiligen Stadtbezirken ausgestattet. Dieser Teil von *Wohnen in der Politik* wollte anhand von »Tischgesprächen« kommunalpolitische Themen und deren kleinteilige Prozesse aufzeigen, »die zwar öffentlich und doch unsichtbar sind«.[12] Der zweite Teil von *Wohnen in der Politik* Ende 2022 trug den Untertitel *Stadtratstheater* und inszenierte anhand zweier konkreter kommunalpolitischer Themen die Vorgänge in und um den Wuppertaler Stadtrat. Dieses lokal in der Stadt wirkende Beispiel ist in die Reihe jener Inszenierungen einzugliedern, die unter der Überschrift *Theater der Versammlung* Inszenierungen aufführen, die sich in einer Mischung aus Realem und Fiktion sowie Authentischem und Symbolischem demokratischen Diskussions- und Entscheidungsfindungs-Prozessen wie Parlamenten oder auch Gipfeltreffen widmen (vgl. Malzacher 2020: 113).

Performing the City als Herausforderung für die (Kultur-)Politik

Eine der radikalsten Umsetzung von Demokratieverständnis in Bezug auf Partizipation und Diversität ist in dem Projekt *New World Summits* zu finden, das der niederländische Künstler Jonas Staal seit 2012 durchführt. Er eröffnet alternative politische Räume in Form von quasi-parlamentarischen Versammlungen, in denen Menschen aufeinandertreffen, die in der Regel vom demokratischen Dis-

---

11 Nähere Information unter: https://www.fnwk.de/zukunftslabor (letzter Zugriff: 04.02.2023).
12 Nähere Informationen unter: https://www.wohnen-in-der-politik.de (letzter Zugriff: 04.02.2023).

kurs ausgeschlossen sind: z.B. RepräsentantInnen von meist Unabhängigkeitsbewegungen, die in vielen Ländern als terroristische Vereinigung gelistete sind (vgl. ebd.: 119). Diese performativen Versammlungen behaupten mit den Mitteln der Kunst einen Ort, an dem »das Versprechen einer emanzipatorischen, fundamentalen Demokratie Form annehmen kann« (Staal, zit. n. ebd.: 120).

Anlässlich der Welt-Klimakonferenz 2015 in Paris widmeten sich zwei Projekte Settings, die parlamentarische Strategien aufgriffen: das *Théâtre des Négotiations* von Bruno Latour und den TheatermacherInnen Frédérique Aït-Touati und Philippe Quesne sowie die *Welt-Klimakonferenz* von Rimini Protokoll.[13] Beide Projekte haben die Systematiken und Strukturen der Welt-Klimakonferenz thematisiert, indem sie die ZuschauerInnen auf unterschiedliche Weise in die Rollen der tatsächlichen Welt-KlimakonferenzteilnehmerInnen versetzt haben.

> »Während Rimini Protokoll die Gründe für die unterschiedlichen Verhandlungspositionen verstehbar machte und so einen einigermaßen realistischen Blick darauf erlauben wollte, was innerhalb dieses Systems [der Welt-Klimakonferenz, BP] möglich ist, eröffnete das *Théâtre des Négotiations* die Freiheit, die Spielregeln selbst neu zu verhandeln und neue Allianzen zu schmieden – ohne sich gleichzeitig zu weit von dem ursprünglichen Vorhaben zu entfernen.« (Ebd.: 134)

Diese vielfältigen Aushandlungsformen haben nicht nur die Definition von Performance in die mannigfaltigen Facetten alltäglichen Zusammenlebens erweitert und wollen neue Handlungsfelder und -methodiken für eine nachhaltige Zukunftsgestaltung anbieten, sondern sie stellen damit gleichzeitig auch die Kulturpolitik vor neue Herausforderung. Zwar ließen sich mit künstlerischen Strategien definitiv nicht alle gesellschaftlichen Strukturkrisen gleichermaßen lösen, wie Henning Mohr konstatiert, doch gelte es aufgrund der bisher gewonnenen Erfahrungen und Ergebnissen, diesen neuen Kunstformen angesichts der aktuellen gesellschaftspolitischen Zäsuren eine größere Wertschätzung entgegenzubringen. Schließlich verbinden die meisten politisch- oder administrativ-tätigen Entscheidungs-AkteurInnen mit Kunst oft nach wie vor den klassischen (bildenden) Kunstbetrieb, der für eine gezielte Gesellschaftsgestaltung deutlich weniger interessant ist (vgl. Mohr 2018: 266). So plädiert Mohr für eine erweiterte Förderpolitik, um Fördertöpfe jenseits des klassischen Spartendenkens für diese gesellschaftswirksame Kunst in der Innovationsgesellschaft zu erschließen.

Ein bundesweites Pilotprojekt, das diesen Gedanken aufgreift, hat 2017 unter dem Titel *Wem gehört die Kunst?* der Ringlockschuppen Ruhr, das Netzwerk X und

---

13 Siehe hierzu auch den Beitrag von Barbara Gronau und der Verfasserin zu *Feast of Food* von Rimini Protokoll in diesem Band.

Urbane Künste Ruhr gestartet. Darin ging es um den Versuch in Opposition zur individuellen KünstlerInnenförderung des Landes Nordrhein-Westfalen eine solidarische Mittelvergabe gemeinschaftlich von KünstlerInnen für KünstlerInnen zu konzipieren, zu erproben und zu evaluieren (vgl. Rodatz 2021: 113ff.). Dieses Experiment zeigt einerseits auf, dass kulturpolitisches Agieren verstärkt aktuellen künstlerischen Entwicklungen und dem Verschwimmen von Spartengrenzen gerecht werden muss. Andererseits wird offensichtlich, dass der Freien Szene eine wesentlich größere Bedeutung beizumessen ist und sie aufgrund ihres Kreativitätspotentials vermehrt in kulturpolitische Entscheidungen und Prozesse sowie in kommunale Transformationsprozesse einzubinden ist.

Das hat auch das Kulturbüro Wuppertal erkannt und u.a. als eine Konsequenz aus den Diskussionen des Beuys-Performancefestivals das *Wuppertaler PerformanceLAB* entwickelt, zu dem das Kulturbüro in einem Zweijahresrhythmus KünstlerInnen oder -Kollektive einlädt, um gemeinsam mit AkteurInnen der Freien Szene, der Stadtverwaltung sowie VertreterInnen der Zivilgesellschaft neue Formen des Austauschs, des Diskurses und der Ideenentwicklung für ein zukünftiges urbanes Miteinander zu erproben. Als erstes Projekt in dieser Reihe fand im Frühjahr 2023 gemeinsam mit dem Schwelmer KünstlerInnenduo deufert&plischke das Projekt *Durch-Ein-Ander* statt, in dem sich Menschen aus Wuppertal gemeinsam der Fragegestellung widmeten, wie sich ein nachhaltiges Leben in der Stadt gestalten lässt. Die für deufert&plischke charakteristische, performative Methodik des *Reformulierens* war die Grundlage der gemeinsamen Arbeit, bei der alle Beteiligten in der Verhandlung von spezifischen Themen gleichberechtigt in ihrer jeweils individuellen Haltung zu Wort kommen. Dabei geht es jedoch nicht – wie häufig in demokratischen Prozessen – um eine egalisierende Konsensfindung, sondern um eine gemeinschaftliche Lösung in der Vielfalt der Sichtweisen.

Durch derartige Projekte will das Kulturbüro der Stadt Wuppertal, das Anlaufstelle für AkteurInnen der Freien Szene ist, verdeutlichen, welch kreatives Gewicht und welche Möglichkeiten zugleich die Potentiale von AkteurInnen der Freien Szene für die Gestaltung einer Stadt in sich bergen. Denn die Bedeutung der Freien Szene für die Stadtgesellschaft und somit auch für kulturpolitisches Handeln ist längst festgeschrieben, wie nicht zuletzt in dem am 12. Mai 2021 veröffentlichten Gesetzesentwurf des Kulturgesetzbuches aus Nordrhein-Westfalen steht:

»Die Freie Szene entspricht damit in einzigartiger Weise dem Anspruch auf kulturelle und gesellschaftliche Vielfalt und wirkt mit ihrem kreativen Potential nachhaltig in alle Bereiche des kulturellen Lebens in NRW hinein. Die vielfältige, kreative und professionell tätige Freie Szene ist gemeinsam mit den Kulturinstitutionen prägend für die Kulturlandschaft in NRW.« (Ministerium für Kultur und Wissenschaft des Landes NRW 2021: 104)

Inwieweit die (kultur-)politische Realität hier in Theorie und Praxis deckungsgleich ist, wäre gesondert zu untersuchen. Bezogen auf die Rolle der Freien Szene für *Urban Performances* steckt jedoch die Entwicklung performativer Methodiken für das notwendige Aufbrechen kommunaler Verwaltungs- und Politikstrukturen und eingefahrener Handlungsmuster vielerorts noch in ihren Anfängen. Wendet man den von Schneidewind geprägten Begriff der *Zukunftskunst* auf die notwendigen Veränderungsprozesse einer nachhaltigen Stadtentwicklung an, so sind es gerade die kreativen Kompetenzen von KünstlerInnen, die Wege aus den oft über Jahrzehnte praktizierten Strukturen und Denkmustern eröffnen können.

Interessant ist in diesem Zusammenhang etwa das Projekt *Make Arts Policy!*, das 2014 in Helsinki als der Versuch startete, eine andere Art des Redens über und Agierens der Kulturpolitik zu initiieren. Das Setting war eine protokollarische Choreografie mit KulturpolitikerInnen aller im Parlament vertretenen Parteien, mit per Video aus dem Nebenraum verbundenen KulturexpertInnen und dem Publikum als WählerInnenschaftsvertretung im Plenarsaal. Die künstlerischen Eingriffe waren dabei minimale Interventionen, die politische Rituale verdeutlichen und damit zugleich die inhaltlichen Unterschiede in der Kulturpolitik schärfen sollten, um sie für einen Augenblick aus ihrer weiterhin unbeachteten Nische zu holen. »Schließlich spielen«, so Malzacher, »die Kuluretats in den öffentlichen Haushalten fast überall bestenfalls eine Nebenrolle – die eigentlichen Rahmenbedingungen für Kunst und Kultur werden in anderen Ministerien entschieden.« (Malzacher 2020: 130) Die deutsche Version mit dem Titel *Macht Kunst Politik!* von Dana Yahalomi/Public Movement wurde im Rahmen des Impulse-Festivals 2016 in Düsseldorf kurz vor den Landtagswahlen in Nordrhein-Westfalen realisiert. Im Unterschied zu dem Projekt in Finnland, wo die eingeladenen KulturpolitikerInnen energisch und kämpferisch ihre eigenen Positionen vertraten und sich dadurch in notwendige Diskurse begaben, betonten in Düsseldorf fast alle KulturpolitkerInnen die Gemeinsamkeit ihrer Anstrengungen. »So verständlich diese pragmatische Haltung des Konsenses ist«, wie Florian Malzacher konstatiert, »verhindert sie aber auch, dass Kulturpolitik zu einer Arena werden kann, in der unterschiedliche Ansätze öffentlich entwickelt werden. Sie wird zur reinen Lobby-Angelegenheit.« (Ebd.: 131)

In Wuppertal hat 2019 das)) freie netz werk)) KULTUR, eine Interessensvertretung der Freien Szene, gemeinsam mit den kulturpolitischen SprecherInnen der im Rat der Stadt Wuppertal damals vertretenen Parteien das Diskussionsforum *Kunst trifft Politik* entwickelt.[14] In diesem Rahmen wurde über die Situation der Kunst und insbesondere der Freien Szene in Wuppertal diskutiert, allerdings bewegte sich das Forum sehr stark in den eingeübten und ritualisierten Strukturen.

---

14 Nähere Informationen unter: https://www.fnwk.de/zukunftslabor (letzter Zugriff: 04.02.2023).

Henning Mohr, Leiter des Instituts für Kulturpolitik der Kulturpolitischen Gesellschaft e.V., plädiert in diesem Zusammenhang für eine Strukturoffensive in Kulturverwaltungen. Einerseits seien Kulturverwaltungen in der Vergangenheit kaputtgespart worden und andererseits wäre das Selbstverständnis dieser Verwaltungseinheiten immer noch auf das klassische Verwalten gerichtet und nicht auf die Chancen, Kunst und Kultur in offenen Prozessen als Motor nachhaltiger Stadtgestaltung zu begreifen und folglich als kommunale Querschnittsaufgabe zu verstehen. Dies erfordert jedoch nicht nur verstärktes ressortübergreifendes Arbeiten, sondern auch ein erweitertes Verständnis von Kulturverwaltung als Think Tank für Themen des aktuellen kulturellen Wandels, wie er sich global und folglich in jeder Kommune vollzieht.

Fazit

Die Zukunft wird zeigen, wie sich künstlerische (Aus-)Handlungen im urbanen Raum und (Kultur-)Politik aufeinander zubewegen, voneinander lernen, miteinander Neues entwickeln, erproben und gestalten, um die notwendige urbane Transformation zu einer sich ständig wandelnden Stadt gemeinschaftlich und nachhaltig zu bewältigen. Beuys hat hier mit der Erweiterung des Kunstbegriffs auf jede menschliche Handlung einen Denkraum eröffnet, der einen wesentlichen Schritt in der Entwicklung künstlerischer Formen der Performance mit dem Anspruch gesellschaftlicher Transformation darstellt. Um (Stadt-)Gemeinschaft zukunftsfähig zu gestalten, bedarf es der Offenheit, Neugierde und des gegenseitigen Vertrauens, sich auch mittels künstlerischer Methodiken auf neue Wege einzulassen, um Veränderungen zu bewirken. In diesen Transformationsprozessen können Kulturverwaltungen wichtige Funktionen übernehmen, indem sie an den Schnittstellen von Politik, kommunaler Verwaltung und Kulturszene entsprechende künstlerische Prozesse initiieren und ermöglichen. Das Kulturbüro der Stadt Wuppertal möchte mit der Reihe *PerformanceLAB* in einem Zweijahresrhythmus einen diesbezüglichen Beitrag leisten. Denn gerade Wuppertal scheint ein riesiger Möglichkeitsraum zu sein, ein »Kraftzentrum der Künste«, wie Hanno Rauterberg konstatiert, in dem der kulturelle Aufbruch zugleich ein ökologischer ist, mit »einer Kunstwelt, die gerade dabei ist, sich von der ewigen Fixierung auf die Metropolen loszusagen« (Rauterberg 2023: 49).

Quellenverzeichnis

Berg, Karen van den (2019): »Socially Engaged Art and the Fall of the Spectator since Joseph Beuys and the Situationists«, in: dies./Cara Jordan/Philipp Kleinmichel (Hg.): The Art of Direct Action. Social Sculpture and Beyond, Berlin: Sternberg Press, S. 1-40.

Berger, Hilke Marit (2018): Handlung statt Verhandlung. Kunst als gemeinsame Stadtgestaltung, Berlin: jovis.

Beuys, Joseph (1976): »Interview mit Joseph Beuys«, in: Volker Harlan/Rainer Rappmann/Peter Schata (Hg.): Soziale Plastik. Materialien zu Joseph Beuys, Achberg: Achberger Verlag, S. 10-25.

Beuys, Joseph (1978): »Aufruf zur Alternative«, in: Frankfurter Rundschau vom 23.12.1978, S. II.

Beuys, Joseph (1991): »Interview mit Joseph Beuys, 9. Dezember 1984, 14.00-19.00 Uhr in Beuys' Atelier Drakeplatz 4, Düsseldorf«, in: Mario Kramer (Hg.): Joseph Beuys ›Das Kapital Raum 1970-1977‹, Heidelberg: Steidl, S. 9-41.

Bishop, Claire (2006): »The Social Turn. Collaboration and its Discontents«, in: Artforum International 44/6, S. 178-183.

Blom, Ina (2010): »Stil als Ort. Eine Neudefinition der Frage nach Kunst und Sozialität«, in: Karin Gludovatz/Dorothea von Hantelmann/Michael Lüthy/Bernhard Schieder (Hg.): Kunsthandeln, Zürich: Diaphanes, S. 165-180.

Blume, Eugen (2021): »Kapital«, in: Timo Skrandies/Bettina Paust (Hg.): Joseph Beuys-Handbuch. Leben – Werk – Wirkung, Berlin: J.B. Metzler, S. 386-390.

Brocchi, Davide (2021): »Ökologie«, in: Timo Skrandies/Bettina Paust (Hg.): Joseph Beuys-Handbuch. Leben – Werk – Wirkung, Berlin: J.B. Metzler, S. 463-469.

Fetz, Carmen (2014): Strategien sozial engagierter Kunst, Magisterarbeit Wien, https://fedora.phaidra.bibliothek.uni-ak.ac.at/fedora/get/o:5028/bdef:Content/get (letzter Zugriff: 29.01.2023)

Hildebrandt, Paula (2012): »Urbane Kunst«, in: Frank Eckardt (Hg.): Handbuch Stadtsoziologie, Wiesbaden: Springer VS, S. 723-744.

Hildebrandt, Paula (2013): Staubaufwirbeln. Die Kunst der Partizipation, Bauhaus Universität Weimar, https://doi.org/10.25643/bauhaus-universitaet.2158 (letzter Zugriff: 14.01.2023)

Hildebrandt, Paula/Evert, Kerstin/Peters, Sibylle/Schaub, Mirjam/Wildner, Kathrin/Ziemer, Gesa (Hg.) (2019): Performing Citizenship. Bodies, Agencies, Limitations, Cham: Palgrave Macmillian (CH).

Horn, Eva/Bergthaller, Hannes (Hg.) (2019): Anthropozän zur Einführung, Hamburg: Junius.

Kersten, Jens (2014): Das Anthropozän-Konzept. Kontrakt – Komposition – Konflikt, Baden-Baden: Nomos.

Kwon, Miwon (1997): »Public Art und städtische Identitäten«, in: Christian Philipp Müller (Hrsg): Kunst auf Schritt und Tritt, Hamburg: Findling, S. 94-109.

Lacy, Suzanne (Hg.) (1994): Mapping the Terrain. New Genre Public Art, Seattle. Bay Press.

Lange, Barbara (1999): Joseph Beuys – Richtkräfte einer neuen Gesellschaft. Der Mythos vom Gesellschaftsreformer, Berlin: Reimer.

Lange, Barbara (2017): »Joseph Beuys und die FIU. Die Honigpumpe am Arbeitsplatz auf der documenta 6 in Kassel 1977«, in: Verena Krieger/Elisabeth Fritz (Hg.): ›When exhibitions become politics‹. Geschichte und Strategien der politischen Kunstausstellungen seit den 1960er Jahren, Köln/Weimar/Wien: Böhlau, S. 223-236.

Malzacher, Florian (2020): Gesellschaftsspiele – Politisches Theater heute, Berlin: Alexander.

Meadows, Dennis/Meadows, Donella/Zahn, Erich/Millig, Peter (Hg.) (1972): Die Grenzen des Wachstums. Bericht des Club of Rome zur Lage der Menschheit, Stuttgart: DVA.

Ministerium für Kultur und Wissenschaft des Landes Nordrhein-Westfalen (2021): Kulturgesetzbuch Nordrhein-Westfalen vom 01.12.2021, https://www.mkw.nrw/system/files/media/document/file/mkw_nrw_kulturgesetzbuch.pdf (letzter Zugriff: 19.02.2023)

Mohr, Henning (2016): »(Prozess)Künstler als Transformationsdesigner? Neue ästhetische Formate und ihre kulturpolitischen Konsequenzen«, in: Norbert Sievers/Patrick S. Föhl/Tobias J. Knoblich für das Institut der Kulturpolitischen Gesellschaft e.V. (Hg.): Jahrbuch für Kulturpolitik 2015/16 (= Transformatorische Kulturpolitik, Band 15), Bielefeld: transcript, S. 305-311.

Mohr, Henning (2018): Die Kunst der Innovationsgesellschaft. Kreative Interventionen als Suche nach Neuheit, Wiesbaden: Springer VS.

Paust, Bettina (2022): »Identitätsirritationen. Joseph Beuys als Künstler und Kunstwerk«, in: Jean-Pierre Wils (Hrsg): Scheidewege. Schriften für Skepsis und Kritik, Stuttgart: Hirzel.

Paust, Bettina (2021): »Rezeption in der Kunst«, in: Timo Skrandies/Bettina Paust (Hg.): Joseph Beuys-Handbuch. Leben – Werk – Wirkung, Berlin: J.B. Metzler, S. 452-462.

Paust, Bettina (2010): »Die ›Wärmeskulptur‹ von Joseph Beuys als Resultat thermo-plastischer Prozesse«, in: Stiftung Museum Schloss Moyland (Hg.): Beuys: Energieplan. Zeichnungen aus dem Museum Schloss Moyland, Ausst.-Kat., Bedburg-Hau/Goch, 263-273.

Quermann, Andreas (2003): ›Demokratie ist lustig‹. Der politische Künstler Joseph Beuys, Berlin: Reimer.

Rauterberg, Hanno (2023): »Das neue Berlin heißt Wuppertal«, in: Die Zeit vom 02.03.2023, S. 49.

Rodatz, Christoph (2021): »Solidarische Mittelvergabe – eine Utopie?«, in: Die Konferenz der solidarischen Mittel (Hg.): Take that money and run together!, Mühlheim an der Ruhr, S. 112-132.

Saltz, Jerry (2012): »A Glimpse of Art's Future at Documenta«, in: What's next? 134, http://whtsnxt.net/134 (letzter Zugriff: 09.01.2023).

Schneede, Uwe M. (1994): Joseph Beuys – Die Aktionen. Kommentiertes Werkverzeichnis mit fotografischen Dokumentationen, Ostfildern-Ruit: Hatje Cantz.

Schneidewind, Uwe (2018): Die große Transformation. Eine Einführung in die Kunst gesellschaftlichen Wandels, Frankfurt a.M.: Fischer.

Schoene, Janneke 2018): Beuys' Hut – Performance und Autofiktion, Heidelberg: arthistoricum.net.

Schütz, Heinz (2013): »Urban Performances. Performances in der Stadt/Stadt als Performance«, in: Kunstforum International 223, S. 36-47.

Schütz, Heinz (2014): »Die Stadt als Aktionsraum. Urban Performances als singulärer Auftritt und kollektives Ereignis«, in: Kunstforum International 224, S. 46-55.

Ullrich, Wolfgang (2016): Der kreative Mensch. Streit um eine Idee, Salzburg/Wien: Residenz.

Ursprung, Philip (2021): Joseph Beuys – Kunst. Kapital. Revolution, München: C.H. Beck.

Van Eikels, Jan (2013): Die Kunst des Kollektiven. Performance zwischen Theater, Politik und Sozio-Ökonomie, München: Wilhelm Fink.

Ziehl, Michael (2020): Koproduktion Urbaner Resilienz. Das Gängeviertel in Hamburg als Reallabor für eine zukunftsfähige Stadtentwicklung mittel Kooperation von Zivilgesellschaft, Politik und Verwaltung, Berlin: jovis.

Ziemer, Gesa (2013): Komplizenschaft. Neue Perspektiven auf Kollektivität, Bielefeld: transcript.

AutorInneninformationen

Karen van den Berg (Prof. Dr.) ist seit 2003 Inhaberin des Lehrstuhls für Kunsttheorie & inszenatorische Praxis an der Zeppelin Universität und seit 2006 akademische Leiterin des dortigen artsprograms. Sie war u.a. tätig an der Chinati Foundation in Texas, der Universität Witten/Herdecke, an der Stanford University sowie am IKKM der Bauhaus Universität Weimar. Van den Bergs Forschungsschwerpunkte liegen in den Bereichen Kunst und Politik, sozial engagierte Kunst, Theorie und Geschichte des Ausstellens, Bildungsarchitektur und Studioforschung. Ihre wichtigsten Publikationen sind: *The Art of Direct Action. Social Sculpture and Beyond* (2019 mit Philipp Kleinmichel und Cara Jordan) oder *Art Production Beyond the Art Market* (2013 mit Ursula Pasero).

Maren Butte (Dr.) ist Juniorprofessorin für Theaterwissenschaft/Performance Studies am Institut für Medien- und Kulturwissenschaft der Heinrich-Heine-Universität Düsseldorf. Zuvor war sie wissenschaftliche Mitarbeiterin an den Universitäten Bayreuth, Berlin und Basel. Sie promovierte zur audiovisuellen Ästhetik des Melodramas und forscht und lehrt aktuell zum Verhältnis von Theater und digitalen Medien. Aktuelle Publikationen: *Technologie* (im Erscheinen, im Handbuch *Theater und Tanz* von Beate Hochholdinger-Reiterer und Christina Thurner) und *Technologien des Performativen. Das Theater und seine Techniken* (2020 mit Kathrin Dreckmann und Elfi Vomberg).

Svetlana Chernyshova (Dr.) lehrt Kunstgeschichte an der Heinrich-Heine-Universität Düsseldorf. Sie promovierte im Fach Medien- und Kulturwissenschaften im Rahmen des DFG-Graduiertenkollegs *Materialität und Produktion*. Zu ihren Lehr- und Forschungsschwerpunkten zählen Ausstellungspraktiken im Kontext zeitgenössischer Kunst, Bildtheorien, Intimität und Körperlichkeit sowie Diskurse um (post-)digitale Milieus.

deufert&plischke arbeiten seit 22 Jahren als KünstlerInnenduo an den Schnittstellen Tanz, Gesellschaft und Medien. Kattrin Deufert und Thomas Plischke verstehen Choreografie als einen Prozess, in dem Menschen Gesellschaft mit sinnlich wahrnehmbaren Formen und narrativen medialen Bezügen temporär hervorbringen. Im Frühjahr 2020 sind deufert&plischke von Berlin in den ländlichen Raum bei Wuppertal gezogen. 2021 eröffneten sie dort die Spinnerei Schwelm. 2022 entstand in Zusammenarbeit mit dem Tanzarchiv Köln das Projekt *anarchivTANZ* sowie die digitale Plattform *anarchivtanz.digital*. deufert&plischke touren mit ihren Arbeiten seit vielen Jahren international und wurden vielfach ausgezeichnet.

André Eiermann (Prof. Dr.) ist Professor für Theater an der Universität von Agder in Kristiansand (Norwegen). Er ist Autor der Studie *Postspektakuläres Theater – Die Alterität der Aufführung und die Entgrenzung der Künste* (2009) sowie Herausgeber der Anthologie *TO DO AS IF – Realitäten der Illusion im zeitgenössischen Theater* (2018). Im Rahmen seiner weiteren Forschung zum Thema dieser Anthologie arbeitet er aktuell an einer Monografie über die norwegische Theatergruppe *Susie Wang*.

Jens Fehrenbacher ist Kulturwissenschaftler und Medienkünstler und arbeitet am *Virtual Humanities Lab* am Sonderforschungsbereich *Virtuelle Lebenswelten* der Ruhr-Universität Bochum. Er promoviert zum Thema *Ästhetische Aushandlung – zur ökologischen Perspektive auf Kunst-Situationen* am DFG-Kolleg *Ästhetische Praxis* in Hildesheim. In seiner wissenschaftlichen wie künstlerischen Praxis beschäftigt er sich mit relationalen Aushandlungsdynamiken in der Rezeption künstlerischer Settings unter besonderer Berücksichtigung Neuer Medien.

Barbara Gronau (Prof. Dr.) ist Professorin für Theorie und Geschichte des Theaters an der Universität der Künste Berlin und seit 2022 Präsidentin der Bayerischen Theaterakademie August Everding in München. Ihre Dissertation *Theaterinstallationen. Performative Räume bei Beuys, Boltanski, Kabakov* wurde 2011 mit dem *Joseph Beuys Preis für Forschung* ausgezeichnet. Von 2015-2021 leitete sie das DFG-Graduiertenkolleg *Das Wissen der Künste* und ist Mitherausgeberin der gleichnamigen Schriftenreihe. Ihre Forschungs- und Publikationsschwerpunkte sind Theorien und Praktiken des zeitgenössischen Theaters, Kulturgeschichte der Askese sowie Epistemologien des Ästhetischen.

Heilkünstlerei wurde anlässlich des Beuys-Performancefestivals 2021 von Andy Dino Iussa und Olaf Reitz ins Leben gerufen. Andy Dino Iussa ist Modellierer von Text und Sprache, Regisseur, Projektentwickler, Veranstalter, Katholischer Spurensucher, Menschenzusammenbringer. Er inszeniert und agiert in Schauspiel, Performance, Musik, Bildender Kunst sowie Literatur und produziert Podcasts und Videos. Olaf Reitz liest und spricht, ist hörbar in Radiofeatures oder als Synchronstimme, er führt durch Dokumentationen und erklärt technische Anlagen. Er konzipiert und produziert eigene Klanginstallationen und Hörbücher, steht mit vielseitigen musikalischen Literaturprogrammen auf großen und kleinen

Bühnen. Gemeinsam haben Iussa und Reitz u.a. über zehn Jahre lang die Literaturperformance *DIE TÜRME* entwickelt und realisiert.

Paula Hildebrandt (Dr.) ist Autorin und Filmemacherin, die in ihren Arbeiten performative Aktion, experimentelles Schreiben, Fotografie, Video und künstlerische Lehre miteinander verbindet. Ihr jüngstes Buch *Welcome City* (2022) entwirft Hamburg als Willkommensstadt. Sie hat an der Kunsthochschule Berlin-Weißensee und der Universidade Federal in Rio de Janeiro unterrichtet und an der Bauhaus Universität Weimar mit einer Arbeit über künstlerische Interventionen und zeitgemäße Formen von politischer Partizipation promoviert. Ihre Erzählungen, Essays und wissenschaftliche Texte erschienen in diversen Magazinen und Sammelbänden. Ihre Installation und Videoarbeit *Logistics of Paradise* wurde im Kontext des *GRET REPORT 2020* auf Kampnagel gezeigt. Von 2015 bis 2018 koordinierte sie das Graduiertenkolleg *Performing Citizenship*.

Jackson Pollock Bar wurde 1993 von Christian Matthiessen in Freiburg gegründet. Der Geschäftszweck des Playback-Performance-Unternehmens ist die Installation von Theorien. Darsteller der Jackson Pollock Bar sind Martin Horn (Gründungsmitglied), Peter Cieslinski und Gotthard Lange. Arbeiten der Jackson Pollock Bar waren u.a. 1997 bei der *documenta X* in Kassel, 1999 im MoMA PS1, New York, 2000 und 2007 im Zentrum für Kunst und Medien, Karlsruhe, 2001 in der Volksbühne Berlin, 2003 im Schauspielhaus Zürich und in der Lisson Gallery, London und 2004 in der Getty Foundation, Los Angeles, zu sehen. 2013 Teilnahme an der Biennale in Venedig. Im Kulturverlag Kadmos sind zwei Bände (2012 und 2018) von *OTMA&LUNL (On Tour mit Art & Language und Niklas Luhmann)* von Christian Matthiessen erschienen.

Kollektiv ImpACT wurde 2020 von Doris Dopf und Beate Rüter gegründet. Im Mittelpunkt ihrer künstlerischen Arbeit steht die Umsetzung gesellschaftlicher Fragestellungen in performativen Formen. 2021 nahm das Kollektiv mit der Aufführung *Under(de)construction: »Wer im Glashaus sitzt ...«* am Wuppertaler Beuys-Performancefestival teil.

Anne Linsel ist Kulturjournalistin, Dokumentarfilmerin, Publizistin (Die Zeit, Süddeutsche Zeitung, WDR, ZDF, ARTE). Sie war Moderatorin des ZDF-Kulturmagazins *aspekte* (1984-1989) und Gastgeberin der ZDF-Reihe *Zeugen des Jahrhunderts* (1989-2004). Zudem ist sie Autorin zahlreicher Filme über die Choreografin Pina Bausch und das Tanztheater Wuppertal (TV und Kino). Sie ist Mitglied im AICA – Internationaler Kunstkritikerverband und dem PEN-Zentrum Deutschland. Ihre wichtigsten Buchveröffentlichungen sind: *Pina Bausch. Bilder eines Lebens* (2013), *Weltentwürfe – Die Bühnenbildnerin Hanna Jordan* (2006), *Die Sehnsucht* *war die Schlange* (1997) und *Hilde Spiel – Die grande dame im Gespräch mit Anne Linsel* (1992).

Heike Lüken ist Kulturwissenschaftlerin und hat zu Praktiken künstlerischer Wissensproduktion promoviert. Ihre Forschungsinteressen sind Stadtforschung, Wissenskulturen, Künstlerische Forschung und Kollaborative Wissensproduktion sowie Transformative Kunstvermittlung. Sie arbeitet als Dozentin, Jurorin und Beraterin an den Schnittstellen von Stadtentwicklung, Kultur und Wissensproduktion. An der Universität Hamburg war sie u.a. wissenschaftliche Koordinatorin des Forschungsverbundes *Übersetzen und Rahmen. Praktiken medialer Transformationen* und arbeitet derzeit an der Hafen City Universität Hamburg im *CityScienceLab*.

Mobile OASE ist ein interdisziplinäres und interaktives Kunstprojekt im öffentlichen Raum Wuppertals. Fünf KünstlerInnen und ein sich immer neu erweiterndes Team arbeiten spartenübergreifend um den Leiter Roland Brus herum. Brus ist Regisseur, Künstler, Projektentwickler und Dozent. Er gründete und leitete das *Obdachlosentheater RATTEN 07* an der Berliner Volksbühne und *aufBruch. Kunst/Gefängnis/Stadt*. Daniela Camilla Raimund ist Projektentwicklerin, Künstlerin und Kulturmanagerin und leitet neben ihrer Mitarbeit bei der Mobilen OASE den Bereich Kunst und Kultur der Färberei e.V. in Wuppertal sowie das partizipative Projekt *Spotlight: Kulturbühne Oberbarmen*. Aktuell arbeiten beide gemeinsam an interdisziplinären Formaten im Stadtraum, der Weiterentwicklung der *Tourismus-Zentrale Oberbarmen* und geben die Zeitung DER SAND – Zeitung für Oberbarmen und den Rest der Stadt heraus.

mythen der moderne wurde 2015 von Pia Janssen und Bettina Erasmy gegründet. Das Kollektiv lotet mit interdisziplinären Formaten gesellschaftlich und kulturell relevante Phänomene aus. In ortsspezifischen Projekten und auf Grundlage intensiver Recherchen kreieren sie theatrale Formate und vernetzen sie mit verschiedenen Ebenen der partizipativen Kommunikation. Pia Janssen arbeitet als freischaffende Künstlerin in den Bereichen Theater, Klangkunst und in Projekten im öffentlichen Raum. Bettina Erasmy ist Dramaturgin und Schriftstellerin, schreibt für Theater und hat 2012 den Lyrikband *Wärmefaktor* veröffentlicht, dem 2023 ein zweiter folgt.

Matthias Nocke ist Diplom-Jurist und Beigeordneter für ›Kultur und Sport & Sicherheit und Ordnung‹ der Stadt Wuppertal. Seit 2008 ist er in dieser Funktion Kulturdezernent der Stadt Wuppertal. Neben der Weiterentwicklung der kulturellen Vielfalt aus kommunalen Kultureinrichtungen und AkteurInnen der Freien

Szene liegt ein Schwerpunkt seiner Arbeit im Aufbau und der Eröffnung des internationalen Pina Bausch Zentrums 2027 im Schauspielhaus.

Bettina Paust (Dr.) ist seit 2018 Leiterin des Kulturbüros der Stadt Wuppertal, das das Beuys-Performancefestival 2021 durchgeführt hat und bei dem sie Teil des KuratorInnen-Trios war. Davor war sie viele Jahre Künstlerische Direktorin der Stiftung Museum Schloss Moyland sowie Leiterin des dortigen Joseph Beuys Archivs. Ihre Arbeits- und Forschungsschwerpunkte liegen u.a. im Bereich kulturpolitischer Themen sowie performativer Künste im Kontext nachhaltiger Stadtentwicklung und bei Joseph Beuys. Zuletzt hat sie gemeinsam mit Timo Skrandies das erste Handbuch zu Joseph Beuys herausgegeben (2021, *Joseph Beuys-Handbuch. Leben – Werk – Wirkung*).

Partita Radicale wurde 1989 als Ensemble für improvisierte und zeitgenössische Musik gegründet. Die vier Musikerinnen Gunda Gottschalk (Violine), Ortrud Kegel (Querflöte), Karola Pasquay (Querflöte) und Ute Völker (Akkordeon) bewegen sich bevorzugt zwischen den Genres: zwischen Theater und Musik, Konzept und Improvisation, Geschlossen- und Offenheit. Der gemeinsame Hintergrund ist das Studium klassischer Musik. Das Resultat ist eine aktuelle Kammermusik mit einer Virtuosität, die aus dem oft überraschenden Wechsel von klassisch trainierten Spielweisen und einer experimentellen Erweiterung des Klangspektrums entsteht. Immer wieder greift Partita Radicale gesellschaftlich relevante Themen auf. Aktuell bereisen sie für das Projekt *geosonic landscape* ›Zwischenorte‹ im Bergischen Land und entwickeln gemeinsam mit dem Medienkünstler Florian Zeeh vier abendfüllende Klang-Video-Performances.

Julia Reich ist Doktorandin am Bochumer Graduiertenkolleg *Das Dokumentarische. Exzess und Entzug*, wo sie an einer Dissertation zu Figurationen der Abwesenheit in der sich selbst medial dokumentierenden Performance-Kunst arbeitet. Seit 2022 ist sie wissenschaftliche Mitarbeiterin im Teilprojekt *Virtuelle Kunst*. Ihre Forschungsschwerpunkte verorten sich im Spannungsfeld von Performance-Kunst, dokumentarischen Artefakten, Ausstellungs- und Archivdiskursen, und umfassen performative Ausdrucksformen im Virtuellen sowie zeitgenössische Medienkunst.

Rimini Protokoll wurde im Jahr 2000 von Helgard Haug, Stefan Kaegi und Daniel Wetzel gegründet. Das Theater-Label arbeitet seither in verschiedenen Konstellationen unter diesem Namen, um Stück für Stück neue Perspektiven auf die Wirklichkeit zu schaffen. Rimini Protokoll entwickeln ihre Bühnenstücke, Interventionen, szenischen Installationen und Hörspiele oft mit ExpertInnen, die ihr Wissen und Können jenseits des Theaters erprobt haben. Außerdem übersetzen sie gerne Räume oder soziale Ordnungen in theatrale Formate. Viele ihrer Arbeiten zeichnen sich durch Interaktivität und einen spielerischen Umgang mit Technik aus.

Annika Schneider studiert Medien- und Kulturwissenschaften an der Heinrich-Heine-Universität Düsseldorf. Während des Beuys-Performancefestivals 2021 war sie Mitarbeiterin des Kulturbüros in Wuppertal und maßgeblich an der Organisation des Festivals beteiligt. Aktuell arbeitet sie für die deufert&plischke GbR im Bereich Öffentlichkeitsarbeit und Management.

Katja Schneider (Prof. Dr.) ist Professorin für Tanzwissenschaft an der Hochschule für Musik und Darstellende Kunst (HfMDK) in Frankfurt. Sie habilitierte sich 2013 mit der Schrift *Tanz und Text. Figurationen von Sprache und Bewegung* (2016) am Institut für Theaterwissenschaft der Ludwig-Maximilians-Universität München, dem sie auch als wissenschaftliche Mitarbeiterin angehörte. Zwischen 1992 und 2012 schrieb sie als Kritikerin für Tanz und Performance u.a. für die Süddeutsche Zeitung und berichtete für den Deutschlandfunk, als Redakteurin arbeitete sie für die Fachmagazine tanzdrama, tanzjournal und tanz, als Dramaturgin ist sie für das Münchner Festival *Dance* tätig.

Uwe Schneidewind (Prof. Dr.) ist seit 2020 Oberbürgermeister der Stadt Wuppertal und Professor für Innovationsmanagement und Nachhaltigkeit an der Bergischen Universität Wuppertal. Von 2010 bis 2020 war er Präsident des Wuppertal Instituts für Klima, Umwelt, Energie. Seit 2011 ist er Mitglied im Club of Rome. Von 2013 bis 2020 war er Mitglied des Wissenschaftlichen Beirats der Bundesregierung *Globale Umweltveränderungen (WBGU)*. Arbeitsschwerpunkt ist die Analyse gesellschaftlicher Transformationsprozesse im Kontext einer nachhaltigen Entwicklung. Eine seiner wichtigsten Publikationen: *Die Große Transformation. Eine Einführung in die Kunst gesellschaftlichen Wandels* (2019).

Showcase Beat Le Mot gründete sich 1997 aus den Angewandten Theaterwissenschaften der Justus-Liebig-Universität in Gießen heraus. Das Performancekollektiv sind: Nikola Duric, Dariusz Kostyra, Thorsten Eibeler und Veit Sprenger. Sie touren mit ihren Arbeiten weltweit. Ihr Werkverzeichnis umfasst weit mehr als 30 Produktionen, 5 Regiearbeiten, 3 Musikvideos, 2 CD's, mehrere Kongresse und unzählige Workshops. Um kein Theater machen zu müssen, sprechen die Mitglieder von Showcase Beat Le Mot viel miteinander. Sie kochen und schieben Sessel und Sofas zu Landschaften zusammen, damit Zuschauende sich entspannen können, während sie auf einen Anfang warten. Wenn sich die Gruppe einmal in Bewegung setzt, rumpelt sie wie ein hölzerner Belagerungsturm den Hügel hinunter und ist von keiner Gebäudeform mehr aufzuhalten. Dann entsteht Kunst ohne Auftrag, dafür aber mit einer Botschaft – als Flaschenpost, Menetekel oder Song.

Timo Skrandies (Prof. Dr.) ist seit 2013 Professor am Institut für Kunstgeschichte der Heinrich-Heine-Universität Düsseldorf. Studium der Philosophie, Kunstgeschichte und Germanistik in Düsseldorf, Frankfurt a.M. und Paris. Wissenschaftliche Tätigkeiten an den Universitäten Frankfurt a.M., Düsseldorf, Weimar, Trondheim/Norwegen. Seine Arbeits- und Forschungsschwerpunkte sind Kunst und Kunsttheorie seit um 1800 bis heute, Historische Bildwissenschaft, Tanz und Performance, Materialität und Produktion, Joseph Beuys, Kunst im Anthropozän, Politische Kunst, Bildakt und Rassismus. Zuletzt gab er das erste *Joseph Beuys-Handbuch* (2021, mit Bettina Paust) sowie *Kunst im Anthropozän* (2022, mit Romina Dümler) heraus.

Alexandra Vinzenz (Dr.) ist Margarete von Wrangell-Fellow und wissenschaftliche Mitarbeiterin am Institut für Europäische Kunstgeschichte, Universität Heidelberg. Sie wurde mit ihrer Dissertation *Vision ›Gesamtkunstwerk‹. Performative Interaktion als künstlerische Form* (2018) promoviert. Aktuell habilitiert sie sich zur *Ikonologie des (Stumm-)Films*. Ihre Forschungsschwerpunkte sind: Kunst und Kunsttheorie der Moderne sowie interdisziplinäre Forschungsfelder zwischen Film, Kunst, Musik, Theater und digitalen Medien.

Katharina Weisheit (Dr.) ist wissenschaftliche Mitarbeiterin am Institut für Kunstgeschichte der Heinrich-Heine-Universität Düsseldorf und lehrt Theorie, Praxis und Geschichte performativer Künste. Sie promovierte im Fach Medien- und Kulturwissenschaften im Rahmen des DFG- Graduiertenkollegs *Materialität und Produktion* mit der Arbeit *Tanz in Produktion. Verdichten | Transformieren | Institutionalisieren. Das Tanztheater Wuppertal Pina Bausch* (2021). Zu ihren Lehr- und Forschungsschwerpunkten zählen: Kunst im medialen Kontext, Materialität und Produktion, Tanztheater Wuppertal Pina Bausch, Partizipation, Kunst und Aktivismus.

Julia Wessel ist seit 2019 im Kulturbüro der Stadt Wuppertal als Fachreferentin für Literatur, Theater, Film sowie Grundsatzfragen des Freien Kultursektors tätig sowie Stellvertreterin der Leitung des Kulturbüros. Sie studierte Germanistik, Philosophie und Komparatistik mit Schwerpunkten auf kulturwissenschaftlichen Themen in Köln und Wuppertal und befasste sich in ihrer Masterthesis mit politischen Inszenierungsstrategien deutscher Independent-Labels für Popmusik.

Ophelia Young ist freischaffende Tänzerin und Performerin. Die Österreicherin mit afroamerikanischen Wurzeln lebt seit 13 Jahren in Deutschland und studierte

Zeitgenössischen Bühnentanz an der Folkwang Universität der Künste in Essen. Von 2014 bis 2021 war sie Tänzerin beim Tanztheater Wuppertal Pina Bausch. Im Moment widmet sie sich ihrer Karriere als freiberufliche Tänzerin, Performerin und Künstlerin im Bereich der Performing Arts. Sie setzt sich u.a. mit dem Phänomen der Wut aus einer feministischen Perspektive auseinander, forscht über Wissen und Strategien im künstlerischen Schaffensprozess und interessiert sich für Fragestellungen an der Schnittstelle zwischen Individuum und Gesellschaft. Young hat u.a. mit Tim Etchells, Senga Nengudi, Cristiana Morganti, Dimitris Papaioannou, go plastic company, KOMA & KO, Artmann&Duvoisin, Ale Bachlechner, LTwills und Helena Wittmann zusammengearbeitet.

Wolfgang Zumdick (Prof. Dr.) ist Autor von internationalen Publikationen zur Geschichte der Philosophie sowie zur Kunst und Philosophie des 20. Jahrhunderts. Von 2008 bis 2019 hatte er eine philosophische Lehrtätigkeit an der Oxford Brookes University inne und war Gastdozent an den Universitäten Basel und Melbourne (RMIT). Zumdick ist Kurator zahlreicher Ausstellungen zu Joseph Beuys und zur *Sozialen Plastik*.

Abbildungsverzeichnis

Abbildung S. 9: Litfaßsäule mit Plakat des Wuppertaler Beuys-Performancefestivals, Fotografie: Süleyman Kayaalp © Kulturbüro der Stadt Wuppertal

Abbildung S. 10: Schatten des Filmteams auf dem Platz vor dem Wuppertaler Rathaus, Wuppertaler Beuys-Performancefestival, Fotografie: Süleyman Kayaalp © Kulturbüro der Stadt Wuppertal

Abbildung oben S. 15: Plakat des Wuppertaler Beuys-Performancefestivals, Fotografie: Süleyman Kayaalp © Kulturbüro der Stadt Wuppertal

Abbildung unten S. 15: Fensterfront im Gebäudekomplex der ehemaligen Firma Kaiser & Dicke im Wuppertaler Stadtteil Barmen, Fotografie: Süleyman Kayaalp © Kulturbüro der Stadt Wuppertal

Abbildung oben S. 16: Julia Wessel in der Schaltzentrale des Wuppertaler Beuys-Performancefestivals, Fotografie: Süleyman Kayaalp © Kulturbüro der Stadt Wuppertal

Abbildung unten S. 16: Filmaufnahmen während des Wuppertaler Beuys-Performancefestivals, Fotografie: Süleyman Kayaalp © Kulturbüro der Stadt Wuppertal

Abbildung oben S. 26: Panelsituation während des Wuppertaler Beuys-Performancefestivals, Fotografie: Süleyman Kayaalp © Kulturbüro der Stadt Wuppertal

Abbildung unten S. 26: Digitales Panel des Wuppertaler Beuys-Performancefestivals, Fotografie: Süleyman Kayaalp © Kulturbüro der Stadt Wuppertal

Abbildung oben S. 27: *Ich trete aus der Kunst aus!*, Bazon Brock, Wuppertaler Beuys-Performancefestival, Fotografie: Süleyman Kayaalp © Kulturbüro der Stadt Wuppertal

Abbildung unten S. 27: Klebeband auf Teppichboden, BesucherInnenleitsystem des Wuppertaler Beuys-Performancefestivals, Fotografie: Süleyman Kayaalp © Kulturbüro der Stadt Wuppertal

Abbildung oben S. 28: Plakatierung während der zehnstündigen Lecture Performance von Bazon Brock beim Wuppertaler Beuys-Performancefestival, Fotografie: Süleyman Kayaalp © Kulturbüro der Stadt Wuppertal

Abbildung unten S. 28: Notiz für das Organisationsteam des Wuppertaler Beuys-Performancefestivals, Fotografie: Süleyman Kayaalp © Kulturbüro der Stadt Wuppertal

Abbildung S. 41: Lichtinstallation in der Performance *Remode Zombie Andy Beuyz*, Showcase Beat Le Mot, Wuppertaler Beuys-Performancefestival, Fotografie: Süleyman Kayaalp © Kulturbüro der Stadt Wuppertal

Abbildung S. 43: Stromkabel, Wuppertaler Beuys-Performancefestival, Fotografie: Süleyman Kayaalp © Kulturbüro der Stadt Wuppertal

Abbildung S. 44: Zeichnung von deufert&plischke, *I like Erika and Erika likes me*, Wuppertaler Beuys-Performancefestival, Fotografie: Süleyman Kayaalp © Kulturbüro der Stadt Wuppertal

Abbildung S. 66: Installation im Rahmen der Performance *Remode Zombie Andy Beuyz*, Showcase Beat Le Mot, Wuppertaler Beuys-Performancefestival, Fotografie: Süleyman Kayaalp © Kulturbüro der Stadt Wuppertal

Abbildung oben S. 75: Treppen im Gebäudekomplex der ehemaligen Firma Kaiser & Dicke im Wuppertaler Stadtteil Barmen, Fotografie: Süleyman Kayaalp © Kulturbüro der Stadt Wuppertal

Abbildung unten S. 75: Bauarbeiten im Gebäudekomplex der ehemaligen Firma Kaiser & Dicke im Wuppertaler Stadtteil Barmen, Fotografie: Süleyman Kayaalp © Kulturbüro der Stadt Wuppertal

Abbildung S. 76: Ophelia Young während ihrer Arbeit im Maschinenhaus Essen im Juli 2022 © Katharina Weisheit

Abbildung oben S. 91: Schriftzug aus Klebeband auf dem Boden im Maschinenhaus Essen © Katharina Weisheit

Abbildung unten S. 91: Arbeitsmaterialien der Recherchearbeit von Ophelia Young im Maschinenhaus Essen © Ophelia Young

Abbildung S. 92: Raimund Hoghe, *Meinwärts* (1994), Probe im Hebbel-Theater Berlin am 28.11.1995 © Rosa Frank

Abbildung oben S. 101: Raimund Hoghe, *Ich räume auf* (2017), Lecture Performance im Rahmen des Symposium *Inventur#2* im tanzhaus NRW am 01.06.2017 © Rosa Frank

Abbildung unten S. 101: Raimund Hoghe, *36, Avenue Georges Mandel* (2007), Festival d'Avignon in der Chapelle des Pénitents Blancs am 16.07.2007 © Rosa Frank

Abbildung S. 103: Blick durch eine Videokamera während des Wuppertaler Beuys-Performancefestivals, Fotografie: Süleyman Kayaalp © Kulturbüro der Stadt Wuppertal

Abbildung oben S. 104: Kamera filmt Handy während der Performance *Remode Zombie Andy Beuyz*, Showcase Beat Le Mot, Wuppertertaler Beuys-Performancefestival, Fotografie: Süleyman Kayaalp © Kulturbüro der Stadt Wuppertal

Abbildungsverzeichnis

Abbildung unten S. 104: David J. Becher in einem Flightcase während der Performance *Remode Zombie Andy Beuyz*, Showcase Beat Le Mot, Wuppertaler Beuys-Performancefestival, Fotografie: Süleyman Kayaalp © Kulturbüro der Stadt Wuppertal

Abbildung oben S. 118: Vorbereitungen der zehnstündigen Lecture Performance von Bazon Brock, Wuppertaler Beuys-Performancefestival, Fotografie: Süleyman Kayaalp © Kulturbüro der Stadt Wuppertal

Abbildung unten S. 118: Bronzeplastik *Selbwalla* (2020/2021) von Silke Rehberg, Fotografie: Süleyman Kayaalp © Silke Rehberg

Abbildung S. 132: Absperrung im Gebäudekomplex der ehemaligen Firma Kaiser & Dicke im Wuppertaler Stadtteil Barmen, Fotografie: Süleyman Kayaalp © Kulturbüro der Stadt Wuppertal

Abbildung S. 133: Hinweisschild im Gebäudekomplex der ehemaligen Firma Kaiser & Dicke im Wuppertaler Stadtteil Barmen, Fotografie: Süleyman Kayaalp © Kulturbüro der Stadt Wuppertal

Abbildung S. 134: Scheinwerfer während der Performance *Remode Zombie Andy Beuyz*, Showcase Beat Le Mot, Wuppertaler Beuys-Performancefestival, Fotografie: Süleyman Kayaalp © Kulturbüro der Stadt Wuppertal

Abbildung S. 138-139: Schriftzug *And Andy likes me* an der Wand, Showcase Beat Le Mot, Wuppertaler Beuys-Performancefestival, Fotografie: Süleyman Kayaalp © Kulturbüro der Stadt Wuppertal

Abbildung S. 140: Installation bei der Performance *Remode Zombie Andy Beuyz*, Showcase Beat Le Mot, Wuppertaler Beuys-Performancefestival, Fotografie: Süleyman Kayaalp © Kulturbüro der Stadt Wuppertal

Abbildung oben S. 148: Showcase Beat Le Mot beim Kochen, *Remode Zombie Andy Beuyz*, Wuppertaler Beuys-Performancefestival, Fotografie: Süleyman Kayaalp © Kulturbüro der Stadt Wuppertal

Abbildung unten S. 148: Essensausgabe während der Performance *Remode Zombie Andy Beuyz*, Showcase Beat Le Mot, Wuppertaler Beuys-Performancefestival, Fotografie: Süleyman Kayaalp © Kulturbüro der Stadt Wuppertal

Abbildung S. 149: Aktion von Showcase Beat Le Mot auf dem Glasdach der ehemaligen Firma Kaiser & Dicke, Wuppertaler Beuys-Performancefestival, Fotografie: Süleyman Kayaalp © Kulturbüro der Stadt Wuppertal

Abbildung S. 150: Die Galeristin Nicole Bardohl mit VR-Brille und medizinischer Maske, *Feast of Food*, Rimini Protokoll, Wuppertaler Beuys-Performancefestival, Fotografie: Süleyman Kayaalp © Kulturbüro der Stadt Wuppertal

Abbildung S. 160-161: Performer mit VR-Brille in einer Schlachterei, *Feast of Food*, Rimini Protokoll © Rimini Protokoll

Abbildung oben S. 162: Barbara Gronau und Bettina Paust mit VR-Brillen, *Feast of Food*, Rimini Protokoll, Wuppertaler Beuys-Performancefestival, Fotografie: Süleyman Kayaalp © Kulturbüro der Stadt Wuppertal

Abbildung unten S. 162: Nicole Bardohl und Julia Wessel in der immersiven Videoinstallation *Feast of Food*, Rimini Protokoll, Wuppertaler Beuys-Performancefestival, Fotografie: Süleyman Kayaalp © Kulturbüro der Stadt Wuppertal

Abbildung oben S. 163: Bettina Paust mit VR-Brille in der immersiven Videoinstallation *Feast of Food*, Rimini Protokoll, Wuppertaler Beuys-Performancefestival, Fotografie: Süleyman Kayaalp © Kulturbüro der Stadt Wuppertal

Abbildung unten S. 163: Barbara Gronau im Gespräch mit Bettina Paust, *Feast of Food*, Rimini Protokoll, Wuppertaler Beuys-Performancefestival, Fotografie: Süleyman Kayaalp © Kulturbüro der Stadt Wuppertal

Abbildung oben S. 164: Objekt »*Was mach ich hier?*« der Installation *Ich bin alle*, Heilkünstlerei, Wuppertaler Beuys-Performancefestival, Fotografie: Süleyman Kayaalp © Kulturbüro der Stadt Wuppertal

Abbildung unten S. 164: Objekt »*Da reißt der Himmel auf ...*« der Installation *Ich bin alle*, Heilkünstlerei, Wuppertaler Beuys-Performancefestival, Fotografie: Süleyman Kayaalp © Kulturbüro der Stadt Wuppertal

Abbidlung oben S. 177: Olaf Reitz (links) und Andy Dino Iussa (rechts) in der Heilkünstlerei, Wuppertaler Beuys-Performancefestival, Fotografie: Süleyman Kayaalp © Kulturbüro der Stadt Wuppertal

Abbildung unten S. 177: BesucherInnen in der Heilkünstlerei, Wuppertaler Beuys-Performancefestival, Fotografie: Olaf Reitz © Heilkünstlerei

Abbildung S. 178-179: Gästebuch in der Heilkünstlerei, Wuppertaler Beuys-Performancefestival, Fotografie: Süleyman Kayaalp © Kulturbüro der Stadt Wuppertal

Abbildung S. 185: Zettel mit Zeitangaben für die *Etüde der Langsamkeit* von Partita Radicale, Wuppertaler Beuys-Performancefestival, Fotografie: Süleyman Kayaalp © Kulturbüro der Stadt Wuppertal

Abbildung S. 186: Banner des Wuppertaler Beuys-Performancefestivals, Fotografie: Süleyman Kayaalp © Kulturbüro der Stadt Wuppertal

Abbildung S. 196: Papierspirale, *Etüde der Langsamkeit*, Partita Radicale, Wupertaler Beuys-Performancefestival, Fotografie: Süleyman Kayaalp © Kulturbüro der Stadt Wuppertal

Abbildung S. 215: Zeichnung von deufert&plischke, *I like Erika and Erika likes me*, Wuppertaler Beuys-Performancefestival, Fotografie: Süleyman Kayaalp © Kulturbüro der Stadt Wuppertal

Abbildung S. 216: Weingläser auf einem Tisch, *Etüde der Langsamkeit*, Partita Radicale, Wuppertaler Beuys-Performancefestival, Fotografie: Süleyman Kayaalp © Kulturbüro der Stadt Wuppertal

Abbildung oben S. 229: Klanginstrumente der Performance *Etüde der Langsamkeit*, Partita Radicale, Wuppertaler Beuys-Performancefestival, Fotografie: Süleyman Kayaalp © Kulturbüro der Stadt Wuppertal

Abbildungsverzeichnis 415

Abbildung unten S. 229: Veranstaltungshalle der Performance *Etüde der Langsamkeit*, Partita Radicale, Wuppertaler Beuys-Performancefestival, Fotografie: Süleyman Kayaalp © Kulturbüro der Stadt Wuppertal

Abbildung S. 230-231: Teezeremonie in der Performance *Etüde der Langsamkeit*, Partita Radicale, Wuppertaler Beuys-Performancefestival, Fotografie: Süleyman Kayaalp © Kulturbüro der Stadt Wuppertal

Abbildung S. 232: Kattrin Deufert und Thomas Plischke, Filmaufnahmen zu *I like Erika and Erika likes me*, deufert&plischke, Wuppertaler Beuys-Performancefestival, Fotografie: Süleyman Kayaalp © Kulturbüro der Stadt Wuppertal

Abbildung oben S. 247: Filmstill aus dem Film *I like Erika and Erika likes me*, deufert&plischke © deufert&plischke

Abbildung unten S. 247: Filmstill aus dem Film *I like Erika and Erika likes me*, deufert&plischke © deufert&plischke

Abbildung S. 248: Fotografie aus der Serie *Gender Studies* von deufert&plischke © deufert&plischke

Abbildung oben S. 249: Thomas Plischke, Filmaufnahmen zu *I like Erika and Erika likes me*, deufert&plischke, Wuppertaler Beuys-Performancefestival, Fotografie: Süleyman Kayaalp © Kulturbüro der Stadt Wuppertal

Abbildung unten S. 249: Kattrin Deufert und Thomas Plischke, Filmaufnahmen zu *I like Erika and Erika likes me*, deufert&plischke, Wuppertaler Beuys-Performancefestival, Fotografie: Süleyman Kayaalp © Kulturbüro der Stadt Wuppertal

Abbildung S. 250: Fotografie des Streitgesprächs zur Ausstellung *Der Hang zum Gesamtkunstwerk* (1983), Wuppertaler Beuys-Performancefestival, Fotografie: Süleyman Kayaalp © Kulturbüro der Stadt Wuppertal

Abbildung S. 256-257: *Der Hang zum Gesamtkunstwerk*, Jackson Pollock Bar, Wuppertaler Beuys-Performancefestival, Fotografie: Süleyman Kayaalp © Kulturbüro der Stadt Wuppertal

Abbildung S. 258: Schatten eines Teilnehmers beim Panel *Gesamtkunstwerk*, Wuppertaler Beuys-Performancefestival, Fotografie: Süleyman Kayaalp © Kulturbüro der Stadt Wuppertal

Abbildung S. 281: Papierschlange, *Etüde der Langsamkeit*, Partita Radicale, Wuppertaler Beuys-Performancefestival, Fotografie: Süleyman Kayaalp © Kulturbüro der Stadt Wuppertal

Abbildung S. 282: BesucherIn des Wuppertaler Beuys-Performancefestivals mit Chucks im Pop-Art-Style von Converse, Fotografie: Süleyman Kayaalp © Kulturbüro der Stadt Wuppertal

Abbildung S. 294-295: Banner der Aktion *Schütze die Flamme! – Akademie der Straße*, Mobile OASE & Die Wüste lebt, Wuppertaler Beuys-Performancefestival, Fotografie: Süleyman Kayaalp © Kulturbüro der Stadt Wuppertal

Abbildung S. 296: Handybildschirm während des Instagram-Live-Streams von *MEGAPHONICA – Die Stimme der Stadt on Tour*, mythen der moderne, Wuppertaler Beuys-Performancefestival, Fotografie: Süleyman Kayaalp © Kulturbüro der Stadt Wuppertal

Abbildung oben S. 302: Der MEGAPHONICA-VW-Bus unterwegs in Wuppertal, *MEGAPHONICA – Die Stimme der Stadt on Tour*, mythen der moderne, Wuppertaler Beuys-Performancefestival, Fotografie: Süleyman Kayaalp © Kulturbüro der Stadt Wuppertal

Abbildung unten S. 302: Pia Janssen und Bettina Erasmy im MEGAPHONICA-VW-Bus, *MEGAPHONICA – Die Stimme der Stadt on Tour*, mythen der moderne, Wuppertaler Beuys-Performancefestival, Fotografie: Süleyman Kayaalp © Kulturbüro der Stadt Wuppertal

Abbildung S. 303: Bekleben des MEGAPHONICA-VW-Busses, MEGAPHONICA – Die Stimme der Stadt on Tour, mythen der moderne, Wuppertaler Beuys-Performancefestival, Fotografie: Süleyman Kayaalp © Kulturbüro der Stadt Wuppertal

Abbildung S. 306: Glashaus der Performance *Under(de)construction: »Wer im Glashaus sitzt ...«*, Kollektiv ImpACT, Wuppertaler Beuys-Performancefestival, Fotografie: Süleyman Kayaalp © Kulturbüro der Stadt Wuppertal

Abbildung S. 316-317: Innenansicht des Glashauses der Performance *Under(de)construction: »Wer im Glashaus sitzt ...«*, Kollektiv ImpACT, Wuppertaler Beuys-Performancefestival, Fotografie: Süleyman Kayaalp © Kulturbüro der Stadt Wuppertal

Abbildung S. 320: Fußspuren auf Schaumstoffmatte, Wuppertaler Beuys-Performancefestival, Fotografie: Süleyman Kayaalp © Kulturbüro der Stadt Wuppertal

Abbildungen S. 334-349: Impressionen der performativen Stadterkundung in Wuppertal © Paula Hildebrandt

Abbildung S. 350: Papierflieger aus einem bei der *Registrierungsstelle für handhabbare Freiheit* (RHF) eingereichten Formular, Wuppertaler Beuys-Performancefestival © Utopiastadt-Archiv

Abbildung oben S. 361: Abschnitt eines bei der *Registrierungsstelle für handhabbare Freiheit* (RHF) eingereichten Formulars, Wuppertaler Beuys-Performancefestival © Utopiastadt-Archiv

Abbildung unten S. 361: Arbeitsplatz der *Registrierungsstelle für handhabbare Freiheit* (RHF), Wuppertaler Beuys-Performancefestival, Fotografie: Süleyman Kayaalp © Kulturbüro der Stadt Wuppertal

Abbildung S. 362-363: *Utopiastadt* im ehemaligen Bahnhof Wuppertal-Mirke © Wolf Sondermann

Abbildung S. 364: Rollwagen mit Plakaten der Aktion *Schütze die Flamme – Akademie der Straße*, Mobile OASE & Die Wüste lebt!, Wuppertaler Beuys-Performancefestival, Fotografie: Süleyman Kayaalp © Kulturbüro der Stadt Wuppertal

Abbildung S. 374-375: Demonstrationszug mit Fackelträgerin und Velotaxen durch Wuppertal, *Schütze die Flamme – Akademie der Straße*, Mobile OASE & Die Wüste lebt!, Wuppertaler Beuys-Performancefestival, Fotografie: Süleyman Kayaalp © Kulturbüro der Stadt Wuppertal

Abbildung oben S. 376: Roland Brus und Daniela Raimund, *Schütze die Flamme – Akademie der Straße*, Mobile OASE & Die Wüste lebt!, Wuppertaler Beuys-Performancefestival, Fotografie: Süleyman Kayaalp © Kulturbüro der Stadt Wuppertal

Abbildung unten S. 376: Entzündete Flamme im Stadion am Zoo in Wuppertal, *Schütze die Flamme – Akademie der Straße*, Mobile OASE & Die Wüste lebt!, Wuppertaler Beuys-Performancefestival, Fotografie: Süleyman Kayaalp © Kulturbüro der Stadt Wuppertal

Abbildung oben S. 377: Exemplare der Zeitung DER SAND, Wuppertaler Beuys-Performancefestival, Fotografie: Süleyman Kayaalp © Kulturbüro der Stadt Wuppertal

Abbildung unten S. 377: Installation mit Schreibmaschine im Rahmen der Aktion *Schütze die Flamme – Akademie der Straße*, Mobile OASE & Die Wüste lebt!, Wuppertaler Beuys-Performancefestival, Fotografie: Süleyman Kayaalp © Kulturbüro der Stadt Wuppertal

Abbildung oben S. 378: T-Shirt der Aktion *Schütze die Flamme – Akademie der Straße*, Mobile OASE & Die Wüste lebt!, Wuppertaler Beuys-Performancefestival, Fotografie: Süleyman Kayaalp © Kulturbüro der Stadt Wuppertal

Abbildung unten S. 378: »*Wer Kultur haben möchte, muss sich dafür engagieren*«, Wuppertaler Beuys-Performancefestival, Fotografie: Süleyman Kayaalp © Kulturbüro der Stadt Wuppertal

Abbildung S. 399: Papierspirale »Ende«, Wuppertaler Beuys-Performancefestival, Fotografie: Süleyman Kayaalp © Kulturbüro der Stadt Wuppertal

Abbildung S. 400-401: Johannes Schmid, Bettina Paust und Uwe Schneidewind (von li. n. re.) unterwegs in Wuppertal, Fotografie: Süleyman Kayaalp © Kulturbüro der Stadt Wuppertal

Abbildung S. 402: Mann mit Filzhut beim Wuppertaler Beuys-Performancefestival, Fotografie: Süleyman Kayaalp © Kulturbüro der Stadt Wuppertal

[transcript]

WISSEN. GEMEINSAM. PUBLIZIEREN.

transcript pflegt ein mehrsprachiges transdisziplinäres Programm mit Schwerpunkt in den Kultur- und Sozialwissenschaften. Aktuelle Beträge zu Forschungsdebatten werden durch einen Fokus auf Gegenwartsdiagnosen und Zukunftsthemen sowie durch innovative Bildungsmedien ergänzt. Wir ermöglichen eine Veröffentlichung in diesem Programm in modernen digitalen und offenen Publikationsformaten, die passgenau auf die individuellen Bedürfnisse unserer Publikationspartner*innen zugeschnitten werden können.

UNSERE LEISTUNGEN IN KÜRZE

- partnerschaftliche Publikationsmodelle
- Open Access-Publishing
- innovative digitale Formate: HTML, Living Handbooks etc.
- nachhaltiges digitales Publizieren durch XML
- digitale Bildungsmedien
- vielfältige Verknüpfung von Publikationen mit Social Media

Besuchen Sie uns im Internet: www.transcript-verlag.de

Unsere aktuelle Vorschau finden Sie unter: www.transcript-verlag.de/vorschau-download